Überbetriebliche Vermögensbeteiligung

Manfred A. Schöner

Überbetriebliche Vermögensbeteiligung

Mit 22 Abbildungen

Physica-Verlag Heidelberg

Reihenherausgeber
Werner A. Müller

Autor
Dr. Manfred A. Schöner
Am Lehrstuhl für Allgemeine Betriebswirtschaftslehre Finanzwirtschaft, insbesondere Bankbetriebslehre II Prof. Dr. W. Gerke
Universität Mannheim
L 5, 2
D-6800 Mannheim

Das Buch basiert auf einer Dissertation an der Universität Mannheim mit dem vollständigen Titel „Institutionelle und verteilungspolitische Aspekte der überbetrieblichen Vermögensbeteiligung - eine Analyse unter besonderer Berücksichtigung der Akzeptanz bei privaten Haushalten"

ISBN-13: 978-3-7908-0446-1 e-ISBN-13: 978-3-642-48122-2
DOI: 10.1007/ 978-3-642-48122-2

Vorwort

In der wirtschaftswissenschaftlichen Literatur haben Maßnahmen zur Vermögensbildung und insbesondere zur Produktivvermögensbildung breiter Bevölkerungsschichten bereits große Aufmerksamkeit gefunden. Auch die Politik hat sich zuletzt durch die gesetzgeberischen Initiativen zur Schaffung von Unternehmensbeteiligungsgesellschaften und Beteiligungs-Sondervermögen sowie durch zahlreiche Maßnahmen zur Förderung der Vermögensbildung breiter Schichten intensiv mit Fragen der Vermögensverteilung und -bildung beschäftigt. Bereits mit dem Sparprämiengesetz von 1958 wurde als wichtigstes Ziel der Vermögenspolitik die allgemeine Förderung des Sparwillens der Bevölkerung definiert. Zu dieser Zielsetzung ist heute gleichgewichtig das Ziel der Bereitstellung von Eigenkapital für nicht emissionsfähige Unternehmen durch überbetriebliche und betriebliche Vermögensbeteiligungen hinzugetreten.

Mit dieser Arbeit wird aufgezeigt, daß trotz der großen Beachtung, die die Vermögensbildung in Politik und wissenschaftlichem Schrifttum bereits erfahren hat, weiterhin ein großer Bedarf an erfolgreichen Initiativen zur breitgestreuten Vermögensbildung und zur Verbesserung der Eigenkapitalausstattung nicht emissionsfähiger Unternehmen besteht. Noch nicht genutzte Chancen sieht der Autor insbesondere in einer verstärkten Nutzung überbetrieblicher Vermögensbeteiligungsformen, denen er seine Untersuchung schwerpunktmäßig widmet. Seine vermögenspolitischen Empfehlungen gehen jedoch weit über die Betrachtung überbetrieblicher Vermögensbeteiligungsmodelle hinaus. Es ist zu wünschen, daß die originelle Untersuchung große Beachtung finden wird.

Mannheim, im Juli 1989 Prof. Dr. W. Gerke

Vorwort

INHALT

Verzeichnis der Abbildungen, Tabellen und Anhänge

Abkürzungsverzeichnis

a.a.O.	am angegebenen Ort
Abb.	Abbildung
Abs.	Absatz
AG	Aktiengesellschaft
AktG	Aktiengesetz
Anh.	Anhang
Art.	Artikel
Aufl.	Auflage
Bd.	Band
BewG	Bewertungsgesetz
BFG	Beteiligungsfondsgesetz
BGBl	Bundesgesetzblatt
BörsG	Börsengesetz
BörsZulV	Börsenzulassungs-Verordnung
bzw.	beziehungsweise
c.p.	ceteris paribus
d.h.	das heißt
DBW	Die Betriebswirtschaft
Diss	Dissertation
EStG	Einkommensteuergesetz
EVS	Einkommens- und Verbrauchsstichprobe
f	folgende
ff	fortfolgende
GG	Grundgesetz
ggf.	gegebenenfalls
GmbH	Gesellschaft mit beschränkter Haftung
HGB	Handelsgesetzbuch
hrsg. v.	herausgegeben von
i.d.R.	in der Regel
i.V.m.	in Verbindung mit
Jg.	Jahrgang
KAGG	Gesetz über Kapitalanlagegesellschaften
Kap.	Kapitel
KGaA	Kommanditgesellschaft auf Aktien
KStG	Körperschaftsteuergesetz

KWG	Gesetz über das Kreditwesen
Mio	Million
Mrd.	Milliarde
Nr.	Nummer
ÖBA	(Österreichisches) Bank-Archiv
s.	siehe
S.	Seite
SBIC	Small Business Investment Company
Tab.	Tabelle
u.a.	unter anderem; und andere
UBGG	Gesetz über Unternehmensbeteiligungsgesllschaften
UmwStG	Umwandlungssteuergesetz
u.U.	unter Umständen
v.	vom
VermBetG	Gesetz zur Förderung der Vermögensbildung der Ar beitnehmer durch Kapitalbeteiligungen (Vermögens beteiligungsgesetz)
VermBG	Gesetz zur Förderung der Vermögensbildung der Ar beitnehmer (Vermögensbildungsgesetz)
Vgl.	Vergleiche
VStG	Vermögensteuergesetz
WiSt	WiSt Wirtschaftswissenschaftliches Studium
WSI	Wirtschafts- und Sozialwissenschaftliches Institut des Deutschen Gewerkschaftsbundes
z.B.	zum Beispiel
zfbf	Schmalenbachs Zeitschrift für betriebswirtschaftliche Forschung
ZfgK	Zeitschrift für das gesamte Kreditwesen

0. Einleitung

Die Vermögenspolitik stellt eine wichtige soziale Komponente innerhalb eines grundsätzlich auf marktwirtschaftlichen Prinzipien beruhenden Wirtschaftssystems dar. Durch die Verringerung von Verteilungsdisparitäten soll das demokratisch legitimierte System der sozialen Marktwirtschaft stabilisiert werden. In der Bundesrepublik Deutschland muß eine systemadäquat ausgestaltete Vermögenspolitik insbesondere den Grundsätzen der individuellen Entscheidungsfreiheit, der Privatautonomie, der Achtung der Sozialpflichtigkeit des Eigentums, der Chancengleichheit, der Sozialstaatlichkeit, der marktmäßigen Koordination der Wirtschaft und der Förderung des Wettbewerbs gerecht werden.

Trotz einer zeitweise sehr lebhaften wissenschaftlichen und politischen Diskussion ist es bis heute nicht gelungen, einen breiten vermögenspolitischen Konsens der Entscheidungsträger zu finden, obwohl die genannten Prinzipien als Gestaltungsrahmen der Vermögenspolitik weitgehend unbestritten sind. Insbesondere im Bereich der Produktivvermögensbildung war die Politik, gemessen an der Akzeptanz bei den Anlegern, bisher nicht besonders erfolgreich. Nach wie vor besteht ein Bedarf an wissenschaftlicher und praktischer Pionierarbeit.

Ob die derzeitige Vermögensverteilung in der Bundesrepublik politisch und ökonomisch wünschenswert ist oder zugunsten welcher Gruppen gegebenenfalls eine Umverteilungspolitik vorgenommen werden soll, beruht auf Werturteilen. Es ist nicht Aufgabe der Wissenschaft, diese Werturteile zu fällen. Hier gilt das Primat der Politik. Wenn eine Entscheidung zugunsten einer bestimmten Art der Vermögenspolitik getroffen worden ist, so muß überprüft werden, ob sie ihren eigenen Ansprüchen gerecht wird. Für die Vermögenspolitik besteht die Gefahr, daß konkrete Konzeptionen zwischen den Mühlsteinen einer Vielfalt ideologischer, politischer und wirtschaftlicher Interessen zermahlen werden. Als Resultat ergäbe sich eine zwar kompromißfähige, aber wenig effiziente Gestaltung der Vermögenspolitik, die eher Alibifunktion besitzt als sozialökonomische Veränderungen zu bewirken.

Aus diesem Grunde werden im ersten Kapitel zunächst die wichtigsten Ziele einer auf die Beteiligung breiter Bevölkerungsschichten am Produktivvermögen gerichteten Politik diskutiert. Dabei ist zu berücksichtigen, daß verschiedene Formen der Produktivvermögensbeteiligung für die Erreichung einzelner Ziele unterschiedliche Eignung besitzen. Die Dekonzentration der Vermögen der privaten Haushalte und die Bereitstellung von Eigenkapital für nicht emissionsfähige Unternehmen werden als zwei gleichgewichtige Ziele aufgefaßt, die simultan durch eine überbetriebliche Vermögensbeteiligung erreicht werden können.

Die Unterscheidung zwischen diesen beiden Hauptzielen bestimmt die weitere Vorgehensweise in dieser Arbeit. Zunächst werden im zweiten Kapitel verteilungspolitische Fragestellungen untersucht. Anschließend werden im dritten Kapitel Probleme der Kapitalallokation und der Beitrag institutioneller Regelungen der überbetrieblichen Vermögensbeteiligung zu ihrer Lösung diskutiert.

Transfers im Rahmen der Vermögensbildung stellen eine Verwendung öffentlicher Mittel dar, die einer sozialpolitischen Begründung bedürfen. Die Informationen über die derzeitige Verteilung der privaten Vermögen sind sehr lückenhaft, so daß auf Schätzungen zurückzugreifen ist. Diese weisen jedoch auf einen vermögenspolitischen Handlungsbedarf hin, insbesondere im Bereich des Produktivvermögens, aber auch beim Geldvermögen. Die staatliche Förderung der Produktivvermögensbeteiligung läßt sich zwar grundsätzlich begründen, aber die Dosierung und Zielgruppenorientierung bereitet Probleme. Konkrete Verteilungsziele, die als Maßstab für die Effizienz vermögenspolitischer Maßnahmen herangezogen werden könnten, werden von den politischen Entscheidungsträgern nicht formuliert. Will die Vermögenspolitik eine Kanalisierung in bestimmte Vermögensarten erreichen, so ist eine Kenntnis der Anlegerpräferenzen erforderlich, um zieladäquate Anreize zu setzen und Mitnahmeeffekte zu vermeiden.

Die Realisierung der überbetrieblichen Vermögensbeteiligung erfordert Institutionen, die gegen Ausgabe von Produktivkapitaltiteln

Anlagebeträge privater Haushalte sammeln und in Form von Beteiligungen an nicht emissionsfähige Unternehmen weitergeben. Die Institutionalisierung solcher Beteiligungsgesellschaften läßt sich informationsökonomisch und im Rahmen eines Transaktionskostenansatzes theoretisch begründen. In der Bundesrepublik Deutschland hat der Gesetzgeber zwei Ausprägungen dieser Institutionen neu geschaffen: Unternehmensbeteiligungsgesellschaften und Beteiligungs-Sondervermögen. Es ist zu prüfen, ob diese beiden Typen von Beteiligungsgesellschaften zur Mediatisierung einer überbetrieblichen Vermögensbeteiligung in Betracht kommen. Vergleichend werden alternative Konzeptionen untersucht. Unternehmensbeteiligungsgesellschaften und Beteiligungs-Sondervermögen sind privatwirtschaftliche Finanzinstitute, die hinsichtlich der umworbenen Anleger und der Investitionsmöglichkeiten mit anderen Instituten konkurrieren. Die Risiken und Chancen dieses Wettbewerbs werden insbesondere aus vermögenspolitischer Perspektive betrachtet.

Die Schaffung normativer Rahmenbedingungen für die Tätigkeit von Beteiligungsgesellschaften hat das Ziel, die Leistungsfähigkeit bisher benachteiligter Kapitalmarktsegmente zu erhöhen. Durch die Institutionalisierung erfolgt jedoch keine staatliche Lenkung von Kapitalressourcen, und mit Ausnahme der Implementierungskosten sind diese Maßnahmen zur Erhöhung der Kapitalmarkteffizienz fiskalisch neutral.

Die im Rahmen des vierten Kapitels vorgenommene genaue Untersuchung des Anlegerverhaltens ist Voraussetzung für die Abschätzung der Verbreitungschancen überbetrieblicher Beteiligungstitel. Zur Bewältigung der Komplexität von Verhaltensphänomenen sind Hypothesen heranzuziehen und Heuristiken zu entwickeln. Außerdem dient die bewußt aufwendige statistische Methoden vermeidende Auswertung empirischen Sekundärmaterials einer besseren Einsicht in die Anlegermentalität in der Bundesrepublik Deutschland. Recht zuverlässiges und lückenloses Material liegt über die Geldvermögensbestände des Sektors private Haushalte seit dem Jahr 1960 vor. Dort feststellbare Tendenzen können als Indizien für die Gültigkeit bestimmter Verhaltenshypothesen aufgefaßt werden und ermöglichen

Prognosen für die zukünftige Entwicklung, insbesondere hinsichtlich der Akzeptanz überbetrieblicher Beteiligungstitel.

Aus den verteilungspolitischen, institutionellen und verhaltensorientierten Untersuchungen können wichtige Schlußfolgerungen für ein zieladäquates überbetriebliches Vermögensbeteiligungsmodell gezogen werden. Im fünften Kapitel wird dargelegt, in welcher Form der Gesetzgeber, die Tarifvertragsparteien und das Fondsmanagement zur Realisierung einer neuen Form der Vermögensbildung beizutragen haben, der die Zukunft gehören könnte.

1. Formen und Ziele der Beteiligung am Produktivvermögen

In der Begründung des Sparprämiengesetzes vom 7. März 1958 fordert die Bundesregierung mit Blick auf die "Kapital- und Einkommenskonzentration", "...den privaten Sparwillen der breiten Bevölkerungsschichten bewußt und nachhaltig zu fördern...".[1] Eine solche allgemeine Willensbekundung erleichtert nicht die Gestaltung der Vermögensbildung: Es wird nicht klar, ob eine Distribution im Bereich der Einkommens- oder der Vermögenspolitik vorgenommen werden soll, der Begünstigtenkreis wird nicht definiert, eine konkrete Zielvorgabe fehlt und einzelne mögliche Instrumente werden nicht genannt. In den letzten 30 Jahren hat sich die Tendenz zur mangelnden Konkretisierung vermögenspolitischer Pläne nicht geändert. Während die Vermögenspolitik ursprünglich primär auf eine Erhöhung der Sparquote abzielte, steht heute auch die Verwendung der nichtkonsumierten Einkommensteile im Vordergrund der Diskussion. Es soll eine Steuerung der gesparten Einkommensteile in bestimmte Vermögensarten erfolgen, die sich in Geldvermögen, Immobilienvermögen, Sachvermögen, Produktivvermögen und Versorgungsansprüche unterteilen lassen. Es wird nicht mehr nur eine gleichmäßigere Verteilung der Vermögen - und damit der Quelle bestimmter Einkunftsarten - angestrebt, sondern darüber hinaus macht sich die Vermögenspolitik Ziele aus dem metapolitischen Bereich wie die Schaffung von Chancengleichheit und die Erhaltung des sozialen Friedens zu eigen.

Die Vielzahl und Heterogenität der angestrebten Ziele läßt bereits vermuten, daß die Vermögenspolitik als ein kleiner Teilbereich der Wirtschaftspolitik überfordert sein muß, diese Ziele allein zu erreichen. Eine simultane Erreichung aller Einzelziele ist nur mit einem Bündel mehrerer Maßnahmen zu realisieren, die Elemente einer übergreifenden wirtschaftspolitischen Strategie sind. Bei der Auswahl geeigneter vermögenspolitischer Instrumente ist deshalb ihre Einbindung in eine vermögenspolitische Gesamtkonzeption zu beachten.

---

1) Vgl. BUNDESTAGS-DRUCKSACHE 3/263, S. 4.

Neuerdings konzentrieren sich die vermögenspolitischen Maßnahmen in der Bundesrepublik Deutschland auf die Beteiligung breiter Bevölkerungsschichten am Produktivvermögen. Das Produktivvermögen verkörpert den Wert der Eigentumsrechte an den Produktionsmitteln, und eine Beteiligung erfolgt durch Erwerb von Eigentumstiteln an den Unternehmen. Hierzu setzt der Staat finanzielle Anreize. Mit dieser Variante der Vermögenspolitik soll ein ganzes Zielbündel erreicht werden, wobei die angestrebten Einzelziele in den Bereichen Stabilisierung, Allokation und Distribution angesiedelt sind und sich somit über die gesamte Bandbreite der Wirtschaftspolitik erstrecken.

Zur Erreichung einer größeren Stabilität des ökonomischen Systems soll eine integrative Partnerschaft zwischen den Wirtschaftssubjekten durch die Produktivvermögensbeteiligung erzeugt werden. Das Distributionsziel soll durch eine zielorientierte Förderung der Anlage von Ersparnissen privater Haushalte im Produktivvermögen erreicht werden; die distributionspolitischen Maßnahmen beziehen sich somit vor allem auf eine "gerechtere" Verteilung des Vermögenszuwachses. Schließlich soll durch die schwerpunktmäßige Förderung der Anlage von Ersparnissen privater Haushalte im Produktivvermögen den Unternehmen ein Zugang zu Eigenkapitalquellen eröffnet werden, da aufgrund institutioneller Marktzutrittsbarrieren der größte Teil der deutschen Unternehmen vom funktionsfähigsten Markt für Eigenkapital - der Aktienbörse - ausgeschlossen sind. Dadurch soll ein Beitrag zur Verbesserung der Haftkapitalallokation geleistet werden.

Die Terminologie zur Unterscheidung verschiedener Formen der Produktivvermögensbeteiligung ist im Schrifttum uneinheitlich, so daß einige Begriffsdefinitionen eingeführt werden müssen. Eine *direkte* Beteiligung (auch Mitarbeiterkapitalbeteiligung oder direkte Arbeitnehmerkapitalbeteiligungen) liegt vor, wenn Mitarbeiter Anteilseigner oder Gläubiger der arbeitgebenden Unternehmen werden. Erhalten Sie dagegen Beteiligungen an einer Beteiligungsgesellschaft mit eigener Rechtspersönlichkeit und erfolgt ein Mittelrückfluß an das arbeitgebende Unternehmen, so ist von *indirekter* Beteiligung die Rede. Unter *betrieblicher* Beteiligung ist ein Erwerb von Gesellschafter- oder Gläubigerrechten durch die Mitarbeiter am arbeitgebenden Unternehmen zu verstehen. Die betriebliche Beteiligung kann in direkter oder indirekter Form vorgenommen werden. Im Gegensatz hierzu wird eine Kapitalbeteiligung an einem anderen als dem arbeitgebenden Unternehmen als *außerbetriebliche* Beteiligung bezeichnet. Eine *überbetriebliche* Beteiligung am Produktivvermögen (kurz *überbetriebliche Vermögensbeteiligung*) liegt vor, wenn Eigentumstitel an einer Beteiligungsinstitution erworben werden, die wiederum Beteiligungen an mehreren Unternehmen unterhält. Es handelt sich also um eine Form der indirekten Beteiligung, die sowohl am arbeitgebenden Unternehmen als auch außerbetrieblich oder von einem Beschäftigungsverhältnis unabhängig vorgenommen werden kann. Die überbetriebliche Vermögensbeteiligung steht im Vordergrund dieser Arbeit.

Überbetriebliche Beteiligungsmodelle existieren in sehr unterschiedlichen Varianten, die wiederum in verschiedenen Ausprägungen möglich sind. Alle hier untersuchten Modelle sind jedoch durch bestimmte gemeinsame Wesensmerkmale gekennzeichnet: Es existiert eine Beteiligungsgesellschaft, die auf der einen Seite Anteile von Beteiligungsunternehmen nach bestimmten Selektionskriterien erwirbt (Investitionssphäre) und sich auf der anderen Seite bei einem breiten Publikum refinanziert (Finanzierungssphäre), im Falle der überbetrieblichen Vermögensbeteiligung unter Einbeziehung der Sparförderung nach dem Vermögensbildungsgesetz.

1.1. Partnerschaftliche Integration

Während der Epoche der Industrialisierung führte das oft mechanistische Weltbild der privilegierten herrschenden Klasse der Kapitalisten dazu, daß die beiden Produktionsfaktoren Kapital und Arbeit im Sinne einer kurzfristigen Gewinnmaximierung "effizient" eingesetzt wurden. Von der sozialpolitischen Komponente der auf die gesamte Gesellschaft rückwirkenden wirtschaftlichen Entscheidungen wurde nur am Rande Notiz genommen - meist von kirchlicher Seite oder von patriarchalisch orientierten Einzelunternehmern. Eine Differenzierung zwischen der wirtschaftlichen Verwertung des abstrakten Faktors Kapital und des Faktors Arbeit in Gestalt menschlicher Einzelschicksale lag oft nicht im unternehmerischen Interesse. Dies führte zu schweren sozialen Friktionen zwischen den sozialen Klassen bei weitgehender Abstinenz des Staates. Eine Sozialgesetzgebung, die die Ursachen und Folgen dieser Situation entschärfen konnte, entwickelte sich nur langsam.

Es ist nicht überraschend, daß Konflikte, die so eng an den Wurzeln der politischen Verfassung angesiedelt sind, bei ihrer Austragung diese selbst in Frage stellen. Im Zusammenhang mit der Frage, welchem Faktor die Wertschöpfung, der "Mehrwert"[2] eines Produktionsprozesses zustehe, begann eine scharfe gesellschaftspolitische Auseinandersetzung um geeignete Formen der Entlohnung, um die Verteilung der Gewinne und um das Eigentum an den Produktionsmitteln. Doch nicht nur anti-kapitalistische, revolutionäre und systemverändernde Reformvorschläge wurden entwickelt. Als Kompromiß zwischen dem damaligen Status Quo und der marxistischen Idee wurden (aus heutiger Sicht) systemkonforme Lösungsmöglichkeiten diskutiert, wie Arbeitnehmer am Unternehmenskapital, am Gewinn und an betrieblichen Entscheidungsprozessen partizipieren könnten[3], wobei die Beteiligungsrechte entweder auf einem reinen Arbeitskontrakt oder auf einem zusätzlichen Gesellschafterverhältnis fundieren. Auf diese Weise sollte der klassische Konflikt zwischen den Produktionsfaktoren Arbeit und Kapital gelöst werden - eine Idee, die noch heute die Vermögensbildungskonzeptionen bestimmt.

---

2) **MARX**, Karl, Das Kapital, Kritik der politischen Ökonomie, hrsg. v. Friedrich **ENGELS**, 10. Aufl., 1. Band, Buch I: Der Produktionsprozeß des Kapitals, Hamburg 1922.

3) **THÜNEN**, Johann Heinrich von, Der isolierte Staat, 3. Aufl., Anlage B: Bestimmungen über den Anteil der Dorfbewohner zu Tellow an der Gutseinnahme, Jena 1930, S. 671-678; **STEINBRENNER**, Ludwig, Die Beteiligung der Arbeiter am Unternehmergewinn, ihre Vorzüge, Nachteile und Anwendbarkeit, Heidelberg 1882; **FEILCHENFELD**, Werner, Die Gewinnbeteiligung der Arbeiter und Angestellten in Deutschland, Berlin 1922, S. 158 ff.

In dieser Arbeit nimmt im Gegensatz zu Teilen der Literatur[4] das partnerschaftlich-integrative Element der Beteiligung nur einen untergeordneten Rang im Zielkatalog der Vermögensbeteiligung ein und wird im folgenden nur kurz behandelt. Bei der Gestaltung überbetrieblicher Vermögensbeteiligungsmodelle stehen partizipative Elemente im Hintergrund. Die Konstruktion der überbetrieblichen Vermögensbeteiligung soll zwar system- und partnerschaftsfördernd sein, aber die wesentlichen Zielsetzungen werden nicht auf der metapolitischen Ebene angesiedelt.

1.1.1. Betriebliche Partnerschaft

In der aktuellen Diskussion ist bezüglich der Zielkomponente "partnerschaftliche Integration" zwischen verschiedenen Aggregationsebenen zu differenzieren. Auf Unternehmensebene steht die Partnerschaft zwischen Arbeitnehmer und Arbeitgeber, letzterer repräsentiert durch Kapitaleigner und Management, im Vordergrund. Eine solche Partnerschaft kann neben einer betrieblichen Kapitalbeteiligung durch eine Reihe weiterer Maßnahmen begründet und gefördert werden. Zu ihnen gehören beispielsweise die verstärkte Vermittlung von Informationen an die Arbeitnehmer und ihre Einbeziehung in betriebliche Entscheidungen, kooperative Führungsstile sowie die Beteiligung am Erfolg des Unternehmens. Während die Erfolgsbeteiligung eine besondere Entlohnungsform darstellt, die allein auf einem Arbeitskontrakt beruht, besteht bei der Kapital-

---

4) Beispielsweise ist MOHN der Meinung, daß "die Beteiligung der Mitarbeiter am Unternehmen ... einen bedeutsamen ordnungspolitischen Beitrag ... für die angestrebte Selbstverwirklichung in der Arbeitswelt" leisten kann und sich "...dieser Beitrag auch in einer Stabilisierung der politischen Verhältnisse unserer Gesellschaft niederschlagen" würde, MOHN, Reinhard, Führungstechnische Aspekte der Mitarbeiterbeteiligung, in: Produktivvermögen in Arbeitnehmerhand - zweite Stufe, Ergebnisse eines Kongresses der Niedersächsischen Landesregierung in Zusammenarbeit mit der Arbeitsgemeinschaft zur Förderung der Partnerschaft in der Wirtschaft (AGP) und der Bertelsmann Stiftung am 17. Oktober 1985, Gütersloh 1986, S. 20-30, hier S. 27; auch DECKER, Günter, Die Rechtsstellung des Arbeitnehmers im Unternehmen und die Forderung nach einer Vermögensbildung in Arbeitnehmerhand, Berlin 1980, S. 92, sieht in "der geltenden Unternehmensordnung mit ihrer asymmetrischen Behandlung der in und an einem Unternehmen mitwirkenden Faktoren und deren Trägern ... (den) ursprünglichen Anlaß auch der Forderung nach einer Vermögensbildung in Arbeitnehmerhand".

beteiligung neben dem Arbeitsvertrag ein gesellschaftsrechtlicher Kontrakt.

Aus betrieblicher Sicht ist ein Ziel dieser Maßnahmen die Identifikation des Mitarbeiters mit seinem Betrieb und die Schulung seines Verständnisses für unternehmerische Entscheidungen. Die innerbetriebliche Zusammenarbeit soll verbessert und das Betriebsklima angenehmer werden. Auf diese Weise sollen Fluktuation und Krankheitsziffern verringert, die Arbeitsmotivation gesteigert und die Produktivität insgesamt erhöht werden.[5]

Das Ziel, Motivationseffekte auszulösen, steht in Konflikt mit dem Ziel, dem Unternehmen langfristig Kapital zur Verfügung zu stellen. Denn durch lange Festlegungsfristen hat der Mitarbeiter während der Ansparzeit kein "monetäres Erlebnis", das zu direkten Leistungsanreizen führen könnte. Die Stärke der Motivationseffekte hängt vor allem von den flankierenden Maßnahmen der Kapitalbeteiligung ab: neben die finanzielle Beteiligung muß eine immaterielle Beteiligung treten, zu der u.a. Mitwirkungs- und Entscheidungsrechte auf Arbeitsplatz-, Betriebs- und Unternehmensebene sowie Informationsrechte zählen.[6]

Die positive Imagewirkung einer partnerschaftlichen Unternehmensführung soll außerdem die Nachfragestellung auf dem Arbeitsmarkt, aber auch die Angebotsposition auf den Absatzmärkten verbessern. Indirekt ergeben sich somit positive Rückwirkungen auf finanzwirtschaftliche Unternehmensziele. Weiterhin könnte durch diese neue Partnerschaft der traditionelle Partner der Arbeitnehmer, die Ge-

---

5) Daß eine Kapitalbeteiligung der Mitarbeiter eine solche Verhaltensänderung hervorruft, läßt sich allerdings anhand der bisherigen Erfahrungen nicht beweisen. Die Erwartung, daß sich langfristig Motivationseffekte einstellen, beruht auf der Feststellung, daß die von der modernen Motivationspsychologie entwickelten Motivationsfaktoren vielfach mit denen aus Beteiligungsmodellen resultierenden Faktoren deckungsgleich sind. Vgl. GUSKI, Hans-Günter, SCHNEIDER, Hans J., Betriebliche Vermögensbeteiligung in der Bundesrepublik Deutschland, Teil II, Köln 1983, S. 271-288; DIESELBEN, Betriebliche Vermögensbeteiligung - ein Ausweg ? In: aus politik und zeitgeschichte, Beilage zur Wochenzeitung "das parlament", 34. Jg., 14. Juli 1984, S. 3-14, hier S. 4.

6) Vgl. SCHANZ, Günter, Immaterielle Mitarbeiterbeteiligung - Ergebnisse einer Erhebung, in: Personalwirtschaft, 10. Jg, 1983, Nr. 12, S. 426-430.

werkschaft, in ihrem Einfluß zurückgedrängt werden. Auch heute sind es oft keine altruistischen Motive, die viele Unternehmer zur Annahme des Partnerschaftsgedankens veranlassen.

Auch aus Arbeitnehmersicht kann das partnerschaftliche Verhältnis zu erhöhter Arbeitszufriedenheit und damit zu einer Verbesserung der Arbeitsbedingungen beitragen, wenn dadurch eine Identifikation mit dem Unternehmen und der eigenen Tätigkeit begünstigt wird. Andererseits kann bei Erfolgs- und Kapitalbeteiligungen die teilweise Abhängigkeit der Arbeitnehmereinkommen vom Unternehmensergebnis den Leistungsdruck erhöhen. Die Miteigentümerstellung im arbeitgebenden Unternehmen erzeugt nicht unbedingt eine Zielkongruenz zwischen Arbeitnehmern und Arbeitgeber, sondern steigert auch die Arbeitsanforderungen.

Hauptmotiv des einzelnen Mitarbeiters für die Übernahme von Beteiligungen im Rahmen einer betrieblichen Partnerschaft wird die Chance sein, zusätzliche Einkommensquellen zu erschließen. Neben das arbeitskontraktabhängige Einkommen soll ein Kapitaleinkommen treten, das die Konsum- und Sparfähigkeit des Arbeitnehmers erhöht und seine wirtschaftliche Abhängigkeit vom Arbeitseinkommen tendenziell senkt. Die in der Regel durch betriebliche Zuwendungen, öffentliche Förderungen und private Eigenleistungen gespeisten Beteiligungen kumulieren sich über viele Jahre hinweg zu Kapitalvermögen, die das Sicherheitsbedürfnis der Arbeitnehmer befriedigen, ggf. als Altersvorsorge dienen und möglicherweise ihr Selbstwertgefühl sowie ihre wirtschaftliche und gesellschaftliche Geltung steigern. Je nach Ausgestaltung der Beteiligung entsteht gleichzeitig ein kapitalfundiertes Mitbestimmungsrecht.

Unternehmen erhoffen sich durch die Beteiligung von Mitarbeitern neue Finanzierungsquellen. Insbesondere für nicht emissionsfähige, mittelständische Unternehmen sind neue Wege der Eigenkapitalaufbringung angesichts häufig rückläufiger Eigenkapitalquoten und der damit verbundenen erhöhten Krisenanfälligkeit sowie des abnehmenden finanzpolitischen Handlungsspielraums besonders wichtig, da für sie die Möglichkeiten, risikotragende, haftende Mittel aufzunehmen, eng begrenzt sind. Mitarbeiterkapital kann dabei "billiger" als am Kapitalmarkt oder bei Banken erhältliche Finanzmittel sein. Die positiven Finanzierungseffekte für das Unternehmen sollen durch die Möglichkeit, Steuerersparnisse oder -stundungen zu erreichen, verstärkt werden.

Eine überbetriebliche Vermögensbeteiligung vermag die bisher genannten Zielaspekte der betrieblichen Partnerschaft nicht so nachhaltig zu unterstützen wie eine direkte betriebliche Beteiligung, da durch die Zwischenschaltung einer Beteiligungsgesellschaft die Arbeitnehmer nur indirekt an ihrem eigenen Unternehmen, aber gleichzeitig auch an einer Vielzahl anderer Unternehmen beteiligt sind. Ist eine direkte Mitarbeiterkapitalbeteiligung jedoch nicht möglich, unerwünscht oder für das betreffende Unternehmen unvorteilhaft, so stellt die überbetriebliche Beteiligung eine Alternative dar, um andere Maßnahmen betrieblicher Partnerschaft zu flankieren. Wichtig für den Erfolg der überbetrieblichen Beteiligung hinsichtlich partnerschaftlicher Ziele ist das Herausstellen ihrer gemeinsamen Vorteile für Arbeitnehmer und Betrieb durch eine gezielte Informationspolitik. Es ist darauf hinzuweisen, daß durch die überbetriebliche Vermögensbeteiligung die Arbeitnehmer indirekt Miteigentümer des arbeitgebenden Unternehmens werden und dadurch zur Verbesserung der Kapitalbasis auch des arbeitgebenden Unternehmens beitragen, wodurch Bestand und Ertragskraft gestärkt und Arbeitsplätze gesichert werden können.

Auch wenn die Bedeutung der immateriellen Komponenten der betrieblichen Partnerschaft nicht unterschätzt werden darf, so ist dennoch der materielle Aspekt für ihren langfristigen Bestand dominierend. Ohne beiderseitige finanzielle Vorteile werden sich Partnerschaftsmodelle langfristig kaum durchsetzen. Sowohl aus Arbeitnehmer- als auch aus Unternehmensperspektive ist bei entsprechender Ausgestaltung - wie gezeigt werden wird[7] - die überbetriebliche Beteiligung auch bei Einbeziehung steuerlicher Gesichtspunkte und der staatlichen Sparförderung in finanzieller Hinsicht einer Direktbeteiligung mindestens gleichwertig. Eine indirekte überbetriebliche Vermögensbeteiligung kann somit als materielle Kompo-

---

7) Vgl. Kap. 2.6., S. 87-97 dieser Arbeit.

nente einer betrieblichen Partnerschaft durchaus eingesetzt werden.

Aufgrund des hohen Anteils der Arbeitszeit an der gesamten Lebenszeit und des engen Zusammenhangs zwischen beruflicher Stellung und gesellschaftlicher Position ist es nicht abwegig, die politische Mündigkeit des Bürgers, sein gesamtes Denken, Handeln und Verhalten, auch auf seine Erlebnisse und Erfahrungen am Arbeitsplatz und im Unternehmen zurückzuführen. Wird der Arbeitnehmer im Unternehmen akzeptiert, trägt er Mitentscheidungsrechte und partizipiert er an den Unternehmensergebnissen, so wirkt sich dies günstiger auf sein Demokratiebewußtsein aus, als ständige Bevormundung und Unterordnung am Arbeitsplatz.[8] Ein durch eine Vermögensbeteiligung flankiertes Partnerschaftsverhältnis zwischen Arbeitnehmern und Unternehmen hat deshalb auch Ausstrahlungen auf die gesamte Gesellschaft.

1.1.2. Sozialpartnerschaft von Arbeit und Kapital

Auch auf der Ebene der Sozialpartner wirkt die Vermögensbeteiligung integrativ und konfliktabbauend. Wenn Kapitalbeteiligungen in Arbeitnehmerhand qualifizierte Mitbestimmungsrechte begründen, kann dies zur Erreichung des gewerkschaftlichen Hauptziels, der "sozialen Kontrolle wirtschaftlicher Macht"[9] beitragen. Langfristig sind Konstellationen in den Aufsichtsräten mit einer faktischen Überparität der Arbeitnehmer denkbar, wenn die beteiligten Arbeitnehmer ein genügend großes Gewicht in der Haupt- oder Gesellschafterversammlung besitzen, um einen Kapitaleignervertreter aus ihren eigenen Reihen zu bestellen. Hier liegen nicht nur hohe Profilierungspotentiale für die Gewerkschaften, sondern auch für die Arbeitgeberseite kann die Bestellung von Arbeitnehmerkapitalvertretern sinnvolles tarifpolitisches Ziel sein: Sie erleichtern einen Interessenausgleich zwischen Arbeitnehmervertretern und Ka-

8) ECKARDTSTEIN, Dudo v./SCHNELLINGER, F., Betriebliche Personalpolitik, 3. Aufl., München 1978, S. 29 ff.

9) ADAM, Hermann, Betriebliche Vermögensbeteiligung - ein Irrweg? in: aus politik und zeitgeschichte, Beilage zur Wochenzeitschrift "das parlament", Bonn, 34. Jg., 14. Juli 1984, S. 15-25, hier S. 25.

pitaleignern im Aufsichtsrat, da sie an einer Kooperation beider Seiten interessiert sind.[10)]

Werden Vermögensbeteiligungen zum Verhandlungsgegenstand der Sozialpartner, so eröffnet sich ein neues, breites, gestaltungsfähiges Feld der Tarifpolitik, über das die Parteien die ausgetretenen Pfade der reinen Lohn- und Arbeitszeitpolitik verlassen können. Damit wird eine Entkrampfung der Tarifverhandlungen ermöglicht. Durch die Aktivierung neuer kompromißfähiger Verhandlungsgegenstände können Arbeitskämpfe möglicherweise vermieden oder ihre gesamtwirtschaftlich und tarifpolitisch schädlichen Wirkungen eingedämmt werden.

Die Beteiligung der Arbeitnehmer am Produktivvermögen könnte eine längerfristig angelegte Tarifpolitik und somit eine Stabilisierung der Erwartungen der Wirtschaftssubjekte erlauben, die wiederum für eine günstigere Entwicklung von Investitionen und Beschäftigung von Vorteil ist. Denn eine ergebnisorientierte Kapitalbeteiligung trägt dazu bei, langfristige Tarifverträge abzuschließen, die bisher wegen der Gefahr abgelehnt wurden, daß während ihrer Laufzeit unerwartet hohe Gewinnsteigerungen eintreten und sich eine für die Arbeitnehmer ungünstige "Disparität der primären Einkommensverteilung"[11)] entwickelt. Eine tarifvertraglich vereinbarte Gewinnpartizipation durch eine Beteiligung am Produktivvermögen "wäre allemal der überlegene Weg, verglichen mit einem nachträglichen Streit über die Verteilung der Gewinne, ein Streit, der mehr Verläßlichkeit in der Lohnpolitik nicht aufkommen ließe".[12)]

Sind Arbeitnehmer Eigentümer beider Produktionsfaktoren, so sind sie an einer bestmöglichen Allokation beider Faktoren interessiert, da sie an der Entlohnung der Verwertung beider Produktionsfaktoren partizipieren. Durch das Erkennen und die Identifikation

---

10) GAUGLER, Eduard, Die Beteiligung der Arbeitnehmer aus betriebswirtschaftlicher Sicht, in: zfbf, Sonderheft 19, 1985, S. 65.

11) RÖSNER, Hans-Jürgen, Chancen und Risiken des Vermögensbeteiligungsgesetzes, Wirtschaftsdienst 3/1984, 64. Jg., Hamburg, S. 132-139, hier S. 134.

12) SACHVERSTÄNDIGENRAT, Jahresgutachten 1982/83 des Sachverständigenrates zur Begutachtung der gesamtwirtschaftlichen Lage, "Gegen Pessimismus", Stuttgart Mainz 1982, Ziff. 233, S. 144.

mit diesen Marktmechanismen, durch geringere Verteilungsdiskrepanzen, durch erhöhte Mitentscheidungsrechte und Mitverantwortung wird die klassische Polarität zwischen Arbeitnehmer- und Arbeitgeberseite entschärft. Die von Gewerkschaftsseite befürchtete Schwächung der Solidarität innerhalb ihrer Organisation und Abnahme der Arbeitskampfbereitschaft könnten vordergründig als existenzbedrohende Effekte einer Vermögensbeteiligung angesehen werden. Die Möglichkeit des Abbaus vorhandener Konfliktursachen durch die Vermögensbeteiligung liegt jedoch auch im Interesse der Arbeitnehmervertreter. Da ihr Ziel nicht die Konservierung von Konfliktstrukturen sein kann, ist eine Umorientierung der Gewerkschaften erforderlich.

1.2. Produktivvermögensdekonzentration

1.2.1. Grundprobleme der Distributionspolitik

Nach Meinung BOULDINGs hat von allen Teilbereichen der Ökonomie die Verteilungsfrage die großartigsten Kontroversen, den heftigsten Streit und das geringste Wissen hervorgebracht.[13] Die Ursache liegt darin, daß Vorschläge zu einer Einkommens- oder Vermögensumverteilung für sich in Anspruch nehmen, die "Gerechtigkeit" einer Verteilungssituation beurteilen zu können. Selbst wenn verläßliche Daten zur Verteilung vorlägen, ließe sich die Konzentration zwar objektiv messen - bekannt sind z.B. das Instrumentarium der Lorenzkurve und des Gini-Koeffizienten -, welcher Konzentrationsgrad jedoch am vorteilhaftesten ist, unterläge weiterhin einem subjektiven Werturteil. Verteilungspolitik entzieht sich der Wertneutralität und ist deshalb besonders leicht angreifbar.

Doch gleichzeitig ist kein Bereich der Wirtschaftspolitik so sensibel wie die Verteilungspolitik. Sobald ein Teil der Bevölkerung oder eine Interessengruppe eine absolute oder relative Verschlechterung ihrer Situation befürchtet, entfacht sie eine lebhafte Dis-

---

13) BOULDING, Kenneth E., Eine Hand voll Wind, gekürzte Fassung eines Vortrages anläßlich des 4. Internationalen Symposiums über Grants Economy im Internationalen Institut für Enpirische Sozialökonomie in Augsburg, veröffentlicht in: Wirtschaftswoche Nr. 44, 39. Jg., 25.10.1985, S. 104-113.

kussion, die je nach Stärke der Gruppe der Unzufriedenen bis zu sozialer Unruhe und Umstürzen führen kann. Sogar primär auf Stabilitäts- oder Wachstumsziele ausgerichtete wirtschaftspolitische Maßnahmen, die nur sekundär die Einkommens- und Vermögensverteilung betreffen - wie die Einführung neuer Steuertarife, die Reform des Gesundheitswesens oder des Rentensystems - können die öffentliche Meinung in höchstem Maße erregen, wenn bestimmte Gruppen ihre Besitzstände angegriffen sehen. Die Ursache dieses Verhaltens liegt in der Natur der Verteilung: Sie ist ein Nullsummenspiel, was die einen gewinnen, müssen andere hergeben.[14]

Ein Hauptproblem der Vermögenspolitik besteht in der Definition ihres Begünstigtenkreises. Ein Mangel an ökonomischen Konzepten führt hier stets zu einem Bedarf an normativen Entscheidungen, die wegen des häufigen Auftretens von Grenzfällen "Ungerechtigkeiten" aufkommen lassen, Mitnahmeeffekte produzieren und deshalb kritisch zu beurteilen sind.[15] Außerdem hat Vermögenspolitik die konzeptionelle Schwäche, daß operationale Zielvorgaben stets eine Meßbarkeit und Bewertbarkeit von Vermögensaggregaten voraussetzt. Eine Vielzahl statistischer, aber auch politischer und rechtlicher Probleme stehen dem entgegen. Beispielhaft erinnert sei hier nur an das Problem der Bewertung von Humanvermögen und die Sensibilität gegenüber Datenerhebungen.

Vermögenspolitik hat dann anzusetzen, wenn die Unterschiede der Vermögen bestimmter Wirtschaftssubjekte ungerechtfertigt und in ihren Auswirkungen unerwünscht erscheinen. Zur Beantwortung der Frage, wann dies der Fall ist, fehlen ökonomische Konzepte. Die Ursachen für die Entstehung von Vermögensdisparitäten liegen in Implikationen marktwirtschaftlicher Systeme. Die Dynamik von Märkten und die Veränderung von Angebotsstrukturen und nachfragewirksamen Bedürfnissen sorgen für eine ständige Veränderung relativer Preise. Da diese relativen Preise den Realwert der einzelnen Vermögenspositionen determinieren, verändern sich die Realwerte der

---

14) Zwar ist es durchaus möglich, daß andere Verteilungszustände unterschiedliches Wirtschaftswachstum induzieren. Die entstehenden Vermögenszuwächse unterliegen jedoch wiederum einem Verteilungsproblem.

15) Vgl. Kap. 2.4.4., S. 69-75 dieser Arbeit.

Gesamtvermögen der einzelnen Wirtschaftssubjekte ständig. Auch eine gleichverteilte Grundausstattung an Vermögen führt folglich bei unterschiedlicher Vermögenszusammensetzung im Laufe der Zeit zu Vermögensdisparitäten.

Der Abbau von Vermögensdisparitäten ist kein originäres menschliches Bedürfnis, wie z.B. soziale Kontakte oder individuelle Wohlstandssteigerungen. Ganz im Gegenteil: Der Kauf eines Lotterieloses ist ganz eindeutig eine Nachfrage nach Ungleichheit und ein Kauf persönlicher Hoffnung.[16] Ebenso eröffnet die aktive Teilnahme am Wirtschaftsleben in einem marktwirtschaftlichen System die Chance, mit einem bestimmten Einsatz Gewinne zu erzielen, aus denen ungleiche Vermögensverhältnisse resultieren. Auf diesem Prinzip beruht der Allokationsmechanismus des Systems, und er hat sich nur deshalb bewährt, da Individuen danach streben, ihre eigene Situation relativ und absolut zu verbessern. Umverteilung ist eher ein kollektives Bedürfnis, das dem Prinzip der Chancengleichheit Rechnung tragen soll. Ein individuelles Bedürfnis wird sie nur für diejenigen, die sich selbst auf der Seite des Begünstigtenkreises einer potentiellen Umverteilungspolitik sehen.

Zur statistischen Abgrenzung der Aggregate der Verteilungspolitik im Rahmen einer überbetrieblichen Vermögensbeteiligung sind Konventionen zu treffen. In der Vermögensrechnung wird die Summe aller Aktiva eines Wirtschaftssubjektes als Roh- oder Bruttovermögen bezeichnet, vermindert um die Verbindlichkeiten ergibt sich das Rein- oder Nettovermögen. In dieser Arbeit steht der Kurzbegriff Vermögen stets für Nettovermögen. Produktivvermögen umfaßt im eigentlichen Sinne die Summe aller Vermögensgegenstände, die "produktiv" eingesetzt werden, unabhängig von der Zugehörigkeit der Objekte zu einem Wirtschaftssektor. In der vermögenspolitischen Diskussion ist mit Produktivvermögen dagegen in der Regel das Reinvermögen des Unternehmenssektors gemeint. Das gesamtwirtschaftliche Produktivvermögen bezeichnet also die Summe der Aktiva der Unternehmen abzüglich der Schulden. Dieser Definition wird hier gefolgt. Bilanziell betrachtet entspricht das Produktivvermö-

16) BOULDING, K., a.a.O., S. 113.

gen dem Eigenkapital der Unternehmen. Produktivvermögensbildung führt somit per definitionem zu einer Ausweitung der Eigenkapitalausstattung der Wirtschaft. Unter Vermögensbeteiligungpolitik sind darüberhinaus Maßnahmen zur gleichmäßigeren Verteilung dieser Eigentumstitel in den Händen der privaten Haushalte zu verstehen.

Eine "rationale Vermögenspolitik"[17] muß - entgegen der politischen Praxis - mehr als nur allgemeine verteilungsorientierte Zielsetzungen besitzen. Sie soll auf der Grundlage der Kenntnis der personellen Vermögensverteilung ein klar definiertes Ziel einer anzustrebenden Vermögensverteilung vorgeben, für diese Zielsetzung effiziente Instrumente einsetzen und durch erneute Messung der Vermögensverteilung eine Erfolgskontrolle vornehmen, die u.U. wiederum Grundlage für eine Ziel- und Mittelrevision ist. Bereits in der Zielformulierung sind Messungs- und Bewertungsprobleme durch Vorgabe von geeigneten Definitionen zu klären und ein Zeithorizont festzulegen.

1.2.2. Selbststabilisierung der Produktivvermögenskonzentration

Im Jahr 1981 betrug der Anteil der Einkommen aus Vermögen und Unternehmertätigkeit, bereinigt um die fiktiven Arbeitslöhne der Selbstständigen und mithelfenden Familienangehörigen, 11,1 % des gesamten Volkseinkommens; diese Quote stieg bis 1986 auf 17,7 % an.[18] Diese Einkommen in Höhe von rund 270 Mrd. DM (1986) fließen zu mehr als 80 % in die Hände der reicheren Hälfte der privaten Haushalte.[19] Mehr als ein Sechstel des Volkseinkommens entsteht somit nicht als Entlohnung des Faktors Arbeit, sondern als Entlohnung des Kapitals bzw. als Residualeinkommen. Starke Vermögens- und Einkommensdiskrepanzen führen einerseits zu unterschiedlichen Konsummöglichkeiten und damit zu Wohlstandsdivergenzen, die nicht

---

17) WICKE, Lutz, Erhöhung der Effizienz der Vermögenspolitik in der Bundesrepublik Deutschland, in: Zeitschrift für Wirtschafts- und Sozialwissenschaft, Jg. 77, S. 261-287, hier S. 274.

18) INSTITUT DER DEUTSCHEN WIRTSCHAFT, Zahlen zur wirtschaftlichen Entwicklung der Bundesrepublik Deutschland, Köln 1987, Tabelle 27.

19) Unterstellt wurde eine Gleichverteilung der Einkommen aus Vermögen und Unternehmertätigkeit auf die Gesamtvermögensbestände. Vgl. Tabelle 2.2, Zeile 22, S. 56, dieser Arbeit.

unmittelbar auf persönliche Leistungserstellung als neutralem Wertmaßstab des Marktes zurückzuführen sind, sondern in hohem Maße auf ererbtes Vermögen. Dies kann zu Neid, gesellschaftlichen Spannungen und Umverteilungskämpfen führen. Da die marginale Konsumneigung mit wachsendem Einkommen und Vermögen abnimmt, erhöhen die Vermögenseinkünfte und Residualeinkommen die Sparfähigkeit der Besitzer großer Vermögen besonders stark.

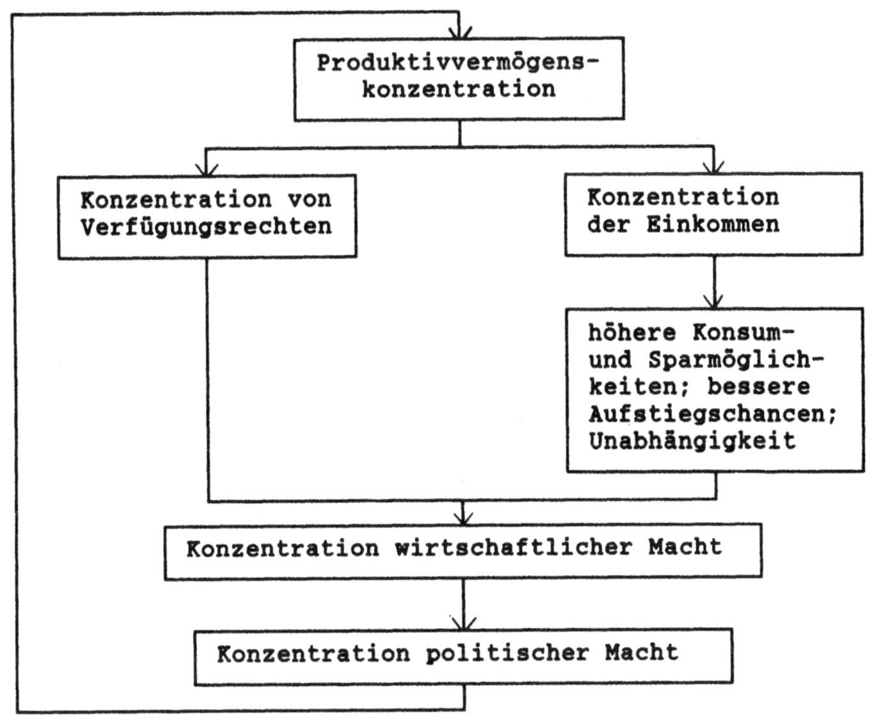

Abb. 1.1: Die Selbststabilisierung der Produktivvermögenskonzentration

Die Vermögenseinkünfte alimentieren die Vermögenszuwächse aufgrund steigender Sparquoten absolut und relativ am stärksten in den Haushalten, die bereits die höchsten Vermögen besitzen. Dadurch wird die Vermögenskonzentration im Zeitverlauf gefestigt. Durch die Vererbung von Vermögensmassen bleibt dieses Problem nicht auf eine Generation beschränkt, sondern pflanzt sich ständig fort. Deswegen wird Vermögenspolitik gelegentlich im Zusammenhang mit Reformbestrebungen im Bereich der Erbschaftsgesetze gesehen.[20]

Je ungleicher eine Vermögensart verteilt ist, desto stärker sind auch die Vermögenseinkünfte konzentriert. Beim Produktivvermögen handelt es sich um die Vermögensart der mit Abstand ausgeprägtesten Verteilungsdisparitäten.[21] Deshalb ist bei dieser Vermögensart die Gefahr der Institutionalisierung eines in sich stabilen sozioökonomischen Regelkreises, durch den die Konzentration weiter verstärkt wird, am größten. Diese Tendenz wird dadurch verstärkt, daß das Produktivvermögen die Verfügungsrechte über die Produktionsmittel vermittelt - eine Machtgrundlage, die zu Verteidigung und Ausbau des Besitzstandes genutzt werden kann.

Diese potentiellen Negativwirkungen einer hohen Produktivvermögenskonzentration signalisieren einen Korrekturbedarf. Politische Aktivitäten bestimmter Art sind aber nur dann zu befürworten, wenn ihr Grenznutzen mindestens so groß wie ihre Grenzkosten ist. Die Anwendung dieser Regel erfordert die Kenntnis und Bewertbarkeit von Nutzen und Kosten einer Maßnahme. Beides war in der vermögenspolitischen Realität der Vergangenheit nicht in ausreichendem Maße gegeben. Eine Beurteilung der bisherigen Effizienz der Vermögenspolitik soll an späterer Stelle vorgenommen werden.[22]

1.2.3. Verteilungspolitik - Vermögens- oder Einkommenspolitik ?

Ein zentrales Problem der Distributionspolitik liegt in der Definition des Aggregats, das Gegenstand der Verteilung sein soll. Sowohl Strom- als auch Bestandsgrößen kommen dafür in Betracht, also sowohl Einkommens- als auch Vermögenssarten. In einer Wirtschaftsverfassung, in der der Schutz des Eigentums (Art. 14 Abs. 1 GG)

---

20) F.D.P., Bundesvorstand, Freiburger Thesen der F.D.P. zur Gesellschaftspolitik, Bonn 1971, S. 41-58.
21) Vgl. Tab. 2.2, S. 56 und Abb. 2.4, S. 83 dieser Arbeit.
22) Vgl. Kap. 2.4., S. 62-75 dieser Arbeit.

einen überragenden Stellenwert besitzt, erscheint ein direkter, umfassender Eingriff in die Vermögensbestände mit interpersonaler Umverteilung nicht systemadäquat. Deshalb setzen verteilungspolitische Maßnahmen in der Bundesrepublik Deutschland meist am Vermögenszuwachs, nicht aber an den Vermögensbeständen der privaten Haushalte an. Ausnahmen bilden die Vermögen- und Erbschaftsteuer. Die Verteilungswirkungen dieser beiden direkten Vermögenssubstanzsteuern werden aufgrund hoher Freibeträge und einer systematischen Unterbewertung der die Bemessungsgrundlage darstellenden Vermögensbestände niedrig eingestuft.[23)]

Die wichtigsten verteilungspolitischen Maßnahmen beziehen sich nicht auf Bestands-, sondern auf Stromgrößen. Zu denken ist hier vor allem an die progressive Einkommensbesteuerung, die reichere Haushalte stärker als ärmere belastet. Auch die Vermögensbildungsgesetze sind dem Bereich der Einkommenspolitik zuzuordnen, da der Begünstigtenkreis nicht durch eine Vermögens-, sondern eine Einkommensgröße abgegrenzt wird und die Förderungsmittel in Form von Arbeitnehmer-Sparzulagen das laufende Einkommen erhöhen.

Durch die Vermögensbildungsgesetze sollen sowohl die Sparfähigkeit als auch der Sparwillen ärmerer Bevölkerungsgruppen verstärkt werden. Durch Förderungsmaßnahmen sollen die Begünstigten veranlaßt werden, Einkommensbestandteile in bestimmten Verwendungsformen anzulegen. Auf diese Weise sollen Vermögensbestände akkumuliert werden. Lediglich das Ziel der Förderungsmaßnahmen, nicht aber die verwandten Bemessungsgrundlagen und Instrumente rechtfertigen den Begriff Vermögenspolitik.

Die Anwendung der Vermögensbildungsgesetze erfordert einen aufwendigen Transferapparat. Es stellt sich die grundsätzliche Frage, ob nicht andere Formen der Verteilungspolitik, beispielsweise eine stärkere Einkommensteuerprogression und/oder höhere Grundfreibeträge, die Distributionsziele ebenso erfolgreich, aber zu geringeren Kosten erreichen können.

---

23) ROBERTS, Charles C., Verteilungstheorie und Verteilungspolitik, Köln 1980, S. 314.

Diesem Argument sind die spezifischen Vorzüge der Vermögensbildungspolitik gegenüber einer direkten Einkommensteuerpolitik entgegenzusetzen. Die Vermögensbildung induziert nicht nur eine Umverteilung, sondern ist zusätzlich in der Lage, die Verwendung der Mittel zu beeinflussen. Sie trägt dem Ziel Rechnung, die den Begünstigten in Form von Transfers zufließenden Gelder dem Konsum - wenigstens zeitweise - zu entziehen und der Ersparnis zuzuführen, wodurch die Vermögensbestände der Betroffenen unmittelbar tangiert werden. Außerdem erhält der vermögenswirksam Sparende Prämien oder Arbeitnehmer-Sparzulagen nur auf die von ihm und/oder von seinem Arbeitgeber für ihn bereitgestellten Sparbeträge. Die Leistung des Staates steht somit im unmittelbaren Zusammenhang zu einer Gegenleistung des Anlegers.

Damit hat die Vermögensbildung gleichzeitig einen "erzieherischen" Charakter: Indem der Begünstigte selbst die Früchte der Sparleistung sieht, erweckt oder verstärkt sich seine Sparbereitschaft. Die Vermögensbildung beeinflußt das Verhalten somit wesentlich stärker als rein einkommensteuerliche Maßnahmen und entspricht daher in stärkerem Maße dem Subsidiaritätsprinzip.

Der Hinweis auf die Vorteile einkommensteuerlicher Maßnahmen - niedrigerer Verwaltungsaufwand, stärkerer und besser dosierter Umverteilungseffekt durch progressive Tarifverläufe - sollte deshalb nicht Anlaß geben, vermögenspolitische Instrumente a priori als ineffizient zu verwerfen. Ein Erkennen der Schwachpunkte der Vermögensbildung sollte aber dazu veranlassen, diese zu vermeiden oder abzubauen.

1.3. Effiziente Haftkapitalallokation

1.3.1. Vermögenspolitik zur verbesserten Versorgung der Wirtschaft mit Eigenkapital ?

Die aktuelle vermögenspolitische Diskussion akzentuiert verstärkt die Art des zu bildenden Vermögens. Eine weitere Förderung des Geldvermögens wird vielfach als nicht mehr notwendig oder gar als verfehlt angesehen, da die Geldvermögensbestände der privaten

Haushalte - sowohl in der absoluten Höhe als auch in der Verteilung - als ausreichend angesehen werden.[24] Die Geldvermögensbestände erfüllen nach verbreiteter Auffassung die Vorsorge-, Sicherheits-, und Liquiditätsbedürfnisse der Anleger in so hohem Maße, daß auf eine weitere Förderung, die Mitnahmeeffekte und eine gewaltige Belastung der öffentlichen Haushalte verursacht, verzichtet werden solle, um stattdessen nur noch spezielle Vermögensarten nach gesamtwirtschaftlichen Kriterien zu fördern. Diese Aussagen sind noch zu überprüfen.[25]

Im Gegensatz zur Förderung der Geldvermögensbildung ist die Förderung von Wohneigentum und Produktivvermögen weitgehend unbestritten, da hiermit simultan vermögenspolitische und struktur- sowie wachstumspolitische Ziele erreicht werden können. Die Produktivvermögensbildung in den Händen breiter Bevölkerungsschichten könne bestehende Defizite in der Eigenkapitalausstattung der Unternehmen verringern und somit die Haftkapitalallokation verbessern. Neben einer Verifizierung der empirisch nachprüfbaren Elemente dieser Aussage und der Einführung einiger wichtiger Differenzierungen ist eine Überprüfung verschiedener Implikationen dieser Hypothese notwendig.

Eine Implikation besteht darin, daß das mit der Produktivvermögensbildungspolitik verbundene Subventions- und Transfersystem die Allokationsmechanismen am Kapitalmarkt nicht negativ beeinflußt. Der Allokationsprozeß, also "die Bedienung der Investitionsmöglichkeiten durch den jeweils besten Wirt", beruht auf den Preisrelationen der Investitions- und Finanzierungsalternativen. Unabhängig von der personellen Zuordnung der Verfügungsrechte - also der Vermögensverteilungssituation - kommt am vollkommenen, freien Markt stets eine effiziente Allokation zustande (Coase-Theorem).[26] Durch Subventionen und Transfers werden jedoch die Relativpreise

24) Vgl. FRANKFURTER INSTITUT FÜR WIRTSCHAFTSPOLITISCHE FORSCHUNG E.V., Vermögensbeteiligung: Staatliche Förderung überflüssig, Argumente zur Wirtschaftspolitik, Nr. 6, Oktober 1986, Bad Homburg; TENHOF, Dieter, Die beste Sparförderung wäre eine Steuersenkung, in: Handelsblatt, Nr. 211, 45. Woche, 3.11.1986, S. 6.

25) Vgl. Kap. 2.3. und 2.4., S. 50-75 dieser Arbeit.

26) WEGEHENKEL, Lothar, Coase-Theorem und Marktsystem, Tübingen 1980, S. 27.

verändert und somit der Marktmechanismus gestört. Die vermögenspolitischen Förderungsmaßnahmen dienen nicht nur der Minderung von Verteilungsungerechtigkeiten, sondern haben einen Sekundäreffekt. Sie lenken anlagebereites Kapital in die geförderten Sparformen, unabhängig davon, ob diese Anlageformen unsubventioniert am Markt bestehen könnten. Beteiligungsunternehmen können sich beispielsweise bei ihrer Belegschaft aufgrund der staatlichen Förderung der Beteiligung häufig zu niedrigeren Kosten finanzieren als bei Banken oder am Kapitalmarkt. Im Grenzfall können Investitionsprojekte, deren interne Rendite für eine Finanzierung am Kapitalmarkt zu niedrig ist, durch die Subventionen realisiert werden. Bei beschränkten Ressourcen werden damit gleichzeitig effizientere Einsatzmöglichkeiten des Kapitals verdrängt.

Trotz der grundsätzlichen Problematik der Wirkung von Subventionen und Transfers auf den Kapitalmarkt läßt sich der Einsatz bestimmter, gezielter Förderungsmaßnahmen auch unter dem Allokationsaspekt rechtfertigen, wenn sich negative Externalitäten nachweisen und, wenn möglich, quantifizieren lassen. Der Einsatz dieser Instrumente hat nämlich die Aufgabe, bereits bestehenden Funktionsstörungen des Marktes entgegenzuwirken. Der weitgehende Ausschluß von institutionalisierten Märkten für Eigenkapital bedeutet für die kleinen und mittleren Unternehmen einen Wettbewerbsnachteil, der auch durch die Förderung der Produktivkapitalbereitstellung durch private Haushalte abgemildert werden kann. Allerdings ist zu fragen, ob es nicht wiederum die börsennotierten Großunternehmen sind, die am meisten von der Förderung des Produktivkapitalsparens profitieren, da diese Unternehmen Kapitalbeteiligungen am kostengünstigsten anbieten können. Um die Wettbewerbsnachteile nicht emissionsfähiger Unternehmen zu senken, erscheinen Maßnahmen zum Abbau von Marktzutrittshemmnissen, beispielsweise durch die Institutionalisierung von Beteiligungsgesellschaften oder neuer Kapitalmarktsegmente, konzeptionell besser geeignet als Subventionsmaßnahmen.

Fiskalische Maßnahmen sollten, da negative Schattenwirkungen unvermeidlich sind, nicht zur Erreichung des Allokationsziels eingesetzt werden, sondern der Verteilungspolitik vorbehalten bleiben.

Eine verteilungsorientierte Produktivvermögensbildungspolitik, die die Kapitalanlage in direkten und indirekten Beteiligungsmodellen fördert, kann in denjenigen Wirtschaftsbereichen zu einer besseren Kapitalausstattung führen, die durch die institutionellen Hemmnisse besonders stark betroffen sind. Dies ist insbesondere der Fall bei kleinen, jungen und innnovativen Unternehmen, die keinen Zutritt zu den organisierten Märkten für Eigenkapital haben.

Die Hypothese unterstellt weiterhin, daß eine direkte Anlage von Ersparnissen im Produktivkapital Mängel der derzeitigen Kapitalallokation beseitigen könne. Neu gebildetes Vermögen legen private Haushalte derzeit zu einem erheblichen Teil im Bereich des Geldvermögens an. Die von Anfang der siebziger bis Anfang der achtziger Jahre nach dem Vermögensbildungsgesetz jährlich angelegten 10 Mrd. DM flossen zu 96 % in Geldvermögensanlagen - hierunter 28 % zu Bausparkassen und 20 % zu Lebensversicherungen -, hingegen wurden nur 2 % zum Bau und zur Entschuldung von Wohneigentum und nur weitere 2 % zur Anlage in Produktivvermögen verwandt. Nach Angaben der DEUTSCHEN BUNDESBANK flossen selbst im börsenfreundlichen Jahr 1985 von der gesamten Geldvermögensbildung in Höhe von 127,4 Mrd. DM lediglich 3,5 Mrd. oder 2,7 % in Aktienanlagen, jedoch über 100 Mrd. DM zu den Finanzinstituten des Kreditsektors.[27)]

Diese enormen Mittelzuflüsse wurden von den Kreditinstituten mit großer Professionalität, Erfahrung, hoher Verhandlungsmacht und unter Ausnutzung eines hohen Informationsniveaus an den Unternehmenssektor weitergegeben. Es ist nicht einsichtig, daß private Sparer bei einer Direktanlage in Produktivvermögen zu einer besseren Allokation dieser Kapitalressourcen in der Lage sein sollten als Kreditinstitute. Es läßt sich auch nicht belegen, daß Kreditinstitute oder Versicherungen prinzipiell eine geringere Risikofreudigkeit bei der Auswahl ihrer Anlagen besitzen als Privatanleger. Aufgrund der großen Anlagevolumina, die institutionellen Anlegern zur Verfügung stehen, besitzen sie in erheblich größerem Maße als Privathaushalte die Möglichkeit, durch Diversifikation hoher Einzelrisiken von Unternehmensbeteiligungen das Gesamtrisiko

27) DEUTSCHE BUNDESBANK, Monatsberichte, 38. Jg., Heft 5/1986, S. 21.

niedrig zu halten. Allerdings behindern und erschweren eine Reihe institutioneller Hemmnisse, beispielsweise die Liquiditätserfordernisse des Kreditwesengesetzes und die mangelnde Fungibilität risikotragender Unternehmensbeteiligungen, eine Transformation von Geldvermögensanlagen in Eigenkapitalbeteiligungen. Außerdem ist in der Praxis der Kapitalvergabe durch Banken häufig ein auf dingliche Sicherheiten und feste Zahlungsströme orientiertes Denken zu beobachten, so daß die Kreditinstitute zur Bereitstellung haftenden, risikotragenden Eigenkapitals wenig beitragen.[28] Auch bei sehr guten Gewinnaussichten scheitert eine Beteiligungsfinanzierung häufig aufgrund einer zu kurzen Unternehmensgeschichte, fehlender Sicherheiten oder einer mangelnden Haftkapitalbasis an den konservativen Kapitalvergabekriterien der Finanzinstitute.

Insbesondere im Bereich der Innovationsfinanzierung und der Risikokapitalversorgung kleiner und mittlerer Unternehmen bestehen Kapitalmarkthemmnisse. Es ist zu prüfen, ob durch bestimmte Ausprägungen der überbetrieblichen Vermögensbeteiligung diese Markthemmnisse überwunden oder gemildert werden können.[29] Zu diesem Zweck wird ein neo-institutioneller Theorieansatz angewandt, der die grundsätzlichen Probleme der Beteiligungsfinanzierung zwischen Unternehmen, Beteiligungsgesellschaften und Anlegern darzustellen versucht und dabei im Gegensatz zur klassischen Kapitalmarkt-Theorie explizit informationsökonomische Probleme in den Vordergrund stellt. Aus den theoretischen Erkenntnissen werden als praxisrelevant anzusehende Gestaltungshinweise abgeleitet.

1.3.2. Entwicklung der Eigenkapitalausstattung deutscher Unternehmen

Eine Vielzahl wirtschaftspolitischer Maßnahmen und auch die Akzentuierung der Vermögensbildung auf das Produktivkapital verfolgen das Ziel, die Eigenkapitalausstattung der Unternehmen zu verbes-

---

28) GERKE, Wolfgang, Die Rolle von Kapitalbeteiligungsgesellschaften und Kreditinstituten bei der Technologiefinanzierung - Innovationsbörse Berlin, in: Venture Capital für junge Technologieunternehmen - Workshop '83, hrsg. v. HEILMAYR, Eduard, Haar bei München 1983, S. 25-34, hier S. 27-29.

29) Vgl. Kap. 3.1., S. 100-137 dieser Arbeit.

sern. Das haftende Eigenkapital der Unternehmen nimmt aus wirtschaftspolitischer Sicht eine Schlüsselstellung ein, da es in seiner Funktion als Krisenpolster, als Machtgrundlage, aber auch als Bestimmungsfaktor des Fremdfinanzierungspotentials unternehmerische Handlungsspielräume vermittelt, die Insolvenzanfälligkeit senkt und die Investitionsmöglichkeiten - insbesondere im Falle innovativer, chancen- und risikoreicher Projekte - steigert. Die Eigenkapitalausstattung determiniert, gemeinsam mit anderen Faktoren, die Wettbewerbsfähigkeit der Unternehmen[30] und beeinflußt somit auch die Erreichung der gesamtwirtschaftlichen Ziele Wachstum und Beschäftigung.

Die Eigenkapitalausstattung der deutschen Wirtschaft hat sich in den letzten Jahrzehnten erheblich verringert. Die von der Bundesbank ermittelte durchschnittliche Eigenmittelquote ist mit 18,2 % im Jahre 1984 auf rund 60 % des Standes von 1965 gesunken. Erst in den letzten Jahren hat sich die Eigenkapitalquote etwas erholt, liegt mit 19,5 % (1987) aber immer noch weit unter dem Niveau der 60er und 70er Jahre. Die neuerliche Trendwende ist vor allem auf eine gestiegene Eigenfinanzierungskraft zurückzuführen, die wiederum auf der konjunkturellen Erholung der letzten Jahre basiert. Als weiterer positiver Aspekt ist bei der Vornahme des Zeitvergleichs zu berücksichtigen, daß die Unternehmen Risikovorsorge auch durch Bildung von Rückstellungen betrieben haben, deren Anteil an der Bilanzsumme seit Mitte der 70er Jahre um mehr als 7 Prozentpunkte gestiegen ist.[31]

Gelegentlich wird behauptet, besonders im internationalen Vergleich wäre die deutsche Eigenkapitalquote zu gering, was zu Wettbewerbsnachteilen der deutschen Unternehmen führen würde.[32] Im Betrachtungszeitraum schwankte die Eigenkapitalquote beispielsweise

30) GERKE, Wolfgang, Die Verbesserung der Wettbewerbsfähigkeit durch Bereitstellung von Risikokapital, in: WiSt, 14. Jg., 7/1985, S. 359-362.
31) DEUTSCHE BUNDESBANK, Monatsberichte, 39. Jg., Heft 11/1987, S. 18.
32) Z.B. GRUHLER, Wolfram, Unternehmensrenditen und Eigenkapitalausstattung im internationalen Vergleich, in: Die Aktiengesellschaft, 29. Jg., 1984, S. 100-106.

in Großbritannien zwischen 45 und 50 %, in den USA zwischen 53 und 60 %.[33] Diese Argumentation ist jedoch nicht zutreffend, da nach

Abb. 1.2: Eigenmittelquoten

der deutschen Unternehmen (1965-1987)

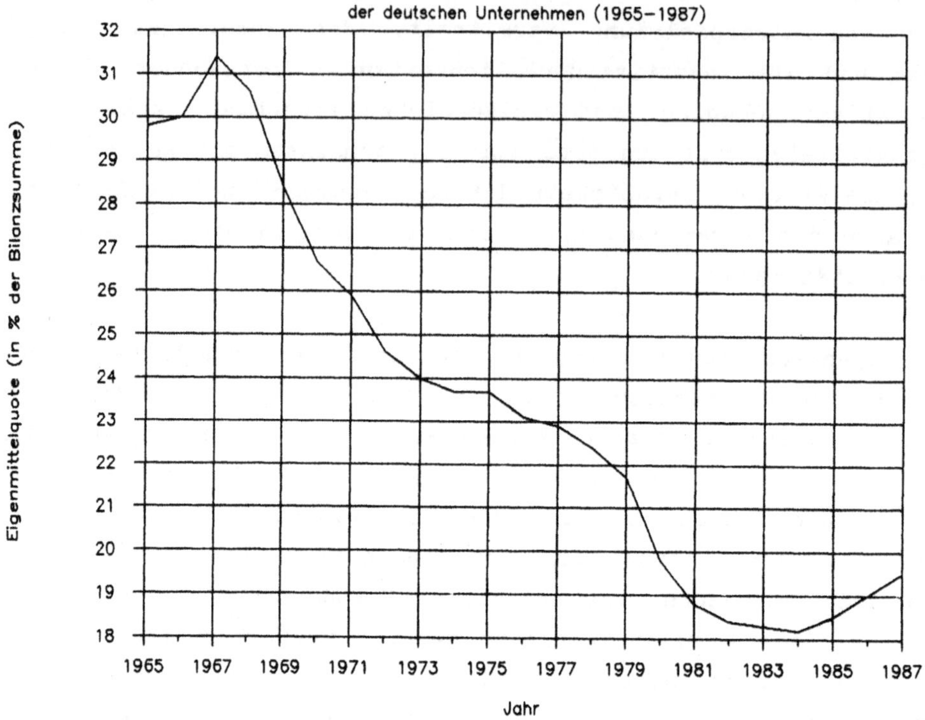

Bemerkung: Ab 1980 statistische und methodische Änderungen; für 1980 beträgt die Eigenmittelquote nach der bis 1979 gültigen Berechnungsmethode 20,9 %.

Quelle: DEUTSCHE BUNDESBANK, Jahresabschlüsse der Unternehmen in der Bundesrepublik Deutschland 1965 - 1981, Sonderdrucke der Deutschen Bundesbank, Nr. 5, 3. Auflage, September 1983, S. 14-19; Dieselbe, Monatsberichte, Novemberhefte verschiedener Jahrgänge.

den deutschen Bilanzierungsvorschriften in großem Maße stille Reserven gebildet werden, die in den USA oder Großbritannien als Eigenkapital offen ausgewiesen werden. Die Bilanzierung unterscheidet sich vor allem in Ansatz und Bewertung des immateriellen Anlagevermögens, in der Neubewertung des nicht abnutzbaren Sachanlagevermögens, in der Equity-Methode bei der Bilanzierung assoziierter Unternehmen, in der Fifo-Bewertung des Vorratsvermögens und in

33) FRITSCH, Ulrich, Die Eigenkapitallücke in der Bundesrepublik, Köln 1981, S. 28.

unterschiedlichen Abschreibungsmethoden.[34] Außerdem werden in der Bundesrepublik Pensionsrückstellungen - wenn überhaupt - als Fremdkapital bilanziert, während in den USA und Kanada der Pensionsaufwand an externe Pensionsfonds gezahlt und in Form von Beteiligungskapital zu einem erheblichen Teil in den Unternehmenssektor zurückfließt. Nach Proberechnungen[35] würden bei gleicher Bilanzierung die Eigenkapitalquoten in Deutschland 31 %, in Großbritannien 32 % und in den USA 42 % betragen.

Die Erhebungen der Bundesbank erlauben eine nach Branchen, Rechtsformen und Unternehmensgrößenklassen differenzierte Betrachtung der Eigenmittelquoten deutscher Unternehmen. Beispielsweise wurde ermittelt, daß bei allen Rechtsformen die Eigenkapitalausstattung mit wachsender Umsatzgröße steigt.[36] Kleine Unternehmen leiden in stärkerem Maße unter Eigenkapitalmangel als Großunternehmen.

Die Untergliederung nach Rechtsformen (Tab. 1.1) zeigt, daß Kapitalgesellschaften im Durchschnitt über eine deutlich höhere Eigenkapitalquote verfügen als Personengesellschaften und Einzelkaufleute. Bei allen Rechtsformen ist jedoch die Entwicklungsrichtung der Eigenkapitalquote gleich. Auch innerhalb der Rechtsformen differieren die Eigenmittelquoten stark. 30 % der Personen- und Kapitalgesellschaften haben eine Eigenmittelquote, die unter 4,2 % bzw. 4,7 % liegt, bei Einzelkaufleuten haben sogar über 30 % eine negative Eigenkapitalquote.[37] Von der niedrigen Haftkapitalausstattung sind insbesondere das Baugewerbe und der Einzelhandel betroffen.[38]

---

34) PERLITZ, Manfred, KÜPPER, Herbert, Die Eigenkapitalausstattung von Unternehmen. Besteht eine Eigenkapitallücke? in: WiSt 14. Jg., 10/1985, S. 505-512, hier S. 510 und 511.

35) PERLITZ, Manfred, KÜPPER, Herbert, LÖBLER, Helge, Vergleich der Eigenkapitalausstattung deutscher, US-amerikanischer und britischer Unternehmen, in: Zeitschrift für Unternehmens- und Gesellschaftsrecht, 1985, S. 16-49.

36) DEUTSCHE BUNDESBANK, Monatsberichte, 37. Jg., Heft 11/1985, S. 21.

37) Ebenda, S. 17. Eine negative Eigenkapitalquote entsteht durch die Bildung der Differenz von ausgewiesenen Verlustvorträgen und bilanziertem Eigenkapital einschließlich Rücklagen.

38) DEUTSCHE BUNDESBANK, Jahresabschlüsse der Unternehmen in der Bundesrepublik Deutschland 1965-1981, Sonderdrucke der Deutschen Bundesbank, Nr. 5, 3. Aufl., Sept. 1983.

Tab. 1.1: Eigenmittelquoten der deutschen Unternehmen nach Rechtsformen				
Jahr	alle	Kapitalgesellschaften	Personengesellschaften	Einzelkaufleute
1972	24.6	28.9	20.0	20.7
1974	23.7	28.0	18.7	18.9
1976	23.1	27.1	18.3	18.4
1978	22.4	26.6	17.6	17.5
1980	20.9	25.1	15.1	13.5

Quelle: Jahresabschlüsse der Unternehmen in der Bundesrepublik Deutschland 1965-1981, Sonderdrucke der Deutschen Bundesbank, Nr. 5, 3. Aufl., Sept. 1983, S. 14-19.

Die Aussagefähigkeit der Eigenmittelquote ist aufgrund statistischer Erhebungsprobleme beschränkt. Die ermittelten Werte beziehen sich lediglich auf die der Bundesbank auskunftpflichtigen 63.000 (1983) diskontfähigen Unternehmen. Da die große Zahl nicht erfaßter kleiner Unternehmen vermutlich[39] besonders geringe Eigenkapitalquoten aufweisen, sind die Durchschnittswerte eher zu hoch angesetzt. Andererseits ist die ausgewiesene Eigenkapitalquote geringer als es den wirtschaftlichen Gegebenheiten entspricht, da bei Einzelfirmen und Personengesellschaften nur das bilanzierte Betriebsvermögen, nicht aber das ebenfalls für Verbindlichkeiten haftende Privatvermögen der Inhaber berücksichtigt wurde. Durch die Möglichkeit offener und verdeckter Gewinnentnahmen ist die Eigenkapitalquote bei Personengesellschaften und Einzelkaufleuten in besonders geringem maße aussagefähig. Der Unternehmer wird aus steuerlichen Gründen nicht mehr Eigenkapital bilanzieren, als ihm in einer gegebenen Situation wirtschaftlich erforderlich erscheint. Die Eigenmittelquoten lassen das Haftungs- und Wachstumspotential im Unternehmen nicht erkennen.

39) Unterstellt wird, daß der festgestellte Zusammenhang zwischen Unternehmensgröße und Eigenkapitalquote auch für die nicht erfaßten Unternehmen gilt.

Trotz der Schwierigkeiten bei der Interpretation der absoluten Höhe der Eigenmittelquote sind wichtige Globaltrends nicht zu übersehen. Die im langfristigen Zeitvergleich niedrige Eigenkapitalausstattung der deutschen Unternehmen läßt auf eine zu geringe finanzielle Absicherung gegenüber unternehmerischen Risiken schließen. Wirtschaftspolitische Aktivitäten zur Senkung der Krisenanfälligkeit der Unternehmen sind deshalb angezeigt.

1.4. Simultane Zielerreichung mit Hilfe überbetrieblicher Beteiligungsgesellschaften

Im Mittelpunkt der folgenden Kapitel soll die Frage stehen, ob mit dem Einsatz bestimmter spezifischer Ausgestaltungen überbetrieblicher Beteiligungsgesellschaften eine simultane Erreichung der diskutierten Globalziele partnerschaftliche Integration, Produktivvermögensdekonzentration und effiziente Haftkapitalallokation möglich ist. Die Verwendung des Terminus Beteiligungsgesellschaft als Oberbegriff verschiedener Ausprägungen einer bestimmten Gattung von Finanzintermediären geht auf eine lange Tradition zurück. LIEFMANN prägte den Begriff schon im Jahre 1909[40] und gliederte die Beteiligungsgesellschaften funktional in drei Gruppen:

- *Kapitalanlagegesellschaften*, die "anlagesuchenden Kapitalien die Beteiligung an höher rentierenden aber riskanteren Unternehmungen ermöglichen, ohne eine Vergrößerung des Risiko, wie es bei direkter Anlage vorhanden wäre".[41]

- *Effektenübernahmegesellschaften*, "die das Publikum zur Kapitalbeschaffung für Unternehmungen heranziehen, deren Effekten aus tatsächlichen oder rechtlichen Gründen nicht direkt an dasselbe emittiert werden können. Zur Übernahme derartiger Effekten werden besondere Gesellschaften gegründet, die ihrerseits ihre ei-

40) LIEFMANN, Robert, Beteiligungs- und Finanzierungsgesellschaften, eine Studie über den modernen Kapitalismus und das Effektenwesen, Jena 1909.
41) Derselbe, Beteiligungs- und Finanzierungsgesellschaften, 4. Aufl., Jena 1923, S. 94.

genen Effekten, Aktien und Obligationen an das Publikum bringen."[42]

- *Kontrollgesellschaften* (Holding Companies)[43], die Effekten verschiedener Unternehmungen mit dem Ziel erwerben, einen Einfluß auf die so zusammengefaßten Unternehmen zu gewinnen, und sich durch Ausgabe eigener Aktien refinanzieren.

Diese Unterscheidung besitzt auch gegenwärtig noch Gültigkeit, läßt sich jedoch mit Hilfe heutiger Bezeichnungen näher spezifizieren.

- *Investmentgesellschaften* unterliegen dem Gesetz über Kapitalanlagegesellschaften[44] und erwerben nach dem Grundsatz der Risikomischung börsennotierte Aktien (*Aktienfonds*), Schuldverschreibungen (*Rentenfonds*) oder - bis zu einer Höhe von 30 Prozent des Fondvermögens - stille Beteiligungen deutscher nicht börsennotierter Unternehmen (*Beteiligungs-Sondervermögen*). Das Vermögen der 1399 deutschen Fonds betrug im Juni 1988 über 170 Milliarden DM.[45] Aufgrund der noch neuen Rechtsgrundlage[46] und noch schwebender Bewertungsrichtlinien[47] erfolgte eine Aufnahme der Geschäfte von Beteiligungs-Sondervermögen bisher nicht.

- Kennzeichnend für *Kapitalbeteiligungsgesellschaften* ist, daß sie Beteiligung an nicht emissionsfähigen Unternehmen eingehen, ohne ein Beherrschungsmotiv zu besitzen.[48] Unter diesem Begriff sind

---

42) Ebenda.
43) Ebenda.
44) GESETZ ÜBER KAPITALANLAGEGESELLSCHAFTEN (KAGG) in der Fassung der Bekanntmachung vom 14. Januar 1970, BGBl. I, S. 127 ff., zuletzt geändert durch das 2. Vermögensbeteiligungsgesetz vom 19.12.1986.
45) DEUTSCHE BUNDESBANK, Statistische Beihefte zu den Monatberichten, Reihe 2, Wertpapierstatistik, Heft 8/1988, S. 48. Die angegebenen Werte umfassen alle Publikums- und Spezialfonds einschließlich offener Immobilienfonds.
46) Die Erweiterung des Gesetzes über Kapitalanlagegesellschaften um die Vorschriften über Beteiligungssondervermögen wurde im Rahmen des 2. Vermögensbeteiligungsgesetzes vorgenommen. Die Regelungen traten am 2. Januar 1987 in Kraft. Vgl. ZWEITES GESETZ ZUR FÖRDERUNG DER VERMÖGENSBILDUNG DER ARBEITNEHMER DURCH KAPITALBETEILIGUNGEN (2. Vermögensbeteiligungsgesetz) vom 19. Dezember 1986, BGBl. I, S. 2595 ff., hier S. 2605-2608.
47) Vgl. Kap. 3.3.2., S. 158-169 dieser Arbeit.
48) Vgl. ROESNER, Günter, Möglichkeiten und Grenzen einer Verbesserung der Eigenkapitalausschüttung kleiner und mittlerer Unternehmungen mit Hilfe von

Venture Capital-Gesellschaften, öffentliche und erwerbswirtschaftliche Kapitalbeteiligungsgesellschaften, sowie Unternehmensbeteiligungsgesellschaften subsummiert, wobei eine klare Abgrenzung zwischen diesen Typen nicht möglich ist.

Charakteristisches Merkmal einer *Venture Capital-Gesellschaft* ist ihr Engagement in jungen innovativen Unternehmen. Idealtypisches Kennzeichen dieser Form von Kapitalbeteiliungsgesellschaften sind Synergieeffekte, die dadurch entstehen, daß der Financier nicht nur sein Kapital, sondern auch sein betriebswirtschaftliches Know How in das Beteiligungsunternehmen mit einbringt. Die Beteiligung erzeugt für die Venture Capital-Gesellschaft Anreize, die betriebswirtschaftliche Betreuung mit hoher Sorgfalt durchzuführen. Die Finanzierung ist ertragreicher, sicherer und damit für den Kapitalgeber auch attraktiver, wenn die finanzierte Unternehmung sachgerecht und bedarfsgerecht beraten und betreut wird. In der Praxis der Venture Capital-Finanzierung hat der Financier die nötigen Informationen und Eingriffsmöglichkeiten, um den Kapitalnehmer zu kontrollieren und bei Bedarf auch zu disziplinieren.[49]

Öffentliche und erwerbswirtschaftliche Kapitalbeteiligungsgesellschaften sind zum größten Teil in Bankenbesitz und bieten somit Privatanlegern meist keine Anlagemöglichkeiten.

Die *Unternehmensbeteiligungsgesellschaft* ist der einzige gesetzlich geregelte Typ von Kapitalbeteiligungsgesellschaften.[50] Gesetzliche Grundlage ist das Gesetz über Unternehmensbeteili-

---

erwerbwirtschaftlich ausgerichteten Kapitalbeteiligungsgesellschaften, Diss. Frankfurt 1968, S. 74; HAX, Karl, Kapitalbeteiligungsgesellschaften zur Finanzierung kleiner und mittlerer Unternehmungen, Köln-Obladen 1969; GERKE, Wolfgang, Kapitalbeteiligungsgesellschaften - ihre Problematik und ihre gesetzliche Regelung, Frankfurt-Zürich 1974; FREYER, Eckhard, Die Kapitalbeteiligungsgesellschaft als Instrument der Wirtschaftspolitik, Diss. Frankfurt 1981; BEYEL, Jürgen, Kapitalbeteiligungsgesellschaften in der Bundesrepublik Deutschland, in: Der Langfristige Kredit, 38. Jg., Heft 20/1987, S. 657-660.

49) SCHMIDT, Reinhard H., Venture Capital in Deutschland - ein Problem der Qualität? in: Die Bank, Heft 4/1988, S. 184-188, hier S. 184.

50) Im einzelnen vgl. Kap. 3.2., S.137-153 dieser Arbeit.

gungsgesellschaften (UBGG)[51], das Anfang 1987 in Kraft trat. Unternehmensbeteiligungsgesellschaften sind Aktiengesellschaften, deren Anteile prinzipiell als Anlagemöglichkeit für ein breites Publikum geeignet sind.

Nach Branchenerhebungen existierten Ende 1987 in der Bundesrepublik 8 Spezialgesellschaften für öffentlich geförderte Beteiligungen und 52 sonstige Kapitalbeteiligungsgesellschaften inklusive Venture Capital- und Unternehmensbeteiligungsgesellschaften, die in 1583 Minderheitsbeteiligungen an mittelständischen Unternehmen 1592 Mio DM investiert hatten.[52]

- Bei *Holdinggesellschaften* steht gegenüber den erstgenannten beiden Gruppen das Beherrschungsmotiv im Vordergrund der geschäftspolitischen Aktivitäten. Dies hat eine Aufgabe der wirtschaftlichen Selbständigkeit der Beteiligungsunternehmen zur Folge. Diese Form von Beteiligungsgesellschaften wird im Rahmen dieser Arbeit nicht näher betrachtet.

Als neue Formen von Beteiligungsgesellschaften stehen die Beteiligungs-Sondervermögen von Kapitalanlagegesellschaften und die Unternehmensbeteiligungsgesellschaften im Mittelpunkt des Interesses, da sie neue Wege zur Erreichung der Ziele einer überbetrieblichen Vermögensbeteiligung eröffnen. Grundsätzlich sind auch die von Gewerkschaftsseite geforderten Branchen- oder Tariffonds in Form dieser Beteiligungsgesellschaften vorstellbar.

Das Aufdecken von Stärken und Schwächen dieser Ausprägungen von Beteiligungsgesellschaften dient der Entwicklung von Verbesserungs- und Ergänzungsvorschlägen sowohl für die zu schaffenden Rahmenbedingungen als auch für eine geeignete Geschäftspolitik überbetrieblicher Beteiligungsinstitutionen.

---

51) GESETZ ÜBER UNTERNEHMENSBETEILIGUNGSGESELLSCHAFTEN (UBGG) vom 17. Dezember 1986, BGBL. I, 1986, S. 2488-2495.

52) Erhebung der WESTDEUTSCHEN KAPITALBETEILIGUNGSGESELLSCHAFT MBH, Schreiben von 17.9.1988 an den Verfasser.

Während das Passivgeschäft von Beteiligungsgesellschaften vermögenspolitische Zielbeiträge erbringen soll, dient das Aktivgeschäft der Verbesserung der Kapitalallokation. Dabei handelt es sich bei beiden Bereichen, ähnlich wie bei Kreditinstituten, um eigenständige Geschäftssparten, die jeweils eigene geschäftspolitische Zielvorgaben und Steuerungsinstrumente benötigen und eigene Beiträge zum Geschäftsergebnis erbringen. Nur bei speziellen Geschäften, z.B. der Organisation einer indirekten Mitarbeiterbeteiligung für ein Unternehmen,[53] sind Aktiv- und Passivgeschäfte unmittelbar aneinander gekoppelt, wenn die von den Mitarbeitern in der Beteiligungsinstitution angelegten Mittel aufgrund eines Vertrags sofort wieder in Form einer Beteiligung an das arbeitgebende Unternehmen zurückfließen.

Der Grad der Unabhängigkeit zwischen Aktiv- und Passivgeschäft hängt von der Fähigkeit der Beteiligungsgesellschaft ab, Transformationsleistungen zu erbringen. Je stärker sie in der Lage ist, angelegte Mittel von risikoaversen privaten Vermögensanlegern unter Berücksichtigung deren Losgrößen-, Liquiditäts- und Renditebedürfnissen in risikobehaftete Unternehmensbeteiligungen umzuwandlen, desto größer kann ihr Beitrag zur Verbesserung der Allokation von Kapitalressourcen und zur Innovationsfinanzierung sein. Deshalb sind die Determinanten der so verstandenen Leistungsfähigkeit von Beteiligungsgesellschaften näher zu beleuchten.

Bei Kenntnis der Leistungsfähigkeit dieser Kapitalmarktinstitutionen läßt sich auf das Erreichungspotential der gesamtwirtschaftlichen Ziele Vermögensdistribution und Kapitalallokation schließen. Die Größenordnung der gesamtwirtschaftlichen Effekte hängt von der Akzeptanz des Leistungsangebots bei Anlegern und Beteiligungsunternehmen ab. Daher stellt die Untersuchung der auf beiden Marktseiten akzeptanzbeeinflussenden Faktoren eine wesentliche Grundlage für die Abschätzung der Effekte dar.

Die folgende Abbildung verdeutlicht die Funktion der Beteiligungsgesellschaft als Intermediär zwischen Anlegern und Unternehmen.

---

53) Vgl. Kap. 5.3.5., S. 375-379 dieser Arbeit.

Abb. 1.3: Grundmodell der überbetrieblichen Vermögensbeteiligung

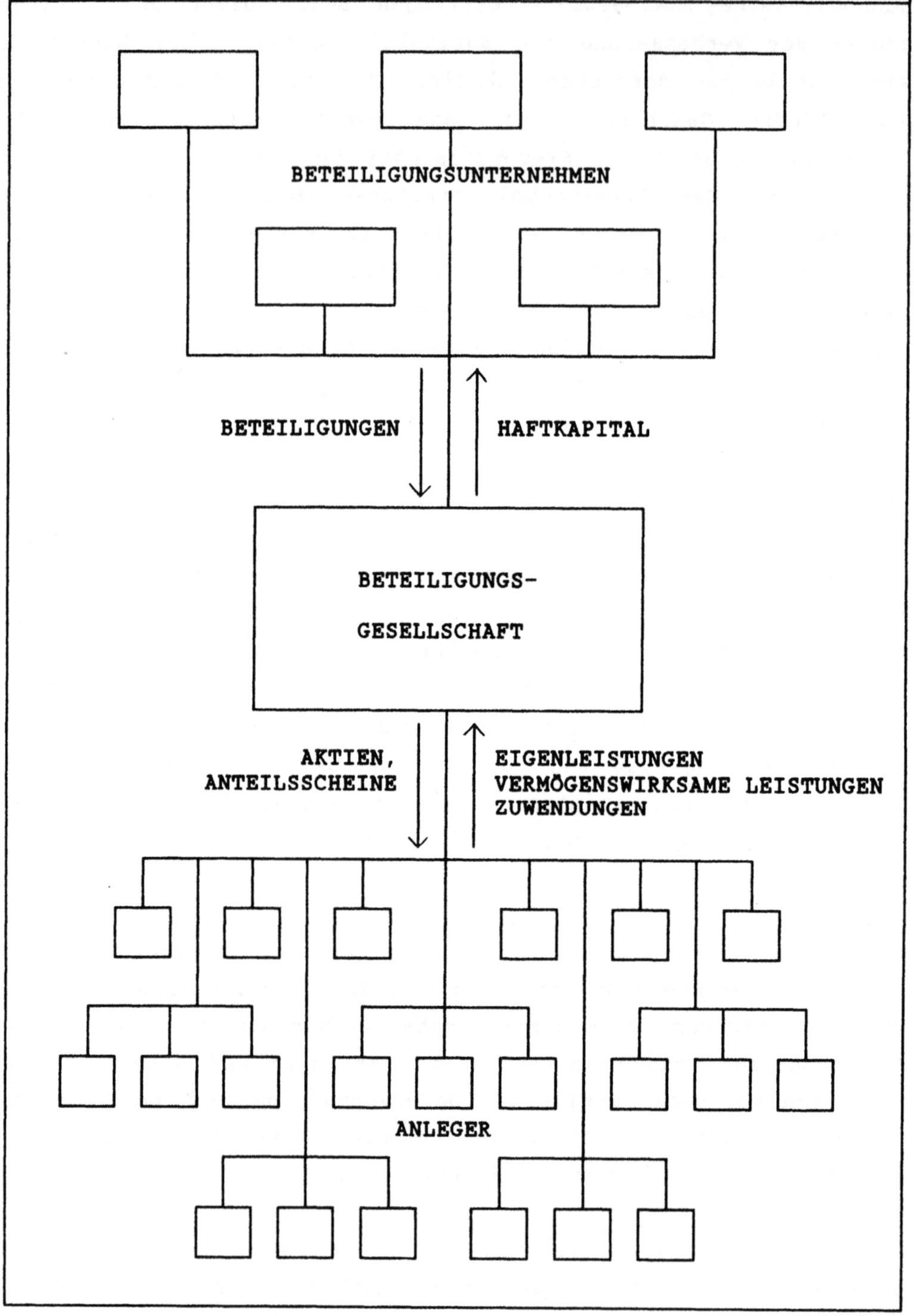

Bei der Konstruktion der Rahmenbedingungen für die Beteiligungsgesellschaft hat der Gesetzgeber vor allem die Aufgabe, Handlungsrahmen und Handlungsanreize für die betroffenen Individuen (Beteiligungsinstitutionen, Beteiligungsunternehmen, Anleger) in der Weise zu setzen, daß das individuelle, mikroökonomische Verhalten den übergeordneten gesamtwirtschaftlichen Intentionen entspricht. Dabei sind nicht nur die vermögens-, struktur- und wachstumspolitischen Ziele, sondern auch die auf der Metaebene befindlichen sozialpolitischen Zielelemente zu berücksichtigen.

1.5. Zwischenergebnis

Mit der Beteiligung am Produktivvermögen kann ein ganzes Bündel wirtschafts- und gesellschaftspolitischer Ziele errreicht werden. Hinsichtlich der Ziele Abbau verkrusteter Konfliktstrukturen, gleichmäßigerer Verteilung des Produktivvermögens und verbesserter Zufuhr von Eigenkapital in den Unternehmenssektor wurden die Voraussetzungen, die Ausgangslage und die Wirkungskänale zur Zielerreichung diskutiert. Gleichzeitig wurden verschiedene Formen der Produktivvermögensbeteiligung unterschieden.

Die betriebliche Beteiligung eignet sich besonders zur Hervorhebung des Partnerschaftsgedankens, zur Identifikation der Mitarbeiter mit dem Betrieb, zur Entwicklung von Kostenbewußtsein und Motivation der Mitarbeiter, zur Senkung der Fluktuation und erschließt vor allem Klein- und Mittelbetrieben neue Finanzierungsquellen. Bei der direkten betrieblichen Beteiligung wirkt sich vorteilhaft aus, daß der Mitarbeiter das Unternehmen, in dem er sein Geld investiert, sehr gut kennt. Dies erhöht die Bereitschaft zum Erwerb risikotragender Titel. Die direkte Beteiligung ist primär als ein unternehmenspolitisches, insbesondere finanzwirtschaftliches und personalpolitisches Instrument zu betrachten, während vermögenspolitische Effekte eher als erwünschtes Nebenprodukt abfallen.

Die Beurteilung der indirekten betrieblichen Beteiligung ist weitgehend identisch. Die Zwischenschaltung einer betrieblichen Beteiligungsgesellschaft zwischen Mitarbeiter und Beteiligungsunternehmen erfolgt meist nur zur Vermeidung verschiedener steuerlicher und verwaltungstechnischer Nachteile von direkten Beteiligungen bei bestimmten Rechtsformen, insbesondere der GmbH und KG.

In den folgenden Kapiteln dieser Arbeit steht die überbetriebliche Produktivvermögensbeteiligung im Zentrum des Interesses. Sie ist durch die Existenz einer überbetrieblichen Beteiligungsgesellschaft gekennzeichnet, die Beteiligungen im Unternehmenssektor erwirbt und sich mittels von ihr emittierter Finanztitel mit privaten Anlagemitteln finanziert. Die überbetriebliche Produktivvermögensbeteiligung geht insofern über die Mitarbeiterkapitalbeteiligungsmodelle konzeptionel hinaus, als daß sie grundsätzlich auch Nichterwerbstätigen eine (staatlich geförderte) Beteiligung am Produktivvermögen ermöglicht, Arbeitsplatz- und Kapitalrisiken voneinander trennt und ein nach Diversifikationsgesichtspunkten zusammengestelltes risikoreduziertes Beteiligungsportefeuille unterhält.

Die bei der betrieblichen Beteiligung zu verzeichnende Kumulation von Kapital- und Arbeitsplatzrisiko tritt bei überbetrieblichen Beteiligungen nicht auf. Die Beteiligungsgesellschaft emittiert diversifizierte Finanztitel, und stellt alle Beteiligten - unabhängig davon, welchem Betrieb sie angehören, oder ob sie überhaupt erwerbstätig sind - in ihren Ansprüchen gleich. Eine überbetriebliche Vermögensbeteiligung hat keinen nennenswerten positiven Einfluß auf personalpolitische Ziele der Beteiligungsunternehmen. Finanzwirtschaftliche Ziele können dagegen ungemindert erreicht werden, wenn die Probleme des Mittelrückflusses gelöst werden. Überbetriebliche Beteiligungsmodelle stellen somit grundsätzlich geeignete Instrumente zur simultanen Erreichung vermögenspolitischer und finanzwirtschaftlicher Ziele dar.

2. Verteilungspolitische Aspekte der überbetrieblichen Vermögensbeteiligung

Das folgende zweite Kapitel widmet sich verteilungspolitischen Fragestellungen, bevor anschließend im dritten Kapitel der Beitrag überbetrieblicher Beteiligungsmodelle zur Erreichung einer verbesserten Kapitalallokation und damit dem zweiten Zielbereich der überbetrieblichen Vermögensbeteiligung diskutiert wird. Die grundsätzlichen Zusammenhänge der Verteilungspolitik werden zunächst modelltheoretisch beleuchtet, bevor eine Bestandsaufnahme und Weiterverarbeitung der vorhandenen empirischen Daten erfolgt. Anschließend wird die Leistungsfähigkeit bisheriger vermögenspolitischer Maßnahmen untersucht. Die jüngst in den Mittelpunkt der politischen Diskussion gelangte Vermögensart, das Produktivvermögen, wird hinsichtlich seiner besonderen Funktionen und einiger Spezialprobleme diskutiert. Zum Abschluß dieses Kapitels wird ein Überblick über vermögenspolitische Förderungsmaßnahmen in der Bundesrepublik Deutschland hinsichtlich dieser Vermögensart gegeben.

2.1. Vermögensverteilung und Dekonzentrationspolitik im Modell

2.1.1. Prämissen

Die wichtigsten Zusammenhänge zwischen Vermögensverteilung, Einkommenszusammensetzung, Sparverhalten und Dekonzentrationspolitik sollen in einem einfachen gesamtwirtschaftlichen Modell aufgezeigt werden. Dieses Modell stellt keinen Anspruch auf einen Problemlösungsbeitrag für die reale Vermögenspolitik, besitzt jedoch didaktische Funktion. Es kann auf sehr einfache Weise die Grundzusammenhänge zwischen Ausgangsverteilungszuständen und verteilungspolitischen Maßnahmen abbilden. Verhaltensänderungen der Wirtschaftssubjekte aufgrund der Vermögenspolitik werden nicht betrachtet. Im Modell wird beispielsweise vernachlässigt, daß die Zahlung von Vermögenstransfers durch die reichere Gruppe negative Anreizwirkungen haben und die Höhe der erzielten Gewinne beeinflussen könnte.

In einer Wirtschaft gebe es zwei homogene Klassen von Wirtschaftssubjekten, die sich in der Zusammensetzung der Einkunftsarten unterscheiden. Während die "Kapitalisten" nur Vermögenseinkünfte beziehen, erhält die "Arbeiterklasse" sowohl Lohn- als auch Zinseinkünfte auf ihre Ersparnisse. Für die Gesamtwirtschaft gelten folgende Beziehungen:

(1) $Y^v = \underbrace{L + G}_{\text{Einkommensentstehung}} = \underbrace{C + S}_{\text{Einkommensverwendung}} = \underbrace{Y_A + Y_K}_{\text{Einkommensverteilung}}$

(2) $L = l * Y^v \quad ; \quad 0 < l < 1$

(3) $S = s * Y^v = V' = S_A + S_K \quad ; \quad 0 < s < 1$

(4) $G = r * V = G_A + G_K \quad ; \quad 0 < g < 1$

$Y^v = Y_A + Y_K$ = Verfügbares Einkommen der "Arbeiterklasse" und der "Kapitalisten"
$G = G_A + G_K$ = Vermögenseinkünfte
$S = S_A + S_K$ = Ersparnis
L = Lohneinkünfte
C = Konsum
l = Lohnquote
s = Sparquote
r = (einheitliche) Verzinsung des Gesamtvermögens und aller Vermögensteile
V = Gesamtvermögen
V' = Vermögensbildung pro Periode
V^* = Wachstumsrate des Gesamtvermögens
V_A^*, V_K^* = Wachstumsraten der Vermögensanteile
v_A, v_K = Anteile der Vermögen der beiden Klassen am Gesamtvermögen
t_V, t_Y, t_K = Transferquote mit den Bemessungsgrundlagen V, Y^v und Y_K
T = Transfers

2.1.2. Transferpolitik im Zweiklassenmodell

Die Einkommen der beiden Klassen setzen sich wie folgt zusammen:

(5) $Y_A = L + G_A + T$

(6) $Y_K = G_K - T \quad ; \quad Y_K \geq Y_A$

Dabei bezeichnet T die politisch induzierten Transfers von den (reichen) "Kapitalisten" zu den (armen) "Arbeitern".

$$(7) \quad T = t_V * V \qquad ; \quad 0 < t_V < 1$$

Gleichung (7) besagt, daß diesen Transfers als Bemessungsgrundlage das Gesamtvermögen zugrundeliegt. Es wird angenommen, daß in jeder Betrachtungsperiode ein bestimmter Prozentsatz t des Gesamtvermögens direkt - ohne administrative Kostenverursachung - von den "Kapitalisten" zu den "Arbeitern" fließt.

Soll für die Transfers eine andere Bemessungsgrundlage als das Gesamtvermögen V gewählt werden, beispielsweise eine der Einkommensgrößen Y^V oder Y_K, so werde definiert:

$$(7a) \quad T = t_Y * Y^V \qquad ; \quad 0 < t_Y < 1$$

$$(7b) \quad T = t_K * Y_K \qquad ; \quad 0 < t_K < 1$$

t_V, t_Y und t_K lassen sich ineinander überführen, da gilt:

$$(7c) \quad t_V = \frac{t_Y * r}{1 - l} = \frac{t_K * r * v_K}{1 + t_K}$$

Durch Einsetzen von (2) und (4) in (1) erhält man eine Beziehung zwischen verfügbarem Volkseinkommen und Gesamtvermögen:

$$(8) \quad Y^V = \frac{r * V}{1 - l}$$

In jeder Periode wird Vermögen gebildet in Höhe der Ersparnisse S.

$$(9) \quad V' = S = \frac{s * r * V}{1 - l}$$

Die Wachstumsrate des Gesamtvermögens beträgt dann

$$(10) \quad V^* = \frac{V'}{V} = \frac{s * r}{1 - l}$$

Sie hängt also ab von der Sparquote, der Verzinsung der Gesamtvermögen und der gesamtwirtschaftlichen Lohnquote.

Von besonderem Interesse ist hier die Einkommens- und Vermögensverteilung zwischen den beiden Klassen. Aus (5) und (6) in Verbindung mit (2) und (4) folgt für die Einkommen

$$(11a)\quad Y_A = \frac{r\,(V_A + lV_K)}{1 - l} + T$$

$$(11b)\quad Y_K = rV_K - T$$

und für die Vermögensbildung

$$(12a)\quad V_A' = s_A \frac{r\,(V_A + lV_K)}{1 - l} + s_A T$$

$$(12b)\quad V_K' = s_K\,(rV_K - T)\ ;\ 0 < s_A < s_K < 1$$

Aus (12b) ist ersichtlich, daß die Vermögensbildung der Kapitalisten nur positiv ist, solange die zu leistenden Transfers ihre Kapitaleinkünfte nicht überragen. Schließlich seien die Vermögensanteile der "Kapitalisten" und "Arbeiter" am Gesamtvermögen noch definiert.

$$(13)\quad v_A = \frac{V_A}{V}$$

$$v_K = \frac{V_K}{V}$$

$$v_A + v_K = 1\ ;\ 0 < v_A, v_K < 1$$

Ein Vergleich der Wachstumsraten des Vermögens der beiden Gruppen ermöglicht Aussagen über die politisch induzierten Konzentrationswirkungen. In einer Ausgangslage seien s_A , s_K , l, r, v_A , v_K exogen vorgegeben. Es ist zu untersuchen, wie eine Variation von t auf die Vermögenskonzentration wirkt.

Die Wachstumsraten der Vermögenssegmente V_A und V_K betragen

$$\text{(14a)} \quad V_A^* = \frac{V_A'}{V} = \frac{s_A}{V}\left(T + \frac{r\,(V_A + lV_K)}{1 - l}\right) =$$

$$= \frac{s_A}{1 - l}\,(rv_A + t_V + l\,(rv_K - t_V))$$

$$\text{(14b)} \quad V_K^* = \frac{V_K'}{V} = \frac{s_K}{V}\,(rV_K - T) = s_K\,(rv_K - t_V)$$

Daraus folgt nach einigen Umformungen

$$\text{(15)} \quad \frac{V_A^*}{V_K^*} = \frac{s_A}{s_K\,(1 - l)} * \left(1 + \frac{rv_A + t_V}{rv_K - t_V}\right)$$

Ist die Wachstumsrate des Kapitalistenvermögens höher als die des Arbeitervermögens, vergrößert sich die Verteilungsdisparität. Bei $V_A^*/V_K^* = 1$ bleibt die bestehende Vermögenskonzentration erhalten. Bei $V_A^*/V_K^* > 1$ verringert sich dagegen die Verteilungsdisparität.

Eine genauere Analyse der Gleichung (15) erbringt eine Reihe interessanter Ergebnisse. In einer Situation ohne Verteilungspolitik ($t_V = 0$, keine Transfers) liegt genau dann eine Dekonzentrationstendenz vor, wenn

$$\text{(16)} \quad v_A > \frac{s_K - l\,(s_A + s_K)}{(1 - l)\,(s_A + s_K)}$$

Im Modell läßt sich also ein Mindestanteil v_A der "Arbeiter"vermögen am Gesamtvermögen berechnen, ab dem eine Transferpolitik zur Dekonzentration nicht erforderlich ist. Zur Berechnung dieser Vermögensuntergrenze ist lediglich die Kenntnis der Sparquoten der beiden Klassen und der Lohnquote erforderlich. Beträgt beispielsweise die Lohnquote 75 %, s_A = 5 % und s_K = 25 %, so wird von Periode zu Periode die Vermögenskonzentration auch ohne Transfers abnehmen, wenn der Anteil der "Arbeiter"vermögen am Gesamtvermögen größer als ein Drittel ist.

Auch im Fall $t_V > 0$ läßt sich eine solche Vermögensuntergrenze für den Erfolg einer Verteilungspolitik ermitteln. Bei Auflösung von (15) nach v_A ergibt sich nämlich für $Y_K > 0$

$$(17) \qquad v_A > \frac{s_K - l\,(s_A + s_K)}{(1 - l)\,(s_A + s_K)} - \frac{t_V}{r},$$

da in der Ausgangslage $V_K > V_A$ gilt.

Im angeführten Zahlenbeispiel und bei einer Transferquote von 1 % sowie einer Vermögensrendite von 9 % führt die Verteilungspolitik nur dann zu einer Vermögensdekonzentration, wenn $v_A > 2/9$ ist. Je höher die Ungleichheit der Vermögensaufteilung im Ausgangsstadium ist, desto höher müssen die Transfers angesetzt sein, um überhaupt zu einer Dekonzentration zu führen. Ist v_A vorgegeben, folgt aus (17) die Bedingung für die Mindesttransferquote:

$$(18) \qquad t_V > r\,\frac{s_K - l\,(s_A + s_K)}{(1 - l)\,(s_A + s_K)} - r v_A$$

Hinzuweisen ist auch auf die Auswirkungen einer veränderten Lohnquote im Modell. Führt beispielsweise eine Substitution von Arbeit durch Kapital zu einem geringeren Anteil der Lohneinkünfte am verfügbaren Gesamteinkommen, so steigen die in (16), (17) und (18) berechneten Vermögensgrenzen bzw. erforderlichen Transferquoten, d.h. die Bedingungen für den Erfolg einer Dekonzentrationspolitik "verschärfen" sich. Einer Senkung der Lohnquote ist c.p. eine Erhöhung der Kapitalrendite in der Wirkungsrichtung gleichbedeutend, da in beiden Fällen der Anteil der Vermögenseinkommen am Volkseinkommen wächst.

Von Interesse sind daneben Schlußfolgerungen für die Entwicklung der absoluten Vermögenshöhe der "Arbeiter", der "Kapitalisten" und der Gesamtwirtschaft bei der Anwendung einer Transferpolitik. Die durch Transfers induzierte Vermögensbildung bei den "Arbeitern" läßt sich aus (12a) entnehmen. Sie beträgt:

$$(19) \qquad V_A' = s_A T$$

Die "Kapitalisten" entsparen den Betrag

$$(20) \qquad V_K' = s_K T$$

Die Transferpolitik ist für die Gesamtvermögensakkumulation genau dann gerade neutral, wenn gilt:

$$(21) \qquad V_A' = V_K' \Leftrightarrow s_A = s_K$$

Ist die Sparquote der "Arbeiter" kleiner als die der "Kapitalisten", so wächst das Gesamtvermögen durch die Transferpolitik langsamer. Da die Sparquote der "Kapitalisten" aufgrund der höheren Einkommen diejenige der "Arbeiter" übersteigt, wird Transferpolitik stets zu einer Verringerung der Gesamtvermögensakkumulation führen.

Wäre der Sonderfall (21) für vermögenswachstumsneutrale Transfers durch $s_A = s_K$ erfüllt, so wird (16) zu

$$(16a) \qquad v_A > \frac{1 - 2l}{2 - 2l}$$

Für $l \geq 1/2$ ist diese Bedingung unabhängig von der Vermögensaufteilung stets erfüllt. Für $l = 0$ muß gelten $v_A > 1/2$. Für jedes $0 < l < 1/2$ existiert genau eine Vermögensaufteilung mit $v_A < 1/2$, für die (16a) erfüllt ist. Bestehen die Einkommen in der Modellwirtschaft überwiegend aus Lohneinkünften, so ist bei Gleichheit der Sparquoten eine Transferpolitik zur Verminderung der Vermögensdekonzentration nicht erforderlich.

Diese Aussage unterstreicht im Umkehrschluß, wie bedeutsam die Kenntnis der Sparquoten - und damit der Sparfähigkeit und Sparneigung - der relevanten Gruppen für die Vermögenspolitik ist. Der Bedarf an Vermögenspolitik resultiert in einer Wirtschaft mit einer Lohnquote über 50 % letzlich nur auf Unterschieden im individuellen Sparverhalten, nicht auf Unterschieden in der Vermögensausstattung.

2.1.3. Schlußfolgerungen

Das Modell nimmt nicht für sich in Anspruch, die Realität abzubilden; dennoch lassen sich einige grundsätzliche Zusammenhänge auf die Notwendigkeiten der praktischen Politik übertragen. Das Modell weist daraufhin, daß für den Erfolg einer Vermögenspolitik, die als Ziel eine Dekonzentration der Vermögen auch ohne nähere quantitative Präzisierung erreichen soll, zunächst Informationen über eine Ausgangsverteilung der Vermögensbestände benötigt werden.

Lassen sich gesicherte Aussagen über einigermaßen zeitkonstante Verhaltensweisen im Sparverhalten der verschiedenen Vermögensklassen machen und ist die Aufteilung des Volkseinkommens auf Lohn- und Vermögenseinkünfte bekannt, so ist eine Untergrenze der Transferquote für eine Dekonzentrationspolitik bestimmbar.

Von besonderer Wichtigkeit ist das Resultat des Modells, daß in einer vorwiegend durch Arbeitseinkommen bestimmten Volkswirtschaft allein die Unterschiede in den Sparquoten der Gruppen den Bedarf einer Dekonzentrationspolitik determinieren. Dieses Ergebnis führt zu der Schlußfolgerung, daß die Vermögenspolitik insbesondere auf eine Erhöhung der Sparfähigkeit und -bereitschaft der weniger wohlhabenden Haushalte ausgerichtet sein sollte.

Bei der Interpretation dieser Aussagen ist darauf zu achten, daß die Verteilung des Gesamtvermögens auf zwei Klassen noch nichts über die personelle Vermögensverteilung innerhalb der Gruppen aussagt. Die "Arbeiterklasse" könnte durchaus aus wesentlich mehr Individuen bestehen als die "Kapitalistenklasse", ohne daß sich die formale Richtigkeit der Modellaussagen ändert.

Eine Erweiterung des Modells von zwei auf eine höhere Anzahl von Bevölkerungsschichten, die sich durch einigermaßen homogenes Anlegerverhalten auszeichnen, eine Berücksichtigung administrativer Kosten der Verteilungspolitik, die Differenzierung nach Vermögensarten usw. würden es ermöglichen, die Realität besser zu erfassen und Rückschlüsse auf vermögenspolitischen Handlungsbedarf und den

Einsatz von Gestaltungsparametern vorzunehmen. Für die hier im Vordergrund stehenden Demonstrationszwecke ist ein Modellausbau jedoch nicht erforderlich, zumal er die Grundstruktur des Modells und die wichtigsten Folgerungen nicht tangieren würde.

2.2. Zur Qualität statistischer Ausgangsdaten für die Vermögenspolitik

Völlig exakte und zuverlässige Daten über die Vermögensbestände und ihre Verteilung auf nach demographischen Kriterien gegliederte Bevölkerungsgruppen existieren in der Bundesrepublik Deutschland nicht. Die Kenntis des Ist-Zustandes ist aber Voraussetzung für eine konkrete Zieldefinition der Vermögenspolitik, für die Auswahl und den Einsatz vermögenspolitischer Instrumente und für eine Effizienzkontrolle. Der Mangel an einer umfassenden, originären Vermögensstatistik veranlaßte in den letzten Jahrzehnten mehrfach die Erstellung wissenschaftlicher Untersuchungen mit dem Ziel, zumindest einen Rahmen der tatsächlichen Vermögensbestände und ihrer Verteilung abzustecken.[54]

Die Datenbasen dieser Analysen sind die Vermögensteuerstatistiken, die in ungefähr fünfjährigem Abstand amtlich vorgenommenen Einkommens- und Verbrauchsstichproben (EVS)[55] sowie die regelmäßigen Veröffentlichungen der Deutschen Bundesbank zur Vermögensbildung

54) Zu den wichtigsten Studien zählen KRELLE, Wilhelm, SCHUNCK, Johann, SIEBKE, Jürgen, Überbetriebliche Ertragsbeteiligung der Arbeitnehmer, Bd. II, Tübingen 1968; SIEBKE, Jürgen, Die Vermögensbildung der privaten Haushalte in der Bundesrepublik Deutschland, Bonn 1971; ENGELS, Wolfram, SABLOTNY, Herbert, ZICKLER, Dieter, Das Volksvermögen - Seine verteilungs- und wohlstandspolitische Bedeutung, Frankfurt 1974; WICKE, Lutz, Die personelle Vermögensverteilung in der Bundesrepublik Deutschland am Jahresende 1969, in: Finanzarchiv, Bd. 34 (1975), S. 39 ff.; MIERHEIM, Horst, WICKE, Lutz, Die personelle Vermögensverteilung in der Bundesrepublik Deutschland, Tübingen 1978; MIEGEL, Meinhard, Die verkannte Revolution (1), Einkommen und Vermögen der privaten Haushalte, Bonn 1983; diverse Veröffentlichungen zu den Erhebungen des STATISTISCHEN BUNDESAMTES, z.B. EULER, Manfred, Das Geldvermögen in privaten Haushalten, Sparkasse 12/85, 102. Jg., S. 461 ff.

55) STATISTISCHES BUNDESAMT, Fachserie 15, Einkommens- und Verbrauchsstichprobe 1983, Heft 2, Vermögensbestände und Schulden privater Haushalte, Stuttgart, Mainz April 1986; dasselbe, Heft 4, Einnahmen und Ausgaben privater Haushalte, Dezember 1987; dasselbe, Heft 6, Einkommensverteilung und Einkommensbezieher in privaten Haushalten, Dezember 1988.

und ihrer Finanzierung.[56] Alle diese Erhebungen weisen jedoch erhebliche Schwächen auf.

Die Vermögensteuerstatistiken erfassen nur den kleinen Teil - etwa 2 % der Bevölkerung -, der zu dieser Steuer veranlagten Privathaushalte,[57] unterliegen den bei der Feststellung von Einheitswerten[58] entstehenden Bewertungsproblemen und klammern wesentliche Teile des Sachvermögens und Vorsorgevermögens aus.[59]

Die Grundgesamtheit der bei den EVS befragten Haushalte (1983: 43994) ist nicht geeignet, repräsentative Aussagen über den kleinen Teil der besonders wohlhabenden Haushalte abzuleiten, der gerade für die Analyse der Vermögenskonzentration von besonderer Bedeutung ist. Nicht in die EVS-Erhebungen bzw. ihre Aufbereitung einbezogen sind Haushalte von Ausländern, die "Anstaltsbevölkerung" und Haushalte mit einem monatlichen Nettoeinkommen von 25000 DM und mehr.[60] Zudem sind die erhobenen Vermögensarten und ihre Abgrenzungen weder vollständig noch konsistent. Sachvermögen und Versorgungsansprüche - denen bei nicht abhängig Beschäftigten wegen des Bedarfs eigenständiger Vorsorge meist Geldvermögensbestände gegenüberstehen - werden nicht erfaßt. Wertpapiere werden zum Tageskurs, Grund- und Betriebsvermögen dagegen zum Einheitswert ausgewiesen[61]. Der in Auswertungen und Veröffentlichungen verwendete Geldvermögensbegriff umfaßt - im Gegensatz zur Bundesbankabgrenzung - weder Bargeld noch Sichtguthaben und Lebensversicherungsvermögen.[62]

---

56) Vgl. z.B. DEUTSCHE BUNDESBANK, Finanzierungsströme, Bestände an Forderungen und an Verbindlichkeiten in der Bundesrepublik Deutschland..., Monatsberichte, Maihefte.

57) MIERHEIM, H., WICKE, L., a.a.O., S. 5.

58) Vgl. BEWERTUNGSGESETZ (BewG), v. 26.9.1974, BGBl I, S. 2370 ff, § 110, Abs. 3.

59) Da der Vermögensteuerstatistik Einheitswerte zugrundeliegen, die häufig um ein Vielfaches niedriger als die Verkehrswerte sind, sind die dort ermittelten Vermögensbestände zu niedrig angesetzt. Vgl. STATISTISCHES BUNDESAMT, (April 1986), a.a.O., S. 39-41.

60) Vgl. ebenda, S. 5.

61) Ebenda, S. 7-8.

62) EULER, M., (12/1985), a.a.O., S. 462.

Bei der Hochrechnung der Stichproben einzelner Geldvermögenspositionen ergeben sich sehr große Differenzen gegenüber den auf der Bankenstatistik beruhenden Daten der Deutschen Bundesbank. So ergibt die EVS 1983, daß die repräsentierten 99 % der Haushalte 228,5 Mrd. DM Sparguthaben unterhielten, die Bundesbank weist jedoch Bestände von 557,3 Mrd. DM aus.[63] Damit beträgt die Nachweisquote in diesem Bereich nur 41 %. Eine Hauptursache dieser Abweichungen liegt in der fehlenden Erfassung der Großverdiener. Außerdem beinhaltet der Sektor "private Haushalte" nach Abgrenzung der Bundesbank zusätzlich Organisationen ohne Erwerbszweck (Gewerkschaften, Kirchen u.ä.), Ausländer und Anstaltsbevölkerung.[64]

Bestandsgrößen im Bereich des Geldvermögens lassen sich mit der EVS wesentlich schlechter als mit den Vollerhebungen der Bundesbank überprüfen. Ein Vorteil der EVS besteht jedoch darin, daß auch Tendenzaussagen zur Haushaltsschichtung und Vermögenskonzentration ermöglicht werden, was die Bundesbankstatistiken nicht leisten können. Ein weiterer Nachteil der Bundesbankstatistiken ist darin zu sehen, daß sie sich hauptsächlich auf Geldvermögensbestände beschränken und damit nur einen Teil der Gesamtvermögen ausweisen.

Um ein Gesamtbild der Vermögenssituation privater Haushalte zu erhalten, ist eine Kombination der unterschiedlichen Primärstatistiken notwendig. Die genannten statistischen Probleme erfordern es, sich in erheblichem Maße mit Plausibilitätsannahmen behelfen zu müssen, um Aussagen über die Gesamtvermögensbestände und ihre Verteilung treffen zu können. Eine durch ROBERTS und STIEPELMANN[65] vorgenommene Überprüfung der wichtigsten vor 1983 erstellten Studien deckte eine mangelnde wissenschaftliche Exaktheit der Schätzungen auf, würdigte jedoch gleichzeitig die Möglichkeit, aus dem Gesamtbild der Studien den ungefähren Bereich der tatsächlichen Vermögensbestände und -verteilungen abgrenzen zu können. Dennoch ist ein weiterer Bedarf an detailliertem statistischen Material

---

63) Ebenda.

64) Vgl. STATISTISCHES BUNDESAMT, (April 1986), a.a.O., S. 8-10

65) ROBERTS, C.C./STIEPELMANN, H., Überprüfung der verschiedenen Schätzungen der Vermögensverteilung in der Bundesrpeublik Deutschland, Berlin 1983.

evident, das repräsentative, zeitlich vergleichbare, reliable und valide Analysen zuläßt.

Diese Arbeit stellt nicht den Anspruch, die Defizite an statistischen Auswertungen verringern zu können. Die im folgenden ausgewiesenen Daten stellen lediglich eine Aktualisierung und Zusammenfassung älterer Studien dar, wobei an den dort zugrundegelegten Prämissen - insbesondere bezüglich der Haushaltsschichtung - festgehalten wurde. Als Eckdaten für eine Analyse vermögenspolitischer Maßnahmen reichen diese Daten aus.

2.3. Vermögen privater Haushalte in der Bundesrepublik Deutschland

2.3.1. Vermögensarten und ihre Entwicklung

Die MIEGEL-Studie von 1983 enthält die aktuellste Schätzung der Vermögensbestände in der Bundesrepublik Deutschland. Das Gesamtvermögen wird in fünf Vermögensarten untergliedert:[66]

- Haus- und Grundvermögen (Nettowert bebauter und nicht-bebauter Grundstücke, land- und forstwirtschaftlich genutzter Flächen),
- Sachvermögen (langlebige Gebrauchsgüter einschließlich PKW, in begrenztem Umfang Kunst- und Wertgegenstände),
- Betriebsvermögen (Verkehrswert des Produktivvermögens ohne Aktien, ohne landwirtschaftlich oder gewerblich genutztes Haus- und Grundvermögen, ohne immaterielle Vermögenswerte),
- Geldvermögen (Nettowert von Bargeld und Sichteinlagen, Termingeldern, Sparbriefen, Spareinlagen, Guthaben bei Bausparkassen und Lebensversicherungen, festverzinslichen Wertpapieren, Aktien),
- Versorgungsansprüche (kapitalisierte Ansprüche gegen die gesetzlichen Rentenversicherungen, die Zusatzversorgung des öffentlichen Dienstes, die Altershilfe für Landwirte, die Beamtenversorgung, die berufsständische Altersversorgung und die gesetzliche Unfallversicherung).

66) Vgl. MIEGEL, M., a.a.O., S.78.

Tab. 2.1 weist die geschätzten Vermögensbestände der privaten Haushalte[67] für die Jahre 1983, 1985 und 1987 aus. Die Werte für 1983, die an der Originalquelle nur grob gerundet dargestellt werden[68], wurden an anderer Stelle in der hier zitierten Weise präzisiert[69]. Die für 1985 ausgewiesenen Zahlen gingen bereits in eine frühere Untersuchung des Verfassers ein.[70] Sie beruhen wie die Werte für 1987 auf korrigierten Aktualisierungen der MIEGEL-Studie,[71] so daß eine zeitliche Vergleichbarkeit gewährleistet ist.

Alle Vermögensarten werden zu den geschätzten Verkehrswerten ausgewiesen. Beispielsweise werden beim Haus- und Grundvermögen die aus der Primärstatistik entnommenen Einheitswerte mit einem Preismultiplikator hochgerechnet, der auf Marktbeobachtungen, Umfragen bei Maklern usw. beruht.[72] Einerseits stellen die Multiplikatoren eine weitere Fehlerquelle der Schätzung dar.[73] Andererseits gewinnen die Daten jedoch an Aussagekraft hinsichtlich der tatsächlichen Vermögenssituation, die durch die Zugrundelegung von Einheitswerten stark unterzeichnet würde.

Das Gesamtvermögen der privaten Haushalte ist im ausgewiesenen Zeitraum stark gewachsen. Das durchschnittliche Haushaltsvermögen (einschl. Versorgungsansprüchen) beträgt 1987 rund 357.000 DM.

---

67) Ohne Ausländer und Anstaltsbevölkerung; ebenda, S. 196.

68) Ebenda, S. 78.

69) Vgl. ADAM, H., a.a.O., S. 17.

70) Vgl. GERKE, Wolfgang, Schöner, Manfred, Aspekte der Vermögensverteilung und -bildung in der Bundesrepublik Deutschland, in: Der Langfristige Kredit, 37. Jg., Heft 22/23/1986, S. 684-691, hier S. 686.

71) Ich danke dem Institut für Wirtschafts- und Gesellschaftspolitik (IWG), namentlich Frau Stefanie WAHL, für die Bereitstellung der Daten und einige wichtige Anregungen.

72) Bedauerlicherweise wird die Ermittlung der Multiplikatoren in der MIEGEL-Studie nicht dargelegt, so daß eine Überprüfung der zugrundegelegten Annahmen nicht möglich ist.

73) Rechnet man die MIEGEL-Zahlen für das Haus- und Grundvermögen, das Betriebsvermögen und Nettogeldvermögen anhand der Angaben der S. 138, 146, 148, 152 und 154 (a.a.O.) auf 1973 zurück, so ergeben sich Werte von 2130, 404 bzw. 1018 Mrd. DM. MIERHEIM und WICKE, a.a.O., S. 50-51, schätzen die Verkehrswerte der drei Vermögensarten für 1973 lediglich auf 1312, 250 bzw. 624 Mrd. DM (jeweils bereinigt um Kreditverpflichtungen). Die hohen Diskrepanzen verdeutlichen das Dilemma unterschiedlicher Datenbasen, Begriffsabgrenzungen und Preisschätzungen für die Vermögenspolitik.

Tab. 2.1: Nettovermögensbestände 1983, 1985 und 1987

(Mrd. DM)	1983	1985	1987
Haus- und Grundvermögen	2700	2820	2800
Sachvermögen	600	680	700
Betriebsvermögen (ohne Aktien)	510	580	650
Nettogeldvermögen (einschl. Aktien)	1550	2020	2100
Versorgungsansprüche	3030	3100	3300
Nettogesamtvermögen	8390	9200	9550

Quelle: Für 1983: MIEGEL, M., a.a.O., S. 77-78; für 1985 und 1987: Fortschreibungen der MIEGEL-Studie durch das Institut für Wirtschafts- und Gesellschaftspolitik (IWG).

Auch langfristig läßt sich ein relativ kontinuierliches und nachhaltiges Vermögenswachstum erkennen. Das durchschnittliche Pro-Kopf-Vermögen (ohne Versorgungsansprüche) betrug Anfang der fünfziger Jahre noch 16.000 DM, Anfang der sechziger und siebziger Jahre 30.000 bzw. 60.000 DM und liegt jetzt über 100.000 DM.[74] Diese Werte sind bereits inflationsbereinigt. Der Steigerung um mehr als das Sechsfache in 37 Jahren entspricht eine Wachstumsrate von über 5 % p.a. Neben die private Vermögensbildung tritt durch die stark gewachsenen Versorgungsansprüche und Bereitstellung öffentlicher Güter eine ebenso beträchtliche kollektive Vermögensbildung.

Allerdings ist, wie sich bereits in den siebziger Jahren abzeichnete, von niedrigeren Wachstumsraten für die Zukunft auszugehen.[75] Dabei wird sich die Struktur des Gesamtvermögens deutlich ändern. In den nächsten Jahren erwartet MIEGEL für das Geldvermögen ein Wachstum von 3,5 %, für das Betriebsvermögen von 1,75 % und das

74) Vgl. MIEGEL, M., a.a.O., S. 183.
75) Ebenda.

Haus- und Geldvermögen von 1,25 % p.a..[76] Besonders deutlich wird die Strukturverschiebung zugunsten des Geldvermögens in einem langfristigen Zeitvergleich.

Abb. 2.1: Entwicklung der Vermögensarten bis zum Jahr 2000

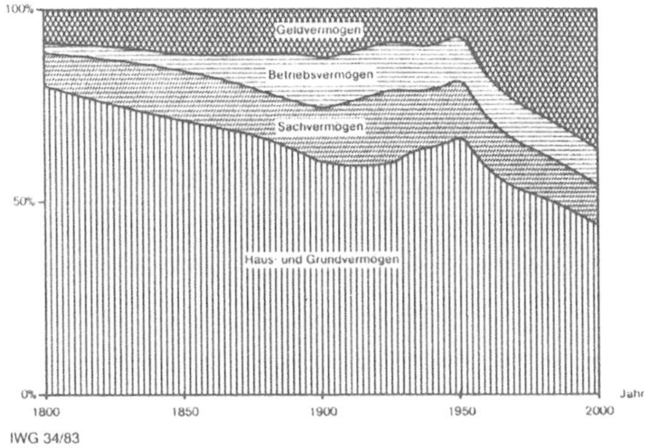

Quelle: MIEGEL, M., a.a.O., S. 185.

Seit den fünfziger Jahren war das Geldvermögen die am dynamischsten wachsende Vermögensart. Allein in den letzten zehn Jahren hat sich sein Wert mehr als verdoppelt, seit 1960 fast verfünfzehnfacht. Der relative Anteil des Geldvermögens am Gesamtvermögen (ohne Versorgungsansprüche) wuchs von einem Viertel Anfang der siebziger Jahre auf über ein Drittel 1987 an. Neben zeitweise besonders hohen Renditen auf Geldvermögenstitel dürfte die Ursache dieser Entwicklung vor allem darin liegen, daß eine große Anzahl von Haushalten ihre Grundbedürfnisse durch Anschaffung von Haus- und Grundbesitz sowie Sachvermögen inzwischen weitgehend befriedigt haben. Freiwerdende Mittel werden in Geldvermögenstiteln angelegt. Beispielsweise verwandten nach Angaben der Bundesbank die Bundesbürger 1985 von 1180 Mrd. DM verfügbaren Einkommens 115 Mrd. DM (9,7 %) zur Erhöhung ihres Nettogeldvermögens und nur 42 Mrd. DM (3,6 %) zum Erwerb von Wohneigentum.[77] Bei der Geldvermögensdisposition bevorzugen die privaten Haushalte zunehmend solche An-

76) Vgl. MIEGEL, M., a.a.O., S. 163 u. 198.
77) DEUTSCHE BUNDESBANK, Monatsberichte, Heft 5/1986, S. 21.

lageformen, von denen sie sich eine attraktive Verzinsung oder hohe Wertzuwächse versprechen, auch wenn diese mit Risiken verbunden sind.[78] Die Trends zum Geldvermögen und innerhalb dieser Vermögensart sind für die Gestaltung der Vermögenspolitik von großer Bedeutung.[79]

2.3.2. Vermögensverteilung und Konzentrationstendenzen

Eine Auswertung des relevanten Datenmaterials zur Einkommens- und Vermögensschichtung der Privathaushalte in der Bundesrepublik Deutschland 1987 ergibt die in der Tabelle 2.2 aufgeführten Orientierungswerte. Es handelt sich um eine Aktualisierung der Untersuchung aus dem Jahr 1986.[80] Dabei wurden die für das Jahr 1987 verfügbaren Daten über die Bestände der Vermögensarten und über das verfügbare Gesamteinkommen[81] der privaten Haushalte zugrundegelegt. Außerdem wurden die demographischen Ausgangsdaten gegenüber der letzten Untersuchung korrigiert.[82] Die Schichtung wurde dagegen mangels neuerer Daten nicht verändert.[83] Damit wird vorläufig

---

78) Ebenda, S. 22.

79) Vgl. hierzu Kap. 4.3.-4.5., S. 250-316 dieser Arbeit.

80) Vgl. GERKE, W., SCHÖNER, M., (1986).

81) Das verfügbare Einkommen der privaten Haushalte im Jahr 1987 betrug 1292,9 Mrd. DM. Vgl. DEUTSCHE BUNDESBANK, Zahlenübersichten und methodische Erläuterungen zur gesamtwirtschaftlichen Finanzierungsrechnung der Deutschen Bundesbank 1960 bis 1987, Sonderdrucke der Deutschen Bundesbank Nr. 4, 5. Aufl., Juni 1988, S. 32. Das verfügbare Einkommen entspricht der Summe aus Bruttoerwerbseinkommen, Vermögenseinkünften und Transfers, vermindert um direkte Steuern und Sozialversicherungsbeiträge. Da sich dieser Wert auf alle Haushalte bezieht, mußte er zur Gewährleistung der Konsistenz mit der Vermögensschätzung um das geschätzte Einkommen der ausländischen Haushalte und Anstaltsbevölkerung gesenkt werden. Diese Haushalte umfassen etwa 8 % der Gesamtbevölkerung und sind eher der weniger wohlhabenden Hälfte zuzuordnen. Deshalb wurde das verfügbare Einkommen in der Tab. 2.2. mit 95 % des Gesamtbetrages angesetzt und auf volle 10 Mrd. gerundet.

82) Die Korrektur ist notwendig, da sich die Vermögensbestände auf deutsche Haushalte beziehen. Bei einem Ausländeranteil von 7,4 %, einer Anstaltsbevölkerung von 0,7 Mio und einer Gesamtbevölkerung von 61,170 Mio beträgt die Bevölkerung in deutschen Haushalten etwa 56 Mio. INSTITUT DER DEUTSCHEN WIRTSCHAFT, a.a.O., Tab 1-6; STATISTISCHES BUNDESAMT, Statistisches Jahrbuch 1988, Bundesrepublik Deutschland, Stuttgart Mainz 1988, S. 52, beruhend auf dem Microzensus von April 1986.

83) In den Auswertungen der EVS 1983 sind Angaben zur Einkommens- und Geldvermögensverteilung enthalten, jedoch ohne Einbeziehung der wohlhabendsten Haushalte und ohne eine Gewichtung mit der Haushaltsgröße, so daß eine Übertragbarkeit nicht möglich ist. Vgl. STATISTISCHES BUNDESAMT, (April

von der Annahme ausgegangen, daß sich an der Konzentration der Einkommen und Vermögen in den letzten Jahren nichts Grundlegendes geändert hat.[84]

Schichtungskriterium der Tabelle sind die verfügbaren Haushaltseinkommen. In der ersten Spalte befinden sich beispielsweise Werte für die 2 % der Haushalte in der Bundesrepublik Deutschland mit den größten Einkommen. Die Haushaltsgröße findet Eingang in das Zahlenwerk, indem Zwei-Personenhaushalte das 1,5fache, Drei-Personenhaushalte das 2fache, Vier-Personenhaushalte das 2,5fache und Haushalte mit fünf und mehr Mitgliedern das 3fache eines Ein-Personenhaushaltes an Einkommen erzielen müssen, um der gleichen Schicht zugeordnet zu werden. Auf diese Weise soll das Wohlstandsniveau von Haushalten unterschiedlicher Größe vergleichbar gemacht werden.[85]

Es konnte darauf verzichtet werden, das Haushaltsvermögen als zusätzliches Schichtungskriterium gesondert auszuweisen, da eine hohe positive Korrelation zwischen Nettoeinkommen und Nettovermögen der Haushalte besteht.[86] Die Ursachen dieses eindeutigen Zusammenhangs bestehen darin, daß einerseits die Fähigkeit zur Vermögensakkumulation aufgrund steigender Sparquoten mit wachsendem Einkommen zunehmen und andererseits Vermögensbestände meist selbst Einkommensquellen sind. Trotz des eindeutigen statistischen Zusammenhangs gibt es erhebliche Abweichungen von dieser Regel. Gut verdienende, junge Haushalte haben noch keine Zeit zur Ansammlung von Vermögen gehabt. Dagegen können Rentner mit geringem Einkommen

---

1986), a.a.O., S. 20-21; dasselbe, (Dezember 1987), a.a.O., S. 32 u. 41-42; dasselbe, (Dezember 1988), a.a.O., S. 25-39.

84) Die Haushaltsschichtung geht auf die MIEGEL-Studie für das Jahr 1983 zurück, die sich wiederum auf die EVS von 1978 und teilweise auf die Schichtung von MIERHEIM/WICKE für 1973 stützt.

85) Bei einem Ein-Personenhaushalt mit einem verfügbaren Einkommen von 2000 DM p.a. wird beispielsweise der gleiche Lebensstandard wie bei einem Vier-Personenhaushalt mit einem Einkommen von 2,5 * 2000 = 5000 DM angenommen. Ein ähnliches Verfahren wird bei der Berechnung der Sozialhilfe angewandt.

86) HOBER berechnete einen Spaerman'schen Rangkorrelationskoeffizienten von + 0,9879; vgl. HOBER, Rolf-Jürgen, Versorgungsvermögen in der Vermögensverteilung, Tübingen 1981, S. 143-144. MIERHEIM/WICKE, a.a.O., S. 173, belegen eine Rangkorrelation von + 0,8604,

Tab. 2.2: Einkommens- und Vermögensschichtung der privaten Haushalte in der Bundesrepublik Deutschland 1987

	Haushalte mit...	...Einkommen und Vermögen	sehr großen	großen	mittleren	unterdurchschnittlichen	geringen	wohlhabendere Hälfte	weniger wohlhabende Hälfte	Gesamt (Durchschnitt)
1	Anteil an deutschen Haushalten in %		2,0	18,0	30,0	30,0	20,0	50,0	50,0	100,0
2	Anteil an der Gesamtbevölkerung in %		2,0	18,8	29,8	35,1	14,3	50,6	49,4	100,0
3	Bevölkerung in Mio pro Haushaltsschicht		1,1	10,5	16,7	19,7	8,0	28,3	27,7	56,0
4		in %	10,0	30,0	29,0	21,0	10,0	69,0	31,0	100,0
5	Anteil an den verfügbaren	Mrd. DM pro Haushaltsgruppe (p.a.)	123,0	369,0	356,7	258,3	123,0	848,7	381,3	1230,0
6	EINKOMMEN	TDM pro Haushaltsmitglied (p.a.)	109,8	35,0	21,4	13,1	15,4	30,0	13,8	(22,0)
7		in %	11,5	31,0	27,5	18,0	12,0	70,0	30,0	100,0
8	Anteil am HAUS- UND	Mrd. DM pro Haushaltsgruppe (p.a.)	322,0	868,0	770,0	504,0	336,0	1960,0	840,0	2800,0
9	GRUNDVERMÖGEN	TDM pro Haushaltsmitglied (p.a.)	287,5	82,4	46,1	25,6	42,0	69,2	30,4	(50,0)
10		in %	13,0	34,0	26,0	16,0	11,0	73,0	27,0	100,0
11	Anteil am SACH-	Mrd. DM pro Haushaltsgruppe (p.a.)	91,0	238,0	182,0	112,0	77,0	511,0	189,0	700,0
12	VERMÖGEN	TDM pro Haushaltsmitglied (p.a.)	81,3	22,6	10,9	5,7	8,7	18,0	6,8	(12,5)
13		in %	48,0	38,0	10,0	4,0	0,0	96,0	4,0	100,0
14	Anteil am BETRIEBSVERMÖGEN	Mrd. DM pro Haushaltsgruppe (p.a.)	312,0	247,0	65,0	26,0	0,0	624,0	26,0	650,0
15	(ohne Aktien)	TDM pro Haushaltsmitglied (p.a.)	278,6	23,5	3,9	1,3	0,0	22,0	0,9	(11,6)
16		in %	24,0	44,5	24,0	6,5	1,0	92,5	7,5	100,0
17	Anteil am GELDVERMÖGEN	Mrd. DM pro Haushaltsgruppe (p.a.)	504,0	934,5	504,0	136,5	21,0	1942,5	157,5	2100,0
18	(einschl. Aktien)	TDM pro Haushaltsmitglied (p.a.)	450,0	88,8	30,2	6,9	2,6	68,6	5,7	(37,5)
19		in %	3,0	22,5	32,0	29,5	13,0	57,5	42,5	100,0
20	Anteil an den kapitalisierten	Mrd. DM pro Haushaltsgruppe (p.a.)	99,0	742,5	1056,0	973,5	429,0	1897,5	1402,5	3300,0
21	VERSORGUNGSANSPRÜCHEN	TDM pro Haushaltsmitglied (p.a.)	88,4	70,5	63,3	49,5	53,6	67,0	50,7	(58,9)
22		in %	19,7	36,6	24,3	12,5	6,9	80,6	19,4	100,0
23	Anteil am GESAMTVERMÖGEN	Mrd. DM pro Haushaltsgruppe (p.a.)	1229,0	2287,5	1521,0	778,5	434,0	5037,5	1212,5	6250,0
24	(ohne VA)	TDM pro Haushaltsmitglied (p.a.)	1097,3	217,3	91,1	39,6	54,2	177,8	43,8	(111,6)
25		in %	13,9	31,7	27,0	18,3	9,0	72,6	27,4	100,0
26	Anteil am GESAMTVERMÖGEN	Mrd. DM pro Haushaltsgruppe (p.a.)	1328,0	3030,0	2577,0	1752,0	863,0	6935,0	2615,0	9550,0
27	(einschl. VA)	TDM pro Haushaltsmitglied (p.a.)	1185,7	287,8	154,4	89,1	107,8	244,7	94,5	(170,5)

hohe Vermögen, z.B. in Form von entschuldetem Haus- und Grundeigentum besitzen.[87]

Zu den Tabellenwerten, die als grobe Schätzungen der tatsächlichen Einkommens- und Vermögensverteilung zu interpretieren sind, sind einige weitergehende, nicht in das Rechenwerk eingegangene Trends anzumerken.

- Die durchschnittliche Haushaltsgröße hat sich kontinuierlich auf derzeit 2,28 Personen pro Haushalt verringert.[88] Insbesondere der Anteil der Haushalte mit 5 und mehr Mitgliedern hat sich von 1963 bis 1983 von 14,8 % auf 7,4 % halbiert, während der Anteil der Ein-Personenhaushalte von 19 % auf 31,2 % anstieg.[89] Trotz der vorgenommenen Gewichtung nach Haushaltsgrößen hat dies Auswirkungen auf die Verteilungssituation, die aus der Tabelle nicht hervorgehen. Da Ein-Personenhaushalte besonders stark in den unteren Klassen vertreten sind, ist tendenziell mit einer Verschiebung zu den unteren Einkommens- und Vermögensklassen zu rechnen.[90]

- Bei kritischer Betrachung der Pro-Kopf-Einkommen und -Vermögen fällt auf, daß die Mitglieder der Haushaltsgruppen mit geringen Einkommen und Vermögen zum Teil höhere Werte erzielen als die Haushaltsmitglieder der "unterdurchschnittlichen" Schicht. Dieses anscheinende Paradoxon erklärt sich aus der demographischen Struktur der Haushaltsgruppen: in der ärmsten Schicht befinden sich überproportional viele Ein-Personen-Haushalte (Rentner, Studenten), während in der nächst höheren Einkommens- und Vermögensschicht überdurchschnittlich große Haushalte dominieren. Trotz der niedrigeren Pro-Kopf-Einkommen und -Vermögen wird also in der Regel der Lebensstandard der "unterdurchschnittlichen" Schicht höher sein als der der untersten Gruppe.

---

87) Vgl. auch MIERHEIM, H., WICKE, L., a.a.O., S. 124; GRESS, Karin, Transfers zur Förderung der Vermögensbildung aus verteilungs- und sozialpolitischer Sicht, Frankfurt/New York 1983, S. 138.
88) STATISTISCHES BUNDESAMT, Statistisches Jahrbuch 1988, a.a.O., S. 66.
89) STATISTISCHES BUNDESAMT, (Dez. 1988), a.a.O., S.35.
90) Ebenda.

- Ein Zeitvergleich der EVS 1978 und 1983 belegt für die Haushalte insgesamt eine etwas zunehmende Einkommenskonzentration. Bei einem nach Haushaltsgrößen differenzierten Vergleich ergeben sich jedoch jeweils nur geringe Veränderungen in der Einkommensverteilung. Die für die Haushalte insgesamt zu beobachtende Konzentrationstendenz geht deshalb vermutlich auf Veränderungen in der Haushaltsstruktur zurück.[91]

- Die Konzentration des Geldvermögens hat im Zeitvergleich der EVS 1973, 1978 und 1983 ständig zugenommen.[92] Danach entfielen im Jahre 1973 auf die reichsten 10 % der erfaßten Haushalte 40,0 %, im Jahre 1978 bereits 42,7 % und im Jahre 1983 44,7 % des Nettogeldvermögens.[93] Auch dieser Trend konnte aufgrund von Quantifizierungsproblemen nicht in das Tabellenwerk aufgenommen werden.

Den Tabellenwerten ist zu entnehmen, daß zwischen den verschiedenen Vermögensarten erhebliche Unterschiede in deren Konzentration bestehen. Die Versorgungsansprüche (Zeile 19) sind fast proportional zur Größe der Haushaltsschichten (Zeile 1) verteilt. Trotz ihres vermögensgleichen Charakters sind die Versorgungsansprüche mit den anderen Vermögensarten allerdings nur beschränkt vergleichbar, da sie nicht disponibel sind. Die Verteilung ihrer Anlagemittel auf Haus- und Grundbesitz, Sach-, Betriebs- und Geldvermögen können die Haushalte dagegen autonom planen.

Ein Vergleich der Verteilungen der Gesamtvermögen ohne Versorgungsansprüche (Zeile 22) und der Einkommen (Zeile 4) zeigt, daß die Vermögenskonzentration insgesamt deutlich höher ausfällt als die Einkommenskonzentration. Die Ursache dieses Tatbestands ist in der höheren marginalen Sparneigung der Haushalte mit hohen Einkommen zu sehen. Die in jeder Periode im Vergleich zu den Schichten mit geringeren Einkommen überproportional angelegten Mittel kumulieren sich zu den relativ höheren Vermögensbeständen.

---

91) STATISTISCHES BUNDESAMT, (April 1986), a.a.O., S. 20-21.
92) Ebenda, 37; Geldvermögen ist in der EVS abgegrenzt als Spar- und Bausparguthaben sowie Wertpapierbestände zum Tageskurs abzüglich Kreditverpflichtungen.
93) EULER, M., a.a.O., S. 466.

Trotz der erheblichen Erfassungs- und Bewertungsprobleme[94] im Bereich des Haus- und Grundvermögens (Zeile 7) sowie Sachvermögens (Zeile 10) ist zu vermuten, daß diese Vermögensarten wesentlich weniger ungleich verteilt sind als die Geld- und Betriebsvermögen (Zeilen 13 und 16). Offensichtlich besaß in der Vergangenheit der Erwerb von Wohnungseigentum und langlebigen Gebrauchsgütern bei den weniger verdienenden Haushalten eine höhere Priorität als die Akkumulation von Geld- und Produktivvermögen. Die Befriedigung der Grundbedürfnisse im Wohn- und Konsumbereich läßt bei diesen Haushaltsschichten nur wenig Spielraum für die Anlage in Geld- und Betriebsvermögen.

Die stärkste Vermögenskonzentration liegt im Bereich des Produktivvermögens vor. Die reichsten 2 % der Haushalte besitzen knapp die Hälfte, das reichste Fünftel ungefähr 86 % dieser Vermögensart, während die ärmere Bevölkerungshälfte über nur 4 % verfügt. Faßt man das Aktienvermögen in Höhe von 118,4 Mrd. DM (Ende 1987)[95], das in der hier benutzten Statistik dem Geldvermögen zugerechnet wird, mit dem Betriebsvermögen zum Produktivvermögen zusammen, so ist mit einer signifikanten Verringerung der Konzentration des gesamten Produktivvermögens gegenüber dem Betriebsvermögen nicht zu rechnen. Eine solche Rechnung führte bei MIERHEIM /WICKE selbst unter der vorsichtigen Annahme, daß das Aktienvermögen nicht stärker konzentriert sei als das gesamte Wertpapiervermögen, zu kaum veränderten Verteilungswerten.[96] Beim Geldvermögen konzentrieren sich knapp ein Viertel auf die reichsten 2 % der Haushalte und über 90 % auf die wohlhabendere Bevölkerungshälfte. Die 1,1 Mio Mitglieder der reichsten Haushaltsschicht besitzen damit ungefähr 816 Mrd. DM oder knapp 30 % dieser beiden Vermögensarten. Die fast 28 Mio Personen der weniger wohlhabenden Bevölkerungshälfte verfügen dagegen über etwa 183,5 Mrd. an Geld- und Betriebsvermögen; dies entspricht einem Pro-Kopf-Vermögen von

94) Die Bundesbank schätzt den Wert des Wohnungseigentums unter Berücksichtigung von Abschreibungen auf 1400 Mrd. DM, den Wert des Sachvermögens auf 750 Mrd. DM. Zitiert nach BADEN-WÜRTTEMBERGISCHE BANK AG, Bank und Wirtschaft, 9/87, 33. Jg., S. 2.

95) Vgl. Tab. 4.10, S. 281 dieser Arbeit.

96) MIERHEIM, H., WICKE, L., a.a.O., S. 104.

6600 DM im Gegensatz zu knapp 730.000 DM in der reichsten Schicht. Beim Betriebs- und Geldvermögen zeigt sich also eine extrem "schiefe"[97] Vermögensverteilung.[98]

Die hohe Konzentration der Betriebsvermögen wird bei Betrachtung ihrer Entwicklungstendenzen etwas relativiert. Die Knappheitssituation auf den Gütermärkten, der Angebotsdruck auf dem Arbeitsmarkt und die großzügige steuerliche Unterstützung der Unternehmen zur Zeit des Wiederaufbaus nach dem Zweiten Weltkrieg begünstigten eine Marktmacht der Unternehmen, "die ihnen hohe Gewinne sicherte, welche sich im Wege der Selbstfinanzierung in Produktivvermögen verwandelten".[99] Auf diese Weise entstand zur Zeit des "Wirtschaftswunders" eine enorme Produktivvermögenskonzentration in der Hand der Unternehmenseigner. Dies schlägt sich in den Berechnungen von KRELLE/SCHUNCK/SIEBKE[100] nieder, nach denen 1960 1,7 % der Bevölkerung 70 % des Produktivvermögens, dort abgegrenzt als Eigenkapital an gewerblichen Unternehmen, besaßen. Nach MIERHEIM /WICKE[101] verfügten 1,7 % der Bevölkerung im Jahre 1969 über 55 bis 60 % , im Jahre 1973 über wenigstens 51 % des Produktivvermögens.[102] Die Angaben in Tabelle 2.2 weisen für 1987 dagegen nur noch eine Konzentration von 48 % des Betriebsvermögens auf 2 % der Haushalte aus. Die Verteilungsdisparität in dieser Vermögensart hat also langfristig deutlich abgenommen[103], auch wenn sie sich nach wie vor auf hohem Niveau befindet.

---

97) ENGELS, W., SABLOTNY, H., ZICKLER, D, a.a.O., S. 165.

98) Nach Angaben von MIEGEL, M., a.a.O., S. 75 f., stellen die errechneten Verteilungsdisparitäten eine eher ungünstigere Situation dar, als sie in der Realität anzutreffen ist, da in jedem Zweifelsfall die ungünstigste der denkbaren Hypothesen über die Vermögensverteilung zugrundegelegt wurde.

99) HÖHNEN, Wilfried, Zwanzig Jahre vermögenspolitische Diskussion, in: Das Nein zur Vermögenspolitik, hrsg. v. PITZ, Karl, Reinbek 1974, S. 25-55, hier S. 26.

100) KRELLE, W., SCHUNCK, J., SIEBKE, J., a.a.O., S. 381.

101) MIERHEIM, H., WICKE, L., S. 262.

102) ROBERTS/STIEPELMANN zeigten, daß diese Konzentrationsmaße die tatsächlichen Produktivvermögenskonzentration eher unterzeichnen. ROBERTS, C.C./ STIEPELMANN, H., (1983), S. 208-211.

103) So auch ABS, Hermann J., Erfolgreiche Vermögensbildung in der Bundesrepublik, in: Vermögensbildung, Kapitalbildung, Krisenvorbeugung, hrsg. v. KANNENGIESSER, Walter, Köln 1980, S. 19-36, hier S. 22.

Auch für das Gesamtvermögen ohne Versorgungsansprüche und Sachvermögen ist eine Dekonzentrationstendenz aus der Gesamtzahl der Studien trotz ihrer teilweise unterschiedlichen methodischen Ansätze abzuleiten. Der Anteil am Gesamtvermögen der 1,7 % reichsten Haushalte sank von 35 % im Jahre 1960, über 31 % im Jahre 1966 und 24 % im Jahre 1969 bis 1973 kontinuierlich.[104] 1987 besaßen 2 % der Haushalte nur noch knapp ein Fünftel des Gesamtvermögens. Wächst allerdings - wie dies in den letzten Jahren der Fall war - der Wert des Geld- und Produktivvermögens schneller als das Gesamtvermögen, so steigt aufgrund der hohen Konzentration in diesen Vermögensarten c.p. auch die Gesamtvermögensdisparität.

Die Verringerung der Gesamtvermögenskonzentration ist weniger auf die Tendenz im Produktivvermögensbereich als auf die quantitativ wesentlich stärker ins Gewicht fallende Erhöhung des Anteils des Haus- und Grundvermögens am Gesamtvermögen der unteren Haushaltsschichten zurückzuführen. Mit dem Anwachsen der Masseneinkommen in den 60er und 70er Jahren erfüllten sich die weniger wohlhabenden Haushaltsschichten zunächst ihre Wünsche in dieser Vermögensart.[105]

Die konstatierte nachhaltige Konzentrationstendenz beim Geldvermögen wiegt besonders schwer, wenn man das quantitative Gewicht dieser Vermögensart mitberücksichtigt, die zudem überproportional wächst. Die Dekonzentration im Bereich des Produktivvermögens wird beim Geldvermögen voll kompensiert. Die Gruppe der sehr reichen Haushalte hat offensichtlich einen größeren Teil ihrer Vermögenszuwächse statt in das Betriebsvermögen in das liquidere Geldvermögen investiert.

Die Verlagerung in den Vermögensarten spiegelt sich tendenziell in der Veränderung der Finanzierung auf seiten der Unternehmen wider: von 1973 bis 1983 sank die Eigenmittelquote der Wirtschaft von 24 % auf 18,2 %. Diese Parallelität ist nicht überraschend, da das stark wachsende Geldvermögen zum größten Teil als Fremdkapital in

---

104) MIERHEIM, H., WICKE, L., a.a.O., S. 256, 257, 262 und die dort angegebene Literatur.

105) Ebenda, S. 266-267.

den Unternehmenssektor fließt. Außerdem könnte der Versuch, eine Vermögensteuerdoppelbelastung zu umgehen, viele reiche Produktivkapitalbesitzer zu einer Kapitalstrukturveränderung in ihren Betrieben veranlaßt haben.

Die nach wie vor hohe Verteilungsdisparität im Bereich des Produktiv- und Geldvermögens und die sich abzeichnende Konzentrationstendenz beim Geldvermögen weisen daraufhin, daß für *beide* Vermögensarten auch in Zukunft ein Bedarf an verteilungspolitischen Maßnahmen im Rahmen der Vermögensbildung besteht.

2.4. Effizienz der Vermögenspolitik

Die aufgezeigten Verteilungsdisparitäten signalisieren nicht nur einen Korrekturbedarf, sondern werfen gleichzeitig die Frage nach der Effizienz der bisherigen Vermögenspolitik auf. Nicht nur aufgrund der geringen Zuverlässigkeit der statistischen Daten über den Ist-Zustand ist vor einem vorschnellen Urteil zu warnen. Es existiert für die vermögenspolitischen Maßnahmen kein Erfolgsmaßstab, da nur grobe Vermutungen darüber bestehen, welche Vermögensbestände und -verteilungen ohne Einwirkungen politischer Instrumente vorliegen würden. Es erscheint gewagt, eine Zurechnung der einzelnen dargelegten Trends und der eingesetzten Mittel vorzunehmen.

Die Analyse muß sich deshalb darauf beschränken, bisherige Leistungsformen der Vermögenspolitik aufzulisten, ihre Inanspruchnahme zu untersuchen und die daraus resultierende Belastung der öffentlichen Haushalte zu quantifizieren. Dabei bereitet es große Schwierigkeiten, Aussagen nicht nur über die absolute Höhe der Inanspruchnahme, sondern auch über die Aufteilung auf die verschiedenen Haushaltsschichten abzuleiten. Soweit Untersuchungen zu diesem Thema vorliegen, wurden sie in die Analyse miteinbezogen.

2.4.1. Leistungsformen der Vermögenspolitik

Zunächst besteht das Problem der Abgrenzung, welche politischen Maßnahmen dem Bereich Vermögensbildung zuzurechnen sind. Eine weitgefaßte Abgrenzung hätte nicht nur die Gesamtzahl aller Steuererleichterungen und Transfers zur Vermögensbildung miteinzubeziehen, sondern auch alle anderen Arten der Förderung der Sparfähigkeit und Sparbereitschaft bis hin zur Gewährung von Sozialhilfen, Wohngeld und Ausbildungsförderung einschließlich der Verwaltung und Durchführung der Programme. Quantifizierungsversuche dieser äußerst extensiv definierten Vermögenspolitik liegen, zumindest aus der neueren Zeit, nicht vor. Sie wären auch wenig hilfreich, wenn aus ihnen nicht die Beiträge einzelner Maßnahmen ersichtlich wären.

Von einem relativ weiten Begriff der Vermögenspolitik geht die Untersuchung von GRESS[106] aus, die sich zwar auf die Ausgabenseite (beziehungsweise die Einnahmenminderung) der öffentlichen Haushalte beschränkt, aber sämtliche explizite und implizite Transfers einbezieht. Abb. 2.2 gibt einen Überblick der ihrer Meinung nach maßgeblichen Leistungsformen.

Die Ausgaben und Steuermindereinnahmen der statistisch erfaßten Teilbereiche dieser Leistungsformen beziffert GRESS auf 18,3 Mrd. DM für das Jahr 1978 und 16,2 Mrd. DM für das Jahr 1980. Im Jahr 1980 entfielen davon 25,9 % auf erhöhte Abschreibungen für Wohngebäude (§§ 7b und 54 EStG), 22,8 % auf den Sonderausgabenabzug für private Lebensversicherungen (§ 10 Abs. 1 Nr. 2 EStG), 16,0 % auf Arbeitnehmer-Sparzulagen und 13,9 % auf Spar- und Wohnungsbauprämien als die vier wichtigsten Positionen.[107]

Eine verteilungsorientierte Überprüfung der Vermögenspolitik hätte gegen die Kosten zur Vermögensbildung bei den begünstigten Schichten die Einnahmen aus den Zugriffen auf die Vermögensbestände und die Einkommen bei den "reichen" Haushalten aufzurechnen. Zu diesen

---

106) GRESS, K., a.a.O.
107) Ebenda, S. 32.

Abb. 2.2:

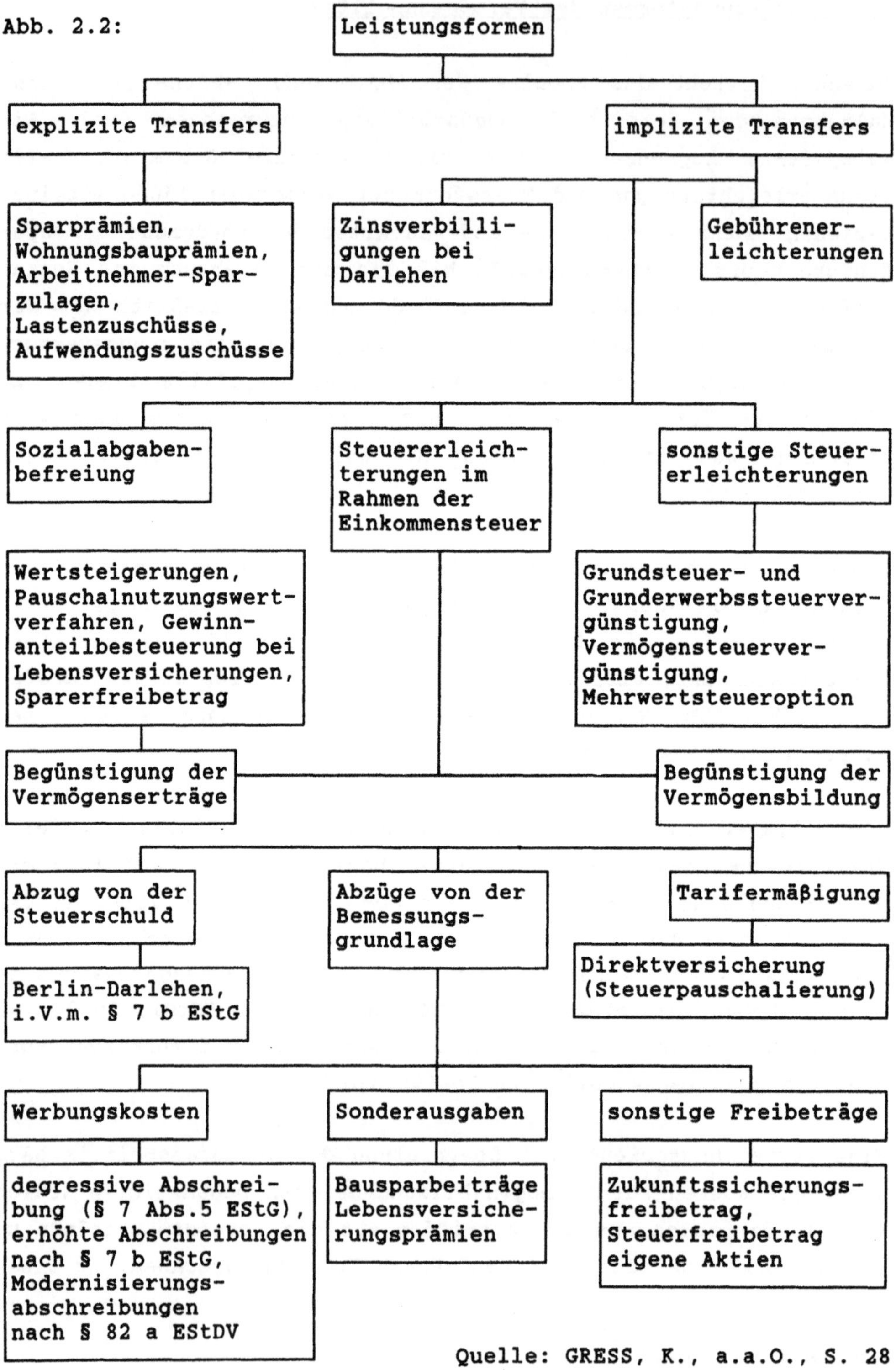

Quelle: GRESS, K., a.a.O., S. 28

Maßnahmen wäre neben der progressiven Einkommenbesteuerung (Steueraufkommen 1986: 182,8 Mrd. DM)[108] als dem mit Abstand wichtigsten Verteilungsinstrument auch die Vermögenbesteuerung zu zählen. Die Vermögensteuer war bis 1975 auf die Einkommensteuerschuld anrechenbar. Der Freibetrag liegt für ein Ehepaar bei mindestens 140.000 DM (§ 6 VStG). Der Steuersatz beträgt 0,5 %. Bemessungsgrundlage ist das Gesamtvermögen (§§ 114-120 BewG). Insbesondere die Bewertung des Immobilienvermögens mit Einheitswerten führt zu einer systematischen Unterbewertung der Bemessungsgrundlage. Die Verteilungswirkungen dieser Steuer werden deshalb als gering eingestuft.[109] Das Vermögensteueraufkommen aller Wirtschaftssektoren lag 1986 bei 4,4 Mrd. DM; dies entspricht ungefähr 1 % des gesamten Steueraufkommens.[110]

In dieser Arbeit sollen die Maßnahmen der Vermögenspolitik noch enger eingegrenzt werden, um die in den Subventionsberichten unter der Rubrik "Sparförderung und Vermögensbildung" regelmäßig veröffentlichten Ausgaben als einheitliche und zeitlich vergleichbare Basis einer Kosten-Nutzen-Analyse gebrauchen zu können. Die den dort aufgeführten Ausgaben und Steuermindereinnahmen zugrundeliegenden vermögenspolitischen Maßnahmen haben sich im Laufe der Zeit ständig gewandelt.

Der Staat fördert die Vermögensbildung auf Konten seit 1948 mit Steuervergünstigungen und seit 1959 durch das Sparprämiengesetz. Daneben leistet der Staat über eine Reihe von steuerlichen Anreizen und seit 1952 über das Wohnungsbauprämiengesetz wesentliche Hilfestellungen bei der Bildung von Haus- und Grundvermögen. In den Jahren 1959, 1961 und 1965 sind mit Teilprivatisierungen der Preußag, des Volkswagenwerks und der Veba über Ausgabe von Volksaktien zu Vorzugskursen staatliche Aktivitäten zur Produktivvermögensbildung in Arbeitnehmerhand vorgenommen worden. Besonders hohe und nachhaltige Akzeptanz bei den privaten Haushalten fanden die Vermögensbildungsgesetze. Sie veranlaßten die Zahlung von tarif-

---

108) Vgl. INSTITUT DER DEUTSCHEN WIRTSCHAFT, a.a.O., Tab. 39; ohne Körperschaft- und Kapitalertragsteuer.
109) Vgl. ROBERTS, C.C., a.a.O., S. 291, 314-315.
110) Vgl. INSTITUT DER DEUTSCHEN WIRTSCHAFT, a.a.O., Tab. 39.

vertraglichen vermögenswirksamen Leistungen, deren Anlage mit Arbeitnehmer-Sparzulagen prämiert werden. Mit dem am 1.1.1987 inkraftgetretenen 2. Vermögensbeteiligungsgesetz ist die seit dem 4. Vermögensbildungsgesetz vorgenommene Betonung der Förderung des Produktivvermögens fortgesetzt und erweitert worden.

2.4.2. Kosten der Sparförderung und Vermögensbildung

In den Subventionsberichten der Bundesregierung sind unter dem Posten "Sparförderung und Vermögensbildung" Leistungen nach dem Sparprämien- und Wohnungsbauprämiengesetz, Arbeitnehmer-Sparzulagen sowie Steuererleichterungen in Form der Freibeträge bei Einkünften aus Kapitalvermögen (§ 20 Abs. 4 EStG), des Sonderausgabenabzugs bei Bausparbeiträgen (§ 10 Abs. 1 Nr. 3 EStG), der Vergünstigungen für Kleinunternehmen bei der Gewährung vermögenswirksamer Leistungen (§ 14 4. Verm BG)[111] und der Freibeträge bei Überlassung verbilligter Unternehmensanteile zugunsten des Arbeitnehmers (§ 19a EStG) aufgeführt. Sonderausgabenabzüge für Lebensversicherungsbeiträge und die Leistungen nach § 7b EStG, in der Untersuchung von GRESS im Jahre 1980 die bedeutendsten Posten, sind in dieser Aufstellung also nicht enthalten.

Verglichen mit den oben bezifferten Ausgaben der Jahre 1978 und 1980 zeichnet sich auch über den in der Tabelle 2.3 dargestellten Zeitraum hinaus eine kontinuierliche Senkung der Gesamtausgaben für Sparförderung und Vermögensbildung ab. Insbesondere die ausgezahlten Arbeitnehmer-Sparzulagen verringerten sich von 1980 bis 1986 um knapp eine Mrd. DM. Die Ausgabenminderung seit Mitte der siebziger Jahre hat ihre Ursachen im Auslaufen der nach dem Sparprämiengesetz geförderten Anlagen, der Senkung verschiedener Arbeitnehmer-Sparzulagensätze und die Konstanthaltung der Einkommensgrenzen. Für die Zukunft ist eine Stabilisierung der Ausgaben bei rund 5 Mrd. DM p.a. zu erwarten, sofern die Akzeptanz der nach dem 4. Vermögensbildungs- und 2. Vermögensbeteiligungsgesetz neu

---

111) Entspricht im Wortlaut § 15 des 2. Vermögensbeteiligungsgesetzes.

Tab. 2.3: Kosten der Sparförderung und Vermögensbildung 1983 - 1986 (in Mio DM)				
	1983	1984	1985[1]	1986[1]
Sparpämien	2332	1449	1000	900
Wohnungsbauprämien	1075	937	1060	970
Freibetrag für Einkünfte auf Kapitalvermögen (300/600 DM) (§ 20 Abs. 4 EStG)	400	410	425	440
Sonderausgabenabzug bei Bausparbeiträgen (§ 10 Abs. 1 Nr. 3 EStG)	840	820	790	640
Vergünstigung für Kleinunternehmen (§ 14 4. Verm.BG)	250	270	275	285
Freibetrag bei Überlassung verbilligter Anteile (§ 19a EStG) (300 DM)	40	50	75	110
Arbeitnehmer-Sparzulage	1550	1580	1680	1630
Gesamt	6487	5516	5305	4975

[1] Soll-Werte
Quelle: BUNDESTAGS-DRUCKSACHE 10/3821 vom 12.09.1985, 10. Subventionsbericht der Bundesregierung, S. 168-170, S. 240-245.

geförderten Anlageformen nicht drastisch steigt. Durch die Erhöhung des Lohnsteuerfreibetrags nach § 19a EStG von 300 DM auf 500 DM entstehen nach Berechnung des Bundesfinanzministeriums nur geringe Steuermindereinnahmen in Höhe von insgesamt 225 Mio DM für die vier Rechnungsjahre von 1987-1990.[112]

Gemessen an den Ausgaben zieht sich der Staat immer mehr aus der Vermögenspolitik zurück.

112) BUNDESRATS-DRUCKSACHE 370/86 vom 15.8.86, Gesetzentwurf der Bundesregierung zum zweiten Vermögensbeteiligungsgesetz, S. 4.

2.4.3. Sparleistung der privaten Haushalte

Nach der Abgrenzung der Subventionsberichte betrugen vom Kriegsende bis einschließlich 1985 die Gesamtaufwendungen und Steuermindereinnahmen der öffentlichen Haushalte für die Förderung des Sparens und der Vermögensbildung rund 136 Mrd. DM, womit Sparleistungen in ungefähr der vierfachen Höhe begünstigt worden seien.[113] Seit 1972 bewegte sich der nach den Vermögensbildungsgesetzen jährlich angelegte Betrag zwischen 8 und 10 Mrd. DM.[114] Die Kausalität der staatlichen Leistungen für die private Vermögensbildung ist jedoch in Frage zu stellen. Es ist nicht quantifizierbar, inwiefern das Sparverhalten ohne staatliche Förderung eine andere Entwicklung genommen hätte und wieviele Haushalte auch ohne Förderung vergleichbare Anlageentscheidungen getroffen hätten. Vermutlich führte ein nicht zu beziffernder Anteil der Transfers zu reinen Mitnahmeeffekten.

Bei der Beurteilung der Auswirkungen der staatlichen Förderungsmaßnahmen ist außerdem zu berücksichtigen, daß die begünstigten Sparleistungen sich im Laufe der Zeit nicht in voller Höhe zu Vermögensbeständen akkumulieren, da in bestimmtem Maße gleichzeitig auch entspart wird. Die Festlegungsfristen des Vermögensbildungsgesetzes in Höhe von 6 bzw. 7 Jahren oder 10 Jahren für den Sonderausgabenabzug von Bausparbeiträgen sorgen zwar für eine Vermögensansammlung innerhalb dieser Perioden, sie induzieren aber gleichzeitig einen Anreizverlust zur fortgesetzten Akkumulation nach Ablauf der Sperrfristen. Dies könnte zur Konsumtion der Anlagebeträge nach Mitnahme der Förderung führen. MIERHEIM/WICKE stellen bei der Auswertung der EVS 1973 fest, daß durchschnittlich 67 % der prämienbegünstigten Sparanlagen nach Ablauf der Sperrfrist wiederangelegt werden.[115] Allerdings ist die Wiederanlagequote der

---

113) BUNDESTAGS-DRUCKSACHE 10/3821 v. 12.9.1985, 10. Subventionsbericht der Bundesregierung, S. 54.

114) Vgl. BEHRENWALDT, Udo, Förderung der Vermögensbildung - Setzen sich Aktienfonds nun durch? in: bank und markt, 16. Jg., Heft 8/1987, S. 19-21, hier S.19.

115) MIERHEIM, H., WICKE, L., a.a.O., S. 177.

weniger vermögenden Haushalte[116] mit rund 40 % wesentlich niedriger. Ungefähr 30 % aller Haushalte gehören zu dieser Gruppe[117], in der auch die Höhe der begünstigten Sparguthaben unterdurchschnittlich ist.

Unterstellt man, daß die von MIERHEIM/WICKE ausgewiesenen Wiederanlagequoten für den gesamten Zeitraum nach dem 2. Weltkrieg gelten, so hat die Sparförderung zur Ansammlung von Vermögensbeständen in Höhe von über 350 Mrd. DM geführt. Dies entspricht knapp 6 % der Gesamtvermögensbestände aller privaten Haushalte bzw. 28 % der Vermögensbestände der weniger wohlhabenden Hälfte der Haushalte, die als Adressat der Sparförderung anzusehen sein könnte.

Ist ein so hoher Anteil des Gesamtvermögens auf staatliche Eingriffe zurückzuführen, so ist die Vermögenspolitik durchaus als erfolgreich zu beurteilen. Das Wiederanlageverhalten der ärmsten 30 % spricht allerdings dafür, daß diese Schicht von der Vermögenspolitik langfristig wesentlich weniger profitiert hat (gemessen an der Erhöhung der Vermögensbestände) als die wohlhabenderen der geförderten Haushalte. Die bereits oben erläuterte Zunahme der Konzentration des Geldvermögens, der am stärksten geförderten Vermögensart, bei den reicheren Haushalten unterstützt diese Vermutung.

2.4.4. Zur Effektivität einzelner vermögenspolitischer Maßnahmen

Angesichts knapper Haushaltsmittel ist darauf zu achten, daß die vermögenspolitischen Förderungsmaßnahmen gerade die Zielgruppe der untersten Einkommens- bzw. Vermögensschichten erreichen. Das verteilungspolitische Ziel der Verbesserung nicht nur der absoluten, sondern auch der relativen Vermögensposition dieser Gruppe, bei der Sparen in besonderem Maße mit einem förderungswürdigen Konsumverzicht verbunden ist, erfordert prinzipiell Einkommens- und Vermögensgrenzen, gegebenenfalls unter Berücksichtigung sozialer

116) Haushalte mit einem Nettovermögen unter 10.000 DM nach der Abgrenzung von MIERHEIM/WICKE.
117) Dieselben, S. 56.

Merkmale wie Familienstand, Kinderzahl und Alter[118]. Vermögenspolitische Maßnahmen ohne Förderungsgrenzen oder Bemessungsgrundlagen wirken tendenziell konzentrationssteigernd, da bei wohlhabenderen Haushalten aufgrund ihrer höheren Sparfähigkeit größere Anlagebeträge begünstigt werden.

Aus diesem Grunde hat die Einführung von Einkommensgrenzen in Höhe von 24.000 bzw. 48.000 DM[119] zu versteuerndes Einkommen für die Prämiengewährung mit der Einkommensteuerreform 1975 die Effizienz der Vermögenspolitik tendenziell erhöht. Die Festsetzung absoluter Grenzwerte zwischen "förderungswürdig" und "nicht förderungswürdig" ist willkürlich. Unmittelbar oberhalb und unterhalb der Förderungsschwelle liegende Antragsteller werden bei fast identischen wirtschaftlichen Verhältnissen unterschiedlich behandelt, so daß nach der Förderung der besser Verdienende insgesamt schlechter gestellt sein kann.

Außerdem induzieren feste Einkommensgrenzen neue Verteilungsprobleme. Die knapp unter der Einkommensgrenze liegenden Sparer besitzen eine höhere Sparfähigkeit als die untersten Einkommensgruppen, die oft nicht zur Aufbringung der geförderten Höchstsparsummen in der Lage sind. Innerhalb des Begünstigtenkreises resultiert eine zugunsten der besser verdienenden Haushalte ungleiche Verteilung der Förderungsmittel, wodurch eine Steigerung der Verteilungsdisparität bei den unterhalb der Einkommensgrenze liegenden Sparern entsteht. Die meisten der genannten Nachteile ließen sich jedoch durchaus vermeiden. Als Alternative zur bisherigen Praxis wären progressive Transfers mit abnehmender Bemessungsgrundlage, für die sich das Nettovermögen, das verfügbare oder zu versteuernde Einkommen anbieten würden, denkbar.[120]

---

118) GRESS, K., a.a.O., S. 67.

119) Ab 1990: 27.000 bzw. 54.000 DM; vgl. STEUERREFORMGESETZ, Artikel 18, Änderung des Fünften Vermögensbildungsgesetzes, in: Bundessteuerblatt 1988, Teil I, S. 259-266, S. 263.

120) Vgl. die Vorschläge zu neuen Vermögensbildungskonzeptionen in Kap. 5.1., S. 320-345 dieser Arbeit.

Verteilungspolitisch ausgesprochen ineffizient wirken implizite Transfers, die i.d.R. an keine Einkommensgrenzen gebunden sind.[121] Zu ihnen gehören beispielsweise die Steuervergünstigungen aufgrund eines Sonderausgabenabzugs bei Anlage auf Bauspar- und Lebensversicherungsverträge. Grundsätzlich können auch wohlhabende Haushalte diese Förderungsmöglichkeiten ausnutzen. Aufgrund ihrer höheren Sparfähigkeit sind sie in der Lage, größere Anlagebeträge auf diese Weise prämieren zu lassen als weniger sparfähige Haushalte. Deshalb sind die Steuervergünstigungen für die wohlhabenderen Haushalte absolut betrachtet höher. Sie werden aber auch relativ besser gestellt, da die steuerlichen Vorteile mit steigendem Einkommen aufgrund des progressiven Steuertarifs überproportional wachsen. Prinzipiell sind solche Maßnahmen deshalb zum Erreichen gleichmäßigerer Vermögensverteilungen ungeeignet, sondern wirken konzentrationssteigernd. Aus vermögenspolitischer Perspektive lassen sie sich allenfalls als Maßnahme zur absoluten Erhöhung der Vermögensbestände unter dem Hinweis auf das Subsidiaritätsprinzip im Bereich des Vorsorge- und Zwecksparens rechtfertigen.

Eine Eingrenzung dieser Konzentrationswirkungen findet allerdings auf zweierlei Weise statt. Zunächst ist der Sonderausgabenabzug für Vorsorgeaufwendungen nach § 10 Abs. 3, Nr. 1 - 3 EStG auf maximal 6510 bzw. 13020 DM für Verheiratete begrenzt, wobei rentenversicherungspflichtige Arbeitnehmer diese Beträge nicht erreichen können, da sich die Grenzen um die Arbeitgeberbeiträge zur Rentenversicherung, höchstens jedoch 3000 bzw. 6000 DM, vermindern. Modellrechnungen[122] ergaben, daß ein sozialversicherungspflichtiger

---

121) GRESS, K., a.a.O., S. 280.

122) Aus § 10, Abs. 3 Nr. 1-3 EStG ergibt sich, daß die um die Differenz zwischen Arbeitgeberanteil zur Rentenversicherung und 3000 DM-Höchstgrenze verminderten Versicherungsbeiträge, addiert zu den Bausparbeiträgen, eine Summe von 4680 DM ergeben müssen, damit die Vorsorgehöchstbeträge aus § 10 Abs. 3Nr. 1 und Nr. 3 EStG gerade genau erreicht werden.

$$4.680 = VB - (3000 - RVAG) + BSV \qquad (1)$$

Die Versicherungsbeiträge VB setzen sich aus Pflichtversicherungsanteilen PV (Krankenkasse, Arbeitslosen-, Rentenversicherungen) und Zusatzversicherungen ZV (Haftpflicht, Kfz, Unfallversicherungen, Lebensversicherungen) zusammen. ZV betrage 600 DM, PV 17,95 % vom Bruttolohn (= sozialversicherungspflichtiges Entgelt E), der Arbeitgeberanteil zur Rentenversicherung (RVAG) 9,35 % vom Bruttolohn. Damit die Bedingung (1) bei Bauspar-(BSV)

alleinstehender Arbeitnehmer bereits bei einem Bruttoentgelt von 25.934 DM p.a. alleine durch die Sozialversicherungsbeiträge und "unverzichtbare" Zusatzversicherungen die Sonderausgabenhöchstsätze ausfüllt und deshalb keine steuerbegünstigte Vermögensbildung auf diesem Wege mehr vornehmen kann. Bei Verheirateten liegt die Grenze bei einem Bruttogehalt von 54.066 DM.

Zu den Wirkungen des Sonderausgabenabzugs weitgehend analoge Vorbehalte und Kritikpunkte gelten für die zur Förderung des Haus- und Grundeigentums vorgesehenen Sonderabschreibungsmöglichkeiten (z.B. § 7b EStG). Auch vermögenspolitische Maßnahmen in Form von Steuerfreibeträgen (§ 19a EStG, § 20 Abs. 4 EStG) differenzieren nicht nach Einkommens- oder Vermögenshöhe und wirken tendenziell konzentrationsfördernd.

Als Alternative zum Sonderausgabenabzug für Bausparbeiträge kommt die Beantragung von Wohnungsbauprämien in Betracht. Die Wohnungsbauprämie bezieht sich auf Sparbeträge bis zu 800 DM bzw. 1.600 DM p.a.. Sie ist jedoch nur für Bausparer von Interesse, deren zu versteuerndes Einkommen unter den Einkommensgrenzen liegt und die entweder die sonderausgabenabzugsfähigen Höchstbeträge bereits ausgeschöpft haben oder deren Durchschnittssteuersatz niedriger als der Wohnungsbauprämiensatz ist, der bis Ende 1988 14 % (+ 2 % pro Kind) betrug und seit dem 1.1.1989 auf 10 % bei Streichung der Zusatzprämie für Kinder gesenkt wurde.[123] Die Sparfähigkeit und -bereitschaft der Haushalte, für die ein Sonderausgabenabzug günstiger ist, ist vermutlich so hoch, daß dort Anlagebeträge prämiert werden, die größtenteils auch ohne diese Förderungsmaßnahmen gespart worden wären.[124]

Für die Wohnungsbauprämie gilt genauso wie für die Sparprämien und Arbeitnehmer-Sparzulagen, daß die geringe Sparfähigkeit der unter-

---

und Lebensversicherungsbeiträgen in Höhe von 0 erfüllt ist, muß also gelten:

$$4.680 = 0{,}1795\, E + 600 - (3000 - 0{,}0935\, E)$$
$$\Rightarrow \quad E = 25934.$$

123) STEUERREFORMGESETZ, a.a.O., S. 266.
124) WICKE, L., (1977), a.a.O., S. 264.

sten Einkommensschicht möglicherweise nur geringere prämienberechtigte Anlagebeträge zuläßt und die Höchstsparbeträge von 800/1600 DM nur von den besser Verdienenden innerhalb des Begünstigtenkreises ausgeschöpft werden. In diesem Falle erfolgt wiederum eine absolut geringere Förderung der untersten Schichten.

Insgesamt positiv zu beurteilen sind die Auswirkungen tarifvertraglich vereinbarter vermögenswirksamer Leistungen für Arbeitnehmer. Sie wirken häufig "als Initialzündung für langfristiges Sparen über die tariflichen Leistungen hinaus, und dies insbesondere bei den unteren Einkommensgruppen der Arbeitnehmer"[125], denn die einzige Alternative zur vermögenswirksamen Anlage ist ein Verzicht auf die tariflichen und staatlichen Leistungen. Die Anfang der siebziger Jahre zu verzeichnende starke Zunahme vermögenswirksam sparender Haushalte führte zu hohen Ausgaben der öffentlichen Haushalte. Aufgrund der damals noch zulässigen Kumulation von Arbeitnehmer-Sparzulagen, Bausparprämien und Zusatzleistungen konnten Familien mit drei Kindern und niedrigen Einkommen Förderungen von bis zu 85 % der Sparleistung erreichen.[126] Doch auch nach dem Verbot der Kumulation von Arbeitnehmer-Sparzulage und Prämie stieg die Akzeptanz des vermögenswirksamen Sparens weiter, ein Anzeichen dafür, daß die Doppelförderung lediglich zu Mitnahmeeffekten führte.

Ende 1984 kamen 95 % der ca. 19,7 Mio Arbeitnehmer in den Genuß tarifvertraglicher Regelungen über vermögenswirksame Leistungen, wovon 60 % Arbeitgeberleistungen von mindestens 624 DM erhielten. 13,3 Mio. Arbeitnehmer oder 27,6 % der Gesamtbevölkerung über 14 Jahre erhielten 1984 Arbeitnehmer-Sparzulagen.[127] Während 1973 noch rund 80 % der Arbeitnehmer Zulagen erhielten, wurden aufgrund der seit 18 Jahren konstanten Einkommensgrenzen im Jahre 1988 nur noch 55 % der Arbeitnehmer staatlich gefördert.[128] Über die Verteilung der Zulagen innerhalb des geförderten Personenkreises exi-

125) BUNDESTAGS-DRUCKSACHE 6/3186, Bundesminister für Arbeit und Sozialordnung, Bericht der Bundesregierung über die Auswirkungen der Sparförderung, 1972, S. 11, zitiert nach WICKE, L., (1977), a.a.O., S. 267.
126) WICKE, L., (1977), a.a.O., S. 267.
127) BUNDESTAGS-DRUCKSACHE 10/3821, a.a.O., S. 54.
128) Vgl. BEHRENWALDT, U., a.a.O., hier S. 19 f.

stieren keine Daten. Die oben genannten Argumente lassen jedoch auch hier erwarten, daß die nahe an den Einkommensgrenzen liegenden Haushalte aufgrund der höheren Sparfähigkeit einen überproportionalen Anteil der Zulagen erhalten.

Trotz des verringerten Begünstigtenkreises wird in den nächsten Jahren ein Anwachsen des Gesamtbetrages der jährlichen Anlagen nach dem Vermögensbildungsgesetz auf über 10 Mrd. DM erwartet. Diese Steigerung beruht auf der Ausdehnung des Förderrahmens von 624 auf 936 DM.

Zusammenfassend läßt sich sagen, daß alle Förderungsarten mehr oder weniger gravierende Schwächen aufweisen. Besser verdienende Haushalte profitieren i.d.R. mehr von den Förderungsmaßnahmen als die untersten Schichten. Es besteht somit eine teilweise institutionell angelegte positive Korrelation zwischen Einkommenshöhe und vermögenspolitischen Transfers.[129] Trotz erheblichen Mitteleinsatzes hat die Konzentration beim Geldvermögen, der am stärksten geförderten Vermögensart, zugenommen. Zwar wuchsen auch die Geldvermögen der "armen" Haushalte in der Vergangenheit, doch der Abstand zu den "reichen" Haushalten hat sich im Durchschnitt sowohl absolut als auch relativ erhöht.

Die im Bereich des Haus- und Grundvermögens festgestellte relativ geringe Verteilungsdisparität scheint auf besonders effiziente Wohnungsbauförderungspolitik hinzuweisen, bei genauerer Betrachtung ist aber auch hier politisch induzierte Vermögensumverteilung zugunsten der ärmeren Schichten nicht zu vermuten, denn die Wohnungsbauförderung ist überwiegend objektbezogen und differenziert nicht nach Einkommens- oder Vermögenshöhe.[130]

Selbst die Dekonzentrationstendenz beim Betriebsvermögen kann kaum auf eine erfolgreiche Vermögenspolitik zurückgeführt werden. Die Akzeptanz des gesetzlich geförderten Produktivkapitalsparens ist bisher so gering gewesen, daß durch sie meßbare Effekte kaum entstanden sein können. Gleiches gilt für die erwähnten Volksaktien-

129) GRESS, K., a.a.O., S. 382.
130) GERKE, W., SCHÖNER, M., (1986), a.a.O., S. 688.

programme. Auch der verbilligte Erwerb von Beteiligungen nach § 19a EStG wird zu keiner Dekonzentration führen, da er nicht an Einkommensgrenzen gekoppelt ist.[131]

Eine abschließende, fundierte Beurteilung der Effektivität der Vermögenspolitik ist trotz vieler Indizien nicht möglich. Die Wirkungsmechanismen der vermögenspolitischen Instrumente sind nicht zu isolieren, und zuverlässiges empirisches Material, insbesondere zur personellen Vermögensverteilung, fehlt. Dies mag zwar manches der hier geäußerten kritischen Argumente gegen die praktizierte Vermögenspolitik entkräften. Noch härter trifft sie jedoch die politischen Entscheidungsträger selbst, denn "generell muß die Rationalität einer Vermögenspolitik, die ihre Ergebnisse nicht kennt und nicht kontrolliert, in Frage gestellt werden."[132]

2.5. Sonderstatus des Produktivvermögens

Der in Tabelle 2.2 ausgewiesene Betriebsvermögensbestand in Höhe von 650 Mrd. DM und der Kurswert deutscher Aktien in den Händen privater Haushalte in Höhe von 118,4 Mrd. DM Ende 1987[133] summieren sich zu einem Wert von rund 770 Mrd. DM, der die in der öffentlichen Diskussion als Produktivvermögen bezeichneten Vermögensbestände der privaten Haushalte umfaßt. Der Anteil des Produktivvermögens am Gesamtvermögen ist zwar quantitativ relativ gering (vgl. Abb. 2.3), diese Vermögensart besitzt jedoch qualitative Eigenschaften, die sie aus den anderen Vermögensarten hervorhebt.

Eine Erhöhung der Produktivvermögensanlagen bedeutet eine direkte Zuführung von haftendem, langfristigen Finanzierungsmitteln in den Unternehmenssektor. Da die Risikokapitalbereitstellung eine notwendige Bedingung für die Investitionstätigkeit ist, kann die Produktivvermögensbildung zu investiv induziertem gesamtwirtschaftlichem Wachstum beitragen. Dadurch wird die Erreichung einer Reihe

---
131) Ebenda.
132) GRESS, K., a.a.O., S. 386.
133) Vgl. Tab 4.10, S. 281 dieser Arbeit.

Abb. 2.3: Struktur des Gesamtvermögens
der privaten Haushalte 1987

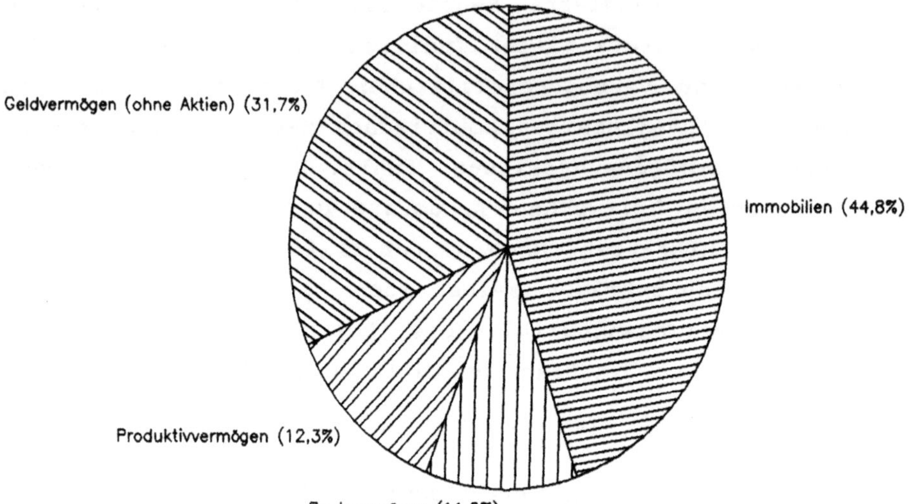

wirtschaftspolitischer Ziele, insbesondere die Steigerung der Wettbewerbsfähigkeit und die Verbesserung der Beschäftigungssituation, begünstigt. Produktivvermögensbildung kann somit zu gesamtwirtschaftlichen Wohlfahrtsgewinnen führen. In dieser Hinsicht unterscheidet sich eine auf die Bildung und Verteilung von Produktivvermögen gerichtete Politik - zumindest graduell - von einer Vermögenspolitik zugunsten anderer Vermögensarten.

2.5.1. Produktivvermögen als Machtgrundlage

Produktivvermögen vermittelt die Eigentumsrechte an den Produktionsmitteln. Wer diese Eigentumsrechte besitzt, entscheidet maßgeblich über den Gegenstand, die Menge, das Verfahren und den Ort der Produktion. Sind die Rechte auf nur eine geringe Zahl von Eigentümern konzentriert, so kann eine kleine Minderheit über den Einsatz der Produktionsmittel und damit teilweise über die Konsum- und Beschäftigungsmöglichkeiten der Mehrheit bestimmen. Diese wirtschaftliche und politische Macht kann dazu genutzt werden, die privilegierte Position zu festigen und auszubauen (vgl. Abb. 1.1). Die mit dieser grundlegenden These aufgegriffene traditionelle Kapitalismuskritik ist bei differenzierter Betrachtung nur relativiert aufrechtzuerhalten.

Wirtschaftliche Macht ist zwar originär an Verfügungsrechte, wie sie das Eigentum verbrieft, gebunden, die Ausübung dieser Rechte und damit ihr Wert hängt aber von der Marktposition des Unternehmens ab.[134] Der Wettbewerb auf funktionierenden Märkten ist die beste Machtkontrolle.

Einfluß auf Investitionsentscheidungen und den Markterfolg eines Unternehmens hat außerdem der Eigentümer de facto im geringeren Maße als das Management. Die hier angesprochenen Agency-Probleme werden noch an anderer Stelle ausführlicher diskutiert.[135]

Daneben kann die Macht eines wichtigen Gläubigers als Kapitalgeber die Macht eines Teileigentümers bei weitem übertreffen.

Schließlich ist das Eigentumsrecht durch den Grundsatz der Sozialpflichtigkeit des Eigentums (Art. 14 Abs. 3 GG), die institutionelle Mitbestimmung in den Aufsichtsräten, das Betriebsverfassungsgesetz, gewerbeaufsichtsrechtliche Bestimmungen und manche weitere Einschränkung in die Handlungsfreiheit des Eigentümers durch staatliche Vorgaben beschränkt.

Die "kapitalistische" Klassengesellschaft ist heutzutage eine reine Fiktion.[136] Redistribution von Produktionsmitteleigentum führt vor allem dann zu einem Abbau von Macht und damit zur Reduktion von Konfliktpotentialen, solange diese Fiktion nicht als solche enttarnt ist. Produktivvermögen vermittelt tendenziell weitergehende Rechte als andere Vermögensarten. Dieser qualitative Unterschied ist festzuhalten, jedoch aufgrund der Kontrollmechanismen des Marktes und normativen Einschränkungen nicht überzubewerten.

---

134) BESTERS, Hans, Volkswirtschaftliche und gesellschaftspolitische Aspekte der Beteiligung der Arbeitnehmer am Produktivvermögen, Zfbf, 1985, Sonderheft 19, S. 1-16, hier S. 9.

135) Vgl. Kap. 3.1.3., S. 119-128 dieser Arbeit.

136) BESTERS, H., a.a.O., S. 9.

2.5.2. Der Wert der Property Rights für Kleinanleger

Produktivvermögenspolitik zielt auf eine veränderte Verteilung der Verfügungsrechte an den Produktionsmitteln ab. Die Property Rights besitzen für den Inhaber einen wirtschaftlichen Wert, der u.a. von den Kosten der Wahrnehmung und Durchsetzung der Verfügungsrechte abhängt. Diese Kosten können den Nutzen der aus den Property Rights resultierenden wirtschaftlichen Macht beeinträchtigen oder sogar übersteigen.

Die Grenzkosten der Wahrnehmung und Durchsetzung bestimmen die individuelle Grenzzahlungsbereitschaft für die Property Rights. Die Kosten der Wahrnehmung der Property Rights zur Ausübung wirtschaftlicher Macht steigen degressiv mit dem Nominalwert des individuellen Vermögensbesitzes. Die Durchsetzungskosten der Verfügungsrechte sind für einen Produktivvermögensbesitzer mit geringem Vermögen pro Anteil überproportional höher als für Eigentümer hoher Produktivvermögensbestände.[137] Eine Ursache für diesen Kostenverlauf ist, daß sich Kleinanleger organisieren müssen, um Entscheidungen beeinflussen zu können. Diese Organisation verursacht Kosten, die mit zunehmendem Organisationsbedarf - also bei breiterem Streubesitz - steigen.

Der Wert eines Verfügungsrechts sinkt also mit wachsender Zahl gleichwertiger Verfügungsrechte in der Hand anderer Individuen. Beispielsweise ist der Wert eines Stimmrechts für einen Kleinaktionär niedriger als für einen Großaktionär. Da die Kosten der Durchsetzung eines Verfügungsrechts für Kleinaktionäre überproportional hoch sind, ihr Anteil an den Entscheidungsrechten aber dem

137) Es ist darauf hinzuweisen, daß die Durchsetzungskosten von Verfügungsrechten von institutionellen Gegebenheiten, Konventionen, den Kosten der Wahrnehmung des Rechtsweges und der Rechtssicherheit usw., kurz: dem Ausbau der "rechtlichen Infrastruktur" eines Systems, abhängen. Durchsetzungskosten auf Märkten mit hoher rechtlicher Infrastruktur, wie beispielsweise der Aktienbörse, sind niedriger als solche auf Märkten mit geringerer Infrastruktur. Gelten die folgenden Aussagen für Aktienmärkte, dann gelten sie erst recht und verstärkt für Kapitalmarktsegmente mit geringerer institutioneller Ausgestaltung.

Verhältnis der Nominalwerte ihrer Aktien zum Grundkapital des Unternehmens entspricht, besitzen sie wenig Anreize, ihre Verfügungsrechte einzeln wahrzunehmen.

Eine Organisation der Interessen der Kleinanleger lohnt sich nicht, solange die Kosten der Organisation pro Anleger höher sind als der dadurch induzierte Wertzuwachs des Property Rights.[138] Im Rahmen geltender institutioneller Regelungen wäre es denkbar, daß sich eine Organisation der Verfügungsrechtsinhaber lohnt, wenn auf diese Weise eine Sperrminorität oder Kapitalmehrheit zusammenkommt, weil bei Erreichen solcher Grenzen der Wert eines Verfügungsrechts sprunghaft steigt. Eine kleine Anzahl von Großaktionären muß aber sehr viel geringere Organisationskosten aufbringen, um solche institutionellen Grenzen zu erreichen.

Daraus ist der Schluß zu ziehen, daß Kleinanleger nicht nur wenig Anreize besitzen, ihre Verfügungsrechte einzeln wahrzunehmen, sondern auch selten davon profitieren, sich zu organisieren. Ein Blick auf die Realität scheint diese theoretischen Überlegungen zu bestätigen. Gemessen am vertretenen Nominalkapital ist die Präsenz von Kleinaktionären auf Hauptversammlungen von in Streubesitz befindlichen Publikumsgesellschaften oft unterproportional zu der von institutionellen Anlegern oder privaten Großaktionären. Viele Kleinanleger sind bereit, ihre Stimmrechte kostenlos auf ihre Depotbank zu übertragen.

Die Konsequenz aus dieser Betrachtung ist, daß ein Abbau einer starken Konzentration von Verfügungsrechten im Bereich des Produktivvermögens nicht zu einem proportionalen Abbau der Konzentration wirtschaftlicher Macht führt. Dieses Resultat ist beispielsweise für solche Unternehmen von besonderer Bedeutung, die eine Produktivvermögensbeteiligung aus Furcht vor einem Machtverlust ablehnen. Eine breitere Streuung des Produktivvermögens wird nur eine geringe Verlagerung der tatsächlichen Entscheidungsgewalt zur Folge haben.

---

138) Den Anstoß zu folgenden Überlegungen gab OLSON, Mancur, Die Logik des kollektiven Handelns, Tübingen 1968, insbesondere S. 21-35.

Auch wenn die Machtverlagerung graduell geringer ist als die Vermögensverlagerung, so beinhaltet die prinzipielle Beteiligung an der Machtbasis eine Tendenz zur Emanzipation von Bevölkerungsschichten, die bisher völlig von ihr ausgeschlossen waren. Wichtig für die motivatorischen Effekte und die erhofften systemadäquaten sozialpolitischen Wirkungen von Beteiligungsmodellen ist vor allem, daß die Arbeitnehmer die Form der Beteiligung als fair empfinden. Als echte Miteigentümer werden sich die Arbeitnehmer nur dann verstehen, wenn ihnen entsprechende Rechte eingeräumt werden. Die häufig zu hörende Behauptung, der Kleinanleger habe ohnehin kein Interesse an einer Stimmrechtsausübung, mag in vielen Fällen zutreffen und läßt sich theoretisch erklären. Dies sollte aber nicht dazu mißbraucht werden, dem Anleger das Wahlrecht zu nehmen, ob er seine Rechte ausübt oder nicht.

Realisierte Modelle der Arbeitnehmer-Kapitalbeteiligung tendieren jedoch dazu, nur Rechtstitel, die keine oder nur beschränkte Mitspracherechte verbriefen, auf die Beteiligten zu übertragen. GUSKI/SCHNEIDER stellten fest, daß nur ein Viertel der direkten Beteiligungsmodelle eine vollwertige, an den Kapitalanteil gebundene gesellschafterliche Mitbestimmungsposition vorsehen.[139] Der Großteil der Konstruktionen sieht lediglich Darlehen, typische stille Beteiligungen, Obligationen oder Genußrechte der Beteiligten vor. Auch beim Investmentsparen erhalten die Teilhaber keine Mitspracherechte, sondern können ihre Unzufriedenheit nur durch Rückgabe ihrer Zertifikate zum Ausdruck bringen. Ähnliches gilt für die Beteiligung mit stimmrechtslosen Vorzugsaktien.

2.5.3. Produktivvermögen als Einkommensgrundlage

Nicht nur in der Eigenschaft als Machtgrundlage, sondern auch in der Funktion als Einkommensquelle unterscheidet sich das Produktivkapital von anderen Vermögensarten. Das Entgelt für Produktivvermögen ist ein Residualeinkommen, das erst nach der Befriedigung von Festbetragsansprüchen - also Leistungen an Geldvermögensbesit-

139) GUSKI, H.-G., SCHNEIDER, H. J., (1983), a.a.O., S. 126.

zer - entsteht. Es setzt sich aus Ausschüttungen und Wertsteigerungen des Vermögensbestandes zusammen.

Der Wert des Produktivvermögensbestandes eines Wirtschaftssubjektes ist von der Leistungsfähigkeit der Produktionseinheit, an der es beteiligt ist, abhängig. Der Ertrag aus dem Produktivvermögen ist somit direkt an den Erfolg der mit ihm finanzierten Investitionen gekoppelt. Auf dynamischen Wettbewerbsmärkten ist die Unsicherheit der Renditeerwartungen beim Produktivvermögen deshalb größer als beim Geldvermögen. Risikoaverse Anleger sind deshalb nur dann zur Bereitstellung von Eigenkapital bereit, wenn aus dem Kapitalengagement eine langfristig höhere Rendite zu erzielen ist als aus dem Besitz von Geldvermögen.

Da - abgesehen von der Börse - keine organisierten Märkte für Risikokapital bestehen, sind Wertsteigerungen des Produktivvermögens teilweise schwer zu realisieren. Um sich kurzfristig von Beteiligungen trennen zu können, müssen häufig erhebliche Preisabschläge in Kauf genommen werden. Die Alternative zur Deckung eines Liquiditätsbedarfs ist ggf. die Aufnahme von Krediten. Die geringe Liquidität ist ein weiterer Faktor, der durch höhere Renditeerwartungen des Produktivvermögens aufgewogen werden muß.

Bei funktionierenden Allokationsmechanismen sind die Einkünfte aus Produktivvermögen langfristig höher als beispielsweise aus Geldvermögen. Eine hohe Produktivvermögenskonzentration besitzt somit Auswirkungen auf die Einkommenskonzentration. Eine gleichmäßigere Verteilung des Produktivvermögens impliziert eine stärkere Dekonzentration der Einkommen als dies bei Umverteilungen anderer Vermögensarten der Fall ist.

2.5.4. Produktivvermögensbeteiligung bei wachsender Kapitalintensität

Eine stärkere Beteiligung breiter Bevölkerungsschichten an den Kapitaleinkommen erzeugt eine erhöhte Unabhängigkeit von den Arbeitseinkommen. Dies ist in langfristiger Betrachtung von immenser

Bedeutung. Durch den technologischen Fortschritt wächst die Grenzproduktivität des Kapitals schneller als die der Arbeit. Ein Gleichgewicht auf den Faktormärkten kann bei einer solchen Konstellation nur dann aufrechterhalten werden, wenn sich der Lohnsatz im Verhältnis zur Kapitalrendite entsprechend den Faktorproduktivitätsrelationen verringert. Sind der Lohnsatz und die Kapitalrendite nicht hinreichend variabel, entsteht ein Ungleichgewicht. Eine Starrheit der Lohnsätze nach unten liegt aber in unserem Tarifsystem faktisch vor. Der Faktor Arbeit wird relativ zu teuer, weniger nachgefragt und teilweise durch Kapital substituiert. Es kommt zu einer Unterbeschäftigung des Faktors Arbeit.

Sind die Arbeitnehmer gleichzeitig Eigentümer des Faktors Kapital, so trifft sie diese Umverteilung der Ressourcen weniger. Wäre das Produktivvermögen und die Unterbeschäftigung des Faktors Arbeit gleichmäßig auf alle Individuen verteilt, so käme es zu einer "Arbeitszeitverkürzung mit vollem Lohnausgleich", allerdings in Form von Kapitalrenditen. Die Rationalisierungswirkung des technischen Fortschritts ginge zumindest einkommensmäßig nicht so stark zu Lasten der Arbeitnehmerschaft. Ist das Produktivvermögen jedoch stark konzentriert, kommt es zu Verteilungskonflikten.

Gerade das Ausmaß seiner Konzentration ist - wie bereits festgestellt - ein charakteristisches Kriterium, in dem sich das Produktivvermögen von anderen Vermögensarten unterscheidet.[140] Die abgebildeten Lorenzkurven des Immobilienvermögens (IV), Geldvermögens (GV), Betriebsvermögens (BV), Sachvermögens (SV) und der kapitali-

140) Nach MIERHEIM, H., WICKE, L., a.a.O., S. 103, betragen die Gini-Koeffizienten der Produktivvermögensverteilung für 1973 0,835 (einschl. Aktienvermögen) bzw. 0,845 (Nicht-Aktien-Produktivvermögen). In der oben angegebenen Lorenzkurve beträgt die Konzentration dagegen nur 0,785. Dieser niedrigere Wert ist jedoch nicht auf eine aus den statistischen Basisdaten herauslesbaren Dekonzentration seit 1973 zurückzuführen. Durch die lediglich fünfstufige Schichtung muß das Konzentrationsmaß allein aufgrund der Berechnungsmethode des Gini-Koeffizienten niedriger ausfallen als bei einer Schichtung, die mehr als 5 Haushaltsgruppen berücksichtigt oder sogar eine stetige Verteilungskurve unterstellt. Je mehr Schichtungsstufen bei der Berechnung des Koeffizienten zugrundegelegt werden, desto höher ist das Konzentrationsmaß, auch wenn den Daten die gleiche tatsächliche Konzentration zugrundeliegt. Vgl. ROBERTS, C. C., a.a.O., S. 124-176.

sierten Versorgungsansprüche (VA) verdeutlichen die starke Verteilungsdisparität des Produktivvermögens.

Abb. 2.4: Vermögenskonzentration

(Lorenzkurven der fünf Vermögensarten)

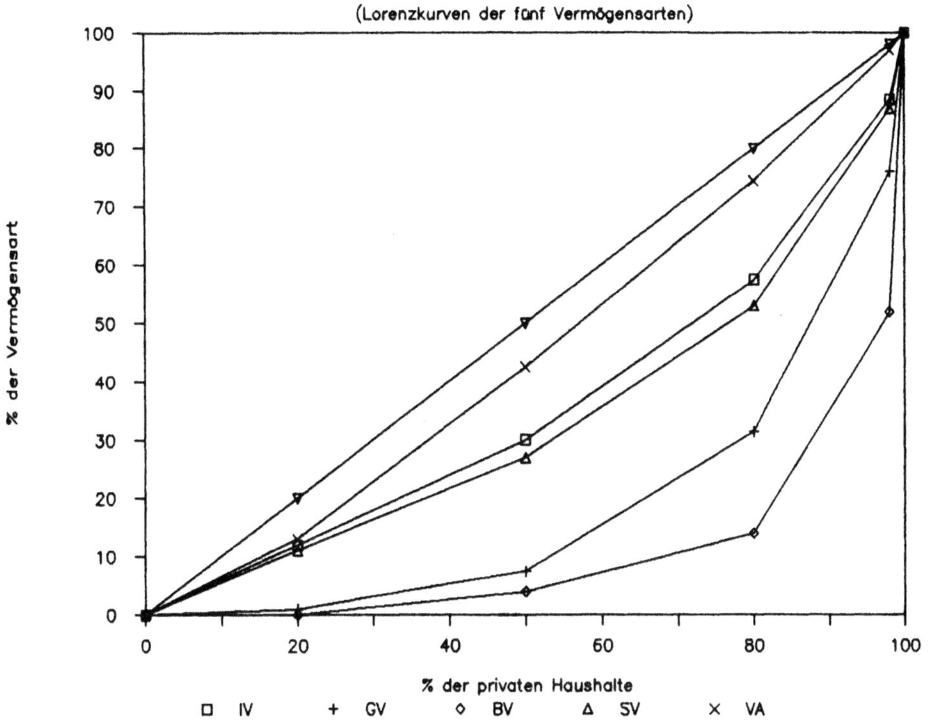

2.5.5. Risikoduplizität bei Arbeitnehmerbeteiligungen

Ein spezielles Problem der betrieblichen Produktivvermögensbeteiligung liegt in der Kumulation zweier Risiken beim Arbeitnehmer. Bei einem Konkurs des arbeitgebenden Unternehmens würde der Arbeitnehmer nicht nur seinen Arbeitsplatz, sondern auch sein Mitarbeiterkapital verlieren. Da viele Arbeitnehmer nicht in der Lage seien, beide Risiken zu tragen, wird die betriebliche Vermögensbildung von gewerkschaftlicher Seite vielfach abgelehnt.

Dieser Risikokumulationsthese ist zwar grundsätzlich insoweit zuzustimmen, als Arbeitnehmer-Miteigentümer zwei verschiedene Arten von Risiken tragen. Das Ausmaß des Gesamtrisikos ist aber niedriger als die Summe von Arbeitsplatz- und Kapitalrisiko, da zwischen beiden Risiken Interdependenzen bestehen und beide Risikoarten durch bestimmte risikobeeinflussende Faktoren gesenkt oder teilweise abgegolten werden. So ist beispielsweise zu berücksichtigen, daß durch eine kapitalerhöhende Mitarbeiterbeteiligung die Investitionsfähigkeit des Unternehmens steigt und damit die Chance besteht, ertragbringende Geschäftsbereiche auf- oder auszubauen. Handelt es sich um Eigenkapitalbeteiligungen, so verbessert sich c.p. die Kapitalstruktur und damit die Bonität und Kreditwürdigkeit durch die erhöhte Haftungsmasse. Diese Faktoren sprechen dafür, daß eine Mitarbeiterbeteiligung das Konkursrisiko eines Unternehmens potentiell senkt. Kapital- und Arbeitsplatzrisiko werden also tendenziell reduziert.

Durch die Stellung des Mitarbeiters als Gesellschafter des arbeitgebenden Unternehmens hat der Beteiligte im Rahmen seiner Informationsrechte zudem die Möglichkeit, das Risiko seines Kapitalengagements relativ gut zu beurteilen. Falls erforderlich, kann er seine Beteiligung - soweit die Titel fungibel sind - senken oder abstoßen, also mit eigenen Anlagestrategien das Verlustrisiko begrenzen. Er wird i.d.R. von den Nachteilen ungleicher Informationsverteilung weniger betroffen sein als externe Kapitalgeber. Im Rahmen ihm zustehender Mitbestimmungsrechte kann der Beteiligte sogar - auf die Probleme der Interessenkoordination bei Verfügungsrechten wurde hingewiesen - die risikoverursachenden Unternehmensentscheidungen seinen Präferenzen entsprechend beeinflussen.

Das Risiko des Arbeitsplatzverlustes eines beteiligten Mitarbeiters könnte möglicherweise niedriger sein als das eines sonst gleichwertigen Arbeitnehmers ohne Beteiligung am arbeitgebenden Unternehmen. Zwar sind Arbeitskontrakt und Beteiligungsvertrag i.d.R. rechtlich voneinander unabhängig, jedoch ist in vielen Fällen damit zu rechnen, daß ein Arbeitnehmer, der das Unternehmen verlassen muß, auch sein Kapitalengagement auflöst. Existiert kein Sekundärmarkt für die Beteiligungen, führt dies zu einem Abzug von Finanzierungsmitteln aus dem Unternehmen. Um dies zu vermeiden, könnten nicht beteiligte Mitarbeiter zunächst von drohenden Entlassungen betroffen sein. Es findet eine Risikoüberwälzung vom beteiligten zum nicht beteiligten Arbeitnehmer statt.

Während das Risiko eines Kapitalverlustes relativ einfach quantifizierbar ist, ist es recht schwierig, das Arbeitsplatzrisiko in finanzwirtschaftliche Größen zu fassen. Immaterielle Schäden einer vorübergehenden oder gar dauernden Arbeitslosigkeit wie Verlust an sozialem Ansehen, Selbstwertgefühl oder Probleme im privaten Bereich entziehen sich einer objektiven Bewertungsmöglichkeit, können aber aus Sicht des Betroffenen die materiellen Schäden weit überwiegen. Zudem ist die Höhe des materiellen Schadens einer Arbeitslosigkeit von den individuellen Verhältnissen des Mitarbeiters abhängig. Der Betroffene bleibt auch bei Verlust des Arbeitsplatzes Eigentümer des von ihm angebotenen Faktors "Arbeit" - im Gegensatz zum Eigentum am Faktor Kapital, das er ganz verlieren kann -, es fehlt ihm lediglich (vorübergehend) eine Verwertungsmöglichkeit dieses Produktionsfaktors. Die individuellen Eigenschaften bezüglich seiner Qualifikation, Erfahrung, Ausbildung und Mobilität, d.h. die Wiederverwertungsmöglichkeiten seiner Arbeitskraft an alternativen Einsatzstellen, sind die Determinanten der Höhe des Arbeitsplatzrisikos. Ein Quantifizierungsversuch des Schadens eines Arbeitsplatzverlustes müßte weiterhin die Verdienstmöglichkeiten am neuen Arbeitsplatz, die Kosten des Antritts einer anderen Stelle (Bewerbung, Umzug etc.) sowie die zwischenzeitlich erhaltenen Arbeitslosentransfers und Abfindungen berücksichtigen.

Offensichtlich läßt sich nur im Einzelfall entscheiden, ob die Kumulation von Arbeitsplatz- und Kapitalrisiko für Mitarbeiter zumutbar ist. Eine pauschale Ablehnung der Mitarbeiterbeteiligung mit diesem Argument erscheint jedoch unbegründet, zumal die beteiligten Mitarbeiter Sicherheitsäquivalente in Form von Prämien, Arbeitnehmer-Sparzulagen, Steuervergünstigungen und zusätzlichen Arbeitgeberzuwendungen erhalten und die Entscheidung, eine Beteiligung einzugehen oder nicht, freiwillig erfolgt.

Bei überbetrieblichen Vermögensbeteiligungen besteht eine Risikokumulation nur insoweit, wie das Risiko des arbeitgebenden Unternehmens den Wert des Portefeuilles der Beteiligungsgesellschaft beeinflußt.

2.5.6. Vorrangiger politischer Handlungsbedarf zur Dekonzentration des Produktivvermögens

Der Gesetzgeber hat die Notwendigkeit für vermögenspolitische Maßnahmen im Bereich des Produktivvermögens aufgrund der Sonderstellung dieser Vermögensart anerkannt. In der Begründung des 2. Vermögensbeteiligungsgesetzes heißt es: "Nachdem die Vermögensbildung jahrzehntelang fast ausschließlich durch die Förderung des Kon ten-, Lebensversicherungs- und Bausparens geprägt war, soll die Vermögenspolitik der 80er Jahre eindeutig im Zeichen der Förderung der Arbeitnehmerbeteiligung am Kapital der Wirtschaft stehen. Sie soll gleichzeitig dazu beitragen, die Kapitalausstattung und Investitionskraft der Unternehmen zu verbessern und kann damit auch helfen, Arbeitsplätze zu sichern und zu schaffen. Eine auf die Beteiligung der Arbeitnehmer am Unternehmenskapital gerichtete Vermögenspolitik stellt zugleich einen wichtigen Beitrag zur systemgerechten Weiterentwicklung der Sozialen Marktwirtschaft dar."[141)]

Zur Erreichung dieser Ziele sind die beiden bekannten grundsätzlichen Varianten der Produktivvermögensbildung zu unterscheiden. Auf der einen Seite versucht die betriebliche Mitarbeiterbeteiligung, Arbeitnehmer direkt am arbeitgebenden Unternehmen zu beteiligen. Bereits das 4. Vermögensbildungsgesetz eröffnete fast allen Unternehmen die Möglichkeit, prämien-, zulagen- und steuerbegünstigte betriebliche Vermögensbeteiligungsmodelle zu gestalten. Trotz der ablehnenden Haltung vieler Gewerkschaften hat die direkte Mitarbeiterbeteiligung in den letzten Jahren erheblichen Auftrieb erhalten. Ende 1987 praktizierten 1500 Unternehmen solche Modelle, an denen rund 1,15 Mio. Arbeitnehmer beteiligt waren.[142)]

---

141) BUNDESTAGS-DRUCKSACHE 10/5981 vom 08.09.86, Gesetzentwurf der Bundesregierung zum zweiten Vermögensbeteiligungsgesetz, S. 1.

142) Vgl. LEZIUS, Michael, Die Beteiligung am Produktivkapital muß Vorrang haben, in: Frankfurter Allgemeine Zeitung, Nr. 78, vom 2.4.1988, S. 14.

Das 2. Vermögensbeteiligungsgesetz - ein Artikelgesetz, daß u.a. das 4.VermBG zum 5.VermBG novellierte - legt dagegen seinen Schwerpunkt auf die Begünstigung von überbetrieblichen Beteiligungsmodellen.

2.6. Derzeitige vermögenspolitische Maßnahmen zur Förderung überbetrieblicher Beteiligungen in der Bundesrepublik Deutschland[143)]

Die staatliche Förderung der Produktivvermögensbildung erfolgt in der Bundesrepublik Deutschland zweigleisig. Einerseits regelt § 13 des 5. Verm.BG die Voraussetzungen für und die Höhe von Arbeitnehmer-Sparzulagen, andererseits erfolgt eine steuerliche Förderung der Überlassung von Vermögensbeteiligungen an Arbeitnehmer über § 19 a EStG. Bei beiden Förderungsarten wird nicht zwischen verschiedenen Formen der Produktivvermögensbeteiligung differenziert, d.h. direkte und indirekte betriebliche, außerbetriebliche und überbetriebliche Beteiligungen werden grundsätzlich gleichbehandelt.

Voraussetzung für den Anspruch auf eine Arbeitnehmer-Sparzulage ist nach dem 5. VermBG, daß

- der Arbeitnehmer Einkünfte aus nicht selbständiger Arbeit bezieht,
- das zu versteuernde Einkommen im Kalenderjahr 24.000 DM bzw. 48.000 DM bei Zusammenveranlagung von Ehegatten nicht überschreitet. Die Einkommensgrenzen erhöhen sich pro Kinderfreibetrag von 1.242 DM um 900 DM, pro Kinderfreibetrag von 2.484 DM

143) Das 5. VermBG wird hier in der Fassung vom 19. Februar 1987, BGBl. I, S. 630, zitiert. Durch das STEUERREFORMGESETZ, a.a.O., wurde die Reihenfolge der Paragraphen teilweise geändert. Die dort außerdem erfolgten materiellen Änderungen des 5. VermBG werden hier unter der Bezeichnung STEUERREFORMGESETZ zitiert; erfolgt keine Bezugnahme auf das STEUERREFORMGESETZ, so sind die aus dem 5. VermBG zitierten Regelungen materiell auch nach 1990 gültig. Diese Unterscheidung ist notwendig, da die Neufassung des 5. VermBG nur für vermögenswirksame Leistungen gilt, die nach dem 31.12.1989 aufgrund eines ab dem 1.1.1989 abgeschlossenen Vertrages angelegt werden. Somit ist zum Abschlußzeitpunkt dieser Arbeit noch das 5. VermBG in der Fassung vom 19. Februar 1987 zugrundezulegen.

um 1.800 DM (§ 13 Abs. 1 5. VermBG). Die Anlehnung des "Kinderbegriffs" an das Einkommensteuergesetz (§ 32 Abs. 4-7 EStG) gewährleistet, daß auch Kinder, die älter als 16 Jahre sind, berücksichtigt werden können.[144)] Ab dem 1.1.1990 betragen die Einkommensgrenzen 27.000 bzw. 54.000 DM, wobei die Erhöhung für Kinder wegfällt.[145)]

Die Arbeitnehmer-Sparzulage wird als fester Prozentsatz auf die erbrachten vermögenswirksamen Leistungen errechnet. Während vermögenswirksame Leistungen steuer- und sozialversicherungspflichtige Entgelte des Arbeitsnehmers darstellen, sind die Arbeitnehmer-Sparzulagen von allen Abgaben befreit (§ 13 Abs. 4 u. 7 5. VermBG). Die jährliche geförderte Höchstsparsamme beträgt für allgemeine (Konten-)Sparverträge, Bausparverträge, für Aufwendungen zum Bau, Erwerb oder Entschuldung von Wohnungseigentum und für Kapitalversicherungsverträge 624 DM, für Wertpapier- und Beteiligungssparverträge, Wertpapierkaufverträge und Beteiligungsverträge dagegen 936 DM (§ 13 Abs. 2 i.V.m. § 2 und §§ 4-9 5. VermBG). Ab 1990 gilt für alle Anlageformen ein einheitlicher Höchstsparrahmen von 936 DM.[146)]

Der Arbeitnehmer-Sparzulagensatz beträgt

- 16 % bei Kontensparverträgen und Kapitallebensversicherungsverträgen. Bei 3 und mehr Kindern erhöht sich der Zulagesatz auf 26 %.
- 23 % bei Bausparverträgen, Aufwendungen für Bau, Erwerb und Entschuldung von Wohnungseigentum sowie Produktivvermögensanlagen. Bei 3 und mehr Kindern erhöht sich der Zulagesatz auf 33 %.

Ab 1990 werden Produktivvermögensanlagen mit 20 % und das Bausparen mit 10 % gefördert. Für Anlagen auf Konten- und Lebensversicherungssparverträge, die nach dem 1.1.1989 abgeschlossen worden sind, wird ab 1990 keine Arbeitnehmer-Sparzulage mehr gewährt.[147)]

---

144) Näheres vgl. SCHIECKEL, Horst, BRANDMÜLLER, Gerhard, Vermögensbildungsgesetz, Kommentar, Percha 1987, S. B9-B11 zu § 13 5. VermBG.
145) STEUERREFORMGESETZ, a.a.O., S. 263.
146) Ebenda.
147) Ebenda.

Die Erhöhungsbeträge für Kinder werden ebenfalls gestrichen.[148] Der Wegfall der kinderzahlabhängigen Festsetzung von Einkommensgrenzen und Zulagesätzen weist daraufhin, daß der Gesetzgeber eine familienpolitische Komponente der Vermögensbildung zukünftig nicht mehr für erforderlich hält.

Als Vermögensbeteiligungen, deren Erwerb einen Anspruch auf den höchsten Zulagesatz vermittelt, gelten im einzelnen

- Aktien inländischer Unternehmen, die zum amtlichen Handel, geregelten Markt oder geregelten Freiverkehr an einer deutschen Börse zugelassen sind,
- Kuxe, Wandel- und Gewinnschuldverschreibungen,
- Namensschuldverschreibungen des Arbeitgebers und Arbeitnehmerdarlehen, wenn diese durch eine Bankbürgschaft oder durch ein Versicherungsunternehmen privatrechtlich gesichert sind,
- Anteilsscheine an inländischen Investmentfonds mit einem Aktienanteil von mindestens 70 % und an Beteiligungs-Sondervermögen, die mindestens 70 % Aktien und stille Beteiligungen enthalten,
- Anteilsscheine an ausländischen Wertpapierfonds, die mindestens zu 70 % aus Aktien bestehen und den Vorschriften des Auslandsinvestmentgesetzes entsprechen,
- Genußscheine und stille Beteiligungen von inländischen Unternehmen, die keine Mitunternehmerschaft entstehen lassen,
- Genußrechten am arbeitgebenden Unternehmen,
- Genossenschaftsanteile an inländischen Unternehmen,
- GmbH-Anteile an inländischen Unternehmen.

Der Erwerb von Vermögensbeteiligungen kann durch einen (Wertpapier)-Sparvertrag mit einem Kreditinstitut (§ 5 5.VermBG) erfolgen, in dem sich der Arbeitnehmer verpflichtet, einmalig oder laufend vermögenswirksame Leistungen einzuzahlen.

Außerdem hat der Arbeitnehmer die Möglichkeit, direkt mit dem Arbeitgeber oder Dritten einen Vertrag über die Verwendung der vermögenswirksamen Leistungen abzuschließen. In einem Wertpapier-

148) Ebenda.

Kaufvertrag (§ 6 5.VermBG) werden die vom Arbeitgeber für den Arbeitnehmer anzulegenden vermögenswirksamen Leistungen dadurch zum Erwerb von verbrieften Vermögensbeteiligungen - Aktien, Investmentanteilen und Genußscheinen sowie Kuxen, Wandel- und Gewinnschuldverschreibungen - aufgewendet, daß der dem Arbeitgeber für die Vermögensbeteiligung geschuldete Kaufpreis mit den vermögenswirksamen Leistungen verrechnet wird. Die Einschaltung eines Kreditinstituts ist somit, auch bei außer- und überbetrieblichen Beteiligungen, nicht mehr notwendig.

Weiterhin kann der Erwerb durch einen Beteiligungs-Vertrag (§ 7 5.VermBG) erfolgen. Gegenstand eines solchen Vertrags zwischen Arbeitnehmer und Arbeitgeber ist die Begründung nicht verbriefter und nicht fungibler Beteiligungsformen (Genossenschaftsanteile, GmbH-Anteile, stille Beteiligungen, Genußrechte, Arbeitnehmerdarlehen) insbesondere am arbeitgebenden Unternehmen. Die drei erstgenannten Beteiligungsformen können jedoch auch per Vertrag mit Dritten außer- und überbetrieblich vorgenommen werden.

Auch Beteiligungs-Kaufverträge (§ 8 5.VermBG) kann der Arbeitnehmer mit dem Arbeitgeber oder Dritten[149] abschließen. Im Gegensatz zu Beteiligungs-Verträgen gemäß § 7 5.VermBG ist der Vertragsgegenstand nicht die Begründung, sondern der Erwerb bereits bestehender nicht verbriefter Vermögensbeteiligungen.

Der Arbeitgeber hat bei allen Vertragsformen die vermögenswirksamen Leistungen für den Arbeitnehmer an das Unternehmen oder Institut zu überweisen, bei dem sie angelegt werden sollen (§ 3 Abs. 2 5. VermBG).

Die Sperrfristen für Sparverträge und Wertpapiersparverträge mit Kreditinstituten betragen 7 Jahre, die Mindestvertragsdauer für Kapitalversicherungen beträgt 12 Jahre. Bei Wertpapier- und Beteiligungs-Kaufverträgen und Beteiligungs-Verträgen ist die Festlegungsfrist dagegen auf 6 Jahre festgesetzt, wobei die Sperrfrist jeweils am Beginn des Anlage-Kalenderjahres anläuft. Theoretisch

149) Gegenüber Dritten jedoch künftig nur noch zum Erwerb von GmbH-Anteilen; STEUERREFORMGESETZ, a.a.O., S. 262; vgl. Kap. 3.5., S. 198 dieser Arbeit.

kann die tatsächliche Anlagedauer somit auf 5 Jahre und 2 Tage begrenzt werden. Die Sechsjahresfrist entspricht auch der Sperrfrist nach 19 a EStG, so daß bei diesen Verträgen eine Fristenkongruenz bei gleichzeitiger Nutzung beider Förderungsarten besteht.

Die Sperrfristen können unter bestimmten Voraussetzungen prämienunschädlich unterschritten werden. Dies gilt bei[150]

- Tod oder völliger Erwerbsunfähigkeit des Arbeitnehmers oder des Ehegatten,
- Heirat, soweit bereits 2 Jahre der Sperrfrist vergangen sind,
- mindestens bereits seit einem Jahr bestehender Arbeitslosigkeit,
- Übertragung der eingezahlten vermögenswirksamen Leistungen auf einen Bausparvertrag,
- Verwendung der eingezahlten vermögenswirksamen Leistungen zum Erwerb von Wertpapieren[151], sofern es sich um einen (Wertpapier)-Sparvertrag handelt,
- Verwendung des Erlöses veräußerter Wertpapiere zum Erwerb anderer Wertpapiere, sofern es sich um einen (Wertpapier-)Sparvertrag handelt und die Wiederanlage - abgesehen von einem Spitzenbetrag von maximal 300 DM - bis zum Ende des auf die Veräußerung folgenden Monats erfolgt.[152]

Durch die Austauschmöglichkeit bei (Wertpapier-)Sparverträgen bleibt die Langfristigkeit des Sparvorgangs als Förderungsvoraussetzung erhalten. Bei Verkauf von Wertpapieren am Sekundärmarkt erfolgt kein Mittelabfluß, so daß auch die Interessen des Ausstellers gewahrt sind. Die Zulagenunschädlichkeit des Austausches schließt nicht aus, daß sich der Arbeitnehmer - z.B. bei nach 19a EStG verbilligtem Erwerb verbriefter Vermögensbeteiligungen am arbeitgebenden Unternehmen - vertraglich verpflichtet, das erworbene Wertpapiere während der Sperrfrist nicht auszutauschen.[153]

---

150) Weitere, in der Praxis weniger bedeutende Formen der vorzeitigen prämienunschädlichen Verfügung, vgl. § 4 Abs. 3 Nr. 4-5 5. VermBG.

151) Vgl. im einzelnen § 4 Abs. 3 Nr. 6 5. VermBG.

152) Ein unschädlicher Austausch festgelegter Wertpapiere wird beim Wertpapier-Kaufvertrag (§ 6) nicht zugelassen, da eine notwendige Spitzenbetragsregelung mit dem Werksparkassenverbot gemäß § 3 Nr. 1 KWG nicht vereinbar wäre. Vgl. SCHIECKEL, H., BRANDMÜLLER, G., a.a.O., S. B2 zu § 6 5. VermBG.

153) Ebenda, S. B4 zu § 5 5. VermBG.

Die Möglichkeit des Austauschs berücksichtigt die Anlegerpräferenzen angesichts des Risikocharakters der Wertpapiere. Trotz aufzuwendender Transaktionskosten ist es für den Anleger von Bedeutung, bei erwarteten Kursverlusten Wertpapiere verkaufen bzw. bei erwarteten Kursanstiegen Wertpapiere kaufen zu können. Bei sofortiger Umwidmung in andere Wertpapiere kann der Anleger allerdings nur eine Risikopolitik hinsichtlich des einzelnen Papiers vornehmen. Um erwarteten Bewegungen des gesamten Wertpapiermarktes zu begegnen, wäre eine prämienunschädliche Umwandlung von Wertpapieren in andere Anlageformen (Kontensparen, Immobilien) notwendig.

Zeitlich begrenzt ist ein "Stehenlassen" vermögenswirksamer Leistungen auf Konten durchaus möglich. Auch für ein geeignetes Timing bei der Wertpapierdisposition lassen die Vorschriften über Wertpapiersparverträge genügend Raum. Die Anlageentscheidung für die Leistungen eines Kalenderjahres muß erst im darauffolgenden Kalenderjahr getroffen werden (§ 5 Abs. 2 Nr. 1). Für vermögenswirksame Leistungen, die nicht innerhalb dieser Frist zum Wertpapierkauf verwendet worden sind und 300 DM am Ende eines Kalenderjahres übersteigen, wird nur die niedrigere Prämie von 16 % gezahlt.[154] Bei Einzahlung von 936 DM p.a. in den Jahren 1 bis 6 ist die höhere Sparzulage folglich nur dann zu erhalten, wenn zum Erwerb von Vermögensbeteiligungen verwendet sind[155]

bis Ende des Jahres 2: 636 DM,
bis Ende des Jahres 3: 1572 DM,[156]
bis Ende des Jahres 4: 2508 DM,
bis Ende des Jahres 5: 3444 DM,
bis Ende des Jahres 6: 4280 DM,
bis Ende des Jahres 7: 5316 DM.

154) Nach Inkrafttreten der Neuregelung durch das STEUERREFORMGESETZ, a.a.O., S. 261, wird auf die 300 DM übersteigenden nicht angelegten Beträge keine Prämie mehr gezahlt.
155) Vgl. SCHIECKEL, H., BRANDMÜLLER, G., a.a.O., S. B4 zu § 5 5. VermBG; vgl. BUNDESTAGS-DRUCKSACHE 10/5981, a.a.O., S. 27.
156) Berechnungsbeispiel: 2 x 936 DM - 300 DM.

Wesentlicher Unterschied zwischen der steuerlichen Förderung von Vermögensbeteiligungen gemäß § 19a EStG und der Förderung nach dem Vermögensbildungsgesetz mit Arbeitnehmer-Sparzulagen ist zunächst, daß der Begünstigtenkreis bei der steuerlichen Förderung von Einkommensgrenzen unabhängig ist. Erhalten Arbeitnehmer im Rahmen ihres Dienstverhältnisses Vermögensbeteiligungen unentgeltlich oder verbilligt vom Arbeitgeber, so ist der geldwerte Vorteil bis zum halben Wert der Vermögensbeteiligung, jedoch maximal bis 500 DM im Kalenderjahr, steuerfrei. Der steuerfreie Vorteil ist nach Auffassung der Spitzenverbände der Sozialversicherungsträger kein beitragspflichtiges Arbeitsentgelt.[157]

Voraussetzung für die steuerliche Förderung ist die Einhaltung einer sechsjährigen Sperrfrist, die mit dem 1. Januar des Kalenderjahres beginnt, in dem die Vermögensbeteiligung übertragen bzw. erworben wurde. Für vorzeitige steuerunschädliche Verfügungen gelten die gleichen Regelungen wie im 5. Vermögensbildungsgesetz.

Die im Sinne des § 19a EStG als Vermögensbeteiligungen geltenden Anlageformen entsprechen im wesentlichen den mit 23 % geförderten Produktivvermögensarten des 5. VermBG. Zusätzliche Bedingung ist allerdings, daß ein gewinnunabhängiger Verzinsungsanteil bei Gewinnschuldverschreibungen und Genußscheinen die gewinnabhängige Verzinsung im Regelfall unterschreitet oder höchstens der Hälfte der Emissionsrendite festverzinslicher Wertpapiere entspricht. Außerdem sind Genußscheine und -rechte steuerlich dann begünstigt, wenn eine Rückzahlung zum Nennwert nicht zugesagt ist. Ähnliche einschränkende Regelungen sind für die wirtschaftlich gleichwertig gestaltbaren stillen Beteiligungen jedoch nicht vorgesehen.

Zur Berechnung der Höhe des Vorteils ist als Wert der Vermögensbeteiligung der gemeine Wert gemäß § 9 BewG anzusetzen. Stichtag ist der Tag der Beschlußfassung über die Überlassung. Liegen mehr als 9 Monate zwischen der Beschlußfassung und der Überlassung, ist der Tag der Überlassung Bewertungsstichtag.

157) Vgl. SCHIECKEL, H., BRANDMÜLLER, G., a.a.O., S. B12 zu § 13 5. VermBG.

Voraussetzung für die steuerliche Förderung ist nicht die Beteiligung am arbeitgebenden Unternehmen. Eine außer- oder überbetriebliche Beteiligung wird ebenso gefördert, wenn die Beteiligungstitel vom arbeitgebenden Unternehmen überlassen werden.

Ein einfaches Beispiel soll die Förderungswirkungen des 5. VermBG gemeinsam mit § 19a EStG bei einer überbetrieblichen Beteiligung mittels Anteilsscheinen an einem Beteiligungs-Sondervermögen[158] demonstrieren. Ausgangspunkt ist ein fiktives Unternehmen mit 100 Mitarbeitern und einem Jahresgewinn von 1 Mio DM, das seinen Mitarbeitern einerseits die volle Förderung nach dem 5. VermBG und § 19a EStG gewähren und andererseits seine Eigenkapitalbasis stärken möchte.

- Förderungswirkung aus Unternehmenssicht

Das Unternehmen möchte den Gewinn zu einer Kapitalerhöhung verwenden. Als Alternativen bieten sich die volle Gewinnthesauierung und eine zusätzliche indirekte Mitarbeiterkapitalbeteiligung an.

Tab. 2.4: Kapitalerhöhung bei indirekter Mitarbeiterkapitalbeteiligung

	Indirekte Mitarbeiterkapitalbeteiligung	Reine Gewinnthesaurierung
Jahresüberschuß	1 000.000	1 000.000
Zuwendung	- 50.000	
70 % Steuern	- 665.000	- 700.000
Gewinnthesaurierung	285.000	300.000
Beteiligung	+ 143.600	
Kapitalerhöhung	428.600	300.000

Die Zuwendung an die Mitarbeiter in Höhe von 50.000 DM errechnet sich durch die Gewährung eines Vorteils in Höhe von je 500 DM für 100 Mitarbeiter bei Erwerb von Anteilen der Beteiligungsgesellschaft in Höhe von jeweils 1436 DM. Trotz der Zuwendung von 50.000

158) Dabei wird vereinfachend unendliche Teilbarkeit der Anteilsscheine unterstellt, so daß keine Spitzenbeträge auftreten.

DM an die Mitarbeiter verringert sich der aus dem Überschuß thesaurierbare Betrag nur um 15.000 DM. Den Rest der Überlassung finanziert der Staat durch die niedrigere Steuerzahlung, denn die Zuwendung gilt als gewinnmindernde Betriebsausgabe. Die tatsächliche Ertrags- und Substanzsteuerbelastung wird in der Realität unternehmensindividuell von dem pauschalen Beispielsatz von 70 % abweichen, so daß die Modellrechnung nur als grobe Demonstration der Wirkungen aufzufassen ist.

Die Mitarbeiter erwerben für einen Gesamtbetrag von 1436 x 100 = 143.600 DM Anteile der Beteiligungsgesellschaft. Der Anlagebetrag von 1436 DM pro Mitarbeiter setzt sich aus 936 DM vermögenswirksamen Leistungen und 500 DM aus Überlassung von Anteilen durch den Arbeitgeber zusammen (vgl. Tab. 2.5).

In der Modellrechnung führt der Erwerb der Anteilscheine zu einer Erhöhung der Anlagemittel des Beteiligungs-Sondervermögens in Höhe von 143.600 DM. Erfolgen eine Beteiligung am Unternehmen in genau dieser Höhe und eine volle Gewinnthesaurierung, so erhöht sich das Grundkapital einschließlich stiller Beteiligungen um insgesamt 428.600 DM. Gegenüber der Alternative ohne indirekte Mitarbeiterkapitalbeteiligung ergibt sich ein Liquiditätsvorteil von 128.600 DM. Durch das Beteiligungsmodell kann die Kapitalerhöhung somit im Beispiel um 42,9 % erweitert werden. Zur Erreichung dieses Vorteils verzichtet das Unternehmen auf einen Gewinn nach Steuern von lediglich 15.000 DM.

Gegenüber einer direkten Mitarbeiterkapitalbeteiligung hat das Unternehmen einen Transaktionskostenvorteil, da nur ein Beteiligungsvertrag abgeschlossen werden muß. Im Vergleich mit einer nicht an eine überbetriebliche Beteiligung der Mitarbeiter gekoppelte Kapitalaufnahme bei einer Kapitalanlagegesellschaft hat das Unternehmen einen sehr starken Verhandlungsvorteil, da es in Höhe der stillen Beteiligung einen Absatz der Anteilsscheine garantieren kann. Dies wird sich zugunsten des Unternehmens auch in den vereinbarten Konditionen niederschlagen.

- Förderungswirkung aus Sicht der Kapitalanlagegesellschaft

Das Beteiligungs-Sondervermögen erfährt durch die indirekte Beteiligung einen Wachstumseffekt. Anlagekapital, das sonst in andere Kanäle geflossen wäre, wird dem Investmentsektor zugeführt. Langfristig ist das Heranführen neuer Anlegerschichten für die Fonds unverzichtbar. Auch unter Kostenaspekten ist die Konstruktion für die Kapitalanlagegesellschaft interessant. Die Nutzung teurer Vertriebswege für die Unterbringung der Anteilsscheine entfällt bei einer Direktabgabe an die Arbeitnehmer des Beteiligungsunternehmens.

- Förderungswirkung aus Mitarbeitersicht

Erhält ein Arbeitnehmer einen Einkommensteil von 936 DM, zahlt hierfür Steuern (22 %) und Sozialabgaben (17,95 %)[159] und legt den Nettobetrag ohne Inanspruchnahme der Förderungen in Anteilsscheinen von Beteiligungs-Sondervermögen an, auf die Ausschüttungen von 5 % erfolgen, so verbleibt ihm am Ende des Jahres ein Netto-Anlagevermögen von 583,99 DM. Läßt er dagegen die 936 DM als vermögenswirksame Leistungen vom Arbeitgeber anlegen und erhält zusätzlich eine Arbeitnehmer-Sparzulage von 23 % sowie einen steuerfreien Vorteil von 500 DM, so beträgt das Anlagevermögen am Ende des Jahres 1.333,37 DM.

Der Vorteil durch die Inanspruchnahme des 5. VermBG und § 19a EStG ist für den Mitarbeiter erheblich. Der Staat fördert im Beispiel jeden Mitarbeiter bei Kapitalanlagen nach diesen Gesetzen gegenüber einer Nicht-Inanspruchnahme mit rund 750 DM p.a..[160] Gegenüber einer Direktbeteiligung am arbeitgebenden Unternehmen erwirbt der Mitarbeiter zudem fungible und diversifizierte Anteile, deren Risiko nur in geringem Maße mit dem Arbeitsplatzrisiko korreliert.

159) Zugrundegelegt wurden hier die gesetzlich fixierten Beitragssätze zur Renten- (9,35 %) und Arbeitslosenversicherung (2,15 %) sowie der allgemeine Beitragssatz der Barmer Ersatzkasse für 1989 in Höhe von 6,45 % (jeweils Arbeitnehmeranteile).

160) Nach Senkung der Arbeitnehmer-Sparzulage von 23 % auf 20 % vermindert sich der Vorteil im Rechenbeispiel um 28,10 DM.

Tab. 2.5: Förderung nach dem 5.VermBG und § 19a EStG - aus Anlegersicht -

Ohne VL, ohne § 19a EStG:	Volle Inanspruchnahme von 5. VermBG u. § 19a EStG:
936,00 (Einkommensteil)	936,00 (vermögenswirksame Leistung)
- 205,92 (22 % ESt)	+ 500,00 (Überlassung durch Arbeitgeber)
- 168,01 (17,95% Sozialabgaben)	+ 215,30 (23 % Arbeitnehmersparzulage)
	+ 71,80 (5 % Ausschüttung)
562,07 (Anlagebetrag)	1.723,10
+ 28,10 (5 % Ausschüttung)	- 221,72 (22 % Steuern auf 936 + 71,80 DM)
- 6,18 (22 % ESt)	
583,99	- 168,01 (17,95% Sozialabgaben auf 936 DM)
	1.333,37

2.7. Zusammenfassung der wichtigsten Ergebnisse

Voraussetzung eines zielgerichteten und erfolgreichen Einsatzes verteilungspolitischer Instrumente ist die Kenntnis der Ausgangssituation hinsichtlich der Vermögensbestände, ihrer Verteilung und des Sparverhaltens. Sind hierzu genügend Informationen vorhanden, so kann die zur Erzielung einer Vermögensdekonzentration erforderliche Dosierung staatlicher Transfers im Modell ermittelt werden. Die wichtigsten Zwischenzielgrößen einer Verteilungspolitik stellen die Sparquoten der Einkommens- und Vermögensschichten dar. Im Mittelpunkt einer verteilungsorientierten Vermögenspolitik muß die Erhöhung der Sparfähigkeit und -bereitschaft des Begünstigtenkreises stehen.

Der Mangel an zuverlässigen Daten erschwert eine Analyse der Verteilungssituation in der Bundesrepublik Deutschland und behindert eine Effizienzkontrolle bisheriger vermögenspolitischer Maßnahmen. Schätzungen der Vermögensbestände belegen ein weiterhin starkes Wachstum der Gesamtvermögen privater Haushalte, wobei allerdings das der sechziger und siebziger Jahre nicht mehr erreicht wird.

Das Immobilien- und Sachvermögen einerseits und die kapitalisierten Versorgungsansprüche andererseits stellen die größten Posten im Gesamtvermögen der Haushalte dar. Die Verteilungssituation in diesen Vermögensarten ist im Vergleich zum Geld- und Produktivvermögen relativ ausgeglichen.

Das Geldvermögen ist die am dynamischsten wachsende Vermögensart. Außerdem nimmt bei dieser Vermögensart die ohnehin hohe Verteilungsdisparität zu. Beides impliziert Konzentrationstendenzen beim Gesamtvermögen. Deshalb ist ein Rückzug der Vermögenspolitik von der Förderung des Geldvermögens aus distributionspolitischer Sicht kritisch zu beurteilen.

Noch stärkere Verteilungsungleichgewichte liegen im Bereich des Produktivvermögens vor. Außerdem nimmt das Produktivvermögen eine Sonderstellung ein, da es im Vergleich zu anderen Vermögensarten graduell in stärkerem Maße eine Grundlage wirtschaftlicher und politischer Macht darstellt. Eine auf die Streuung des Produktivvermögens ausgerichtete Vermögenspolitik wirkt sich aufgrund hoher Kosten der Interessenorganisation bei Kleinanlegern jedoch nur in geringem Maße auf die Verlagerung der Entscheidungsgewalt über die Produktionsmittel aus. Eine gleichmäßigere Verteilung dieser Vermögensart führt bei steigender Kapitalintensität der Wirtschaft langfristig zu strukturellen Veränderungen der Faktorentlohnung und Einkommensverteilung, die die Gefahr von Verteilungskonflikten reduzieren.

Die tariflichen und staatlichen Maßnahmen im Rahmen der Vermögensbildungsgesetze haben in der Bundesrepublik Deutschland eine hohe Verbreitung gefunden und in erheblichem Maße zum Aufbau von Geldvermögen beigetragen. Allerdings profitieren diejenigen der Sparer, deren Einkommen knapp unter der Förderungsgrenze liegt, von den einkommens- und vermögensunabhängigen Fördersätzen stärker als die einkommensschwächsten, die aufgrund der geringeren Sparfähigkeit die Höchstanlagesummen häufig nicht ausschöpfen können. Die Förderung nach dem Vermögensbildungsgesetz in der heutigen Form wirkt sich daher innerhalb des Begünstigtenkreises nicht nivellierend auf die Verteilungssituation aus. Den übrigen der untersuchten bisherigen Leistungsformen der Vermögensbildung sind aufgrund fehlender Zielgruppenorientierung keine oder nur geringe dekonzentrierenden Effekte zuzuschreiben.

Die seit vielen Jahren starren Einkommensgrenzen, die Streichung von Sparprämien, die Senkung der Zulagesätze und die Begrenzung der begünstigten Anlageformen deuten an, daß sich der Staat mehr und mehr aus der Vermögenspolitik zurückzieht. Angesichts der hohen Konzentration und den konstatierten Entwicklungstendenzen beim Geld- und Produktivvermögen hat der Bedarf an verteilungspolitischen Maßnahmen jedoch eher zugenommen.

Im Rahmen einer detaillierten Untersuchung der derzeit gültigen Regelungen des 5.VermBG und des § 19a EStG wurde festgestellt, daß betriebliche und überbetriebliche Beteiligungen aufgrund der Förderungsmaßnahmen eine hohe Attraktivität für Unternehmen und Mitarbeiter besitzen können. Die Inanspruchnahme der Produktivvermögensförderung ist jedoch relativ gering. Weitergehende Vorschläge zur Erhöhung der Akzeptanz und zur Verbesserung der Verteilungswirkungen des Vermögensbildungsgesetzes werden in Kapitel 5 vorgestellt.

3. Institutionalisierung der überbetrieblichen Vermögensbeteiligung

3.1. Informationsökonomische und transaktionskostenorientierte Begründung für die Institutionalisierung von Beteiligungsgesellschaften

In der Modellwelt eines vollkommenen Kapitalmarktes, in der alle Marktteilnehmer sämtliche Informationen besitzen und keinerlei Transaktionskosten existieren, sind Kapitalmarktinstitutionen nicht erforderlich, und eine jederzeitige effiziente Allokation der Kapitalressourcen ist gewährleistet. In der Realität treffen die Prämissen eines solchen Marktmodells jedoch nicht zu. Es bestehen vielmehr strukturelle Probleme, welche die Verwendung privater Ersparnisse für Investitionen im Unternehmenssektor hemmen oder verhindern. Zu denken ist insbesondere an Marktzutrittsbarrieren, an ungünstige Rahmenbedingungen zur Produktion von Finanzintermediationsleistungen, an Hemmnisse aufgrund ungleicher Informations- und Machtverteilung und an einengende Anlegerschutzbestimmungen. Probleme dieser Art, die das Erreichen des angesprochenen Ziels der effizienten Haftkapitalallokation beeinträchtigen können, sowie ihre Lösungsmöglichkeiten mit Hilfe von Beteiligungsgesellschaften als Institutionen der überbetrieblichen Vermögensbeteiligung sind Gegenstand dieses Abschnitts.

In der ökonomischen Theorie wird in letzter Zeit Funktionsproblemen des Kapitalmarktes große Aufmerksamkeit gewidmet, die durch asymmetrische Informationsverteilung zwischen Kapitalgebern und Kapitalnehmern und durch Transaktionskosten hervorgerufen werden. Die Transaktionskosten entstehen sowohl durch Beschaffung, Verarbeitung und Verbreitung von Informationen zum Zwecke des Auffindens eines geeigneten Kontraktpartners als auch durch den Vertragsabschluß. Transaktionskosten- und informationsökonomischer Ansatz wurzeln in der Neoklassik, wobei sie die Annahmen der kostenlosen Marktverträge bzw. der gleichverteilten Informationen aufgeben.

Informationsasymmetrien bestehen, wenn Kapitalgeber und Kapitalnehmer ein unterschiedliches Informationsniveau bezüglich eines

Finanzierungskontraktes und der dahinterstehenden Geschäftstätigkeit besitzen. Falls die Kapitalgeber sich dessen bewußt sind, werden sie als die meist schlechter informierte Marktseite versuchen, sich durch Kontrollrechte abzusichern, Renditezuschläge durchzusetzen oder auf eine Kapitalvergabe verzichten. Informationsasymmetrien können somit eine Finanzierung verteuern oder verhindern.

Zur Verringerung informationsbedingter Funktionsprobleme können die Marktteilnehmer selbst aktiv werden und durch Mechanismen zur Informationstransmission wie Signaling[161], Screening[162] und Self Selection[163] Informationsasymmetrien reduzieren.

Diese Aktivitäten der Marktteilnehmer zum Abbau von Informationsasymmetrien verursachen Kosten. Ist ein Ausschluß anderer Marktteilnehmer von beschafften und verarbeiteten Informationen nicht möglich - die Informationen haben dann den Charakter öffentlicher Güter - oder nicht erwünscht, so unterbleiben aufgrund des Free-Rider-Problems Aktivitäten, die für den einzelnen Kapitalanleger Informationskosten verursachen. Jeder Teilnehmer wartet ab, bis andere die Informationen beschaffen. Als Konsequenz dieser Zurück-

161) Unter Signaling versteht man Informationsaktivitäten der besser informierten Marktseite mit dem Ziel, Qualitätsunterschiede transparent zu machen. Das Beschaffen einer neuen TÜV-Plakette soll beispielsweise die Qualität eines Gebrauchtwagens signalisieren. Das Signaling-Konzept wurde zunächst hinsichtlich ungleich verteilter Informationen über die Qualifikation von Stellenbewerbern zwischen Arbeitgeber- und Arbeitnehmerseite entwickelt. Vgl. SPENCE, Michael A., Job Market Signaling, in: Quarterly Journal of Economics, Vol. 87, 1973, S. 355-374.

162) Screening ist das Ausfiltern von Informationen durch die schlechter informierte Marktseite mit dem Ziel der Aufdeckung von Qualitätsunterschieden. Stellenbewerber werden beispielsweise aufgrund von Zeugnisnoten vorsortiert, da dem Personalbüro keine besseren Unterscheidungsmerkmale bekannt sind. Vgl. STIGLITZ, Joseph, The Theory of Screening, Education, and the Distribution of Income, in: American Economic Review, Vol. 65, 1975, S. 283-300.

163) Im Rahmen der Self Selection fordert die uninformierte Marktseite die besser informierte Marktseite - oft mit Hilfe anreizkompatibler Techniken - dazu auf, direkt oder indirekt Informationen über das interessierende, aber nicht direkt beobachtbare Merkmal zu geben. Ein Beispiel stellen Versicherungsverträge dar, bei denen sich der Versicherte selbst einer Schadensrisikoklasse zuordnet (Teilkasko mit oder ohne Selbstbeteiligung). Vgl. ROTHSCHILDT, Michael, STIGLITZ, Joseph, Equilibrium in Competitive Insurance Markets: An Essay on the Economics of Information, in: Quarterly Journal of Economics, Vol. 90, 1976, S. 629-649.

haltung entsteht ein Defizit an Informationen.[164] Sollen die Kapitalmarktinformationen allen Teilnehmern zugänglich sein, so reicht das Vertrauen auf private Aktivitäten zur Informationsbeschaffung nicht aus.

Die Informationskosten sind als Teil der Transaktionskosten zu interpretieren, sofern sie dem Abschluß von Finanzkontrakten dienen. Die Transaktionskosten senken aus Sicht der Anleger die Rendite einer Anlageform bzw. erhöhen aus Unternehmensperspektive die Kapitalkosten. Das Unternehmen muß nicht nur die vom Anleger erwartete Verzinsung des Kapitals, sondern auch die Transaktionskosten erwirtschaften. Ein Unternehmen, das die auf einem vollkommenen Kapitalmarkt herrschende Marktrendite gerade zu erwirtschaften in der Lage ist, kann am unvollkommenen Markt nicht existieren, wenn es keinen Kapitalgeber findet, auf den es die Transaktionskosten überwälzen kann. Wenn es den Kapitalgebern z.B. gelingt, auf andere Marktsegmente mit Anlagealternativen gleicher Verzinsung bei geringeren Transaktionskosten auszuweichen, müssen Unternehmen, die auf die Kapitalaufnahme am unvollkommenen Markt angewiesen sind, unter sonst gleichen Bedingungen höhere Renditen erwirtschaften als die Marktrendite am vollkommenen Markt. Sind sie dazu nicht in der Lage, wirken die Transaktionskosten prohibitiv, d.h. sie verhindern die Finanzierung des Unternehmens und gefährden seine Existenz. Maßnahmen zur Senkung der Transaktionkosten sind deshalb aus einzel- wie gesamtwirtschaftlicher Sicht wünschenswert und steigern zumeist den Effizienzgrad der Kapitalallokation.

Die Informations- und Transaktionskosten der Marktteilnehmer können durch konstruktiven Eingriff einer übergeordneten Instanz oder durch sich evolutionär bildende Regeln (Usancen) der Marktteilnehmer gesenkt werden. Es entstehen institutionelle Rahmenbedingungen, die die effiziente Verbreitung von Informationen ermöglichen. Beispielsweise beruht die Markttransparenz am Wertpapiermarkt auf Publizitäts- und Notierungsregeln, die nicht nur durch Gesetze und Verordnungen, sondern auch durch Usancen institutionalisiert wurden. Da eine zunehmende Organisation die Transaktionskosten insge-

164) Vgl. SPREMANN, Klaus, Finanzierung, 2. Aufl., München, Wien 1986, S. 45.

samt senkt und die Lage der Teilnehmer verbessert, ist an einem völlig unorganisierten Kapitalmarkt eine automatische Tendenz zur Institutionalisierung zu erwarten.[165] Institutionelle Regelungen, durch die sich ein Marktsegment von anderen Segmenten abhebt, - beispielhaft sei an die Börsenzulassungsbedingungen erinnert - bedingen jedoch in der Regel Marktzutrittsbarrieren.

3.1.1. Abbau von Marktzutrittsbarrieren

- Marktzutrittsbarrieren und Transaktionskosten beim Gang an die Börse

In der Bundesrepublik Deutschland unterscheiden sich die Möglichkeiten der externen Eigenkapitalaufnahme je nach Unternehmenstyp erheblich. Kapitalsuchende Unternehmen, die an die Börse gehen wollen, unterliegen dem Rechtsformenzwang der AG oder KGaA. Lediglich 2190 Unternehmen, das sind weniger als 1 Promille der deutschen Unternehmen, erfüllen diese Rechtsformbedingung.[166] Auch innerhalb dieser Rechtsform ist weniger als jedes vierte Unternehmen an der Börse notiert. Die Gründe für die geringe Frequentierung des Primärmarktes Börse sind vielschichtig.

Als Hindernisse einer Börseneinführung gelten aus Unternehmenssicht hohe Kosten, zusätzliche Publizitätspflichten und die Furcht vor einer Überfremdung des Unternehmens. Eine nähere Betrachtung der Kosten läßt zunächst erkennen, daß diese aus verschiedenen Komponenten bestehen. Emissionswilligen Unternehmen, die nicht in der Rechtsform der AG oder KGaA firmieren, entstehen zunächst Konvertierungskosten und gegebenenfalls steuerliche Nachteile. Die Konvertierungskosten beruhen nicht nur auf registertechnischen Änderungen, Notargebühren, Satzungserstellung etc., sondern auch auf erhöhten organisatorischen Anforderungen an die AG, die einen Aufsichtsrat benötigt und Hauptversammlungen durchführen muß. Durch die Funktionstrennung von Management und Kontrolle wird verhin-

---

165) Vgl. GERKE, Wolfgang, PHILIPP, Fritz, Finanzierung, Stuttgart u.a. 1985, S. 23.

166) STATISTISCHES BUNDESAMT, Statistisches Jahrbuch 1987, a.a.O., S. 117.

dert, daß die dispositive Gewalt sich ausschließlich in einer Hand befindet, wie dies bei Personengesellschaften häufig der Fall ist. Durch die Funktionstrennung kann die Flexibilität der Unternehmensleitung eingeschränkt werden. Änderungen der Organisationsstruktur verursachen Implementierungs-, Koordinations- und Kontrollkosten. Administrative Kosten der AG entstehen auch durch die Regelung des Betriebsverfassungsgesetzes von 1952, wonach Arbeitnehmern von Aktiengesellschaften - soweit es sich nicht um Familienaktiengesellschaften mit weniger als 500 Mitarbeiter handelt - ein Drittel der Aufsichtsratsitze zusteht.[167] Weitere Nachteile können durch die umfangreichen Rechnungslegungsvorschriften und Publizitätsanforderungen an die AG entstehen.

Eine mit dem Ziel der Börseneinführung vorgenommene Umwandlung in die Rechtsform der Aktiengesellschaft kann auch zu steuerlichen Nachteilen führen. Dies gilt insbesondere bei einer Konvertierung von einer Personengesellschaft zu einer Kapitalgesellschaft, weniger bei Umwandlung einer GmbH in eine AG, denn diese beiden Rechtsformen werden steuerlich grundsätzlich gleichgestellt. Die steuerliche Vorteilhaftigkeit verschiedener Rechtsformen kann nicht pauschal, sondern nur im Einzelfall entschieden werden. Bei der Aktiengesellschaft überwiegen im Vergleich zu Personengesellschaften jedoch oft die steuerlichen Nachteile die Vorteile.[168] Entscheidungsrelevant sind einmalige Steuerwirkungen - beispielsweise das bei Umwandlung einer Personengesellschaft in eine AG auftretende Wahlrecht, stille Reserven aufzudecken (§ 20 UmwStG) - und laufende Steuerwirkungen im Rahmen der Gewinn- und Vermögensbesteuerung.

Steuerliche Vorteile der Kapitalgesellschaften liegen i.d.R. bei der Gewerbesteuer vor. Besonders gravierend wirkt sich die Regelung aus, daß sämtliche Vergütungen, Zinsen und Pensionsrückstellungen zugunsten der Gesellschafter bei einer Kapitalgesellschaft - nicht aber bei einer Personengesellschaft - den gewerbesteuer-

---

167) BETRIEBSVERFASSUNGSGESETZ 1952, vom 11. Oktober 1952, BGBl. I S. 681, § 76.

168) KOMMISSION "ZWEITER BÖRSENMARKT", Börsenzugang für kleine und mittlere Unternehmen, Stuttgart 1987, S.65.

lichen Ertrag mindern.[169] Nimmt eine Kapitalgesellschaft von ihrem Gesellschafter ein Darlehen auf, so mindert diese Schuld den Einheitswert des Betriebsvermögens. Infolgedessen reduziert sich auch die Gewerbesteuer vom Kapital und die Vermögensteuer. Die Gewerbesteuerbelastung einer Kapitalgesellschaft ist deshalb meist deutlich niedriger.

Auch hinsichtlich der Einkommen- bzw. Körperschaftsteuer existieren rechtsformspezifische Unterschiede. Ausgeschüttete Gewinne und Entnahmen werden bei den Eigentümern von Kapital- und Personengesellschaften prinzipiell gleich hoch besteuert, da die auf die Gewinne einer Kapitalgesellschaft gezahlte Körperschaftsteuer im Anrechnungsverfahren auf die individuellen Steuersätze der Gesellschafter "heruntergeschleust" wird. Thesaurierte Gewinne werden dagegen bei Kapitalgesellschaften einheitlich mit einem Steuersatz von 56 % belastet, während die Besteuerung bei Personengesellschaften auch hier vom individuellen Einkommen- und Kirchensteuersatz der Gesellschafter abhängt.[170] Außerdem besteht bei Kapitalgesellschaften nicht die Möglichkeit, Verluste der Gesellschaft mit anderen positiven Einkünften der Anteilseigner zu verrechnen, wie dies für Gesellschafter eines Personenunternehmens innerhalb der Grenzen des § 15a EStG der Fall ist. Ein weiterer entscheidender steuerlicher Nachteil der Kapitalgesellschaft kann im Verlust von Steuervorteilen bei Ausschüttungen bestehen, da dann gemäß § 27 Abs. 1 KStG die Ausschüttungsbelastung von 36 % herzustellen ist. Bei Personengesellschaften bleibt die Begünstigung steuerfreier und steuerbegünstigter Einkommensteile dagegen auch bei Entnahmen erhalten.[171] Andererseits wirkt sich bei Kapitalgesellschaften vorteilhaft aus, daß die an Gesellschafter geleisteten Vergütungen hier den Gewinn und somit auch die Körperschaftsteuer mindern. Weiterhin wird der Verkauf von Unternehmensanteilen an einer Kapital- bzw. Personengesellschaft aus einem Privatvermögen

169) WÖHE, Günter, Betriebswirtschaftliche Steuerlehre II/1, 4. Aufl., München 1982, S. 117; KOMMISSION "ZWEITER BÖRSENMARKT", a.a.O., S. 67.

170) Vgl. SIGLOCH, Jochen, Der Einfluß der Besteuerung auf die Eigenkapitalbildung der Unternehmen, in: Die Finanzierung mittelständischer Unternehmungen in der Bundesrepublik Deutschland, hrsg. v. WOSSIDLOW, Peter Rütger, Berlin 1985, S. 179-220, hier S.199.

171) KOMMISSION "ZWEITER BÖRSENMARKT", a.a.O., S. 69.

unterschiedlich behandelt. Nur bei Anteilen an einer Kapitalgesellschaft bleiben Veräußerungsgewinne steuerfrei, sofern es sich nicht um Beteiligungen über 25 % des Unternehmenskapitals oder ein Spekulationsgeschäft im Sinne des § 23 EStG handelt.

Eine Umwandlung einer Personengesellschaft in eine Kapitalgesellschaft hat vor allem vermögensteuerliche Konsequenzen, da bei Kapitalgesellschaften eine Doppelbelastung dieser Steuer vorliegt. Das in einer Kapitalgesellschaft gebundene Vermögen wird nicht nur direkt bei der juristischen Person mit einem Steuersatz von 0,6 % (§ 10 Abs.2 VStG) auf den Einheitswert belegt, sondern außerdem versteuern die Gesellschafter ihre Anteile mit einem Vermögensteuersatz von 0,5 % (§ 10 Abs. 1 VStG). Während für die Besteuerung der Eigentümer der Personengesellschaft als Bemessungsgrundlage der anteilige Einheitswert des Betriebsvermögens dient, wird bei Kapitalgesellschaften der gemeine Wert angesetzt (§ 11 Abs. 2 BewG), der in der Regel nach dem Stuttgarter Verfahren ermittelt wird.[172] Im allgemeinen ist dadurch mit einer deutlich höheren Vermögensteuerbelastung von Kapitalgesellschaften und deren Anteilseignern im Vergleich zu Personenunternehmen zu rechnen.[173]

Auch wenn an dieser Stelle nicht sämtliche steuerlichen Unterschiede, die durch eine Konvertierung in die Rechtsform der AG entstehen können, abgehandelt werden sollen[174], so bleibt festzuhalten, daß in Abhängigkeit von den persönlichen Verhältnisse der Gesellschafter sowie der Höhe und der Struktur des Betriebsvermögens der Gang zur Börse steuerliche Nachteile mit sich bringen kann.

Neben diesen rechtsformabhängigen Barrieren existieren weitere Zulassungsanforderungen, die den Marktzutritt zur Börse für die meisten Unternehmen behindern. Zu denken ist hier an die Zulassungsanforderungen auf den verschiedenen Börsensegmenten. Dabei ist

172) KOMMISSION "ZWEITER BÖRSENMARKT", a.a.O., S. 66.
173) Vgl. z.B. FRITSCH, Ulrich, Mehr Unternehmen an die Börse. Bedeutung und Möglichkeiten der Publikumsaktiengesellschaft, Köln 1978, S. 86.
174) Eine vollständigere Übersicht findet sich in: KOMMISSION "ZWEITER BÖRSENMARKT", a.a.O., S. 65-69.

zwischen den formalen Regelungen des Börsengesetzes[175], der Börsenzulassungs-Verordnung[176] und der Börsenordnungen einerseits und den darüber hinausreichenden faktischen Anforderungen der emissionsbegleitenden Kreditinstitute andererseits zu unterscheiden.

Die Zulassungsanforderungen steigen mit zunehmendem Organisationsgrad der verschiedenen Börsensegmente. Sie enthalten Mindestnormen für das Emissionsvolumen, für die formale Abwicklung der Börseneinführung, für die geschäftliche Entwicklung des Unternehmens in zeitlicher und qualitativer Hinsicht sowie für die Inhalte und Veröffentlichungsmodalitäten von Zulassungsprospekt und Zwischenbericht.

Aufgrund einer sehr restriktiven Zulassungspraxis fungiert der amtliche Handel de facto lediglich als Finanzierungsquelle für etablierte Großunternehmen. Der Marktausschluß kleiner und mittlerer Unternehmen erleichtert den Anlegern die Marktübersicht über die Wertpapierbörse. Gleichzeitig stellt die Börsenzulassung einen Gütestempel für die notierten Unternehmen dar, der ihre Bonität signalisiert. Darüber hinaus genießen die Anleger durch die Zulassungsbestimmungen, aber auch durch weitergehende Regelungen des Börsengesetzes und Aktiengesetzes einen hohen Schutz vor Defraudation und Übervorteilung. Für den kleinen Kreis notierter Unternehmen fördern die Marktzutrittsbarrieren also die Finanzierungschancen. Gleichzeitig wird der weit überwiegende Teil der Unternehmen jedoch von diesem leistungsfähigen Segment ausgeschlossen.

Im geregeltem Freiverkehr kann zwar ein Börsenzulassungsprospekt entfallen, ein Mindestbetrag für das Emissionsvolumen existiert nicht und die Zulassungsgebühren sind niedriger als im amtlichen Handel[177], der Zulassungsantrag muß jedoch weiterhin von einem Kreditinstitut gestellt werden. Die Monopolstellung der Kreditin-

175) BÖRSENGESETZ (BörsG) in der Fassung vom 27. Mai 1908, zuletzt geändert durch Art. 1 Börsenzulassungs-Gesetz v. 16.12.1986, BGBl. I, S. 2478.

176) BÖRSENZULASSUNGS-VERORDNUNG (BörsZulV), Verordnung über die Zulassung von Wertpapieren zur amtlichen Notierung an einer Wertpapierbörse, v. 15. April 1987, BGBl. I, S. 1234.

177) WEICHERT, Ronald, Mehr Risikokapital durch Erleichterung des Börsenzugangs für Unternehmen, Institut für Weltwirtschaft, Kiel 1985, S. 12.

stitute, die außerdem Interessenkonflikten zwischen Wertpapieremissions- und Kreditgeschäft ausgesetzt sein könnten[178], bewirkt, daß faktisch kaum ein Unterschied zur Zulassung zum amtlichen Handel besteht.[179]

Aus ähnlichen Gründen trägt auch der ungeregelte Freiverkehr zur Kapitalisierung kleinerer Unternehmen nur wenig bei. Zwar ist eine Eigenemission der Unternehmen auf diesem Segment grundsätzlich möglich, sie gestaltet sich aufgrund der fehlenden Imagewirkung und fachlichen Beratung ohne ein begleitendes Kreditinstitut in praxi jedoch als schwierig. Die Kreditinstitute handhaben die Bonitätsprüfung für eine Einbeziehung in den ungeregelten Freiverkehr ähnlich restriktiv wie auf den höher organisierten Börsensegmenten.[180] Als Nachteil für die Unternehmen kann es sich außerdem erweisen, daß als Anleger im ungeregelten Freiverkehr fast nur Privatpersonen auftreten, denn kapitalstarke, umsatzfördernde institutionelle Anleger wie Investmentfonds und Versicherungen haben aufgrund gesetzlicher Regelungen keine bzw. sehr geringe Erwerbsmöglichkeiten für hier notierte Titel. Die quantitativ unbedeutende Rolle des ungeregelten Freiverkehrs für die Finanzierung von Unternehmen läßt sich daran ablesen, daß nur ca. 70 Unternehmen ausschließlich an diesem Börsensegment gehandelt werden.[181]

Die am 1. Mai 1987 vollzogene Eingliederung des geregelten Marktes als Segment unterhalb des amtlichen Handels zielt darauf ab, Marktzutrittsbarrieren für kleine und mittlere Unternehmen zu senken. Unter bestimmten Voraussetzungen, die die jeweiligen Börsenordnungen im einzelnen regeln, können außer Kreditinstituten auch andere Unternehmen gemeinsam mit dem Emittenten die Börsenzulassung der Wertpapiere beantragen (§ 71 Abs. 2 BörsG). Geringere An-

---

178) GERKE, Wolfgang, Einführende Thesen zum Mannheimer Bankenforum, in: Risikokapital über die Börse, hrsg. v. GERKE, Wolfgang, Berlin-Heidelberg-New York-Tokyo 1986, S. 5.

179) WEICHERT, R., a.a.O., S. 12; AIGNESBERGER, Christof, Die Innovationsbörse als Instrument zur Risikokapitalversorgung innovativer mittelständischer Unternehmen, Heidelberg 1987, S. 31.

180) AIGNESBERGER, C., a.a.O., S. 32.

181) SCHMIDT, Hartmut, Special Stock Market Segments for Small Company Shores. Capital Raising Mechanism and Exit Route for Investors in New Technology-based Firms, Brüssel 1984, S. 198.

forderungen an den Mindestbetrag der Emission, an die Lebensdauer des Unternehmens und an die Streuung der Wertpapiere sowie eingeschränkte Publizitätspflichten und geringere Zulassungsgebühren sollen dieses Börsensegment für die Zielgruppe attraktiver machen. Ob der geregelte Markt von kleinen und mittleren Unternehmen in größerem Umfang als Primärmarkt genutzt werden wird oder ob er lediglich ein Substitut für den amtlichen Handel und geregelten Freiverkehr darstellt, kann noch nicht abschließend beurteilt werden.

Unternehmen, die grundsätzlich die Zulassungsanforderungen erfüllen und emissionswillig sind, entstehen erhebliche, vom jeweiligen Marktsegment abhängige Marktzutrittskosten. Als Transaktionskosten zum (erstmaligen) Vertragsabschluß über das Marktsegment Börse kommen folgende Komponenten in Betracht:[182]

- Kosten der Konsensfindung zwischen den Eigentümern und des Aufbaus einer geeigneten Organisationsstruktur einschließlich eventuell anfallender Steuern bei einer Rechtsformkonvertierung,
- Kosten der Suche eines geeigneten Emissionshauses und der Verhandlungen über die Emissionskonditionen,
- Kosten für das Registergericht,
- Kosten aus der Vorbereitung der Veröffentlichungen,
- Bankprovisionen für Vorbereitung und Durchführung der Emission, der Börseneinführung und Übernahme des Plazierungsrisikos,
- Druckkosten für die Aktien, die Bezugsangebote und den Prospekt,
- Kosten der für die Börseneinführung notwendigen sowie laufenden Pflichtpublizität und der Notierung,
- Kosten aus Dividendenbekanntmachungen und aus der Organisation der Hauptversammlungen sowie
- Bankprovisionen für die Übernahme des Zahlstellendienstes.

Die Kosten des Gangs an die Börse werden auf 6 bis 13 % des Emissionsbetrages geschätzt, wobei im geregelten Markt gegenüber dem amtlichen Börsenhandel eine Einsparung von mindestens 30 % der di-

182) Vgl. AIGNESBERGER, C., a.a.O., S. 85 ff.

rekten Kosten realistisch erscheint.[183] Aufgrund eines hohen Fixkostenanteils sind die Kosten bei unterdurchschnittlich kleinen Emissionen regelmäßig im oberen Bereich dieser Spanne zu finden. In diesen reinen Emissionskosten sind die aufgezeigten Kostenbestandteile einer Rechtsformkonvertierung noch nicht enthalten. Die Implementierung des geregelten Marktes mag zur Senkung der Marktzutrittskosten beitragen und mithin die Wettbewerbsnachteile bei der Beschaffung von Beteiligungskapital für das Segment der Unternehmen, die groß genug sind, um als AG zu firmieren, mindern. Die Situation der Vielzahl kleiner und mittlerer Unternehmen, für die sich eine Rechtsformkonvertierung zur AG nicht lohnt, wird dagegen durch das neue Marktsegment nicht verbessert.

- Marktzutrittsbarrieren und Transaktionskosten bei der Risikokapitalaufnahme über Beteiligungsgesellschaften

Beteiligungsgesellschaften als Institutionen der überbetrieblichen Vermögensbeteiligung stellen eine Alternative zur Eigenkapitalbeschaffung für kleine und mittlere Unternehmen dar. Unternehmen, die die Marktzutrittsbarrieren beim Gang an die Börse scheuen oder nicht überwinden können, können bei diesen spezialisierten Finanzintermediären Haftkapital aufnehmen. Es existieren keine normativen Regelungen, die Mindestbedingungen über Größe, Alter, Erfolg und Rechtsform des Beteiligungsunternehmens als Voraussetzung für das Engagement einer Beteiligungsgesellschaft festlegen. Über die Interessen des Kapitalgebers und die handelsrechtlichen Vorschriften hinausreichende Publizitätsanforderungen bestehen ebenfalls nicht. Normative, Transaktionskosten verursachende Marktzutrittsbarrieren liegen für nicht emissionsfähige deutsche Unternehmen beim Zugang zu dieser Kapitalgebergruppe folglich nicht vor.

Transaktionskosten entstehen jedoch in Form von Antrags-, Verhandlungs- und Abschlußkosten, die sich im einzelnen zusammensetzen aus:

183) HOPT, Klaus J., Segmentspezifischer Anlegerschutz für börsengehandelte Titel, in: Risikokapital über die Börse, hrsg. v. GERKE, Wolfgang, Berlin u.a. 1986, S. 103-119, hier S. 112.

- Such- und Kontaktkosten für eine geeignete Beteiligungsgesellschaft,
- Kosten der Erstellung und Prüfung des Beteiligungsantrages,
- Kosten der Konditionenverhandlungen,
- Kosten der Erstellung und des Abschlusses des Beteiligungsvertrages,
- gegebenenfalls Kosten der Implementierung der organisatorischen Voraussetzungen von Informations- und Einwirkungsrechten der Kapitalgeber einschließlich eventuell notwendiger Satzungsänderungen,
- gegebenenfalls Kosten für das Registergericht (je nach Rechtsform der Beteiligung).

Unter dem ausschließlichen Aspekt der Transaktionskosten ist eine Finanzierung über Beteiligungsgesellschaften unter Allokationsgesichtspunkten effizienter als der Gang an die Börse, wenn folgende Bedingung erfüllt ist:

(1) $$\Sigma T_{B\,i} \geq \Sigma T_{U\,i} + T_{B\,U}$$

T_B	:	Transaktionskosten der Börseneinführung eines Unternehmens
T_U	:	Transaktionskosten der Finanzierung eines Unternehmens über Beteiligungsgesellschaften
$T_{B\,U}$	:	Transaktionskosten der Börseneinführung einer Beteiligungsgesellschaft
$i = 1,...,n$	:	Index der Beteiligungsunternehmen

Dieser Ansatz vergleicht nicht nur die Transaktionskosten der Unternehmen, die zwischen den beiden Finanzierungsalternativen wählen können, sondern berücksichtigt auch die Transaktionskosten des Intermediärs.

Da die Beteiligungsgesellschaften grundsätzlich Unternehmensbeteiligungen jeglicher Rechtsform erwerben können, entfällt für die Unternehmen der Zwang zur Rechtsformkonvertierung und somit ein erheblicher Anteil der Transaktionskosten. Vergleicht man außerdem die Listen der direkten Börseneinführungskosten und der Transaktionskosten der Beteiligungsfinanzierung, so stellt man fest, daß sich einige Positionen in ihrem Wesen stark ähneln, die Börseneinführung aber zusätzliche Kostenbestandteile aufweist. Es gilt deshalb für die meisten Fälle $T_{Bi} > T_{Ui}$. Der Vorteilhaftigkeitsvergleich der beiden Eigenkapitalaufbringungsalternativen führt jedoch zu keinem allgemeingültigen Ergebnis, sondern stellt auf die individuellen Unternehmensverhältnisse und die Effektivität der Geschäftstätigkeit der Beteiligungsgesellschaft ab.

Durch standardisierte Verfahren der Antragstellung und -prüfung sowie durch vorgefertigte, standardisierte Beteiligungsverträge können die Transaktionskosten der Finanzierung über Beteiligungsgesellschaften noch weiter unter die Transaktionskosten der Börseneinführung gesenkt werden. Es entsteht zudem bei wachsender Anzahl von Beteiligungen ein Kostendegressionseffekt bei der Prüfung und Verwaltung in der Beteiligungsgesellschaft.[184)]

Wenn die Kostenvorteile der Finanzierung über Beteiligungsgesellschaften einschließlich der Rationalisierungspotentiale ausreichen, um die Börseneinführungskosten der Beteiligungsgesellschaft zu finanzieren, ist Bedingung (1) erfüllt. Je mehr Unternehmen die Finanzierung über die Beteiligungsgesellschaft wählen, desto wahrscheinlicher ist die Erfüllung der Prämisse. Ein direktes Going Public einer bestimmten Anzahl von Unternehmen verursacht dann höhere Transaktionskosten als die Aufbringung der Finanzierungsmittel an der Börse durch eine Beteiligungsgesellschaft und die Weiterleitung an die einzelnen Unternehmen.

Aus Sicht der Anleger besteht zwischen dem direkten Kauf von Unternehmensanteilen an der Börse und dem Kauf von Aktien einer Unternehmensbeteiligungsgesellschaft bezüglich der Transaktionskosten eine Indifferenz. Die Transaktionskosten beim Kauf von Anteilen an einem Beteiligungs-Sondervermögen werden etwas höher

---

184) Vgl. Kap. 5.3.3., S. 369-373 dieser Arbeit. Daneben sinken die Risikokosten des Beteiligungsportefeuilles bei steigendem Diversifikationsgrad. Vgl. GERKE, W., (1974), a.a.O., S. 60-68.

liegen,[185] jedoch nicht wesentlich von denen bei Aktien- oder Rentenfonds abweichen. Da der Kauf von Anteilen einer Beteiligungsgesellschaft gegenüber der Direktanlage an der Börse für den Anleger keinen wesentlichen Transaktionskostennachteil impliziert, beeinflußt die Refinanzierungsseite den Effizienzvergleich der beiden Alternativen nicht.

- Transaktionskosten und Finanzierungsentscheidung

Eine Analyse der Transaktionskosten läßt zwar Rückschlüsse auf die Effizienz von Teilmärkten zu, eine solche Marktbetrachtung ist jedoch als Entscheidungsgrundlage für die Auswahl von Finanzierungsalternativen aus Unternehmenssicht nicht ausreichend. Der erstmalige Gang an die Börse verursacht durch Rechtsformzwang, durch organisatorische Umgestaltungen und wegen der Probleme beim Auffinden von und Verhandeln mit Emissionshäusern besonders hohe Kosten, aber langfristig sind weitere Kapitalerhöhungen kostengünstiger abzuwickeln. In langfristiger Betrachtung kann ein Going Public Transaktionskostenvorteile besitzen, auch wenn sich kurzfristig die Beteiligungsgesellschaft als günstiger erweist.

In der Entscheidungssituation eines kapitalsuchenden Unternehmens stellen die Transaktionskosten lediglich ein vergleichsweise wenig bedeutendes Vorteilhaftigkeitskriterium dar. Bei einer vielversprechenden Bewertung und einer günstigen Börsensituation kann ein Unternehmen Emissionsrenditen realisieren, die die genannten Kostenaspekte völlig überdecken. Demgegenüber befinden sich die kalkulatorischen (erwarteten) Renditeforderungen von Beteiligungsgesellschaften oft auf so hohem Niveau, daß diese Finanzierungsalternative aus Sicht vieler Beteiligungsunternehmen unattraktiv erscheint. Die zur Zeit herrschenden hohen Finanzierungskosten beruhen nicht auf Transaktionskosten, sondern es handelt sich um (temporäre) Monopolrenditen der wenigen am Markt vertretenen Beteiligungsgesellschaften.[186] Eine größere Konkurrenz von Beteiligungsgesellschaften würde durch höheren Kostendruck uneffektive Verga-

185) Vgl. Kap. 3.3.3., S. 175-176 dieser Arbeit.
186) Vgl. Kap. 3.1.4., S. 130-131 dieser Arbeit.

bepraktiken eindämmen, zum Abbau der Unterversorgung mit Beteiligungskapital beitragen und seinen Preis senken.

Neben den Marktzutrittsschranken und Kostenaspekten beeinflussen weitere Kriterien die Entscheidung zwischen den beiden genannten Finanzierungsalternativen. Bei der Finanzierung über Beteiligungsgesellschaften begünstigen die geringeren Publizitätsanforderungen die Zielsetzung vieler Unternehmer, den Kreis der mit Unternehmensinformationen vertrauten Personen möglichst klein zu halten. Im Gegensatz zum Going Public ist es den Eigentümern teilweise möglich, selbst zu beeinflussen, wer in Zukunft am Unternehmen beteiligt ist. Weitere Vorteile dieser Finanzierungsalternative sind die Beratungsleistungen des Kapitalgebers, seine Kontaktmöglichkeiten und die Imagewirkung, die die Beteiligung einer namhaften Gesellschaft besitzen kann.

Die Finanzierung über eine Beteiligungsgesellschaft kann weiterhin eine Überbrückungsfunktion bis zu einem späteren Going Public des Unternehmens besitzen. Auch aus Sicht der Beteiligungsgesellschaft ist der zukünftige Gang des Beteiligungsunternehmens an die Börse bei der Verwertung der Anteile vorteilhaft.[187] Aktivitäten zur Schaffung und Fortentwicklung von geeigneten Börsensegmenten und von Beteiligungsgesellschaften schließen sich deshalb nicht aus, sondern ergänzen sich gegenseitig bei dem Ziel, kleinen und mittleren Unternehmen die Risikokapitalaufbringung zu erleichtern.

Bei der Bereitstellung von Eigenkapital über Beteiligungsgesellschaften werden Marktzutrittsbarrieren abgebaut. Dies kommt sowohl kapitalsuchenden nicht emissionsfähigen Unternehmen als auch Anlegern, die Engagements bei kleinen und mittleren Unternehmen suchen, zugute. Wettbewerbsnachteile nicht emissionsfähiger Unternehmen gegenüber Großunternehmen bei der Finanzierung werden gemildert.

---

187) Vgl. GERKE, W., (1983), a.a.O., S. 32.

3.1.2. Finanzintermediation und Transformationsleistungen

Ohne geeignete Intermediationsformen werden es kapitalsuchende Unternehmen schwer haben, Investoren zu finden. Hohe Suchkosten sowie eine Heterogenität der Präferenzen von Anlegern und Kapitalnachfragern bei nicht standardisierten Finanztiteln führen auf dem unorganisierten Kapitalmarkt zu geringen Vertragsabschlußchancen.[188] Finanzintermediäre stellen einen Treffpunkt für Kapitalanleger und kapitalsuchende nicht emissionsfähige Unternehmen dar. Sie sind in der Lage, die Transaktionskosten zu senken und die Markttransparenz zu erhöhen. Sie leisten somit einen Beitrag zur Kapitalmarktorganisation und erhöhen die Vertragsabschlußchancen.

Beteiligungsgesellschaften vermitteln zwischen den divergierenden Interessen der beiden Marktseiten durch Selbsteintritt. Die originär direkte Beziehung zwischen Anleger und kapitalsuchendem Unternehmen wird durch zwei neue Vertragsverhältnisse ersetzt: zum einen die Beziehungen zwischen Anleger und Beteiligungsgesellschaft und zum anderen zwischen Beteiligungsgesellschaft und Unternehmen. Die Anleger müssen für die Vielzahl der rechtlich und wirtschaftlich heterogenen Einzelbeteiligungen keine aufwendige Alternativenbewertung durchführen, sondern lediglich prüfen, ob die Anteile der Beteiligungsgesellschaft ihren Präferenzen entsprechen. Kapitalsuchenden Unternehmen sind die Beteiligungsgesellschaften als potentielle Eigenkapitalgeber bekannt, und einem Vertragsabschluß stehen keine prohibitiven normativen Barrieren im Weg.

- Schaffung homogener Kapitaltitel

Bezüglich Rendite, Risiko, Fristigkeit, Losgröße sowie der zu vermittelnden Informations-, Kontroll- und Eingriffsrechte eines Beteiligungsverhältnisses bestehen sowohl auf seiten der kapitalsuchenden Unternehmen als auch auf seiten der Anleger vielfältige

188) Vgl. GERKE, Wolfgang, Gleitklauseln im Geld- und Kapitalverkehr, Mark = Mark ?, Wiesbaden 1980, S. 130-151.

Ausstattungswünsche. Eine auf die spezifischen Interessen und Erfordernisse zugeschnittene rechtliche Ausgestaltung der Finanzierung ist für viele Unternehmen eine entscheidende Voraussetzung für die Aufnahme neuer Gesellschafter. Unter dem Aspekt der Vergleichbarkeit ist jedoch für den Anleger eine möglichst geringe Anzahl unterschiedlich ausgestalteter Kapitalparten von Vorteil. Für Anlageformen, die sich nur noch in wirtschaftlicher Hinsicht aufgrund unternehmensspezifischer Daten unterscheiden, lassen sich die Relativpreise einfacher feststellen. Je höher der Homogenitätsgrad einer Klasse von Gütern ist, desto eher sind Fungibilität, Marktgängigkeit und Preisfeststellung gewährleistet.[189]

Die Refinanzierungsinstrumente der noch näher zu untersuchenden Beteiligungsgesellschaften - nämlich Aktien von Unternehmensbeteiligungsgesellschaften und Fondszertifikate von Beteiligungs-Sondervermögen - zeichnen sich durch detaillierte rechtliche und institutionelle Regelungen im Aktiengesetz bzw. Gesetz über Kapitalanlagegesellschaften, aber auch Börsengesetzen und -ordnungen sowie Handelsusancen aus, so daß die Anforderungen hinsichtlich ihrer Homogenität in hohem Maß erfüllt sind. Folgen sind aus Anlegersicht hohe Rechtssicherheit, niedrige Transaktionskosten, hohe Liquidität und gute Anspar- und Diversifikationsmöglichkeiten durch niedrige Losgrößen.

Das Aktivportefeuille der Beteiligungsgesellschaften setzt sich dagegen aus nicht nur wirtschaftlich, sondern auch rechtlich inhomogenen Konstrukten zusammen, wenn Beteiligungen jeglicher Rechtsform erworben werden, zumal die Ausgestaltung stiller Beteiligungen und Genußrechte weitgehend dispositivem Recht unterliegt.[190] Somit ergibt sich eine sehr große Zahl rechtlich unterschiedlicher Vertragsformen, die wirtschaftlich kaum zu vergleichen sind. Die resultierende geringe Fungibilität und schlechte Bewertbarkeit

---

189) Vgl. GERKE, Wolfgang, SCHÖNER, Manfred, Die Auswirkungen von Risikonormen auf die Finanzierung von Innovationen - eine Analyse am Beispiel der Gesetze über Unternehmensbeteiligungsgesellschaften und Beteiligungssondervermögen, in: Bankrisiken und Bankrecht, Festschrift für Fritz Philipp, hrsg. von GERKE, Wolfgang, Wiesbaden 1988, S. 187-212, hier S. 190.

190) Dies gilt nicht für Beteiligungs-Sondervermögen, die sich nur in bestimmten Formen stiller Beteiligungen engagieren dürfen. Vgl. Kap. 3.3., S. 153-176 dieser Arbeit.

würde den Direkterwerb durch Anleger ohne spezielles Finanzierungs-, Rechts- und Steuerwissen überfordern. Erst durch die Intermediation wird ein Kapitalfluß möglich.

- Bessere Verwertung von Informationen und Kapitalgeberrechten

Geringe Spezialisierung und mangelndes Fachwissen würden die eigenständige Ausübung der im Beteiligungsvertrag ggf. geregelten Informations-, Kontroll- und Eingriffsrechte durch die Anleger erschweren oder verhindern. Der diesen Rechten von vielen privaten Anlegern subjektiv zugemessene Wert ist deshalb gering. Da die Beteiligungsgesellschaften aufgrund ihrer Spezialisierung und Marktstellung in der Lage sind, solche Rechte wesentlich besser auszuwerten, besitzen sie einen größeren Anreiz, diese in den Vertragsverhandlungen durchzusetzen. Sie produzieren somit ein erhöhtes Informationsniveau und weitgehendere Eingriffsrechte, von denen indirekt auch die Endanleger profitieren. Die verbesserte Informationslage ermöglicht eine solidere Alternativenauswahl aus den potentiellen Beteiligungsmöglichkeiten. Außerdem bereiten die Beteiligungsgesellschaften die vielfältigen Unternehmensinformation auf, selektieren, bewerten und geben sie - wenn auch in reduzierter, so doch in überschaubarer Form - an die Endanleger weiter. Dabei gelten für die Beteiligungsgesellschaften meist weitgehendere Publizitätspflichten als für die Beteiligungsunternehmen. Die übermittelten Informationen gewinnen an Glaubwürdigkeit, wenn die Beteiligungsgesellschaften der Aufsicht durch eine staatliche Behörde oder einer gemeinsamen Selbstkontrollinstanz unterliegen.

Durch ihren Selbsteintritt erbringen die Intermediäre eine produktive Leistung. Indem sie Informationen und Rechte von einem heterogenen Niveau auf einen den Anlegerpräferenzen eher entsprechenden Level transformieren, vermitteln sie zwischen den Interessen von Unternehmen und Anlegern und reduzieren ein Hemmnis auf dem Beteiligungsmarkt.

- Fristen-, Losgrößen- und Risikotransformation

Der Direkterwerb von Beteiligungen durch private Anleger wird außerdem dadurch behindert, daß die Weiterveräußerung der Beteiligung an Dritte aufgrund gesellschaftsrechtlicher und satzungsmäßiger Bestimmungen oder aufgrund eines fehlenden Sekundärmarktes erschwert wird. Die Folge ist, daß eine Beteiligung zumeist eine langfristige Bindung an das Unternehmen bedeutet. Das angelegte Kapital ist illiquide und der Anleger verliert im Umfang seines Engagements jegliche finanzielle Flexibilität.[191] Dagegen bieten die Beteiligungsgesellschaften Anteile an, für die täglich ein Preis festgestellt wird und die prinzipiell täglich liquidisiert werden können. Durch die Fristentransformation von Beteiligungsgesellschaften und Börse werden langfristiger Kapitalbedarf und kurzfristige Anlagepräferenz in Einklang gebracht.[192]

Unternehmen haben ein Interesse, nur möglichst hohe Beteiligungslosgrößen anzubieten, um die Transaktionskosten zu senken. Vielen privaten Anlegern ist es jedoch nicht möglich, die zur Anlage erforderlichen fünf- oder sechsstelligen Beträge einzusetzen. Selbst wenn ein Kapitalanleger ein entsprechendes anlagebereites Vermögen besitzt oder zu einer Kreditaufnahme bereit wäre, um genügend Kapital für ein Direktengagement aufzubringen, so würde er sich dennoch selbst der Möglichkeit berauben, das Risiko durch eine diversifizierte Anlage von Teilbeträgen zu reduzieren. Die Beteiligungsgesellschaften haben dagegen aufgrund des im Vergleich zum Privatanleger sehr viel höheren anlagebereiten Vermögens selbst ein Interesse, zur Begrenzung der Vertragsabschluß- und Verwaltungskosten nur Beteiligungen ab einer bestimmten Mindestlosgröße einzugehen. Autoren aus Wissenschaft und Beteiligungspraxis halten Beteiligungsgrößen unter 500.000 DM aus Kostengründen für nicht sinnvoll.[193] Andererseits haben Beteiligungsgesellschaften die

191) GERKE, W., SCHÖNER, M., (1988), a.a.O., S. 190.

192) Probleme können sich allerdings bei engen Märkten in Aktien von Unternehmensbeteiligungsgesellschaften oder bei sehr starkem Rückgabedruck bei Beteiligungs-Sondervermögen ergeben. Vgl. KOMMMISSION "ZWEITER BÖRSENMARKT", a.a.O., S. 180-183.

193) FELDBAUSCH, Friedrich K., Die Kapitalbeteiligungsgesellschaft, Frankfurt 1971, S. 27; RINGEL, Johannes, Eigenkapitalfinanzierungen für mittelstän-

Möglichkeit, sich über kleingestückelte Parten bei einer großen Gruppe von Kleinanlegern zu refinanzieren. Sie übernehmen damit Losgrößentransformationsleistungen, die den Kapitalfluß von Privatanlegern zu nicht emissionsfähigen Unternehmen begünstigen. Die Losgrößentransformation durch die Beteiligungsgesellschaft ist kostengünstiger als eine Stückelung durch jedes einzelne der vielen Beteiligungsunternehmen.

Schließlich entsteht durch die Sammlung vieler Beteiligungen, für die nur im Ausnahmefall völlig gleichgerichtete Ertragserwartungen vorliegen, im Portefeuille der Beteiligungsgesellschaft ein risikosenkender Diversifikationseffekt. Das Risiko eines Eigenkapitaltitels einer Beteiligungsgesellschaft kann bei geeigneter Portefeuillemischung wesentlich niedriger sein als das Durchschnittsrisiko der Einzelbeteiligungen. Aufgrund dieser Risikotransformationsleistung kann den Unternehmen über die Beteiligungsgesellschaft Kapital zugeführt werden, das mit höheren Risiken behaftet ist, als die Anleger zu tragen bereit wären. Angesichts der überragenden Bedeutung des Risikos von Finanztiteln bei der Anlageentscheidung privater Haushalte[194] ist diese Intermediationsleistung zur Erzielung einer quantitativ hohen Kapitalisierung besonders wichtig.

3.1.3. Asymmetrische Informationsverteilung

In den meisten Vertragsbeziehungen stehen den Parteien unterschiedliche Informationen zur Verfügung. Alle Beziehungen ließen sich auf einem Kontinuum des Grades ungleicher Informationsverteilung einordnen, dessen eine Extremposition Transaktionen am vollkommenen Markt mit standardisierten Gütern und gleichverteilten Informationen verkörpert, und an dessen anderem Ende nur ein Partner allein über die relevanten Informationen verfügt und von dem

---

dische Unternehmen, in: Sparkasse, 105. Jg., Heft 4/1988, S. 151-155, hier S. 152.

194) Vgl. Kap. 4.2.2.2. bis 4.2.2.4., S. 236-245 dieser Arbeit.

anderen Partner keinerlei Kontrolle ausgeht.[195] Beide Extrempositionen sind in der Realität fast nie zu beobachten. Der letztgenannten Konstellation könnte beispielsweise die Finanzierung eines Unternehmens durch Familienmitglieder nahekommen. Die Kapitalvergabe wird hier durch eine Vertrauensbeziehung ermöglicht, die sich letztlich darauf stützt, daß eine weitgehende Interessenidentität zwischen Kapitalgeber und Kapitalnehmer besteht. Je weniger jedoch die Ziele der einen Marktseite mit denen der anderen übereinstimmen, desto stärker erschweren Informationsungleichgewichte einen Vertragsabschluß. Der Grad der Interessenidentität bestimmt deshalb die Auswirkungen von Informationsasymmetrien.[196]

- Agency-Beziehungen zwischen Kapitalgeber und Kapitalnehmer

Sofern besondere soziale Anreizstrukturen - wie sie bei der Finanzierung von Familienunternehmen vorliegen - nicht existieren, ist von abweichenden Interessen zwischen Kapitalgebern und -nehmern bei der Beteiligungsfinanzierung auszugehen. Beziehungen mit konfliktären Interessen der Vertragspartner sind Gegenstand der Agency-Theorie. Beispielsweise stimmen in vielen Fällen Eigentümer und Leitung des Unternehmens personell nicht überein. Die Eigentümer (Principals) setzen ein Management (Agents) ein, um - in ihrer Stellvertretung - die Unternehmung zu führen. Eine ähnliche Agency-Beziehung tritt zwischen Kapitalgebern (Principals) und Kapitalnehmern (Agents) auf. Das kapitalnachfragende Unternehmen "verwaltet" in Stellvertretung für den Financier das überlassene Kapital. In beiden Agency-Beziehungen versucht jede Seite, ihre individuellen Ziele zu realisieren, wobei der Principal die einzelnen Entscheidungen und Handlungen des Agents und die Umweltzustände, die den Erfolg dieser Handlungen bestimmen, nicht kostenlos und nicht vollständig beobachten kann.[197]

---

195) PRATT, John W., ZECKHAUSER, Richard J., Principals and Agents: An Overview, in: Principals and Agents: The Structure of Business, hrsg. v. PRATT, John W., ZECKHAUSER, Richard J., Harvard 1985, S. 1-35, hier S. 4.

196) Ebenda.

197) ELSCHEN, Rainer, Agency-Theorie, in: DBW, 48. Jg., Heft 2/1988, S. 248-250.

Der Agent besitzt die Möglichkeit, nach Vertragsabschluß bestimmte vorher angekündigte Verhaltensweisen zu revidieren und sie durch für ihn günstigere Entscheidungen zu Lasten des Principals zu ersetzen (Moral Hazard). Beispielsweise kann er nach der Kapitalaufnahme besonders riskante Investitionsprogramme realisieren oder durch zusätzliche Fremdkapitalaufnahme den Verschuldungsgrad erhöhen.

Führt die Risikosteigerung zum Erfolg, so wird der Agent dies auf die Qualität seiner Entscheidungen zurückführen und eine Beteiligung am Investitionsertrag, z.B. in Form eines erhöhten Gehalts, fordern. Führt sie zum Mißerfolg, so wird er dies mit ungünstigen Umweltzuständen begründen. Der Principal kann aufgrund der zu seinen Lasten asymmetrischen Informationsverteilung die tatsächliche Ursache des Mißerfolgs nicht überprüfen und trägt somit das Ausfall- und Illiquiditätsrisiko. Positive Erfolgsbeiträge werden aufgeteilt, während das Verlustrisiko auf den Principal allein überwälzt wird.

Ex ante getroffene Regelungen über die Aufteilung der Investitionserträge determinieren aus diesem Grund die Anreizstärke der Kapitalnehmer, nach Vertragsabschluß Vermögensverschiebungen zu Lasten der Kapitalgeber vorzunehmen.[198]

Wenn die Kapitalgeber sich der Gefahr des "Moral Hazards" bewußt sind, werden sie sich durch entsprechende Regelungen zu schützen versuchen oder einen Vertragsabschluß ablehnen. Um das Mißtrauen und die Skepsis des Principals zu überwinden, wird der kapitalsuchende Agent ihm Informations- und Kontrollrechte einräumen und sich möglicherweise verpflichten, bestimmte Handlungen, die den Principal schädigen würden, nicht durchzuführen.

Die Agency-Beziehung ist folglich institutionell so auszugestalten, daß mittels geeigneter Anreizsysteme der Agent unter Verfolgung seines Eigeninteresses Verhaltensweisen entwickelt, die mit

198) SCHMIDT, Reinhard H., Grundzüge der Investitions- und Finanzierungstheorie, Wiesbaden 1983, S. 189-193.

den Interessen des Principals kompatibel sind.[199] Alle diese mißtrauensreduzierenden Gestaltungsmaßnahmen, die diesbezüglichen Verhandlungen, Vertragsabschlüsse und ihre Überwachung ("Monitoring"), verursachen Kosten, die man unter dem Begriff "Agency-Costs" subsumiert.[200] Sie verteuern einen Beteiligungsvertrag oder führen sogar zu seinem Scheitern.

Die bei der Überwachung der Manager auftretenden Agency-Costs sind abhängig von der Struktur der Kapitalgeber. Relativ niedrige Kosten werden bei nur wenigen oder bei nur einem externen Kapitalgeber mit guten Kontrollmöglichkeiten und Regelungen, die eine Rücknahme des Kapitals bei einer nicht vertragsgemäßen Verwendung ermöglichen, auftreten. Demgegenüber ergeben sich bei einer großen Gruppe von Kapitalgebern mit unterschiedlichen Interessen hohe Kosten. Aus diesem Grunde besitzen hinsichtlich der Agency-Costs Finanzierungen einer Beteiligungsgesellschaft Vorteile gegenüber einer breit gestreuten externen Eigenkapitalaufnahme.

- Adverse Selection und Marktversagen

Die Kapitalgeber tragen das Risiko, daß sie die Vorteilhaftigkeit der zu finanzierenden Projekte falsch einschätzen und die Unternehmensleitung ihren Informationsvorteil zu ihrem Nachteil ausnutzt.[201] Risiko und Rendite der Beteiligung an nicht emissionsfähigen Unternehmen sind häufig besonders schwer einzuschätzen, weil eine Marktbewertung von Unternehmensanteilen fehlt und Rechnungslegung, Publizität und Informationspolitik den Informationsbedürfnissen der Anleger nicht entsprechen. Meist ist das Informationsdefizit um so höher, je jünger das Unternehmen ist und je innovativer seine Produkte sind, da dann nur geringe Erfahrungen über

199) Vgl. ELSCHEN, R., a.a.O., S. 249.

200) Vgl. zu den Agency-Costs und zur Kritik an diesem Konzept SCHNEIDER, Dieter, Allgemeine Betriebswirtschaftslehre, 3. Aufl., München, Wien 1987, S. 553-576, insbesondere S. 556-558.

201) HARTMANN-WENDELS, Thomas, Venture Capital aus finanzierungstheoretischer Sicht, in: Zfbf, 39. Jg., Heft 1/1987, S. 16-30, hier S. 18.

die für die Bildung von Gewinnerwartungen relevanten Komponenten bestehen.[202]

Die kapitalsuchenden Unternehmen sind sich der Probleme der Kapitalgeber bewußt, zwischen "guten" und "schlechten" Kapitalnehmern zu unterscheiden, und werden stets behaupten, zu den Kapitalnehmern guter Bonität zu gehören. Die Kapitalanleger verlangen von allen Unternehmen, die sie als gleich gut einstufen - unabhängig davon, ob sie es wirklich sind -, den gleichen Risikozuschlag auf ihre Renditeforderung. Den "schlechten" Unternehmen kommt dieser Sachverhalt zugute, da sie mit den "guten" Unternehmen gleichgestellt werden und relativ betrachtet eine zu niedrige Risikoprämie zahlen müssen. Dagegen kann es für die guten Unternehmen vorteilhaft sein, überhaupt nicht auf dem Marktsegment aufzutreten, auf dem sie nur als Durchschnitt eingestuft werden.

Durch den Austritt "guter" Unternehmen verschlechtert sich die durchschnittliche Qualität der Kapitalnehmer, was mit zeitlicher Verzögerung zu wiederum erhöhten Renditeforderungen der Kapitalgeber führen wird. Es entsteht ein mit "Adverse Selection" bezeichneter Ausleseprozeß, bei dem die durchschnittliche Bonität der kapitalsuchenden Unternehmen ständig sinkt und die Risikoprämien steigen. Im Extremfall führt diese Entwicklung zum Marktzusammenbruch, wenn eine Diskriminierung zwischen den Kapitalnehmern nicht gelingt und die Qualitäten nicht mehr akzeptabel sind. Ursache dieses Marktversagens ist die asymmetrische Informationsverteilung zwischen Kapitalnehmer und Kapitalgeber und die Unfähigkeit der Anbieter, zwischen guten und schlechten Qualitäten zu unterscheiden.[203]

---

202) GERKE, W., SCHÖNER, M., (1988), a.a.O., S.189.

203) AKERLOF zeigt die Möglichkeit des Marktversagens aufgrund asymmetrischer Informationsverteilung anhand des Gebrauchtwagenmarktes auf, wobei schlechte Wagen eines Typs und Jahrgangs die guten verdrängen. AKERLOF, George A., The Market for Lemons: Quality Uncertainty and the Market Mechanism, in: Quarterly Journal of Economics, Vol. 84, 1970, S. 488-500.

- Informationskosten und Informationsverarbeitung

Maßnahmen der schlechter informierten Marktseite mit dem Ziel des Ausfilterns ungünstiger Kontrahenten, der Vermeidung bzw. dem Abbau von Informationsasymmetrien oder der Eingrenzung ihrer Auswirkungen verursachen Kosten. Zusätzliche Informationen werden solange beschafft und verarbeitet, bis ihre Grenzkosten ihrem Grenzertrag entsprechen. Bei positiven Grenzkosten und abnehmendem Grenzertrag der Information ist es folglich nicht rational, einen vollständigen Informationsstand anzustreben, selbst wenn dies möglich wäre. Ein bestehendes Informationsdefizit wird deshalb nicht völlig, sondern nur zu einem bestimmten Grad abgebaut. Es hängt vom Ausgangsinformationsniveau des Kapitalanbieters und -nachfragers sowie dem Verlauf der Informationsgrenzkosten- (IK') und -ertragskurven (IE') ab, ob der Kapitalanleger durch eigene, private Maßnahmen das Informationsniveau des Nachfragers erreicht.

Abb. 3.1: Informationskosten und Informationsasymmetrie

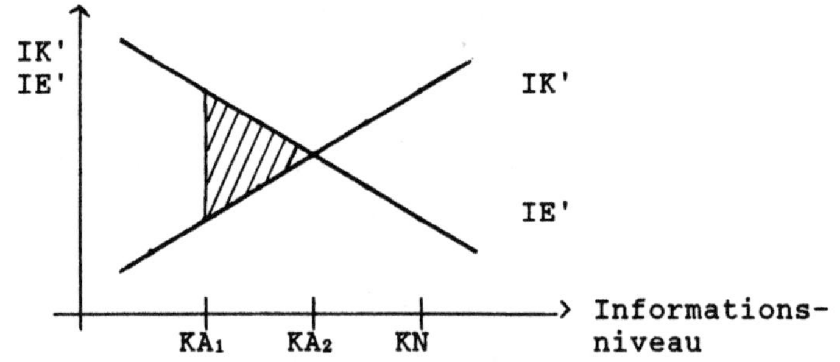

Im graphisch dargestellten Beispiel[204] ist es für den Kapitalanleger nicht sinnvoll, sein Informationsniveau weiter als bis zum Punkt KA_2 auszubauen. Er erreicht damit zwar einen geldwerten Informationsgewinn in der Höhe der schraffierten Fläche, ein Infor-

204) Der Fall $KA_2 \geq KN$ ist aufgrund der Spezialisierung des Kapitalnehmers bezüglich der zu finanzierenden Projekte in der Praxis sehr unwahrscheinlich. Tritt er dennoch auf, ergeben sich keine informationsbedingten Vertragsabschlußhemmnisse und der Anleger fordert keinen "Mißtrauenszuschlag".

mationsvorteil des Nachfragers in Höhe der Strecke KA_2KN bleibt jedoch bestehen.

Der Kapitalnehmer kann durch seine Informationspolitik den Verlauf der Informationskostenkurve des Anlegers beeinflussen. Maßnahmen zur Geheimhaltung seines Insiderwissens beeinflussen die Steigung der Grenzkostenkurve, ohne daß dies Kosten aufseiten des Kapitalnachfragers verursacht. Auf diese Weise kann er seinen Informationsvorsprung teilweise verteidigen. Allerdings hat der Kapitalgeber ebenfalls ein Interesse, daß sein Informationsvorsprung bzw. die Informationskosten des Kapitalanbieters nicht zu hoch sind, da dies einen Vertragsabschluß gefährden könnte.

Das verbleibende Informationsrisiko aufgrund des Nachteils KA_2KN wird sich in zusätzlichen Prämien auf die zu fordernde Rendite bei Informationsgleichgewicht niederschlagen.[205)] Dieser "Mißtrauenszuschlag" dient dem Kapitalgeber als Selbstschutz[206)] und finanziert das "moralische" Restrisiko der Vermögensverschiebung durch den Agent bzw. Kapitalnehmer. Ist das Unternehmen nicht bereit , diese zusätzlichen Kapitalkosten zu tragen, kann der Beteiligungsvertrag aufgrund der Informationsasymmetrien nicht abgeschlossen werden. Durch den "gap of mistrust" verteuern sich oder scheitern zahlreiche Investitionsprojekte in nicht emissionsfähigen Unternehmen.[207)]

Eine andere Möglichkeit des Kapitalgebers, sich gegen die Auswirkungen von Informationsnachteilen zu schützen, ist eine risikobegrenzende rechtliche Ausgestaltung der Beteiligung. Diese Form des Selbstschutzes wird von Kapitalbeteiligungsgesellschaften praktiziert, die vorwiegend fremdkapitalähnliche Beteiligungen erwerben.

205) GERKE, W., SCHÖNER, M., (1988), a.a.O., S. 191.
206) SCHMIDT, Reinhard H., Ein neo-institutionalistischer Ansatz der Finanzierungstheorie, in: Unternehmensführung aus finanz- und bankwissenschaftlicher Sicht, hrsg. v. RÜHLI, Edwin, THOMMEN, Jean-Paul, Stuttgart 1981, S. 135-154, hier S. 146.
207) GERKE, W., SCHÖNER, M., (1988), a.a.O., S. 191.

- Beitrag der Beteiligungsgesellschaften zum Abbau von Informationsungleichgewichten

Kostenverursachende Agency-Beziehungen und asymmetrische Informationsverteilungen entstehen bei einem indirekten Beteiligungsverhältnis aus zwei verschiedenen Vertragsbeziehungen, nämlich aus derjenigen zwischen Beteiligungsunternehmen und Intermediär sowie zwischen Intermediär und Anleger. Selbst wenn man Agency-Costs und Mißtrauenszuschläge aus beiden Verhältnissen dem Endanleger als Financier der Beteiligungsgesellschaft und des Unternehmens zurechnet, so werden die Kosten der Direktanlage im Unternehmen höher sein als im Falle der Intermdiation. Diese Überlegung läßt sich durch eine genauere Betrachtung der einzelnen Beziehungen begründen.

Beteiligungsgesellschaften sind in der Lage, sich mit wesentlich höheren Beträgen an einem Unternehmen zu beteiligen als private Anleger. Geht man davon aus, daß ein Unternehmen einen bestimmten festen Betrag zur Befriedigung seiner Kapitalnachfrage benötigt, so verursacht eine große Beteiligung wesentlich geringere Informationskosten als viele kleine, da die Agency-Costs weitgehend unabhängig von der Höhe der Beteiligung sind. Es entsteht ein Rationalisierungseffekt im Bereich der Informationskosten bei der Finanzierung des Unternehmens durch die Beteiligungsgesellschaft.

Die starke Verhandlungsposition und das spezifische finanzielle und marktbezogene Know-How der Beteiligungsgesellschaften ermöglicht bereits bei der Prüfung und Auswahl der Beteiligungsunternehmen, Informationen zu erhalten und auszuwerten, die für den privaten Anleger verschlossen bleiben. Dadurch werden die Informationsvorteile des Kapitalnachfragers reduziert.

Verbleibende Informationsasymmetrien erfordern einen geringeren Mißtrauenszuschlag, wenn ihr Gewicht aufgrund einer teilweisen Interessenkongruenz von Unternehmen und Beteiligungsgesellschaften nicht so hoch ist. Eine Interessenharmonie besteht, wenn - eine entsprechende Offenheit der Unternehmer vorausgesetzt - neben der reinen Kapitalüberlassung Beratungs- und Betreuungsfunktionen von der Beteiligungsgesellschaft wahrgenommen werden, die einerseits die Finanzierung ertragreicher und sicherer gestalten und andererseits dem Financier die nötigen Informationen vermitteln. Weiterhin erweist es sich als vorteilhaft, wenn die Beteiligungsgesellschaft lediglich eine Minderheitsbeteiligung erwirbt, denn die Selbstbindung der Altinhaber verringert die Möglichkeiten für Vermögensverschiebungen durch die Agents. Gleichgerichtete Interessen werden außerdem beispielsweise durch gleichrangige und unbegrenzte, am Kapitaleinsatz orientierte Aufteilung von Gewinnen und Verlusten zwischen Unternehmen und Beteiligungsgesellschaft erzielt.

Durch Marketing-Maßnahmen kann die Beteiligungsgesellschaft ihrerseits die Bekanntheit bei den Unternehmen fördern und eigene Informationsvorteile gegenüber den Anlegern reduzieren, um deren Skepsis zu überwinden und somit die eigenen Finanzierungskosten von überhöhten Mißtrauenszuschlägen zu befreien.

Im Verhältnis zwischen Beteiligungsgesellschaft und Anleger lassen sich durch relativ wenige Maßnahmen asymmetrische Informationsverteilungen auf einfache Weise senken oder vermeiden. So sollte jede Beteiligungsgesellschaft Kapital lediglich in einer einzigen, möglichst bekannten und institutionalisierten Finanzierungsform aufnehmen, die den Interessen vieler Anleger entspricht. Aktien oder Investmentzertifikate bieten sich als solche Finanzierungsformen an. Sie sind hochliquide, kleingestückelt, täglich wird ein Kurs festgestellt und die Vermögens- und Informationsrechte der Anleger haben sich im Laufe der Zeit - von Einzelfällen abgesehen - als wirksam und zuverlässig bewährt.

Die Anleger können die Durchschnittsrendite eines Beteiligungsportefeuilles an nicht emissionsfähigen Unternehmen erzielen, ohne spezielle Kenntnisse über die vielfältigen rechtlichen Ausgestaltungsformen von Beteiligungsverträgen hinsichtlich der Informations- und Mitbestimmungsrechte, der Beteiligung am Erfolg und Liquidationserlös, der Haftung und Übertragbarkeit sowie über die wirtschaftlichen Verhältnisse der einzelnen Beteiligungsunternehmen zu besitzen.

Unterliegt die Geschäftstätigkeit der Beteiligungsgesellschaft außerdem einer behördlichen Aufsicht, so werden die Kontrollkosten des Publikums weiter gesenkt.

Insbesondere Anlegern mit geringen Anlagebeträgen wäre es ohne den indirekten Weg über eine solche Gesellschaft nicht möglich, sich zu vertretbaren Kosten die nötigen Informationen über eine genügend große Anzahl nicht emissionsfähiger Unternehmen zu verschaffen, um eigenständig Portefeuillediversifikation betreiben zu können. Der heterogene Markt für Beteiligungen an nicht emissionsfähigen Unternehmen wird durch den Selbsteintritt der Beteiligungsgesellschaften aus Sicht der Anleger normiert und standardisiert.

Die Auswirkungen ungleicher Informationsverteilungen auf den Beteiligungsmarkt können somit durch den Eintritt der Beteiligungsgesellschaften erheblich reduziert werden. Insgesamt erfolgt die Kapitalbereitstellung über den Intermediär kostengünstiger als die Direktanlage.[208] Eine Institutionalisierung von Beteiligungsgesellschaften läßt sich somit informationsökonomisch begründen.

3.1.4. Verhandlungsmacht

Der Verhandlungserfolg über die vielfältigen Ausstattungsmerkmale einer Beteiligung (Losgröße, Laufzeit, Kündigungs- und Veräußerungsmöglichkeiten, Mitbestimmungs-, Eingriffs-, Informations- und Kontrollrechte, Haftungsbestimmungen, Regelungen der Gewinn-, Verlust- und Liquidationserlösbeteiligung) entscheidet über ihre Attraktivität als Finanzanlage.

Ohne eine Kenntnis der Ausstattungsmerkmale ist die Bewertung einer Kapitalparte nicht möglich. Bei der Festlegung der Renditeanforderungen bzw. des Einstiegspreises durch den Financier ergibt sich das zusätzliche Problem, daß die verschiedenen Ausstattungsmerkmale häufig in substitutiver Beziehung zueinander stehen (beispielsweise könnten günstigere Veräußerungsbedingungen durch ein

208) GERKE, W., SCHÖNER, M., (1988), a.a.O., S. 192-193.

geringeres Maß an Eingriffsrechten "erkauft" werden). Dies macht die Vertragsverhandlungen äußerst komplex, langwierig und teuer, ohne daß ex ante feststeht, ob sie überhaupt zum Abschluß führen und welche Partei in diesem Fall ihre Interessen in stärkerem Maße durchsetzen kann.

Je stärker die Verhandlungsmacht des Financiers ist, desto eher ist er in der Lage, die eigenen Ausgestaltungsinteressen durchzusetzen und dem kapitalnachfragenden Unternehmen Einigungslösungen vorzuschlagen, die den Verhandlungsweg abkürzen. Die Stärke der Verhandlungsmacht ist u.a. abhängig von der Ausstattung mit Informationen, von der Konkurrenz auf dem Beteiligungsmarkt sowie von der Kapitalkraft des Financiers.

In den meisten Fällen ist die Verhandlungsmacht einer Beteiligungsgesellschaft wesentlich stärker als die eines Privathaushalts. Sie kann einem Unternehmen die Beteiligungsfinanzierung aus einer Hand anbieten, was für das Unternehmen Transaktionskostenvorteile bedeutet. Eine aufwendige Organisation von Einzelzielen vieler Kleinanleger ist nicht erforderlich, um Kapitalgeberinteressen durchzusetzen. Beide Sachverhalte begünstigen die Verhandlungssituation für die Beteiligungsgesellschaft. Sie wird in der Regel auch einen besseren Überblick über den Beteiligungsmarkt (konkurrierende Kapitalanbieter und alternative Beteiligungsmöglichkeiten) besitzen und aktuelle Marktkonditionen kennen.

Das Personal einer Beteiligungsgesellschaft ist mit professionellen Bewertungs- und Selektionstechniken vertraut, die eine bessere Auswertung unternehmensspezifischer Informationen erlauben, und verfügt über ein hohes Maß an Fachwissen.[209] Die Beteiligungsgesellschaft hat zudem durch die stärkere Verhandlungsposition gegenüber dem Unternehmen, aber auch durch Kontakte zu anderen Finanzinstituten (z.B. Mutterbanken) die Möglichkeit, an relevante

209) Im Vergleich zum Fondsmanagement in den USA wird dies zwar von SCHMIDT stark angezweifelt, im Vergleich zu den allermeisten anlagebereiten Privathaushalten ist der Spezialisierungsvorteil der Beteiligungsgesellschaften jedoch unbestritten. Vgl. SCHMIDT, R. H., (1988), a.a.O., S. 184-188.

Informationen zu gelangen, die der Privatanleger gar nicht oder nur zu am Kapitaleinsatz gemessen sehr hohen Kosten erhalten kann.

In vielen Fällen sind Beteiligungsgesellschaften in der Lage, die von ihnen vorgeformten Standardverträge gegenüber den Unternehmen durchzusetzen. Dies kürzt die Verhandlungsdauer und senkt die Verhandlungs- und Verwaltungskosten der Beteiligungsgesellschaften. Außerdem ist davon auszugehen, daß Intermediäre aufgrund ihrer Verhandlungsmacht höhere Renditeforderungen stellen als Privatanleger. Ihre Durchsetzbarkeit hängt nicht nur von der Konkurrenzsituation zwischen den Anbietern, sondern auch von der Nachfrage am Beteiligungskapitalmarkt ab.

Während der Kleinanleger sich in der Situation eines Angebotspolypolisten sieht, für den Preise ein Datum sind, konkurriert die Beteiligungsgesellschaft gegenüber einer begrenzten Anzahl anderer institutioneller Kapitalanbieter auf einem oligopolistischen Markt und kann die Marktpreise beeinflussen.

Zur Zeit scheint sich das Beteiligungsgeschäft auf einem typischen Verkäufermarkt abzuspielen. Nur ein Drittel aller Anträge werden von den Beteiligungsgesellschaften "ernsthaft" geprüft und nur etwa drei Prozent führen zu einem Vertragsabschluß.[210] Die Beteiligungsgesellschaften haben die Möglichkeit, nur die attraktivsten Anlagealternativen zu selektieren und besitzen in dieser Marktsituation eine starke Position in den Konditionenverhandlungen.

Nach Angaben des Deutschen Venture Capital-Verbandes besitzen die 20 Venture Capital-Gesellschaften in der Bundesrepublik Deutschland ein verfügbares Anlagevolumen von etwa 1,3 Mrd. DM, wovon jedoch nur etwa 450 Mio DM investiert sind.[211] Diese Rationierung der Ressourcen ist ebenfalls ein typisches Indiz für eine Marktsituation mit monopolistischen Zügen. Bei dieser Marktkonstellation fordern und erzielen deutsche Venture Capital-Gesellschaften eine durchschnittliche Rendite von 25 %, wovon 7,5 % zur Deckung der

210) Ebenda, S. 186.
211) O.V., Venture Capital-Analgevolumen fast verdoppelt, in: Handelsblatt, Nr. 111, v. 13.6.1988, S. 8.

Personalkosten, 2,5 % für weitere Verwaltungskosten, 5 % als Risikokosten und 10 % als Rendite der Kapitalgeber veranschlagt werden.[212] Die Rendite setzt sich aus Ausschüttungen und Verwertungsgewinnen bei der Desinvestition zusammen.

Von der Verhandlungsstärke der Beteiligungsgesellschaften profitieren letztendlich auch die Privatanleger als Financiers der Intermediäre, da sie ein Interesse daran haben, daß ihre Gelder erfolgreich investiert werden. Die Beteiligungsgesellschaften sind aufgrund ihrer Verhandlungsmacht gegenüber den Unternehmen in der Lage, Anlagemöglichkeiten anzubieten, die bezüglich ihrer Rendite-Risiko-Position für den Endanleger eine große Attraktivität besitzen können.

Durch die Implementierung von Beteiligungsgesellschaften werden somit nicht nur Marktzutrittsbarrieren verringert und durch Abbau von Transaktionskosten sowie Informationsasymmetrien die Kapitalmarkteffizienz gesteigert, sondern auch neue interessante Kapitalanlagemöglichkeiten für private Haushalte geschaffen.

3.1.5. Wirkung von Anlegerschutzvorschriften

Normative Regelungen zum Schutz der Anleger haben zwei interdependente Ziele: sie sollen den privaten Kleinanleger vor Vermögensschäden schützen und allgemein das Vertrauen in die Kreditwirtschaft bewahren. Das Motiv des Vertrauensschutzes beruht auf der historischen Erfahrung, daß sich eine punktuelle Vertrauenskrise sehr schnell zu einem Run ausweiten kann, bei dem Anleger ihre Ersparnisse den Finanzinstituten entziehen und diese ihre Zahlungsfähigkeit verlieren. Ist dieser Effekt groß genug, so kann er die Funktionsfähigkeit der Kreditwirtschaft als Ganzes und damit einen wichtigen Pfeiler des ökonomischen Gesamtsystems gefährden. "Anle-

---

212) Vgl. SCHMIDT, R. H., (1988), a.a.O., S. 185.

gerschutz ist kein Almosen, sondern hat lebenswichtige Bedeutung ... für den gesamtwirtschaftlichen Güteraustausch."[213]

Der Individualschutz des Anlegers ist Voraussetzung des Funktionenschutzes, wenn der Anleger nicht in der Lage ist, die Ursachen persönlicher Vermögensrisiken zu erkennen. Geht er bei seiner Anlageentscheidung bewußt hohe Risiken ein, um beispielsweise hohe Renditen zu erzielen und nimmt in diesem Umfang ihm bekannte risikoarme Anlagemöglichkeiten nicht wahr, so wird er im Falle eines Verlustes den Vermögensschaden seiner eigenen Entscheidung zuschreiben. Ist der Anleger jedoch - egal ob zu recht oder nicht - der Meinung, sein Vermögensschaden beruhe auf einer Übervorteilung durch den Kapitalnehmer oder Dritte, so wird er das Vertrauen in die gewählte Anlagemöglichkeit, in den Kapitalnehmer oder gar in ein ganzes Kapitalmarktsegment verlieren und diese Negativerfahrung an andere Anleger weitergeben.

Die Fähigkeit des Erkennens von Vermögensrisiken und der Zurechnung der Ursachen erlittener Schäden ist vom Fachwissen und Informationsstand des Anlegers abhängig. Es wurde bereits beschrieben, daß auf dem Markt für Beteiligungen an nicht emissionsfähigen Unternehmen starke Informationsasymmetrien bestehen und u.a. die Marktmacht des Kapitalanbieters über die Chancen der Reduktion seiner Informationsnachteile bestimmt. Ohne Anlegerschutzvorschriften sind private Kleinanleger der ungleichen Informationsverteilung und der Gefahr der Übervorteilung auf dem unorganisierten Kapitalmarkt ausgeliefert. Sind sie sich dieser Risiken nicht vollständig bewußt, verlieren sie im Mißerfolgsfall das Vertrauen in dieses Marktsegment. Sich nicht erfüllende Erwartungen und Betrugsfälle sind jedoch gerade hier an der Tagesordnung.[214] Ohne anlegerschützende, vertrauensbildende normative Regelungen finden Engagements auf diesem Kapitalmarktsegment folglich bei großen Anlegerkreisen auf lange Sicht keine hohe Akzeptanz, eine Zuführung

213) KOCH, Hans-Dieter, Konzeptionelle Grundlagen der Diskussion über Kapitalanlegerschutz unter besonderer Berücksichtigung des Nebenkapitalmarktes, Frankfurt 1981, S. 1.

214) Vgl. z.B. O.V., Betrügerische Angebote der Abschreibungsgilde, Handelsblatt, Nr. 160, vom 28.8.1988, S. 1.

von Beteiligungskapital aus den Händen privater Haushalte an nicht emissionsfähige Unternehmen ist nahezu ausgeschlossen.

Dieses Problem kann zumindest teilweise behoben werden, wenn Beteiligungsgesellschaften institutionellen anlegerschützenden Regelungen unterworfen werden. Dies fördert die Akzeptanz der von ihnen angebotenen Finanztitel und rekrutiert potentiell Anlagemittel breiter Bevölkerungsschichten.

Historisch betrachtet sind bundesdeutsche Anlegerschutzgesetze erst dann entwickelt worden, wenn Mißstände bereits entstanden waren.[215] Spektakuläre Negativerfahrungen mit überbetrieblichen Beteiligungen privater Anleger liegen bis dato nicht vor, weil dieser Finanzierungsweg bisher in großem Maße noch nicht erprobt wurde. Fast alle vertretenen Beteiligungsgesellschaften refinanzieren sich nicht beim breiten Publikum, sondern bei Banken, Versicherungen, anderen institutionellen Anlegern und Großunternehmen sowie - im Falle einiger Venture Capital Gesellschaften - bei vermögenden Privatanlegern.[216] Bisher einzige Ausnahme ist die am geregelten Markt notierte Deutsche Beteiligungsgesellschaft AG, eine Tochtergesellschaft der Deutschen Bank AG. Anlegerschutzbestimmungen für Beteiligungsgesellschaften als Institutionen der überbetrieblichen Vermögensbildung haben somit rein präventiven Charakter.

Ein besonders weit entwickelter Anlegerschutz gilt heute für die Anteilseigner börsennotierter Aktiengesellschaften und für Eigentümer von Investmentanteilen. Das Aktienrecht umfaßt eine Vielzahl von Bestimmungen zum "Unternehmensinnenschutz" in Form von Vorschriften über die Gründung, die Rechnungslegung, die Stellung und Haftung der Unternehmensleitung sowie über die Informationsrechte der Aktionäre.[217] Ein gesetzlicher "Außenschutz" der Aktionäre er-

215) Das AktG und das BörsG waren Repliken auf eine Vielzahl von Betrugsfällen in der Gründerzeit; das KWG resultierte aus den Erfahrungen der Bankenkrise im Jahre 1931; das KAGG und Auslandsinvestmentgesetz ist in wesentlichen Zügen erst dem Zusammenbruch des IOS-Imperiums gefolgt.
216) Vgl. ALBACH, Horst, HUNSDIEK, Detlef, KOKALJ, Ljuba, Finanzierung mit Risikokapital, Stuttgart 1986, S. 205 ff.
217) KOCH, H.-D., a.a.O., S. 47.

folgt hauptsächlich über die Regelungen zur Wertpapierzulassung, Publizität und Prospekthaftung im Börsengesetz (§§ 36-38 und 45-49), die durch Börsenordnungen und Allgemeine Geschäftsbedingungen der einzelnen Börsen ergänzt werden.[218]

Im Gesetz über Kapitalanlagegesellschaften wird bestimmt, daß Investmentgesellschaften nur in der Rechtsform der GmbH oder AG betrieben werden dürfen. Außerdem unterliegen sie dem Kreditwesengesetz und der Bankenaufsicht sowie bestimmten Mindestgründungsbestimmungen (§ 2 KAGG). Eigenes Vermögen der Gesellschaft und eingelegte Gelder werden rechtlich getrennt. Die Anlagemöglichkeiten der Gesellschaft sind eng eingegrenzt und Vorschriften zur Risikomischung einzuhalten. Prospekt- und Publizitätspflichten sind ebenso genau geregelt wie die Aufgaben der Depotbanken. Der Anlegerschutzgedanke spiegelt sich im Investmentrecht somit besonders stark wider.[219]

Sind die Institutionen der überbetrieblichen Vermögensbeteiligung börsennotierte Aktiengesellschaften oder Investmentgesellschaften, so unterliegen sie damit "automatisch" weitgehenden Anlegerschutzbestimmungen. Beteiligungsgesellschaften, die bei einem breiten Publikum Mittel aufnehmen wollen, haben in der Bundesrepublik die Wahl, ob sie ihr Geschäft in Form der von Anlegerschutznormen nicht tangierten Venture Capital- und Kapitalbeteiligungsgesellschaften abwickeln wollen, oder ob sie als aktienrechtliche Unternehmensbeteiligungsgesellschaften bzw. als Kapitalanlagegesellschaften firmieren. Durch die Wahl der Geschäftsform legen sie sich gleichzeitig auf den Grad der Anlegerschutzbestimmungen, denen sie sich zu unterwerfen bereit sind, fest und ordnen sich selbst somit einer bestimmten Risikoklasse zu. Dieses Verfahren der "Self Selection" ist geeignet, markthemmende Informationsasym-

---

218) Ebenda.

219) Die Anlegerschutzbestimmungen werden im Zusammenhang mit der Diskussion der Gesetze über Unternehmensbeteiligungsgesellschaften und Beteiligungs-Sondervermögen in den folgenden Abschnitten dieser Arbeit detaillierter aufgegriffen.

metrien abzubauen[220] und erleichtert es den Anlegern, eine ihren Präferenzen entsprechende Anlagewahl zu treffen.

Die freiwillige Unterwerfung unter ein anlegerschützendes Normensystem stellt ein Signal dar, das die Beteiligungsgesellschaften den Anlegern kostenlos zur Verfügung stellen.[221] Ziel des Signaling ist es, sich von schlechteren Risikoklassen abzuheben. Man distanziert sich von Finanzhasardeuren, gewinnt an Bonität und senkt das Anlegermißtrauen.[222] Die qualitative Differenzierbarkeit verschiedener Beteiligungsgesellschaften kann den Adverse Selection-Prozeß vermeiden, der im Extremfall zum vollständigen Marktzusammenbruch führt.[223]

Durch eine Abstufung des Anlegerschutzes kann ein ganzer Fächer risikoklassenspezifisch unterschiedlicher Anlegergruppen erschlossen werden. Die Beteiligungsgesellschaften, die den höchsten Anlegerschutz bieten, erreichen das risikoaverse, weniger gut informierte Publikum und damit sehr breite Bevölkerungsschichten. Unregulierte Venture Capital-Fonds sprechen dagegen zahlenmäßig kleine, jedoch häufig risikobewußte und finanzstarke Anlegergruppen an.

Eine Minderung des Anlegermißtrauens durch Schutzbestimmungen erhöht nicht nur die Akzeptanz, sondern wirkt sich gleichzeitig in Form einer Senkung des Mißtrauenszuschlags auf die Renditeforderungen aus. Diesen "Erträgen" des Signaling stehen jedoch auch "Kosten" gegenüber. Mit steigender Vielfalt und Intensität anlegerschützender Normen wird die Flexibilität der Beteiligungsgesellschaften zunehmend eingeschränkt. Dies läßt sich beispielsweise an den restriktiven Anlagevorschriften des KAGG und UBGG belegen, die zu Opportunitätskosten in Form entgangener Gewinne aus nicht realisierbaren Beteiligungsmöglichkeiten führen können.

---

220) Zu modelltheoretischen Gegenargumenten und ihrer geringen Praxisrelevanz vgl. KOCH, H.-D., a.a.O., S. 162-169 und 306 ff.

221) Die Übermittlung von Signalen wird vereinfacht, wenn die regulierenden Anlegerschutzgesetze einen Namensschutz enthalten. Bezeichnungen wie "Unternehmensbeteiligungsgesellschaft" oder "Kapitalanlagegesellschaft" besitzen dann Gütestempelfunktion.

222) GERKE, W., SCHÖNER, M., (1988), a.a.O., S. 193.

223) Vgl. KOCH, H.-D., a.a.O., S. 306.

Anlegerschutzbestimmungen haben außerdem häufig den Nachteil, daß sie Marktzutrittsbarrieren implizieren. Beispielsweise sind an die Gründung von Unternehmensbeteiligungsgesellschaften und Kapitalanlagegesellschaften besondere Bedingungen geknüpft. Die Produktion anlegerschützender Normen hat bei allen ihren Vorzügen hinsichtlich des Abbaus informationsbedingter Hemmnisse, hinsichtlich der Schaffung zusätzlicher Anlegerakzeptanz und hinsichtlich der Aufrechterhaltung der Funktionsfähigkeit vertrauensempfindlicher Märkte auch negative Wettbewerbswirkungen, die eine ständige Abwägung erfordern.

3.1.6. Auswirkungen der Institutionalisierung

Eine Institutionalisierung von Beteiligungsgesellschaften kann gegenüber der Direktfinanzierung, aber auch gegenüber dem Going Public zu einer Reduktion der Transaktionskosten bei der Risikokapitalaufnahme führen. Bestehende Marktzutrittsbarrieren werden abgebaut. Die den wenig transparenten Beteiligungsmarkt kennzeichnenden Informationsungleichgewichte zugunsten der Kapitalnachfrager werden durch die Informationsaufbereitung und -weiterleitung seitens des Intermediärs gemindert, und die Auswirkungen verbleibender Asymmetrien können durch vertragliche Regelungen eingegrenzt werden. Da die Beteiligungsgesellschaften häufig bessere Konditionen durchsetzen können und die Agency Costs sinken, ist aus Anlegersicht eine Beteiligung über den Intermediär meist günstiger als eine Direktanlage.

Zudem erbringen Beteiligungsgesellschaften Fristen-, Losgrößen- und Risikotransformationsleistungen, die zu einer Angleichung der Kapitalparten an die Präferenzen von Unternehmen und Anlegern führen. Somit steigt aus Unternehmenssicht die Wahrscheinlichkeit der Deckung eines Risikokapitalbedarfs. Durch die Implementierung dieser Finanzinstitutionen wird die Kapitalmarkteffizienz verbessert.

Ein abgestuftes System anlegerschützender Normen für die unterschiedlichen Formen von Beteiligungsgesellschaften kann ihre Akzeptanz beim breiten Publikum wesentlich fördern. Die Institutionalisierung von Beteiligungsgesellschaften hat somit ihre ökonomische Berechtigung, ihre Funktionsfähigkeit im Rahmen einer überbetrieblichen Vermögensbeteiligung ist grundsätzlich belegt. Anhand einer genauen Analyse spezieller, bestehender Formen von Beteiligungsgesellschaften bleibt zu überprüfen, ob die in der Realität gewählten institutionellen Regelungen den konzeptionellen Anforderungen entsprechen.

3.2. Unternehmensbeteiligungsgesellschaften

3.2.1. Konstruktion und Risikonormen des UBGG

Das Gesetz über Unternehmensbeteiligungsgesellschaften (UBGG) ist ein Organisationsgesetz für eine spezielle Form von Beteiligungsgesellschaften in der Bundesrepublik Deutschland. Es enthält Mindestanforderungen für Intermediäre, die die geschützte Bezeichnung "Unternehmensbeteiligungsgesellschaft" tragen wollen. Das UBGG ist ein Rahmengesetz, mit dem weder unmittelbar neue Kapitalmarktinstitutionen geschaffen noch Subventionen oder Sparförderungen geregelt wurden. Es bleibt den Marktkräften und den Aktivitäten von Initiatoren, die sich freiwillig diesem Gesetz unterwerfen wollen, überlassen, in welchem Maße dieses Regelwerk in Anspruch genommen wird.

Der kritischen Würdigung des UBGG wird im folgenden eine komprimierte Darstellung seines Inhaltes vorangestellt, um ein Bekanntwerden mit dem noch relativ jungen Gesetz zu vereinfachen.

Das Gesetz ist in vier Abschnitte untergliedert, die allgemeine Vorschriften, Vorschriften über die Tätigkeit der Unternehmensbeteiligungsgesellschaften, Bestimmungen über Verfahren und Aufsicht sowie Bezeichnungsschutz und schließlich Übergangs-, Bußgeld-, Änderungs- und Schlußvorschriften enthalten.

In den allgemeinen Vorschriften (§§ 1-2) wird bestimmt, daß ein Unternehmen, das Geschäfte unter der Bezeichnung "Unternehmensbeteiligungsgesellschaft" betreibt, der Anerkennung durch die zuständige Behörde bedarf. Der § 2 sieht für die Unternehmensbeteiligungsgesellschaft ausschließlich die Rechtsform der Aktiengesellschaft vor. Der Unternehmensgegenstand ist auf den Erwerb, die Verwaltung und die Veräußerung von Beteiligungen nicht börsennotierter inländischer Unternehmen begrenzt. Die Unternehmensbeteiligungsgesellschaft muß ihren Sitz und ihre Geschäftsleitung im Inland haben und ein voll eingezahltes Mindestgrundkapital von 2 Mio DM vorweisen.

Der zweite Abschnitt des Gesetzes enthält neben Vorschriften zum Aktivgeschäft (§§ 3-4, § 6) Bestimmungen zur Mittelaufnahme (§ 5 und § 7), zum öffentlichen Angebot der eigenen Aktien (§§ 9-11) sowie zur Rechnungslegung (§§ 12-13). Nach § 3 darf die Unternehmensbeteiligungsgesellschaft Beteiligungen nur in folgenden Rechtsformen erwerben:

- Aktien, die an keinem inländischen Zirkulationsmarkt gehandelt werden oder die in Ausübung von Bezugsrechten erworben werden oder die der Unternehmensbeteiligungsgesellschaft bei einer Kapitalerhöhung aus Gesellschaftsmitteln zustehen,
- Bezugsrechte für Aktien nicht börsennotierter Unternehmen,
- GmbH-Anteile,
- Komanditanteile,
- Stille Beteiligungen.

Darlehen dürfen nur an Unternehmen vergeben werden, an denen eine Beteiligung vorliegt. Der Erwerb von Grundstücken ist nur zur Beschaffung von Geschäftsräumen gestattet. Über die genannten Anlagemöglichkeiten hinaus dürfen Unternehmensbeteiligungsgesellschaften verfügbares Geld nur zur Anlage bei Kreditinstituten oder zum Kauf von börsennotierten DM-Schuldverschreibungen verwenden.

In § 4 sind die Mindestbestimmungen zur Portefeuillemischung der Beteiligungsgesellschaft dargelegt. Eine Unternehmensbeteiligungsgesellschaft soll mindestens zehn Beteiligungen besitzen, wobei Beteiligungen an mehreren Unternehmen eines Konzerns grundsätzlich als eine Beteiligung gezählt werden. Zwingend ist diese Regelung allerdings nur zum Zeitpunkt des ersten öffentlichen Aktienangebots und zur Anerkennung von zum Börsenhandel zugelassenen Unternehmensbeteiligungsgesellschaften (§§ 23-24). Die Summe aller an ein Unternehmen vergebener Beteiligungen und Darlehen ist auf 20 % des Eigenkapitals der Unternehmensbeteiligungsgesellschaft begrenzt. Gleichzeitig dürfen bei keinem der Beteiligungsunternehmen mehr als 49 % der Stimmrechte erworben werden, es sei denn, das Unternehmen ist weniger als fünf Jahre alt. Unternehmensbeteiligungsgesellschaften ist der Erwerb von Aktien bis zu insgesamt 50 %, von Schuldverschreibungen bis insgesamt 30 % und die Vergabe von Darlehen bis insgesamt 20 % ihres Eigenkapitals gestattet. Der Wert der an ein Unternehmen vergebenen Darlehen darf außerdem den Buchwert der Beteiligungen nicht überschreiten.

Gemäß § 5 darf eine Unternehmensbeteiligungsgesellschaft Kredite, die ihr nicht aus öffentlichen Mitteln für die Refinanzierung von Beteiligungen an Unternehmen gewährt werden, nur dann aufnehmen, wenn sie bereits 80 % ihres Eigenkapitals in Beteiligungen investiert hat. Der Gesamtbetrag aller aufgenomenen Kredite darf 30 % des Eigenkapitals der Unternehmensbeteiligungsgesellschaft nicht übersteigen. Eine Kapitalbeschaffung über die Ausgabe von Schuldverschreibungen, Genußrechten oder stillen Beteiligungen ist unzulässig (§ 7).

Vorstands- und Aufsichtsratmitglieder der Unternehmensbeteiligungsgesellschaft dürfen von dieser weder Beteiligungen erwerben noch solche an diese veräußern. Außerdem dürfen von der Unternehmensbeteiligungsgesellschaft keine Beteiligungen an Unternehmen erworben oder gehalten werden, an denen gleichzeitig ein Vorstands- oder Aufsichtsratsmitglied eine Beteiligung besitzt (§ 6). Ein Verstoß gegen diese Regelungen kann als Ordnungswidrigkeit mit einem Bußgeld bis zu 100.000 DM geahndet werden (§ 27). Die Wirksamkeit des Rechtsgeschäfts wird jedoch bei einem Verstoß gegen die §§ 3-7 nicht berührt (§ 8).

Innerhalb von 10 Jahren nach Anerkennung der Unternehmensbeteiligungsgesellschaft müssen mindestens 70 % der Aktien öffentlich über den amtlichen oder geregelten Markt zum Erwerb angeboten werden (§§ 9-10). Voraussetzung für die Aktienemission ist ein Börsenzulassungsprospekt bzw. Unternehmensbericht, der über jedes Beteiligungsunternehmen Mindestangaben enthalten muß (§ 11). Zu nennen ist jeweils Firma, Rechtsform, Sitz, Gründungsjahr, Unternehmensgegenstand und Eigenkapitalausstattung des Beteiligungsunternehmens sowie Höhe, Erwerbszeitpunkt und ggf. Laufzeit der Beteiligung nebst der Höhe der Beteiligungserträge im letzten Geschäftsjahr. Die Bekanntgabe der Firma und des Sitzes eines Unternehmens, an dem eine stille Beteiligung gehalten wird, kann unterbleiben. Ferner sind Anzahl und Gesamtbetrag der Darlehen anzugeben.

Hinsichtlich der Rechnungslegungspflichten gelten auch für Unternehmensbeteiligungsgesellschaften, die kleine Kapitalgesellschaften im Sinne des § 267 Abs. 1 HGB sind, die für mittelgroße Kapitalgesellschaften (§ 267 Abs. 2 HGB) geltenden Vorschriften (§ 12 Abs. 1). Darüber hinaus sind in den Anhang des Geschäftsberichts Angaben über Anzahl und Bestandsentwicklung der Beteiligungen aufzunehmen. Bei Neuzugängen ist - von den Anonymitätsrechten stiller Gesellschaftsverhältnisse abgesehen - die Angabe von Firma, Rechtsform, Sitz, Gründungsjahr und Gegenstand des Beteiligungsunternehmens erforderlich. Außerdem ist eine Aufgliederung der Beteiligungen nach Geschäftszweig und Rechtsform der Unternehmen vorgeschrieben. Die Einhaltung dieser Vorschriften ist vom Abschlußprüfer zu überwachen. Eine börsennotierte Unternehmensbeteiligungsgesellschaft hat darüber hinaus einen Zwischenbericht innerhalb des 7. oder 8. Monats des Geschäftsjahres zu veröffentlichen. Er soll ein "den tatsächlichen Verhältnissen entsprechendes Bild der Finanzlage und des allgemeinen Geschäftsgangs der Unternehmensbeteiligungsgesellschaft" vermitteln (§ 13).

Im dritten Abschnitt des Gesetzes wird zunächts geregelt, daß die zuständige oberste Landesbehörde die Einhaltung der für die Anerkennung als Unternehmensbeteiligungsgesellschaft erforderlichen Vorschriften überwacht und zur Durchsetzung der gesetzlichen Regelungen Anordnungen treffen und notfalls Zwangsgelder bis zu 50.000 DM festsetzen kann. Die Behörde entscheidet außerdem über die Anerkennung als Unternehmensbeteiligungsgesellschaft sowie über Rücknahme und Widerruf der Anerkennung (§ 14). Dem schriftlichen

Antrag auf Anerkennung sind Satzung, Bestellungsurkunden, Handelsregisterauszug sowie Verpflichtungserklärungen zu § 6 (unzulässiger Anteilsbesitz) und § 9 (Pflicht zum öffentlichen Angebot der Aktien) beizufügen (§ 15). Der Antrag wird anerkannt, wenn die Voraussetzungen des § 2 (Rechtsform der AG, Unternehmensgegenstand, Sitz, Mindestgrundkapital) erfüllt sind (§ 16). Ein Widerruf der Anerkennung oder eine Verweigerung auf die Anerkennung ist im wesentlichen nur bei Nichteinhaltung der Vorschriften im ersten und zweiten Abschnitt des Gesetzes möglich; die Details regeln §§ 17-18. In diesem Fall kann ein erneuter Antrag auf Anerkennung frühestens drei Jahre nach dem Wirksamwerden des Verzichts, der Rücknahme oder des Widerrufs gestellt werden (§ 19). Die Unternehmensbeteiligungsgesellschaft hat der Behörde Veränderungen im Vorstand und im Aufsichtsrat sowie Änderungen der Satzung anzuzeigen sowie alle Publizitätsunterlagen gemäß §§ 11-13 einzureichen (§ 21).

Gemäß § 20 darf die Bezeichnung "Unternehmensbeteiligungsgesellschaft" nur von behördlich anerkannten Beteiligungsgesellschaften geführt werden. Befristete Ausnahmen gelten für Altfälle (§ 26).

Im vierten Gesetzesabschnitt (§§ 23-33) sind weitere, zum Teil materiell wichtige Vorschriften niedergelegt. Nach § 23 ist eine Unternehmensbeteiligungsgesellschaft in den ersten sechs Jahren nach Anerkennung von den Diversifikationsvorschriften gemäß § 4 - mit Ausnahme der Regelung, daß nur Minderheitsbeteiligungen erworben werden dürfen - befreit, sofern sie in diesem Zeitraum keine öffentliche Aktienemission vornimmt. Aktien einer Unternehmensbeteiligungsgesellschaft dürfen erst öffentlich angeboten werden, wenn der geprüfte Jahresabschluß für mindestens ein volles Geschäftsjahr veröffentlicht ist und die Unternehmensbeteiligungsgesellschaft sämtliche Anlagegrundsätze der §§ 3-5 erfüllt (§ 23 Abs. 2). Bereits zum Börsenhandel zugelassene Beteiligungsgesellschaften können ebenfalls als Unternehmensbeteiligungsgesellschaft anerkannt werden, wenn sie §§ 2-5 sowie § 7 erfüllen und einen ordnungsgemäßen Antrag stellen (§ 24).

Nach § 27 gelten neben dem unzulässigen Anteilsbesitz gemäß § 6 die Nichterfüllung der Voraussetzung zum öffentlichen Angebot der Aktien (§ 10) und die Nichteinhaltung der Publizitätspflichten gemäß §§ 12-13 als Ordnungswidrigkeiten, die mit einer Geldbuße belegt werden können.

Mit §§ 28-29 werden anerkannte Unternehmensbeteiligungsgesellschaften von der Vermögensteuer und Gewerbesteuer befreit. Nach § 30 wird die Umsatzsteuerpflichtigkeit bei der Übertragung von Beteiligungen als stiller Gesellschafter abgeschafft. Diese Änderungsregelung ist allgemein gültig, d.h. sie gilt nicht nur für Unternehmensbeteiligungsgesellschaften, sondern fortan für jede Übertragung stiller Beteiligungen.

In § 31 wird eine Änderung des Kreditwesengesetzes verfügt, wonach anerkannte Unternehmensbeteiligungsgesellschaften nicht als Kreditinstitute gelten. Abschließend wird das Inkrafttreten des Gesetzes zum 1. Januar 1987 geregelt.

3.2.2. Kritische Würdigung

Einige für wichtig erachtete institutionelle Regelungen des UBGG sollen hinsichtlich ihrer Eignung für die Funktionen von Beteiligungsgesellschaften, Kapital beim Anlegerpublikum aufzunehmen und als haftendes Eigenkapital an nicht emissionsfähige Unternehmen weiterzugeben, untersucht werden, bevor das Gesetzeswerk als Ganzes kritisch gewürdigt wird.

- Bezeichnungsschutz und Aufsicht

Die Einführung eines Namensschutzes für die Bezeichnung "Unternehmensbeteiligungsgesellschaft" vereinfacht grundsätzlich die Einschätzung der Bonität durch Außenstehende. Die geschützte Bezeichnung erhält die Funktion eines Gütezeichens, mit dem zu niedrigen Kosten ein Signaling ermöglicht wird. Eine Beteiligungsgesellschaft, die sich freiwillig dem Rechtskonstrukt UBGG unterwirft, ordnet sich selbst einer bestimmten Kategorie von Finanzintermediären zu. Self Selection als Maßnahme, um der schlechter informierten Marktseite den Rückschluß von der beobachtbaren Bezeichnung auf die nicht direkt beobachtbare Qualität der Geschäftsführung zu ermöglichen, trägt zum Abbau informatorischer Markthemmnisse bei.

Das Führen der Bezeichnung "Unternehmensbeteiligungsgesellschaft" in der Firma, als Firmenzusatz, zur Bezeichnung des Geschäftszwecks oder zu Werbezwecken ist nur anerkannten Unternehmensbeteiligungsgesellschaften gestattet. Anerkannte Unternehmensbeteiligungsgesellschaften unterliegen der Aufsicht durch das Bundesamt für Finanzen als zuständiger Behörde. Es ist zu erwarten, daß alleine die Existenz einer Aufsichtsbehörde einen positiven Bonitätseffekt auslöst, auch wenn dem breiten Publikum ihre Aufgaben im einzelnen nicht bekannt sind. Die zuständige Aufsichtsbehörde überwacht im wesentlichen nur die Einhaltung der Publizitätspflichten und die Unterlassung verbotener Geschäfte. Außerdem fehlen jegliche Erfahrungen, ob das Bundesamt für Finanzen personell, organisatorisch und verwaltungstechnisch für die Durchführung der Aufgaben geeignet ist. Ob der Gütestempel der Aufsicht langfristig aufrecht erhalten werden kann, hängt von der noch zu beweisenden Effektivität der Behörde ab.

Obwohl Unternehmensbeteiligungsgesellschaften Bankgeschäfte im Sinne von § 1 Abs. 1 Ziffer 2 KWG betreiben, wird ausdrücklich klargestellt, daß Unternehmensbeteiligungsgesellschaften nicht den weitergehenden Regulierungsvorschriften des KWG und auch nicht der Aufsicht durch das Bundesaufsichtsamt für das Kreditwesen unterliegen. Der Gesetzgeber verzichtet bewußt auf dieses "höchste Qualitätssiegel", welches einer anderen Form von Beteiligungsgesellschaften - Beteiligungs-Sondervermögen - vorbehalten bleiben soll. Mit der Devise "nicht mehr Kontrolle als unbedingt nötig" wird der liberale Charakter des UBGG betont. Der Gesetzgeber vertraut auf ausreichende Marktkräfte für die Entwicklung der Geschäftstätigkeit. Bei der Abwägung zwischen Akzeptanz förderndem Anlegerschutz durch behördliche Aufsicht und Gewerbefreiheit durch niedrige institutionelle Marktzutrittsbarrieren wurde als Kompromiß hier der Weg des "bit of both" gewählt.

- Gründung, Anerkennung und Börseneinführung

Dieser Kompromiß setzt sich auch bei der Vorschrift zum Mindestgrundkapital fort. Bei der Festsetzung des Mindestgrundkapitals auf 2 Mio Mark stand der Gesetzgeber in einem Konflikt: Einerseits sollen unseriöse Gründungen vermieden werden, andererseits sollen auch private, weniger kapitalstarke Initiatoren den Wettbewerb zwischen Beteiligungsgesellschaften beleben. Da aufgrund der begrenzten Kreditaufnahmemöglichkeiten das Eigenkapital den weit überwiegenden Teil der gesamten Anlagemittel ausmacht, ist das Mindestgrundkapital auch unter dem Gesichtspunkt der Diversifikationsmöglichkeiten zu betrachten. Da aufgrund des hohen Fixkostenanteils an den Vertragsabschluß- und Verwaltungskosten Beteiligungsgrößen unter 500.000 DM häufig nicht erstrebenswert sind, kann mit dem vorgeschriebenen Mindestgrundkapital keine ausreichende Anzahl von Beteiligungen erworben werden, um die quantitative Komponente einer risikosenkenden Diversifikation zu gewährleisten. Es erscheint zweifelhaft, ob bei einem Grundkapital von 2 Mio DM die zur Anerkennung der Unternehmensbeteiligungsgesellschaft erforderlichen zehn Beteiligungen zu vertretbaren Kosten erworben und verwaltet werden können.

Die Voraussetzungen zur Anerkennung einer Unternehmensbeteiligungsgesellschaft sind ohnehin kritisch zu beurteilen. Bedingung ist lediglich, daß die Anforderungen an Rechtsform, Unternehmensgegenstand, Sitz und Kapital erfüllt sind. Insbesondere steht eine Nichteinhaltung der Anlagegrundsätze nach § 3 und § 4 der Anerkennung nicht entgegen. Sofern die Unternehmensbeteiligungsgesellschaft nicht an die Börse geht, braucht sie die Diversifikationsvorschriften sechs Jahre lang nicht einzuhalten. Die Anerkennung, die wiederum alleinige Voraussetzung für die Führung des geschützten Namens "Unternehmensbeteiligungsgesellschaft" ist, wird also recht großzügig erteilt. Dies relativiert auch den Wert des Gütesiegels.

Die Anerkennung erfordert neben dem Mindestgrundkapital die Rechtsform der AG. Damit ist jede andere Rechtsform, z.B. die

GmbH, nicht gestattet. Diese Regelung ist nicht nur hinsichtlich des Ziels, die Unternehmensbeteiligungsgesellschaft an die Börse zu führen, zu begrüßen. Die Vereinheitlichung der Rechtsform macht alle Beteiligungsgesellschaften dieses Typs zu rechtlich homogenen Konstrukten, die den detaillierten Vorschriften des Aktiengesetzes und des HGB unterliegen. Dadurch wird eine hohe Rechtssicherheit garantiert. Gesellschafterwechsel und Kapitalaufstockungen sind insbesondere bei börsennotierten Aktiengesellschaften unproblematisch.

Aktien von Unternehmensbeteiligungsgesellschaften dürfen nur im amtlichen Handel oder im geregelten Markt eingeführt werden. Der Gesetzgeber hat die höher organisierten Wertpapiermarktsegmente gewählt, um hinsichtlich Kursfeststellung und Zulassungsvoraussetzungen einen weitgehenden Anlegerschutz zu gewährleisten. Bei einem Emissionsbetrag in Höhe des Mindestgrundkapitals könnten jedoch Probleme der Marktenge (vorübergehende Nichtveräußerbarkeit, starke Kursschwankungen, Möglichkeiten der Kursmanipulation) beim Handel in Unternehmensbeteiligungsgesellschafts-Aktien auftreten. Indem der Gesetzgeber auch den geregelten Markt zum öffentlichen Angebot der Aktien zuläßt, signalisiert er wiederum, daß Unternehmensbeteiligungsgesellschaften nicht den allerhöchsten Anlegerschutzvorschriften unterliegen müssen und eröffnet auch kleineren Instituten den Gang an die Börse.

Die Zehnjahresfrist zum öffentlichen Angebot der Aktien nach der Anerkennung verdeutlicht, daß der Gesetzgeber auf eine langfristige, kontinuierliche Entwicklung dieses Anlagemediums für ein breites Publikum setzt. Die sehr lange Frist liegt im Interesse der Gründer, die auf diese Weise genügend Zeit haben, Wertsteigerungen des Portefeuilles wahrzunehmen. Die Beschränkung der Pflicht zum öffentlichen Aktienangebot auf 70 % des Grundkapitals ermöglicht den Gründern die Erhaltung eines maßgeblichen Einflusses auf die Geschäftspolitik der Unternehmensbeteiligungsgesellschaft auch nach der Börseneinführung. Werden 50 % des Nennkapitals in Form stimmrechtsloser Vorzugsaktien ausgegeben, so können nach einem Angebot von 70 % der Aktien 60 % der Stimmrechte bei den Altinhabern verbleiben. Die Ausgabe stimmrechtsloser Vorzugsaktien steht im Widerspruch zu der Zielsetzung, breiten Anlegerkreisen aktive Mitspracherechte über das Produktivvermögen zu verschaffen. Stimmrechtslose Vorzugsaktien könnten sich bei entsprechender Ausgestaltung jedoch gegenüber Stammaktien als die attraktivere Anlagealternative gerade für Kleinanleger erweisen.

- Rechnungslegung und Berichterstattung

Zwar erfordert eine Beteiligung als stiller Gesellschafter in der Regel keine Außenpublizität, eine Anonymität dieser Beteiligungen im Portefeuille der Unternehmensbeteiligungsgesellschaft ist jedoch nicht geeignet, Informationsasymmetrien abzubauen. Der Verzicht auf die Angabe von Firma, Rechtsform, Sitz und Gründungsjahr eines Beteiligungsunternehmens, dem Kapital in Form von stillen Beteiligungen zugeführt wurde, im Börsenzulassungsprospekt, Unternehmensbericht, Lagebericht und Zwischenbericht entspricht nicht den Anlegerinteressen und ist daher der Attraktivität der ausgegebenen Aktien nicht zuträglich.

Das UBGG schreibt nicht vor, daß Informationen über das Gesamtengagement (Beteiligung plus Darlehen) der Unternehmensbeteiligungsgesellschaft an einem Unternehmen in der Berichterstattung enthalten sein müssen. Lediglich die Beteiligungen sind namentlich und betragsmäßig aufzuführen. Bei Darlehen ist nur die Anzahl und der Gesamtbetrag auszuweisen, eine namentliche Aufschlüsselung nach den einzelnen Unternehmen ist nicht notwendig. Im Einzelfall ist das Risiko eines Darlehens, insbesondere in Kumulation mit einer kränkelnden Unternehmensbeteiligung, nicht niedriger als eine entsprechend ausgestaltete stille Beteiligung.

Im Börsenzulassungsprospekt oder Unternehmensbericht muß gemäß § 11 Abs. 1 Ziffer 4 die Höhe jeder Unternehmensbeteiligung angegeben werden. Aus der Formulierung geht nicht hervor, ob damit der Nominalbetrag, der Anschaffungswert oder der Buchwert einer Beteiligung gemeint ist. Da im Beteiligungsgeschäft häufig mit Agien über 100 % des Nominalwertes gehandelt wird, ist ein Ausweis der Erwerbspreise zur richtigen Beurteilung des Portefeuilles unverzichtbar. Diese Angaben sind jedoch lediglich für Lageberichte und Zwischenberichte börsennotierter Unternehmensbeteiligungsgesellschaften vorgeschrieben und in nach einzelnen Unternehmen aufgeschlüsselter Form auch hier nur bei Neuzugängen, Aufstockungen oder Abgängen. Hält die Unternehmensbeteiligungsgesellschaft lediglich die Mindestpublizitätsanforderung ein, so ist die Entwicklung eines realistischen, detaillierten Bildes des Portefeuilles nur durch Sammlung der verschiedenen Berichte mehrerer Jahre und Kombination der Informationen möglich. Die Aufbereitung dieser Informationen ist für den Anleger zeitraubend und kostenintensiv.

- Fremdkapitalaufnahme

Das Verbot der Kapitalbeschaffung über Schuldverschreibungen, stille Beteiligungen oder Genußrechte bewirkt eine erhöhte Transparenz der Passivgeschäftsstruktur. Auch aus risikopolitischen Gründen ist es sinnvoll, risikotragende Beteiligungen im Aktivgeschäft nicht mit Fremdkapital, sondern mit unbefristetem haftendem Aktienkapital zu finanzieren. Der Zwang zur Kapitalbeschaffung mittels Aktien dient zugleich dem Ziel, dem Anlegerpublikum echte Risikokapitaltitel anzubieten.

Die Beschränkung zur Kreditaufnahme (§ 5) läßt sich mit ähnlichen Argumenten stützen. Die Beschränkung des Kreditrahmens bringt allerdings auch eine finanzwirtschaftliche Starrheit der Unternehmensbeteiligungsgesellschaft mit sich, da Veränderungen der Finanzbasis nur noch durch aufwendige Herauf- und Herabsetzungen des Aktienkapitals ermöglicht werden. Ein bestimmtes Maß an zügig abwickelbaren Fremdfinanzierungsmöglichkeiten benötigt der Fonds, um auf Marktchancen flexibel reagieren zu können und die jederzeitige Zahlungsfähigkeit zu gewährleisten.

- Anlagegrundsätze

Sehr konsequent verfolgt das UBGG das Ziel, bestehende Wettbewerbsnachteile bei der Risikokapitalaufnahme abzubauen, indem es den Kreis der Beteiligungsunternehmen auf inländische Unternehmen beschränkt, deren Anteile an keinem organisierten Zirkulationsmarkt gehandelt werden. Das Verbot, auch Anteile von börsennotierten Unternehmen zu erwerben, beeinträchtigt jedoch die Diversifikationsmöglichkeiten und die Fähigkeit, Beteiligungen an einem Sekundärmarkt jederzeit zu liquidieren. Die Möglichkeiten zur Erstellung von Transformationsleistungen wird folglich durch diese Regelungen eingeschränkt. Eine kurzfristige Beschaffung liquider Mittel durch Aktienverkäufe an der Börse ist Voraussetzung, um schnell und flexibel Beteiligungschancen im Aktivgeschäft wahrnehmen zu können. Die Einschränkung des Handlungsspielraumes der Unternehmensbeteiligungsgesellschaft sowie die verminderte Möglichkeit zur Risikomischung kann sich auch zu Lasten der Aktionäre auswirken.

Deshalb wird gefordert, daß Unternehmensbeteiligungsgesellschaften die Anlage eines bestimmten Teils ihres Portefeuilles, vorgeschlagen werden 30 % des Grundkapitals, in börsennotierten Aktien gestattet wird. Die jederzeitige Veräußerbarkeit dieser Papiere trägt zur Sicherung der Liquidität der Unternehmensbeteiligungsgesellschaft bei. Die Flexibilität des Fondsmanagements wird erweitert und die Attraktivität des Anlagemediums erhöht. Da die Akzeptanzsteigerung die Kapitalbeschaffung durch Aktienemission erleichtert, könnte auf diese Weise eine stärkere Mobilisierung von Anlagekapital erfolgen und das Ziel der Risikokapitalversorgung nicht emissionsfähiger Unternehmen besser erreicht werden.

Eine Unternehmensbeteiligungsgesellschaft kann sich an jeder Art nicht emissionsfähiger Unternehmen im Inland beteiligen. Ein Marktausschluß nach Branchen, Unternehmensgegenstand o.ä. erfolgt nicht. Marktzutrittsbarrieren werden vermieden[224] und allen inländischen nicht emissionsfähigen Unternehmen ein indirekter Weg zum organisierten Kapitalmarkt eröffnet.

Die Unternehmensbeteiligungsgesellschaft darf GmbH- und Kommanditanteile, nicht börsennotierte Aktien, Bezugsrechte sowie stille

224) Im Gegensatz zu einigen der im Ausland praktizierten Konzeptionen. Vgl. Kap. 3.4.1., S. 177-186 dieser Arbeit.

Beteiligungen erwerben. Dagegen ist eine Beteiligung als vollhaftender Gesellschafter, der Erwerb von Genossenschaftsanteilen und Genußrechten nicht erlaubt (§ 3). Diese Regelung erscheint unschlüssig, da die dispositivem Recht unterliegenden stillen Beteiligungen wirtschaftlich und rechtlich genauso ausgestaltet sein können wie Genußrechte. Genußscheine stellen ein äußerst flexibles Finanzierungsinstrument für kleine und mittlere Unternehmen dar und sind prinzipiell börsenfähig. Der Erwerb von Genossenschaftsanteilen könnte einen Beitrag zur Risikokapitalbereitstellung für Unternehmen dieser Rechtsform darstellen. Ein vertraglicher Ausschluß der Nachschußpflicht ist möglich. Beteiligungen als Komplementär bzw. OHG-Gesellschafter sind dagegen nicht wünschenswert, da eine über die Kapitaleinlage hinausgehende Haftung die Risikodisposition erschwert.

Durch die Umsatzsteuerbefreiung des Erwerbs von stillen Beteiligungen betont der Gesetzgeber die Möglichkeit des Engagements in dieser Rechtsform, die auch in der Beteiligungspraxis der Kapitalbeteiligungsgesellschaften bisher eine dominante Rolle spielt. Solche Beteiligungen können jedoch starken Fremdkapitalcharakter besitzen, wenn Mindestverzinsung, Ausschluß der Verlustbeteiligung und eine Gläubigerrechten gleichgestellte Befriedigung im Konkursfalle vereinbart werden. Bei einer so ausgestalteten Finanzierung verbessert sich nicht die Eigenkapitalausstattung der Unternehmen. Das gleiche gilt für die Vergabe von Darlehen an Beteiligungsunternehmen. Auch die Möglichkeit, börsennotierte Schuldverschreibungen zu erwerben und verfügbares Geld in unbegrenzter Höhe bei inländischen Kreditinstituten anlegen zu können, gehen an dem Ziel des UBGG vorbei, den Unternehmen Produktivkapital bereitzustellen.

Die Anlage in Fremdkapitaltitel sollte lediglich die Funktion haben, der Unternehmensbeteiligungsgesellschaft vorübergehend verzinsliche Anlagemöglichkeiten zu offerieren und ihre Liquidität zu gewährleisten. Darlehen an Beteiligungsunternehmen erfüllen diese Funktionen nicht. Die Festsetzung der Anlagegrenzen bei Darlehen auf 20 % und bei börsennotierten DM-Schuldverschreibungen auf 30 % des Eigenkapitals erscheinen zu wenig restriktiv. Eine Beschränkung der Summe beider Positionen auf 20 % des Eigenkapitals der

Unternehmensbeteiligungsgesellschaft wäre den Zielen des Gesetzes, insbesondere der Vergabe von Eigenkapital an kleine und mittlere Unternehmen, eher angepaßt. Außerdem sollten in das Gesetz Mindestbedingungen für die Ausgestaltung stiller Beteiligungen aufgenommen werden. Nur durch den Verzicht auf Ertragsbegrenzungen, durch eine volle Verlustbeteiligung und durch nachrangige Haftung stellen stille Beteiligungen haftendes Eigenkapital dar.

Die Begrenzung des Beteiligungserwerbs auf 49 % des Grundkapitals des Beteiligungsunternehmens ist gerechtfertigt. Eine Unternehmensbeherrschung als Beteiligungsziel könnte möglicherweise imageschädigend wirken und würde einen konzentrierten Einsatz von Managementressourcen erfordern. Als vorteilhaft erweist es sich außerdem, daß der überwiegende Teil der Kapitalrisiken beim Unternehmen verbleibt. Diese Selbstbindung induziert eine Interessenkongruenz von Beteiligungsunternehmen und Beteiligungsgeber, wodurch die Auswirkungen von Informationsasymmetrien gemildert werden.

Zum Gebot der Minderheitsbeteiligung existiert eine Ausnahmeregelung für junge Unternehmen. Sie ermöglicht der Unternehmensbeteiligungsgesellschaft echte Venture Capital-Geschäfte. Da in der Anlaufphase der Jungunternehmen oft andere Kapitalgeber nicht zur Verfügung stehen, soll die Unternehmensbeteiligungsgesellschaft in der Lage sein, den Risikokapitalbedarf dieser Unternehmen in ihrer häufig innovativsten Phase zu decken. Für die Unternehmensbeteiligungsgesellschaft könnte es besonders interessant sein, diese Unternehmen zu beraten, zu betreuen und nach einigen Jahren an der Börse einzuführen. Das UBGG fördert somit die Rahmenbedingungen für die Innovationsfinanzierung. Bei nicht ausreichender Diversifikation erhöhen solche Geschäfte nicht nur die Chancen, sondern auch die Risiken des Beteiligungsportefeuilles erheblich. Es bleibt dem Management der Unternehmensbeteiligungsgesellschaft überlassen, durch geeignete Risikomischung eine Anpassung an die Präferenzen der Anlegerzielgruppe vorzunehmen.

Die Erwerbsgrenze für Aktien des § 4 Abs. 4 auf 50 % des Eigenkapitals ist überflüssig. Sinn dieser Regelung ist es vermutlich, eine Konzentration der Anlagemittel auf nicht börsennotierte Aktiengesellschaften zu vermeiden. Diese Gesellschaften gehören meist dem Bereich der älteren, etablierten und größeren Unternehmen an und könnten aufgrund ihrer höheren Bonität kleine, innovative Unternehmen anderer Rechtsform bei der Risikofinanzierung durch die Unternehmensbeteiligungsgesellschaft verdrängen. Durch die Regelung soll auch vermieden werden, daß die Beteiligung durch eine Unternehmensbeteiligungsgesellschaft die Motivation zum direkten Gang an die Börse durch die Aktiengesellschaft beeinträchtigt. Die Regelung des § 4 Abs. 4 kann diese Effekte jedoch nicht ausschließen, da die Aktiengesellschaften einen weiteren Kapitalbedarf auch über stille Beteiligungsverhältnisse decken können. Eine Erwerbsgrenze für fremdkapitalähnliche stille Beteiligungen hätte den Zielsetzungen des Gesetzes eher entsprochen.

- Besteuerung

Ziel der Befreiung von Vermögen- und Gewerbesteuer ist, die Erwerber der Aktien einer Unternehmensbeteiligungsgesellschaft steuerlich grundsätzlich so zu stellen wie den Privatanleger, der sich direkt an einem nicht börsennotierten Unternehmen beteiligt.[225] Bei einer Direktbeteiligung an einer Kapitalgesellschaft werden Veräußerungsgewinne von privaten Anlegern, soweit sie nicht auf Spekulationsgeschäften oder wesentlichen Beteiligungen im Sinne des § 17 EStG beruhen, nicht besteuert; dagegen unterliegen die Veräußerungsgewinne einer Unternehmensbeteiligungsgesellschaft immer einer Besteuerung. Schüttet die Unternehmensbeteiligungsgesellschaft die Gewinne voll aus, so sind darauf 36 % Körperschaftsteuer zu entrichten. Diese 36 %ige Ausschüttungsbelastung kann der Aktionär bei seiner Steuerschuld zwar als Steuergutschrift in Abzug bringen, aber damit wird lediglich eine Doppelbesteuerung vermieden. Eine einfache Besteuerung der Veräußerungsgewinne bleibt erhalten. Insofern wird der Unternehmensbeteiligungsgesellschaft-Aktionär gegenüber dem Direktanleger diskriminiert.

---

225) BUNDESRATS-DRUCKSACHE 140/85, Entwurf eines Gesetzes über Unternehmensbeteiligungsgesellschaften (UBGG-Entwurf), v. 12.04.1985, Begründungsteil S. 13.

Die Streichung von Gewerbe- und Vermögensteuer verhindert zwar ein substanzauszehrendes Ausbluten der Unternehmensbeteiligungsgesellschaft[226], das Festhalten an der Körperschaftsteuer vermindert die Attraktivität ihrer Aktien jedoch beträchtlich.[227] Um das Konzept nicht seiner Marktchancen zu berauben, ist eine Abschaffung der Körperschaftsteuer für die Unternehmensbeteiligungsgesellschaft dringend erforderlich.

Durch die Befreiung der Fondsvermögen von Kapitalanlagegesellschaften von der Körperschaftssteuer stellt sich der Zertifikatsinhaber bei dieser Konstruktion sogar besser als ein Direktanleger, da bei diesen Fonds Gewinne aus Spekulationsgeschäften und Veräußerungen wesentlicher Beteiligungen steuerfrei bleiben.

Im Ergebnis führt folglich - im Gegensatz zur Zielsetzung des Gesetzes - der Verzicht auf eine Körperschaftsteuerbefreiung der Unternehmensbeteiligungsgesellschaft zu einer Schlechterstellung ihrer Anleger im Vergleich zu Direktanlegern. Um die selbst gesetzten Ziele zu erreichen, ist eine unverzügliche Gesetzeskorrektur erforderlich und die Körperschaftbesteuerung für Unternehmensbeteiligungsgesellschaft aufzuheben. Fiskalische Erwägungen sollten außer Betracht bleiben, da es nicht das Ziel des Gesetzes ist, zusätzliche Steuereinnahmen zu erzielen, sondern steuerneutral die Kapitalallokation zu verbessern. Außerdem sollten steuerliche Wettbewerbsnachteile gegenüber Kapitalanlagegesellschaften vermieden werden.

- Gesamtbeurteilung

Durch das UBGG wird eine spezielle Form von Beteiligungsgesellschaften institutionalisiert. Der Gesetzentwurf begünstigt grund-

---

226) Die Deutsche Wagnisfinanzierungs-Gesellschaft hatte über Jahre trotz laufender Verluste ertragsunabhängige Steuern von rund 500.000 DM p.a. zu entrichten. Vgl. FISCHER, Lutz, Problemfelder und Perspektiven der Finanzierung durch Venture Capital in der Bundesrepublik Deutschland, in: DBW, 47. Jg., Heft 1/1987, S. 8 - 32, hier S. 26.

227) Derselbe, S. 25.

sätzlich die Erreichung des Ziels, eine Risikokapitalbereitstellung für nicht emissionsfähige Unternehmen mit Hilfe des Anlagekapitals eines breiten Publikums zu realisieren. Aufgrund langer Übergangsfristen und des Fehlens direkter steuerlicher Förderungen oder Subventionierungen der Unternehmensbeteiligungsgesellschaft ist nur mit einer langsamen, von der Entwicklung der Anlagepräferenzen und vom Erfolg des Managements abhängigen Verbreitung des Anlagemediums und Finanzierungsinstruments zu rechnen. Die fiskalische Neutralität der Unternehmensbeteiligungsgesellschaft ermöglicht langfristig einen Beitrag zur Verbesserung der Kapitalallokation ohne negative Schattenwirkungen. Verteilungspolitische Maßnahmen im Rahmen des Vermögensbildungsgesetzes begünstigen nicht spezifisch die Unternehmensbeteiligungsgesellschaft, sondern die Anlage von vermögenswirksamen Leistungen in einer Vielzahl konkurrierender Produktivvermögenstitel.

Zum erfolgreichen Einsatz der Unternehmensbeteiligungsgesellschaft als Institution der überbetrieblichen Vermögensbeteiligung sind die aufgezeigten Schwachpunkte des Gesetzes zu beheben. Ebenso wichtig erscheinen jedoch Anregungen, welche tarif- und geschäftspolitischen Maßnahmen im Rahmen des Gesetzes vorgenommen werden können, damit das UBGG in Verbindung mit dem Vermögensbildungsgesetz zur Beteiligung breiter Bevölkerungskreise am Produktivvermögen beitragen kann.[228] Im UBGG selbst wird keinerlei Bezug zu vermögenspolitischen Zielen genommen. Im Gegenteil: Eine Passage über den Einsatz von Unternehmensbeteiligungsgesellschaften als gemeinsame Einrichtung der Tarifparteien wurde nach den Beratungen aus dem Gesetzentwurf gestrichen.

3.3. Beteiligungs-Sondervermögen

3.3.1. Gesetzliche Regelung im Rahmen des KAGG

Bei Beteiligungs-Sondervermögen handelt es sich um eine Fondsart, die von Kapitalanlagegesellschaften gebildet werden darf und teil-

228) Vgl. Kap. 5.2.-5.3., S. 345-379 dieser Arbeit.

weise aus stillen Beteiligungen an nicht börsennotierten Unternehmen besteht. Die gesetzliche Regelung erfolgt in einer Erweiterung des Gesetzes über Kapitalanlagegesellschaften (KAGG) um die §§ 25a-25j und §§ 43a-43b. Für Beteiligungs-Sondervermögen gelten die allgemeinen Vorschriften des Investmentsgesetzes sinngemäß, soweit sich aus der speziellen Regelung nichts anderes ergibt (§ 25a). Der Fondsträger ist ein Kreditinstitut im Sinne des § 1 Abs. 1 Nr. 6 KWG und unterliegt den Anlegerschutzbestimmungen des KWG und der Bankenaufsicht durch das Bundesaufsichtsamt für Kreditwesen. Die Erweiterung des KAGG erfolgt mittels Artikel 3 des Zweiten Gesetzes zur Förderung der Vermögensbildung der Arbeitnehmer durch Kapitalbeteiligungen (2. VermBetG).[229] Der Begriff Beteiligungs-Sondervermögen und die Idee, dem Investmentgesetz unterliegenden Fondsgesellschaften den Erwerb von Beteiligungen an nicht emissionsfähigen Unternehmen zu gestatten, gehen u.a. auf einen Gesetzesvorschlag von GERKE zurück, der auch wichtige Vorarbeiten für das UBGG leistete.[230]

Der kritischen Auseinandersetzung mit den gesetzlichen Vorschriften wird wiederum eine kurze Gesetzesdeskription vorangestellt.

Die für Beteiligungs-Sondervermögen geltenden Anlagevorschriften gehen aus § 25b hervor. Erworben werden dürfen stille Beteiligungen an einem inländischen Unternehmen sowie börsennotierte Wertpapiere. Für Schuldverschreibungen sowie für stille Beteiligungen ist eine Anlagegrenze von 30 % des Fondsvermögens festgesetzt (§ 25b Abs. 3 und 4). Pro Beteiligungsunternehmen darf die Summe der stillen Beteiligungen 5 % des Sondervermögens nicht überschreiten (§ 25b Abs. 2). Eine Begrenzung der Höhe der stillen Beteiligung, bezogen auf das Eigenkapital des Unternehmens, existiert im Gegensatz zu § 8 Abs. 4 KAGG nicht, wonach für Wertpapierfonds Aktien und Kuxe nur bis zur Höhe von 10 % des Nennkapitals einer Aktiengesellschaft erworben werden dürfen (§ 25b Abs. 5). Spätestens acht Jahre nach Bildung des Sondervermögens müssen mindestens zehn stille Beteiligungen erworben worden sein, deren Wert mindestens 10 % des Wertes des Sondervermögens beträgt (§ 25e Abs. 1). Eine

229) 2. VERMÖGENSBETEILIGUNGSGESETZ, a.a.O., hier S. 2605-2608.
230) Vgl. GERKE, W., (1974), a.a.O., hier S. 147-195.

nicht innerhalb eines Jahres beseitigte Unterschreitung des Mindestbestandes an stillen Beteiligungen hat zur Folge, daß keine neuen Anteilsscheine ausgegeben werden dürfen. Bei einer fortdauernden Unterschreitung kann die Bankaufsichtsbehörde die Kündigung des Beteiligungs-Sondervermögens verlangen (25e Abs. 2).

Der Gesetzgeber stellt eine Reihe von Anforderungen an die zu erwerbenden stillen Beteiligungen. Das Beteiligungsunternehmen muß Sitz und Geschäftsleitung im Inland haben. Wertpapiere des Beteiligungsunternehmens dürfen an keinem inländischen organisierten Markt gehandelt werden (§ 25b Abs. 1, Nr. 2a). Außerdem setzt der Erwerb die Bestätigung eines Abschlußprüfers voraus, "...daß für die aus dem Beteiligungs-Sondervermögen zu leistende Einlage eine Gegenleistung vereinbart ist, die zum Zeitpunkt der Leistung angemessen ist" (§ 25b Abs. 1, Nr. 2b). Um dies beurteilen zu können, hat der Abschlußprüfer zumindest den Jahresabschluß des letzten Geschäftsjahres des Beteiligungsunternehmens heranzuziehen. Die Jahresabschlüsse eines Beteiligungsunternehmens müssen den entsprechenden Vorschriften für große Kapitalgesellschaften im Sinne des § 267 Abs. 3 HGB genügen (§ 25b Abs. 1, Nr. 2b, 2. Halbsatz). Der Abschlußprüfer hat bei der geforderten Beurteilung folgende Einflußgrößen zu berücksichtigen: die erwarteten Gewinnanteile, den erwarteten gewinnunabhängigen Mindestzins, den erwarteten Rückzahlungsbetrag, die Veräußerbarkeit und das Risiko der stillen Beteiligung sowie die Rendite der umlaufenden Anleihen des Bundes und der Sondervermögen Deutsche Bundesbahn und Deutsche Bundespost mit annähernd gleicher Restlaufzeit. Auch bei Prolongation einer stillen Beteiligung hat der Abschlußprüfer eine solche Angemessenheitsprüfung vorzunehmen (§ 25b Abs. 1, letzter Satz).

§ 25c legt die Rahmenbedingungen für die vertragliche Ausgestaltung der stillen Beteiligung fest. Gesellschaftsvertraglich zu regeln sind die Laufzeit der stillen Beteiligung, die Fälligkeit der Erträge, die Verpflichtung zur Einzahlung der Erträge auf ein gesperrtes Depotbankkonto, die Voraussetzungen für die Übertragung der Beteiligung an Dritte, sowie die Informations-, Kontroll- und Zustimmungsrechte der Kapitalanlagegesellschaft zur Wahrung der Interessen der Anteilsinhaber. Außerdem muß im Beteiligungsvertrag die Zustimmung des Beteiligungsunternehmens enthalten sein, daß im Falle des Erlöschens des Rechts, das Beteiligungs-Sondervermögen zu verwalten, die Depotbank an die Stelle der Kapitalanlagegesellschaft tritt und die stille Beteiligung auf eine andere Kapitalanlagegesellschaft übertragen kann. Darüber hinaus hat sich das Beteiligungsunternehmen zu verpflichten, seine Jahresabschlüsse entsprechend den für große Kapitalgesellschaften geltenden Vorschriften aufzustellen und den Abschlußprüfer bei der Feststellung von Ertrag- und Rückzahlungsbetrag der stillen Beteiligung zu unterstützen.

Die Depotbank hat zu überwachen, daß der Gesellschaftsvertrag alle diese Regelungen enthält (§ 25c Abs. 1, letzter Satz). Eine substanzbeteiligende atypische stille Gesellschaft ist verboten (§ 25c Abs. 2), das Aufleben einer Mitunternehmerschaft im Sinne des § 15 Abs. 1 Nr. 2 EStG aufgrund anderer vertraglicher Absprachen jedoch erlaubt (vgl. § 43a, 2. Satz). Stiller Gesellschafter ist immer die Kapitalanlagegesellschaft; die zum Beteiligungs-Sondervermögen gehördenden Gegenstände stehen nicht im Miteigentum der Anteilsinhaber (§ 25f).

Die Grundsätze zur laufenden Bewertung einer stillen Beteiligung sind in § 25d geregelt. Die Bewertung ist nach einem Ertragswertverfahren vorzunehmen, wobei der erwartete Ertrag, der erwartete Rückzahlungsbetrag, die Veräußerbarkeit und das Risiko der stillen Beteiligung sowie die Umlaufsrendite festverzinslicher Wertpapiere mit annähernd gleicher Restlaufzeit in die Bewertung eingehen sollen. Erwarteter Ertrag und erwarteter Rückzahlungsbetrag sind vom Abschlußprüfer festzustellen. Die Feststellung erfolgt jeweils spätestens neun Monate nach Schluß des Geschäftsjahres des Beteiligungsunternehmens. Beim Vorliegen wichtiger Gründe, insbesondere wenn sich die wirtschaftlichen Verhältnisse des Beteiligungsunternehmens wesentlich geändert haben, hat der Abschlußprüfer diese Größen unverzüglich neu festzustellen. Die laufende (tägliche) Bewertung, die nach § 25g Abs. 1 die Depotbank vorzunehmen hat, hat nach Grundsätzen zu erfolgen, die in einer Rechtsverordnung näher zu regeln sind. Ansätze zur Lösung dieses Problems werden im folgenden Gliederungspunkt diskutiert.

§ 25g enthält weitere Vorschriften für die Depotbank, die über die periodengerechte Ermittlung des Wertes des Sondervermögens und über die üblichen Pflichten der Depotbanken (§§ 12-14) hinausgehen. So bedürfen Verfügungen über stille Beteiligungen und Änderungen von Beteiligungsverträgen der Zustimmung der Depotbank, die diese allerdings nur verweigern darf, wenn gegen Vorschriften dieses Gesetzes verstoßen wird (§ 25g Abs. 2).

Stille Beteiligungen dürfen nur veräußert werden, wenn der Erlös den bei der Bewertung ermittelten Wert nicht oder nur unwesentlich unterschreitet (§ 25i).

Die Rücknahme von Anteilsscheinen wird in der Reihenfolge ihrer Vorlage zum am Tage der Auszahlung ermittelten Rücknahmepreis vorgenommen (§ 25h). Eine Aussetzung der Rücknahmeverpflichtung ist nicht vorgesehen.

§ 25j regelt die Publizitäts- und Anzeigepflichten von Beteiligungs-Sondervermögen. In ihren Vertragsbedingungen haben Kapitalanlagegesellschaften darüber zu informieren, welche Informations-, Kontroll- und Zustimmungsrechte sie in den Beteiligungsverträgen vereinbaren werden (§ 25j Abs. 1). Der im Bundesanzeiger bekanntzumachende Rechenschaftsbericht hat eine Bestandsentwicklung der stillen Beteiligungen zu enthalten, wobei Abgänge und Veräußerungen gesondert anzugeben sind (§ 25j Abs. 2). In den Vermögensaufstellungen sind wenigstens der Gesamtwert aller Beteiligungen, Gründungsjahr, Rechtsform, Gegenstand und Eigenkapital des Beteiligungsunternehmens sowie Erwerbszeitraum, Laufzeit und letztjährige Erträge der stillen Beteiligungen auszuweisen. In den Anzeigen an die Bankaufsichtsbehörde müssen neben den Informationen der Vermögensaufstellung auch die Höhe der ermittelten Werte jeder einzelnen stillen Beteiligung sowie Firma und Sitz der Beteiligungsunternehmen enthalten sein (§ 25j Abs. 3).

Gemäß § 43a sind Beteiligungs-Sondervermögen von Körperschaftsteuer, Gewerbesteuer und Vermögensteuer befreit. Für die Ausschüttungen auf Anteilsscheine an einem Beteiligungs-Sondervermögen sowie für die von einem Beteiligungs-Sondervermögen vereinnahmten, nicht zur Kostendeckung oder Ausschüttung verwendeten Zinsen, Dividenden, Erträge und Veräußerungsgewinne aus stillen Beteiligungen gelten §§ 38a, 39 und 40-42 KAGG sinngemäß.

3.3.2. Lösungsansätze für das Bewertungsproblem

Seit der Verabschiedung des Zweiten Vermögensbeteiligungsgesetzes vom 19.12.1986 gestattet der Gesetzgeber zwar die Auflegung von Beteiligungs-Sondervermögen, bisher existieren solche Fonds jedoch noch nicht. Als immer noch offenes Problem erweist sich die für die Preisfeststellung der Fondsanteilsscheine notwendige börsentägliche Betimmung des Wertes der stillen Beteiligungen.

Gemäß § 25 d Abs. 3 KAGG wird die Bundesregierung ermächtigt, durch Rechtsverordnung mit Zustimmung des Bundesrates die laufende Wertbestimmung stiller Beteiligungen näher zu regeln. Eine seit Jahren anhaltende Diskussion des Bewertungsproblems, die vor allem zwischen der Bundesregierung und Vertretern der Investmentbranche stattfand, blockierte lange Zeit die Verabschiedung einer Rechtsverordnung, da die mehrfach vorgelegten Regierungsentwürfe einer Bewertungsverordnung[231] auf den Widerstand der Investmentbranche und einer Reihe von Bundesländern stieß, die das nach seinem Verfasser benannte "Laux-Modell" präferierten. Zwar verabschiedete die Bundesregierung am 17. November 1988 eine Bewertungsverordnung, überging dabei jedoch weitgehend die Einwände der Investmentgesellschaften. Es ist offen, ob die Investmentbranche ohne ein Einlenken des Gesetzgebers zur Auflegung von Beteiligungs-Sondervermögen bereit sein wird.

Das "Laux-Modell" und der Regierungsentwurf basieren beide auf einer für die Bewertung festverzinslicher Wertpapiere verwandten Ertragswertkonzeption. Einen Bewertungsansatz für Fremdkapitaltitel auf risikobehaftete Eigenkapitaltitel anzuwenden, führt zwangsläu-

231) BUNDESRATS-DRUCKSACHE 117/88, Beschlußvorlage zur Verordnung über die Bewertung stiller Beteiligungen gemäß § 25 d Abs. 3 KAGG - Entwurf der Bundesregierung v. 10. März 1988.

fig zu Problemen, da die spezifischen Veräußerungs-, Ertrags-, Informations- und Ausfallrisiken von Beteiligungskapital nur sehr grob durch eine in die Ertragswertformel eingehende Risikoprämie erfaßt werden können. Um dieser Schwierigkeit aus dem Weg zu gehen, sind für Beteiligungs-Sondervermögen erwerbbare stille Beteiligungen fremdkapitalähnlich und mit einer Mindestverzinsung auszugestalten. Dies mag vordergründig die Anwendbarkeit einer Ertragswertformel vereinfachen, das ursprünglich gesetzte Ziel, nicht emissionsfähigen Unternehmen haftendes risikotragendes Eigenkapital zuzuführen, wird dadurch jedoch konterkariert.

- Alternativen zum Ertragswertkonzept:
  a) Bewertung durch einen Sachverständigenausschuß

Als Alternative zum Ertragswertkonzept zur Bewertung eines Fonds von Beteiligungen nicht börsennotierter Unternehmen bieten sich unterschiedliche Varianten an, die hier nur kurz diskutiert werden sollen. Die erste Möglichkeit besteht darin, durch einen Sachverständigenausschuß den potentiellen Marktwert des Unternehmens ermitteln zu lassen. Als Grundlage der Bewertung werden beispielsweise die Steuerbilanzen vorgeschlagen.[232] Nicht repräsentative Proberechnungen führten in einer Untersuchung zwar zu brauchbaren Ergebnissen dieser rein auf vergangenheitsbezogenen Daten beruhenden Methode, eine nur am Substanzwert orientierte Bewertung ist konzeptionell jedoch äußerst unbefriedigend, da zukünftige Ertragschancen des Unternehmens außer acht gelassen werden. Denkbar wäre, daß der Sachverständigenausschuß zusätzliche Ertragswertkomponenten in seine Bewertung einfließen läßt. Im Ergebnis entstände ein Mischverfahren, wie es beispielsweise das "Stuttgarter Verfahren" vorsieht.

Weiterhin ergeben sich verwaltungstechnische Probleme bei der täglichen Ermittlung der Beteiligungswerte. An Bilanz- bzw. Bewertungsstichtagen könnte sich der ermittelte Anteilswert sprunghaft verändern, ohne daß wirtschaftliche Unterschiede zum Vortag vor-

---

232) Zur Bewertung von Beteiligungs-Sondervermögen durch einen Sachverständigenausschuß vgl. GERKE, W., (1974), a.a.O., S. 213-221.

liegen. Das für Wertpapier-Sondervermögen börsentäglich realisierte Inventarwertprinzip wird durchbrochen, da die potentiellen Marktpreise der Beteiligungen nur im Ausnahmefall den vom Sachverständigenausschuß ermittelten und fortgeschriebenen Werten entsprechen. Ähnliche Probleme ergeben sich allerdings auch für Grundstücks-Sondervermögen, und in diesem Fall sieht der Gesetzgeber den Anlegerschutz durch das Sachverständigenprinzip nicht gefährdet.

b) Optionsmodell

Eine völlig andersartige und bisher rein theoretische Bewertungsalternative ist im Einsatz eines Optionsmechanismus zu sehen. Das Bewertungsmodell beruht auf der Überlegung, daß nicht externe Sachverständige, sondern die Unternehmensleitung selbst die besten Informationen zur Einschätzung des Unternehmenswertes besitzt und setzt Anreize zur Offenlegung dieser Informationen.

Die zu bewertenden Anteile müssen voll an der Entwicklung des Substanzwertes partizipieren und werden bis zum ersten Bewertungsstichtag zum Anschaffungspreis bewertet; Ausschüttungen erfolgen gleichgewichtet nach dem Anteil am Grundkapital. Bei Erwerb sind vertraglich Bewertungsstichtage sowie ein unwiderrufliches Optionsrecht zugunsten der Beteiligungsgesellschaft zu vereinbaren. Die Option umfaßt die Verpflichtung des Beteiligungsunternehmens, am Bewertungsstichtag den Wert der Beteiligung anzugeben, und das Recht der Beteiligungsgesellschaft, zu diesem Wert die Beteiligung zurückzugeben oder zusätzliche Anteile in unbegrenzter Höhe hinzuzuerwerben.

Das Beteiligungsunternehmen hat einen Anreiz, den tatsächlichen Unternehmenswert anzugeben. Gibt es einen zu hohen Wert an, muß es befürchten, zu diesem hohen Preis die Beteiligung zurückkaufen zu müssen, gibt es einen zu niedrigen Wert an, so läuft es Gefahr, zu einem zu niedrigen Preis zusätzliche Anteile abgeben zu müssen. Nach jedem Bewertungsstichtag kann für das Beteiligungs-Sondervermögen ein neuer Wert ermittelt werden.

Dieses Verfahren ist für die Beteiligungsgesellschaft sehr kostengünstig und ermittelt für die Bewertungstichtage zuverlässige Werte, analog dem Verfahren über Sachverständigenausschüsse verbleiben jedoch die Probleme der laufenden täglichen Bewertung. Als ein Hauptproblem des Lösungsvorschlags ist die Durchsetzung solcher Optionsverträge gegenüber den Beteiligungsunternehmen anzusehen, auf die das Risiko einer Fehlbewertung übertragen wird. Außerdem könnten Anreize zu Absprachen zwischen Beteiligungsgesellschaft und Unternehmen bestehen; es besteht ein Bedarf an einer Aufsicht. Vorteile des Modells liegen darin, daß das Problem asymmetrischer Informationsverteilungen bei der Bewertung gelöst wird und vollwertige Eigenkapitalbeteiligungen vergeben werden können.

Praktische Erfahrungen für diesen Lösungvorschlag liegen nicht vor. Von ihm wird kein Beitrag zur kurzfristigen Lösung der aktuellen Bewertungskontroverse erwartet. Er dient jedoch dazu, die Hauptschwächen der in der politischen Diskussion befindlichen Ertragswertkonzepte antithetisch zu fokussieren.

c) Börsennotierung von Fondsanteilsscheinen

Die dritte Alternative zur Bewertung eines Beteiligungs-Sondervermögens stellt die Börsennotierung der Anteilsscheine dar. Eine Bewertung der Einzelbeteiligungen wäre nicht mehr erforderlich, da das Sondervermögen als Ganzes vom Markt bewertet würde. Dieser Vorschlag entspricht dem gewählten Lösungsweg für die Unternehmensbeteiligungsgesellschaft. Allerdings refinanzieren sich Unternehmensbeteiligungsgesellschaften über die Ausgabe von Aktien, nicht über die Ausgabe von Anteilsscheinen. Die Bewertung von Investmentanteilsscheinen über die Börse macht die Rücknahmepflicht von Anteilsscheinen durch die Kapitalanlagegesellschaft überflüssig. Ohne die Rücknahmepflicht wird dem Anleger jedoch jede Sanktionsmöglichkeit gegenüber dem Fondsmanagement genommen: Er hat weder Mitbestimmungs- noch Mitspracherechte und kann sein Kapital nicht mehr aus dem Sondervermögen abziehen. Eine Interessenbindung zwischen dem treuhänderisch arbeitenden Fondsmanagement und dem vermögenzuführenden Anleger läge nicht mehr vor. Die Einführung einer "Hauptversammlung" der Anteilsscheininhaber würde notwendig. Dies würde erhebliche Kosten verursachen. Bei einer Börsennotierung von Zertifikaten von Beteiligungs-Sondervermögen ist außerdem die Interessenlage der Kapitalanlagegesellschaften zu berücksichtigen, die ihre Betriebskosten teilweise durch den Spread zwischen Ausgabe- und Rücknahmekurs decken.

- Ertragswertkonzept als realisierungsfähige Kompromißlösung

Bei der vorgeschlagenen Ertragswertkonzeption handelt es sich um eine nicht zufriedenstellende Lösung hinsichtlich des Ziels der Risikokapitalbereitstellung, eine eindeutig bessere Alternative liegt jedoch nicht vor, da die anderen Lösungsvorschläge neue, schwer zu überwindende Probleme aufwerfen oder keine Praktikabilität besitzen.

Ertragswertkalkulationen dienen gewöhnlich dazu, den theoretischen Kurs festverzinslicher Wertpapiere durch eine an den Marktpreisen vergleichbarer Erträge orientierte Bewertung zu errechnen.[233] Die spezifischen Risiken der stillen Beteiligungen sollen durch eine Risikokomponente erfaßt werden. Grundsätzlich können die Liquiditäts-, Ertrags-, Informations- und Ausfallrisiken nach dem Risikozuschlagskonzept durch einen erhöhten Diskontierungsfaktor (i) oder nach der Sicherheitsäquivalenzmethode durch eine Verminderung der dann einheitlich zu diskontierenden Erträge (E) und/oder Rückzahlungssumme (R) in der Ertragswertformel berücksichtigt werden. Auch Kombinationen beider Methoden existieren. Bei mathematisch richtiger Anwendung müssen alle Ertragswertkonzepte bei gleichem ökonomischen Sachverhalt zum gleichen Ergebnis führen. Graduelle Unterschiede sind lediglich im Rechenaufwand, in der Transparenz für den interessierten Außenstehenden sowie in der Formulierung der Anforderung an die beauftragten Wirtschaftsprüfer zu sehen.

233) Vgl. MOXTER, Adolf, BALLWIESER, Wolfgang, Gutachten über die Bewertung stiller Beteiligungen im Beteiligungs-Sondervermögen, im Auftrag des Bundesministers für Arbeit und Sozialordnung, September 1986, S. 22.

Die Entscheidung der Bundesregierung, eine reine Risikozuschlagsmethode anzuwenden, "... weil mit ihr praxisüblich und ohne die Gefahr von Mißverständnissen die Veräußerbarkeit und das Risiko einer stillen Beteiligung bei der Bewertung berücksichtigt werden können",[234] wurde deshalb allgemein akzeptiert.

Die Grundstruktur der Ertragswertformel gemäß § 3 des Verordnungsentwurfs der Bundesregierung zur Bewertung stiller Beteiligungen lautet:

$$W = E * \frac{1 - (1+i)^{-n}}{i} + \frac{R}{(1+i)^{n}}$$

W = Wert der stillen Beteiligung

E = Erwarteter durchschnittlicher Jahresertrag bis zum Ende der Laufzeit in DM

R = Rückzahlungsbetrag in DM

n = Restlaufzeit in Jahren, tagesgenau

i = Diskontierungszinsfuß

Die Größen E und R sind gemäß § 25d KAGG vom Abschlußprüfer unter Berücksichtigung der Veräußerbarkeit und des Risikos der stillen Beteiligung festzustellen. Damit unterliegt die Bewertung subjektiven Einflüssen. Es ist nicht auszuschließen, daß zwei verschiedene Abschlußprüfer bei identischem Sachverhalt zu einer unterschiedlichen Bewertung gelangen. Die Bewertung nach der Ertragswertformel ist also nicht gleichwertig mit einer "objektiven" Marktbewertung. Es ist nur die Größenordnung potentieller Marktpreise festzustellen.[235]

Weiterhin ist zu bemängeln, daß die Ertragsgröße E als "jährlich gleicher Betrag festzustellen" ist.[236] Schwankungen oder Trends in der zukünftigen Gewinnerwartung werden durch eine solche Durch-

---

234) BUNDESMINISTERIUM DER FINANZEN, Entwurf über die Verordnung über die Bewertung stiller Beteiligungen gemäß § 25d Abs. 3 des Gesetzes über Kapitalanlagegesellschaften v. 11.5.1987, Begründungsteil S. 6.

235) Vgl. MOXTER, A., BALLWIESER, W., a.a.O., S. 55.

236) Vgl. BUNDESMINISTERIUM DER FINANZEN, a.a.O., § 2 Abs. 1.

schnittsgröße nicht berücksichtigt. Die Beteiligung an einem Unternehmen mit kurzfristig sehr hohen, langfristig jedoch niedrigen Gewinnerwartungen wird bei einer Durchschnittsertragsbildung unterbewertet (et vice versa). Die Feststellung des Ertrags nach der Bewertungsverordnung wird zusätzlich dadurch verzerrt, daß die Zuverlässigkeit von Gewinnschätzungen um so unsicherer wird, je weiter sie in die Zukunft reichen. Die Varianz der Erfolgserwartungen (d.h. das Risiko) nimmt mit der Länge des Planungshorizontes zu. Dieser Aspekt wird in der Ertragswertformel jedoch vernachlässigt und könnte lediglich bereits in die Feststellungen der Gewinnerwartungen durch die Wirtschaftsprüfer eingehen, indem diese weit in der Zukunft erwartete Erträge um ein Sicherheitsäquivalent bereinigen. In diesem Falle liegt jedoch keine reine Risikozuschlagsmethode vor, wie sie in der Bewertungsverordnung der Bundesregierung gefordert wird.

Gerade bei Unternehmen mit stark schwankenden und besonders unsicheren Ertragsaussichten bleibt eine Bewertung nach der vorgeschlagenen Ertragswertformel deshalb konzeptionell unbefriedigend. Erschwert werden die Gewinnschätzungen zudem durch die Möglichkeit der Nutzung von Bewertungswahlrechten durch das Beteiligungsunternehmen, denn mit der Legung stiller Reserven können den stillen Gesellschaftern Gewinnausschüttungen zumindest temporär vorenthalten werden. Die vorgesehene Form der stillen Beteiligung erzielt jedoch bei Erhöhung des Substanzwertes der Unternehmung keinen Wertzuwachs, der die Gewinnverschiebung ausgleichen würde.[237)]

Mit der grundsätzlichen Einigung auf das Ertragswertkonzept nach der Risikozuschlagsmethode und die Beschränkung auf fremdkapitalähnliche stille Beteiligungen sind im Laufe des Gesetzgebungsverfahrens zu den ökonomisch problematischsten Aspekten bereits Kompromisse gefunden worden. Gegenstand heftiger Diskussionen bleibt dagegen die genaue Festlegung der Risikoprämie im Diskontierungszinsfuß.

237) Vgl. MOXTER, A., BALLWIESER, W., a.a.O., S. 27 ff.

- Regierungsvorschlag und "Laux-Modell"

Nach der Bewertungsverordnung der Bundesregierung berechnet sich der Diskontierungszinsfuß (i) additiv aus der Umlaufsrendite festverzinslicher Wertpapiere mit annähernd gleicher Restlaufzeit (k) sowie einer Risikoprämie (p). Nach Erwerb einer stillen Beteiligung wird die Risikoprämie zunächst rein rechnerisch als Differenz zwischen Umlaufsrendite und vertraglich vereinbarter Rendite der stillen Beteiligung ermittelt. Der laufende Wert der stillen Beteiligung weicht also nach dieser Berechnungsmethode vom Anfangswert nur durch Veränderungen der Anleiherendite und der Restlaufzeit ab. Nach der ersten Neufeststellung von erwartetem Ertrag und erwartetem Rückzahlungsbetrag nach der Angemessensheitsprüfung bei Erwerb, also spätestens zwölf Monate später (§ 25 d Abs. 2, 2. Satz) wird die rein rechnerisch ermittelte Risikoprämie durch die nach Ermessen des Wirtschaftsprüfers festgestellte Risikoprämie ersetzt. Die erwartete Rendite und die Risikoprämie der stillen Beteiligung bei Erwerb als Ausgangsgrößen der Bewertung bleiben außer Betracht. Während der gesamten Laufzeit ist die Risikoprämie mit mindestens 2,5 % anzusetzen, um dem strukturellen Risiko stiller Beteiligungen gerecht zu werden. Nach Ansicht der Kritiker führt der ungefähr nach einem Jahr stattfindende Übergang von der rein rechnerisch festzustellenden vereinbarten Risikoprämie zu der vom Wirtschaftsprüfer geschätzten Risikoprämie in bestimmten Fällen zu systemimmanenten Bewertungssprüngen.[238]

Das "Laux-Modell" vermeidet diesen Nachteil. Es unterscheidet sich von der Bewertungsverordnung nur in der Definition der im Diskontierungszinsfuß enthaltenen Risikoprämie, die hier für die gesamte Laufzeit einheitlich definiert ist. Die Risikoprämie errechnet sich aus dem Produkt der vom Wirtschaftsprüfer während der Laufzeit jeweils geschätzten Risikoprämie und einem Gewichtungsfaktor. Dieser Gewichtungsfaktor besteht aus dem Verhältnis der für den Erwerbszeitpunkt rein rechnerisch ermittelten Risikoprämie und ei-

238) Vgl. LAUX, Manfred, Stellungnahme des Bundesverbandes Deutscher Investment-Gesellschaften e.V. zum Entwurf der Bewertungsverordnung für stille Beteiligungen, Schreiben an das Bundesministerium der Finanzen v. 25.06.1987, S. 2.

ner im Rahmen der Angemessenheitsprüfung bei Erwerb vom Abschlußprüfer geschätzten Risikoprämie. Den Vergleich der beiden Modelle soll folgende Gegenüberstellung erleichtern.

Tab. 3.1: Diskontierungszinsfuß zur Bewertung stiller Beteiligungen

Bewertungsverordnung der Bundesregierung	"Laux-Modell"
Für etwa das 1. Jahr: $i_t = k_t + (r_0 - k_0)$ Danach: $i_t = k_t + p_t$	Für die gesamte Laufzeit: $i_t = k_t + \frac{(r_0 - k_0)}{p_0} p_t$
Mindestens:	$i_t = k_t + 0{,}025$

i_t = Diskontierungszinsfuß zum Zeitpunkt t
k_0 = Umlaufrendite festverzinslicher Wertpapiere mit gleicher Restlaufzeit zum Erwerbszeitpunkt
k_t = Umlaufrendite zum Zeitpunkt t
p_0 = Vom Wirtschaftsprüfer anläßlich der Angemessenheitsprüfung bei Erwerb zugrundegelegte Risikoprämie
p_t = vom Wirtschaftsprüfer geschätzte Risikoprämie zum Zeitpunkt t
r_0 = Rendite der stillen Beteiligung zum Erwerbszeitpunkt

Eine Analyse der beiden Formeln macht deutlich, daß während des ersten Bewertungsjahres keine Bewertungsunterschiede entstehen, da bis zu der ersten Neufeststellung der Risikoprämie nach der Angemessenheitsprüfung bei Erwerb $p_t = p_0$ gilt. Der Gewichtungsfaktor $(r_0 - k_0)/p_0$ wird bei Erwerb festgelegt und ist während der gesamten Laufzeit der stillen Beteiligung konstant. Für den Zeitraum nach der ersten Neufeststellung der Risikoprämie stellt die "Laux-Formel" eine lineare Transformation der Formel der Bewertungsverordnung dar. Der Diskontierungszinsfuß des "Laux-Modells" weicht nur dann von dem des Regierungsmodells ab, wenn sich die vereinbarte Risikoprämie (r_0 - k_0) von der vom Abschlußprüfer in der Angemessensheitsprüfung bei Erwerb angesetzten Risikoprämie p_0 unterscheidet. Die Bewertung kommt nach einem Jahr der Laufzeit folglich dann zu einem unterschiedlichen Ergebnis, wenn der Wirtschaftsprüfer bei Erwerb die Beteiligung mit einem anderen Preis als den tatsächlich zwischen Unternehmen und Kapitalanlagegesellschaft vereinbarten Marktpreis bewertet hat. Ist die vereinbarte Risikoprämie (r_0 - k_0) größer (kleiner) als p_0, so ist die Abzinsungsrate nach dem "Laux-Modell" stets größer (kleiner), der Wert der stillen Beteiligung also jeweils niedriger (höher) als nach der Regierungsverordnung. Die rechnerischen Abweichungen zwischen beiden Formeln stellen jedoch eine wesentlich geringere Fehlerquelle bei der Bewertung dar als die zugrundeliegenden Schätzungen des Wirtschaftsprüfers.

Da in der Formel der Regierungsverordnung die Risikoprämie nach dem ersten Jahr nur noch von der Umlaufsrendite und der vom Wirtschaftsprüfer geschätzten Risikoprämie abhängt, kommt die Abhängigkeit des Bewertungsergebnisses von der Schätzung des Wirtschaftsprüfers hier stärker zum Ausdruck. Der Verordnungsentwurf hat hinsichtlich seiner Transparenz einen Vorteil. Das "Laux-Modell" wirkt dagegen zunächst optisch komplizierter.

Inhaltlich begründeter und logisch ausgefeilter ist dagegen das "Laux-Modell". Es gelingt in diesem Modell, alle Fondsanleger unabhängig vom Zeitpunkt des Anteilsscheinerwerbs systematisch gleich zu behandeln. Da das "Laux-Modell" für den gesamten Bewertungszeitraum eine einheitliche Formel verwendet, werden systematisch bedingte Bewertungsprünge vermieden. Durch die unterschiedliche Berechnungsmethode vor und nach der ersten Neufeststellung kann es im Verordnungsentwurf der Bundesregierung dagegen zu Bewertungssprüngen kommen.[239)]

239) Diese Aussagen stützen sich auf umfangreiche Proberechnungen, die vom BUNDESVERBAND DEUTSCHER INVESTMENT-GESELLSCHAFTEN E.V. durchgeführt und dem Verfasser zur Einsichtnahme zur Verfügung gestellt wurden.

Da die vereinbarte Risikoprämie diejenige bewertungsrelevante Größe ist, die einem objektiven Marktpreis am ehesten entspricht, sollte sie zur Ermittlung eines potentiellen Marktpreises für die gesamte Laufzeit in die Ertragswertformel eingehen. Auch dieser Anforderung wird nur das "Laux-Modell" gerecht.

Ursprünglich bestand ein weiterer Unterschied der beiden Modelle in der Mindestrisikoprämie, die im Verordnungsentwurf der Bundesregierung 3 %, im "Laux-Modell" dagegen 2 % betrug. In der Praxis der Unternehmensbewertung sind Risikozuschläge von knapp 2 % bis 6 % üblich, wobei hierin das Risiko der Veräußerbarkeit stiller Beteiligungen nicht berücksichtigt ist, da hierzu keine allgemein gültigen Erfahrungen vorliegen.[240]

Das Institut der Wirtschaftsprüfer (IDW) hält einen Mindestrisikozuschlag in Höhe von 3 % für zu hoch und eine zeitliche Konstanz dieser Größe für unangemessen. Es schlägt vor, den Mindestrisikozuschlag auf 20 % vom Kapitalmarktzins festzulegen.[241] Eine tägliche Anpassung der Risikoprämie durch Kapitalmarktzinsschwankungen in der Ertragswertformel ist jedoch aufwendig. Vor allem aber ist es sehr zweifelhaft, ob sich die strukturellen Risiken einer stillen Beteiligung gleichgerichtet mit dem Kapitalmarktzinsniveau entwickeln. Bewertungs-, Informations- und Liquiditätsrisiko sind weitgehend unabhängig vom Marktzins. Zur Vereinfachung der Bewertung kann deshalb an einer Konstanz der Risikoprämie festgehalten werden. Aufgrund des Problems der Adverse-Selection ist ein Mindestrisikozuschlag jedoch grundsätzlich so niedrig zu halten, wie eben möglich, da sonst stille Beteiligungen mit sehr geringen Risiken relativ betrachtet zu schlecht bewertet werden können.[242]

240) Vgl. INSTITUT DER WIRTSCHAFTSPRÜFER (IDW), Stellungnahme zur Verordnung über die Bewertung stiller Beteiligungen gemäß 25d Abs. 3 KAGG, Schreiben v. 3. Februar 1987, S. 1.

241) Ebenda.

242) Ein Portefeuille aus sehr guten Beteiligungen, die ein strukturelles Risiko aufweisen, das geringer ist als der Mindestrisikozuschlag, wird genauso bewertet wie ein Portefeuille aus wirtschaftlich riskanteren stillen Beteiligungen, die genau ein der Mindestprämie entsprechendes Risiko besitzen. Die Anteilsscheine beider Fonds haben den gleichen Preis. Wirtschaftlich Ungleiches würde unsachgemäß gleich behandelt, der Anleger des "besseren" Fonds benachteiligt. Da kein Qualitätsunterschied für die Anleger erkennbar ist, hat die Kapitalanlagegesellschaft einen Anreiz, eher

Eine Festsetzung des Mindestrisikozuschlags (einschließlich des Veräußerbarkeitsrisikos) auf 2,5 % ist sachlich angemessen.[243]

Die Festsetzung von Risikoprämien durch den Abschlußprüfer erfordert grundsätzliche kritische Anmerkungen. Mit steigendem Risiko einer Beteiligung wird es für den Prüfer zunehmend schwieriger, die Prämie annähernd richtig zu quantifizieren. Engagiert sich eine Kapitalanlagegesellschaft in stillen Beteiligungen an jungen, innovativen Unternehmen mit hohen Ertragschancen, aber auch hohen Ausfallrisiken, ist der Wirtschaftsprüfer vermutlich überfordert, weil er die technische Qualität und die Marktchancen der Produkte oder Dienstleistungen des Beteiligungsunternehmens nur unzureichend beurteilen kann. Der Wirtschaftsprüfer kann zwar versuchen, objektive Maßstäbe bei seiner Bewertung anzulegen, die Bewertung von Risiken erfolgt jedoch letztlich subjektiv. Individuen mit anderen Risikopräferenzen würden der stillen Beteiligung einen anderen Wert beimessen. Die Aussagekraft des vom Abschlußprüfers geschätzten potentiellen Marktpreises sinkt deshalb mit steigendem Risiko. Für die Bewertung stiller Beteiligungen an innovativen Unternehmen mag ein Gutachten eines Wirtschaftsprüfers eine hilfreiche Information sein, als alleinige Grundlage der Preisfestsetzung ist es jedoch unbefriedigend. Das vorgesehene Bewertungskonzept wird deshalb für fremdkapitalähnliche Kapitalbeteiligungen in der Realität funktionieren, es erschwert jedoch gleichzeitig die Leistungen eines Beitrags der Beteiligungs-Sondervermögen zur Finanzierung junger, dynamischer und innovativer Unternehmen.

---

schlechtere und billigere Beteiligungen zu erwerben bzw. gute Beteiligungen zu höheren Verkaufserlösen zu veräußern. Tendenziell bleiben die eher schlechten Risiken im Portefeuille zurück.

243) Eine Mindestrisikoprämie von 2,5 % wurde vom Verfasser gemeinsam mit GERKE als Kompromiß zwischen Verordnungsentwurf der Bundesregierung und "Laux-Modell" vorgeschlagen; dieser Kompromißvorschlag wurde vom Land Hessen in den Bundesrat eingebracht und setzte sich durch. Vgl. O.V., Wie bewertet man stille Beteiligungen?, in: Frankfurter Allgemeine Zeitung, Nr. 51, v. 1.3.1988, S. 21.

3.3.3. Kritische Würdigung

Fondsträger von Beteiligungs-Sondervermögen stellen grundsätzlich, ähnlich wie Unternehmensbeteiligungsgesellschaften, geeignete Institutionen für eine überbetriebliche Beteiligung breiter Bevölkerungskreise an nicht emissionsfähigen Unternehmen dar. In der Erreichung der einzelnen Ziele unterscheidet sich die Investmentlösung von der UBGG-Variante jedoch deutlich.

- Bezeichnungsschutz und Aufsicht

Die Bezeichnung "Beteiligungs-Sondervermögen" ist zwar nicht geschützt, die Fondsträger von Beteiligungs-Sondervermögen können aber die geschützte Firmenbezeichnung "Kapitalanlagegesellschaft" oder "Investmentgesellschaft" bzw. entsprechende Derivate tragen oder mit ihnen werben (§ 7 KAGG). Da Kapitalanlagegesellschaften eine langjährige Marktpräsenz, einen hohen Bekanntheitsgrad und ein gutes Image vorweisen können, ist dieser Bezeichnungsschutz wertvoller als beispielsweise derjenige des UBGG. Die Gütesiegelfunktion der Bezeichnung wird dadurch verstärkt, daß Kapitalanlagegesellschaften Kreditinstitute sind und der Bankenaufsicht unterliegen. Hinsichtlich Bezeichnungsschutz und Aufsicht bestehen somit gute Voraussetzungen für Beteiligungs-Sondervermögen, sehr schnell eine aktzeptable Marktstellung zu erreichen, denn Bekanntheitsgrad und Bonität sind sowohl bei Anlegern als auch bei Beteiligungsunternehmen vergleichsweise hoch. Das hohe Standing der Kapitalanlagegesellschaften kann auch positiv auf das Image der Beteiligungsunternehmen ausstrahlen.

Die Erteilung einer Betriebserlaubnis für Kapitalanlagegesellschaften unterliegt den strengen Vorschriften der §§ 32-38 KWG sowie § 2 KAGG. Das Risiko von Schwindelgründungen und wird hierdurch sehr stark reduziert. Andererseits stellen die hohen Anforderungen an die Zulassung zum Geschäftsbetrieb Marktzutrittsbarrieren dar, die eine Belebung des Wettbewerbs zwischen Kapitalanlagegesellschaften durch kleinere, private Initiatoren verhindern.

- Rechnungslegung und Berichterstattung

Die allgemeinen Publizitätspflichten für Kapitalanlagegesellschaften gewähren bereits einen recht weitgehenden Anlegerschutz und haben sich in der Vergangenheit bewährt. Die weitergehenden, speziellen Vorschriften für Beteiligungs-Sondervermögen erfüllen das Anlegerinteresse nach Detailinformationen zu den erworbenen stillen Beteiligungen jedoch ebenso wenig, wie dies bei Unternehmensbeteiligungsgesellschaften der Fall ist. Die Beteiligungsunternehmen bleiben gegenüber den Anlegern anonym, und der Wert aller stillen Beteiligungen kann in einem Gesamtbetrag angegeben werden. Der Anleger hat folglich nicht die Möglichkeit, das Ausfallrisiko einzelner Beteiligungen und die Auswirkungen eines Ausfalls auf das Gesamtportefeuille abzuschätzen. Einen genauen Einblick über die Zusammensetzung des Beteiligungs-Sondervermögens vermitteln lediglich die Anzeigen an die Aufsichtsbehörde, die dem Anleger jedoch nicht zugänglich sind. Da es fraglich ist, ob den Anlegern eine Stellvertretung bei der Informationsverarbeitung durch die Aufsichtsbehörde genügt, ist es den Fondsträgern zu empfehlen, über die gesetzlichen Mindestvorschriften hinaus entscheidungsrelevante Daten an das Publikum weiterzugeben.

- Anlagegrenzen und Erwerbsbedingungen

Nach Ablauf einer Übergangsfrist müssen mindestens 10 % und höchsten 30 % des Sondervermögens in stillen Beteiligungen angelegt sein (vgl. 25e Abs. 1 und § 25b Abs. 3 KAGG). Mit der Untergrenze wird garantiert, daß Beteiligungs-Sondervermögen in einem Mindestmaß zur Finanzierung nicht börsennotierter Unternehmen beitragen. Mit der Obergrenze werden die Auswirkungen spezieller Risiken von stillen Beteiligungen auf die Performance des Gesamtportefeuilles eingeschränkt. Stille Beteiligungen unterliegen - ebenso wie die bis zu 30 % des Sondervermögens erwerbbaren Schuldverschreibungen - Zinsänderungsrisiken. Wie die Ertragswertformel zeigt, sinkt der Wert der stillen Beteiligungen bei steigenden Kapitalmarktzinsen. Im Gegensatz zu Schuldverschreibungen können stille Beteiligungen jedoch nicht kurzfristig veräußert oder hinzuerworben werden, wodurch ein Management der Zinsänderungsrisiken direkt nicht möglich ist. Will beispielsweise ein Fonds in Erwartung steigender Kapitalmarktzinsen die durchschnittliche Laufzeit der im Sondervermögen befindlichen verzinslichen Forderungen senken, so ist dies kurzfristig nur durch den Verkauf langlaufender Schuldverschreibungen bzw. durch Zukauf von Kurzläufern möglich.

Eine Begrenzung des Anteils stiller Beteiligungen am Beteiligungs-Sondervermögen ist weiterhin zur Sicherung der Liquidität des Fonds angezeigt. Im Falle massiver Anteilsscheinrückgaben müssen genügend liquide Anlageformen - Aktien und Schuldverschreibungen - zur Veräußerung bereitstehen, um eine Zahlungsunfähigkeit zu vermeiden und die Rücknahmeverpflichtungen erfüllen zu können. Das Risiko einer Insolvenz ist durch die 30 %-Grenze sehr gering. In der Praxis werden Fondsgesellschaften es zudem vermeiden, sich zu nahe an die 30 %-Grenze heranzutasten. Setzen umfangreiche Anteilsscheinrückgaben ein, so würde nämlich durch den Verkauf börsennotierter Wertpapiere die 30 %-Grenze überschritten. Zwangsläufig und ungewollt müßte der Fondsträger auf den Erwerb lukrativer stiller Beteiligungen so lange verzichten, bis die Überschreitung der 30 %-Grenze behoben ist. Damit würde die Flexibilität des Fondsmanagements erheblich eingeschränkt.

Außerdem bewirken die Anlagegrenzen, daß in Normalsituationen der Anteil börsennotierter Aktien am Sondervermögen mit wenigstens 40 höher ist als derjenige von Schuldverschreibungen. Mindestens 70 des Fondvermögens sind - von Ausnahmesituationen durch Anteilsscheinrückgaben abgesehen - in Aktien und stillen Beteiligungen investiert. Trotz des fremdkapitalähnlichen Charakters der stillen Beteiligungen können Beteiligungs-Sondervermögen deshalb als Produktivvermögensanlageform klassifiziert werden. Sie bieten die Voraussetzung, das Ziel der Produktivvermögensbildung für ein breites Publikum zu verwirklichen.

Die Mindestvorschriften bezüglich der Diversifikation des Portefeuilles erscheinen ausreichend, um risikosenkende Effekte erzielen zu können. Ein Beteiligungs-Sondervermögen muß im Mindestfall

10 stille Beteiligungen und 10 Aktienbeteiligungen an 20 verschiedenen Unternehmen halten (§ 25 e Abs. 1 und § 8 Abs. 3 KAGG). Ein Vergleich unter modellhaften Bedingungen ergab, daß bei nicht über die gesetzlichen Mindestbestimmungen hinausgehender Diversifikation das Portefeuillerisiko einer Unternehmensbeteiligungsgesellschaft 2,7 mal so hoch ist wie bei einem Beteiligungs-Sondervermögen.[244] Stark risikoaverse Anleger werden deshalb Anteile an Beteiligungs-Sondervermögen tendenziell Aktien einer Unternehmensbeteiligungsgesellschaft vorziehen.

Die für den Erwerb einer stillen Beteiligung vorgeschriebene Angemessenheitsprüfung enthält u.a. die Vorschrift, daß der "erwartete gewinnunabhängige Mindestzins... der stillen Beteiligung" zu berücksichtigen sei (§ 25 b Abs. 1, Nr. 2, Ziffer b, 2. Halbsatz). Eine gewinnunabhängige Mindestverzinsung induziert jedoch wie jede andere einseitig zu Lasten der Beteiligungsunternehmen ausgestaltete Vertragsklausel das Problem der Adverse Selection, da nur solche Beteiligungsunternehmen die Vertragsbedingungen akzeptieren, die zu günstigeren Konditionen keine Kapitalgeber finden. Soll eine Konzentration schlechter Risiken im Beteiligungs-Sondervermögen vermieden werden, so ist auf die Vereinbarung eines gewinnunabhängigen Mindestzinses zu verzichten.

- Veräußerungsbedingungen

Stille Beteiligungen dürfen nur veräußert werden, wenn die Kapitalanlagegesellschaft einen Käufer findet, der bereit ist, einen Preis zu zahlen, der nicht oder nur unwesentlich den bei der Bewertung ermittelten Wert unterschreitet. Beteiligungen von Unternehmen, deren erwartete oder tatsächliche wirtschaftliche Verhältnisse sich stark verschlechtern, werden solange unverkäuflich, bis der Abschlußprüfer eine Neubewertung vorgenommen hat. Diese Regelung kann im Einzelfall die Möglichkeit eines kurzfristigen "Kri-

244) Bei der Berechnung dieses Wertes wurde angenommen, daß die Beteiligungen innerhalb eines Portefeuilles jeweils einen Korrelationskoeffizienten von 0 aufweisen. Außerdem wurde das strukturelle Risiko von Beteiligungen an nicht börsennotierten Unternehmen vernachlässigt. Vgl. GERKE, W., SCHÖNER, M., (1988), a.a.O., S. 208.

senmanagements" schlechter Einzelrisiken einschränken. Die Kapitalanlagegesellschaft kann nur aktuell vom Käufer hochbewertete Beteiligungen abgeben und bleibt auf den im Wert fallenden Engagement bis zur Neubewertung oder Fälligkeit sitzen. Eine solche Regelung ist nicht im Interesse der Anteilsscheininhaber.

- Depotbanken

Die Übertragung neuer Aufgaben und Pflichten auf die Depotbanken könnte die verwaltungstechnische Abwicklung eines Beteiligungs-Sondervermögens erschweren und verteuern. Die Depotbank muß überwachen, daß die gemäß § 25 c vorgeschriebenen Elemente in die Beteiligungsverträge aufgenommen werden und muß Verfügungen über das Beteiligungs-Sondervermögen sowie Vertragsänderungen zustimmen. Der Zentrale Kreditausschuß kritisiert diese Regelung, die der Depotbank "...eine völlig neuartige Qualität von Aufgaben mit Managementfunktion auferlegt, die der Eigenverantwortlichkeit der Kapitalanlagegesellschaften widersprechen würde und auch wegen der unschätzbaren Haftungsrisiken abzulehnen wäre".[245] Die Überwachung eines Vertragsverhältnisses, an dem sie selbst nicht beteiligt sind, werden sich die Depotbanken durch Provisionen vergüten lassen. Die Kosten hat letztendlich der Anteilsscheininhaber zu tragen.

Es ist nicht einsichtig, warum eine Zustimmung der Depotbank für die Veräußerung von Beteiligungen notwendig sein soll. Diese Regelung schränkt nur die Handlungsspielräume des Fondsmanagements ein. Eine Kontrolle der Ausgestaltung der Gesellschaftsverträge und damit der Einhaltung spezieller Vorschriften des KAGG wäre der Bankaufsichtsbehörde und nicht den Depotbanken zuzuordnen. Die Aufgabe der EDV-technisch standardisierbaren täglichen Bewertung von stillen Beteiligungen sollte dagegen bei den Depotbanken verbleiben, da die Ermittlung des Wertes des Sondervermögens gemäßt § 21 Abs. 2 KAGG ohnehin zu ihren Aufgaben gehört.

---

245) O.V., Depotbanken wehren sich gegen zusätzliche Pflichten, in: Handelsblatt, Nr. 198, v. 15.10.1986, S. 11.

- Besteuerung

Die Auswirkungen der steuerlichen Vorschriften für Beteiligungs-Sondervermögen wurden bereits an anderer Stelle kurz beschrieben.[246] Inhaber von Anteilsscheinen eines Beteiligungs-Sondervermögens werden steuerlich mindestens so gut gestellt wie Anleger, die direkt eine stille Beteiligung an einem Unternehmen erwerben. Die steuerliche Behandlung von Beteiligungs-Sondervermögen ist aus Anlegersicht günstiger als die von Unternehmensbeteiligungsgesellschaften, insbesondere wenn die Beteiligungsgesellschaften Veräußerungsgewinne realisieren.

- Gesamtbeurteilung

Stille Beteiligungen, die nicht im vollen Maße an Gewinn und Verlust teilhaben, die nicht nachrangig haften und den Kapitalgeber nicht an der Unternehmenssubstanz beteiligen, stellen kein vollwertiges Risikokapital, sondern allenfalls ein Eigenkapitalsurrogat in Form eines langfristigen Gläubigerverhältnisses dar.[247] Die Anwendung einer für Fremdkapitaltitel vorgesehenen Bewertungsmethode setzt jedoch die fremdkapitalähnliche Ausgestaltung stiller Beteiligungen voraus. Damit ist die Zuführung von haftendem Eigenkapital an nicht börsennotierte Unternehmen ausgeschlossen, und ein wichtiges Ziel der überbetrieblichen Vermögensbeteiligung bleibt weitgehend unerreicht. Wettbewerbsnachteile für kleine und mittlere Unternehmen bei der Kapitalaufnahme werden durch die Institutionalisierung von Beteiligungs-Sondervermögen nur wenig reduziert.

Die Erwerbs- und Veräußerungsbedingungen schränken die Flexibilität des Fondsmanagements zum Teil zu stark ein. Die schwierigen Aufgaben des Abschlußprüfers bei der Bewertung, die teilweise zu

246) Vgl. Kap. 3.2.2., S. 151-152 dieser Arbeit.

247) Vgl. SCHÖNER, Manfred, Unternehmensbeteiligung/Beteiligungssondervermögen, in: Der Langfristige Kredit, 36. Jg., Heft 15/1985, S. 467; vgl. GERKE, W., SCHÖNER, M., (1986), a.a.O., hier S. 690; vgl. GERKE, W., SCHÖNER, M., (1988), a.a.O., S. 204.

weitgehenden Pflichten der Depotbanken, die zusätzlichen Publizitätsanforderungen an Kapitalanlagegesellschaften, aber auch an Beteiligungsunternehmen, verursachen hohe Kosten. Zwar stellen die diversifizierten, klein gestückelten, liquiden und den strengen Normen des KAGG und KWG sowie der Bankenaufsicht unterliegenden Anteilsscheine von Beteiligungs-Sondervermögen eine den Anlegerinteressen grundsätzlich entsprechende Sparform dar, es bleibt aber abzuwarten, ob genügend Ertragsanreize für Kapitalanlagegesellschaften und die Anleger existieren, damit diese neue Anlageform sich gegenüber konkurrierenden Sparformen durchsetzen kann. Dies wird nur dann der Fall sein, wenn die stillen Beteiligungen deutlich höhere Renditen als am organisierten Kapitalmarkt üblich erzielen.

Sowohl das UBGG als auch die Regelung der Beteiligungs-Sondervermögen im KAGG stellen grundsätzlich geeignete Varianten der Institutionalisierung der überbetrieblichen Vermögensbeteiligung dar. Die Regelungen über die Vertragsverhältnisse zwischen den beiden Formen von Beteiligungsgesellschaften und Beteiligungsunternehmen sowie zwischen Intermediär und Anleger dienen einer Normierung und Standardisierung eines bisher weitgehend unorganisierten Kapitalmarktsegmentes, soweit sie die Finanzierung nicht emissionsfähiger Unternehmen betreffen. Eine Verzerrung von Marktpreisen findet durch diese von Subventionen unabhängige Formen der Institutionalisierung nicht statt. Aus der Kritik der normativen Regelungen über diese Vertragsverhältnisse sind Verbesserungsvorschläge entwickelt worden, die sowohl das Ziel der Risikokapitalaufbringung als auch das Ziel der Produktivvermögensbeteiligung besser zu erreichen helfen. Die Betrachtung völlig anderer Organisationsformen von Beteiligungsgesellschaften im Ausland soll weitere Anregungen zur Ausgestaltung vermitteln.

3.4. Ausgewählte alternative Konzeptionen der überbetrieblichen Vermögensbeteiligung[248]

3.4.1. Genußscheinfondsmodell in Österreich und US-amerikanische SBIC - überbetriebliche Vermögensbeteiligung durch Steueranreize

- Österreichische Beteiligungsfonds

Eine indirekte Beteiligung privater Anleger am Unternehmenskapital ist in Österreich über sogenannte Beteiligungsfondsgesellschaften möglich. Die gesetzliche Grundlage ist das Beteiligungsfondsgesetz (BFG) vom Februar 1982.[249] Geregelt sind in ihm nicht nur der Rahmen für die Beziehungen zwischen Beteiligungsgesellschaft und Unternehmen sowie Beteiligungsgesellschaft und Anleger, sondern auch wesentliche direkte Steueranreize.

Die Fondsgesellschaften können an allen österreichischen Unternehmen kapitalmäßige Beteiligungen verschiedener Rechtsformen erwerben, aufgrund nationaler steuerrechtlicher Regelungen wird jedoch fast in jedem Fall die stille Beteiligung gewählt.[250] Ein erster bedeutsamer Unterschied gegenüber den deutschen Modellen besteht darin, daß für die stillen Beteiligungen die Vereinbarung einer nachrangigen Haftung und einer ertragsabhängigen Verzinsung durch das BFG vorgeschrieben ist. Eine Nachschußpflicht ist nicht vorgesehen. Zwar wird in vielen Verträgen eine Verlustbeteiligung ausgeschlossen und eine begrenzte Mindestverzinsung[251] vereinbart, aufgrund der im Vergleich zu Gläubigern erst nachrangigen Befriedigung im Konkursfall ist der Risikokapitalcharakter der stillen

---

248) Neben den hier vorzustellenden Konzeptionen existieren in vielen Ländern Modelle zur Förderung des privaten Produktivvermögenbesitzes. Einen Überblick über in der EG realisierte Lösungsansätze geben KITTNER, Michael, BASTEN, Susanne, Vermögensbildung, Stuttgart, Wiesbaden 1981, S. 32-42.

249) BETEILIGUNGSFONDSGESETZ (BFG), Österreichisches BGBl. Nr. 111/1982

250) Nur bei stillen Beteiligungen sind die ausgezahlten Gewinnanteile beim Beteiligungsunternehmen steuermindernde Betriebsausgaben. Vgl. STÖBER, Kurt, Zur Entwicklung der Beteiligungsfonds, in: ÖBA, Heft 11/1987, S. 786-799, hier S. 788.

251) Der ertragsunabhängige Zinsanteil darf 25 % des Kapitalmarktzinses plus 2 % nicht überschreiten; ebenda. Hierdurch sind Adverse-Selection-Probleme nahezu ausgeschlossen.

Beteiligungen jedoch in wesentlich stärkerem Maße gegeben als bei den deutschen Beteiligungs-Sondervermögen.[252]

Die Erreichung des Ziels der Haftkapitalallokation wird weiterhin durch Gentlemen Agreements begünstigt, nach denen zwei Drittel des Fondsvermögens in Gewerbe- und/oder Industrieunternehmen investiert werden müssen, denn diese Sektoren gelten in Österreich als besonders überschuldet. Außerdem muß ein Drittel des Vermögens an Kleinunternehmen mit einer Betriebsleistung unter 200 Mio ÖS vergeben werden und ein weiteres Drittel an mittlere Unternehmen mit einer Betriebsleistung unter 1500 Mio ÖS; für das letzte Drittel ist die Disposition größenklassenmäßig frei.[253] Auf diese Weise soll eine anteilsmäßige Risikokapitalzuführung an kleine und mittlere Unternehmen gesichert werden. 87,3 % des Gesamtbeteiligungsvolumens flossen im Zeitraum von 1982-1986 405 so definierten Klein- und Mittelbetrieben zu.[254] Allerdings liegt der Umsatz von 99 % der österreichischen Unternehmen unter 50 Mio ÖS.[255] Inwiefern diese überragende Mehrheit an Kleinstunternehmen in den Genuß der Kapitalzuführung über die Fonds kommen, ist nicht bekannt.

Die Laufzeit der stillen Beteiligungen beträgt mindestens zehn Jahre. Der Abschluß der Beteiligungsverträge wird von einem Vorstandsmitglied einer Beteiligungsfondsgesellschaft als ausgesprochen unkompliziert und kostengünstig dargestellt. Nach einer ein- bis zweitägigen Unternehmensanalyse vor Ort und der Vereinbarung eines fünf- bis siebenseitigen Beteiligungsvertrages, der sämtliche Gewinnanteilsregelungen und Mitsprache- und Kontrollrechte[256]

---

252) Folge der Subordinationsklausel ist u.a., daß die Fondsgesellschaft oder ihr nahestehende Banken zur Rettung der Beteiligungen häufig zu Sanierungsmaßnahmen bereit sind. Eine Teilnahme am "Sanierungsgewinn" kommt jedoch nur in Betracht, wenn der Stille nicht nur am Konkursrisiko, sondern auch am laufenden Verlust teilnimmt. Vgl. NOWOTNY, Christian, Das Schicksal stiller Fondsbeteiligungen im Ausgleich des Unternehmers, in: ÖBA, Heft 7/1988, S. 661-666.

253) STÖBER, K., a.a.O., S. 788.

254) Derselbe, S. 791.

255) Derselbe, S. 796.

256) Das BFG schreibt hierzu nur vor, daß die Kontrollrechte "ausreichend" sein müssen. Vgl. SCHWAB, Fritz, Das österreichische Beteiligungsmodell, in: Die Finanzierung mittelständischer Unternehmungen in Deutschland, hrsg. v. WOSSIDLOW, Peter Rütger, Berlin 1985, S. 250-265, hier S. 260.

enthalte, könne die Kapitalzuführung veranlaßt werden.[257] Gemäß BFG wird keine Gesellschaftssteuer auf die Errichtung der Beteiligung erhoben. Die Unternehmensbeteiligungen müssen vor Auflage der Fonds verbindlich vereinbart sein. Die Synergieeffekte von Kapitalvergabe und Beratung aus einer Hand werden in Österreich ebenso anerkannt und wahrgenommen wie die Bedeutung der Beteiligungsgesellschaft als Vermittler von Unternehmenskontakten.

Im Gegensatz zum UBGG existiert in den Anlagevorschriften für Beteiligungsfonds wie auch für die deutschen Beteiligungs-Sondervermögen kein Majoritätsverbot. Jeder Beteiligungsfonds muß mindestens Beteiligungen an acht Unternehmen (Konzernunternehmen werden zusammengezählt) enthalten, wobei keine Beteiligung größer als 20 % des Fondsvolumens sein darf.[258]

Die Diversifikationsvorschriften sind damit weniger streng als bei Unternehmensbeteiligungsgesellschaften und Beteiligungs-Sondervermögen. Anlegerschutzaspekte haben bei der österreichischen Gesetzesinitiative bezüglich der Anlagevorschriften offensichtlich eine kleinere Rolle gespielt als das Ziel einer möglichst flexiblen Risikokapitalzuführung an die Unternehmen.

Die Beteiligungsfondsgesellschaften verwalten jeweils mehrere geschlossene Fonds nach dem Prinzip der Vermögenstrennung und bieten ein breites Spektrum von Spezialitäten bis hin zum Venture-Fonds an.[259]

Die fünf bisher tätigen Fondsgesellschaften, hinter denen große Bankinstitute stehen, unterliegen dem österreichischen Kreditwesengesetz und einer Aufsicht durch das Bundesfinanzministerium, das auch eine Gründungskonzession erteilen muß. Bedingung ist u.a. ein Mindestgrundkapital von 150 Mio ÖS und die Rechtsform der Aktiengesellschaft. Die Fondsgesellschaften finanzieren die Beteiligungsportefeuilles jedoch nicht wie Unternehmensbeteiligungsgesellschaften durch die Ausgabe von Aktien an das Anlegerpublikum,

257) STÖBER, K., a.a.O., S. 796.
258) SCHWAB, F., a.a.O., S. 253 f.
259) STÖBER, K., a.a.O., S. 795.

sondern emittieren Genußscheine. Dadurch wird die vermögensrechtliche Trennung mehrerer Fonds einer Beteiligungsgesellschaft vereinfacht. Hier zeigt sich ein wesentlicher Vorteil gegenüber der Unternehmensbeteiligungsgesellschaft, die nicht die Möglichkeit hat, eine Auswahl mehrerer Portefeuilles anzubieten; ein zusätzliches Portefeuille erfordert in Deutschland die zusätzliche Gründung einer neuen Aktiengesellschaft.[260)]

Ein wesentlicher Nachteil der Genußscheine besteht allerdings im Fehlen eines funktionsfähigen Sekundärmarktes, an dem die Posten des Anlegers liquidisiert werden könnten. Die Aktie als Refinanzierungsinstrument der Beteiligungsgesellschaft hat außerdem den Vorteil der "unendlichen" Laufzeit: dadurch werden Anschlußfinanzierungsprobleme im Verhältnis zwischen Beteiligungsgesellschaft und Unternehmen vermieden, die aus der begrenzten Laufzeit der Genußscheine resultieren. Aus diesen Gründen wird in Österreich inzwischen die Novellierung des Genußscheinfondsmodells nach Vorbild des UBGG gefordert, allerdings unter Beibehaltung der nationalen Anlagevorschriften und steuerlichen Förderungsmaßnahmen.[261)]

In einem nach aktienrechtlichen Vorschriften geprüften Rechenschaftsbericht hat jeder Fonds jährlich anhand normierter Kennzahlen (Eigenkapitalquote, Cash-Flow zu Betriebsleistung, Gesamtkapitalrentabilität und Effektivverschuldung[262)] zu Cash-Flow) über die Entwicklung der einzelnen Beteiligungsunternehmen zu informieren. Eine standardisierte, von allen Beteiligungsgesellschaften gleichermaßen betriebene Aufbereitung von relevanten Informationen ist auch deutschen Fonds zu empfehlen. Außerdem ist eine "Jahresüberschußrechnung" des Fonds vorzulegen. Der gesamte Jahresüberschuß ist an die Genußscheininhaber auszuschütten.[263)] Die Rechenschaftspflichten des Fonds bestehen schließlich darin, den Genußscheininhabern ein Zutritts- und Fragerecht auf den Hauptversamm-

260) Eine Lösung bestände in der Gründung einer Dach-AG, die wiederum mehrere Unternehmensbeteiligungsgesellschaften unterhält. Die Aktien der Dach-AG wären besonders stark diversifiziert und daher als Anlagemedium für risikoaverse Sparer geeignet.

261) STÖBER, K., a.a.O., S. 796-798.

262) Effektivverschuldung = Verbindlichkeiten abzüglich liquidierbares Umlaufvermögen (ohne Vorräte).

263) STÖBER, K., a.a.O., S. 789.

lungen der Fondsgesellschaften einzuräumen.[264] Die Informationsbedürfnisse der Anleger werden auf diese Weise nicht sehr ausführlich, aber effizient befriedigt.

Die von den Fondsgesellschaften zur Deckung ihrer Kosten erhobenen Provisionen sind durch das BFG begrenzt. Bei der Genußscheinausgabe dürfen sie ein Disagio von 7 % berechnen und zudem jährlich maximal 3 % des Fondsvolumens als Gestionsprovision einbehalten.[265] Solche Kostenbegrenzungen existieren im KAGG oder UBGG nicht. Sie haben nicht nur anlegerschützende Wirkung, sondern zwingen das Fondsmanagement außerdem zu einem erhöhten Kostenbewußtsein. Allerdings verhindern sie auch besonders kostenintensive Engagements in sehr kleinen und/oder besonders innovativen Unternehmen, die besonderer Beratungsleistungen und intensiver Betreuung bedürfen.

Die Fondsgesellschaften sind von Vermögen-, Gewerbe- und Körperschaftssteuer befreit,[266] so daß Direktanleger und Genußscheininhaber steuerlich gleichgestellt sind.

Die Genußscheine sind Inhaberpapiere und verbriefen einen anteiligen Anspruch auf den Jahresüberschuß und den Realisierungserlös eines Beteiligungsfonds. Ihre Stückelung beträgt 10000 ÖS. Sie müssen 10 Jahre bei einer Depotbank festgelegt sein, damit die Anleger die steuerlichen Vorteile ungeschmälert in Anspruch nehmen können.[267] Die steuerlichen Anreize bestehen aus mehreren Komponenten[268]:

1. Die Abzugsfähigkeit von 50 % des Anschaffungswertes im Rahmen des einheitlichen Sonderausgabenhöchstbetrages von 40000 ÖS jährlich seit 1.1.1989.[269] Im Falle eines Alleinverdienerab-

---

264) SCHWAB, F., a.a.O., S. 255.
265) STÖBER, K., a.a.O., S. 789.
266) FISCHER, L., a.a.O., S. 25.
267) Eine steuerunschädliche Veräußerung ist innerhalb der Zehnjahresfrist bei Ersatzbeschaffung innerhalb eines Jahres möglich. Vgl. STÖBER, K., a.a.O., S. 789.
268) Derselbe, S. 790.
269) Bis zum 31.12.1985 waren 100 % , bis zum 1.6.1987 75 % des gleichen Höchstbetrages absetzbar, vom 1.6.1987 bis 31.12.1988 waren es 75 % von 30000 ÖS. Vgl. HELBICH, Franz, KOTRNOCH, Herbert, Änderung des Abgabenrechts in Österreich, in: Internationale Wirtschaftsbriefe, Nr. 20, vom

setzbetrages erhöht sich dieser Betrag um weitere 40000 ÖS und für jedes Kind um weitere 5000 ÖS.[270] Auch die steuerlich voll absetzbaren Anschaffungen junger Aktien werden in die genannten Höchstbeträge mit eingerechnet.

2. Die Steuerfreiheit der jährlichen Ausschüttungen.
3. Der Vermögenssteuerfreibetrag von je 200.000 ÖS für junge Aktien und Genußscheine für den Steuerpflichtigen und die haushaltszugehörigen Personen (Ehegatte und minderjährige Kinder).[271] Als Bewertungsgrundlage gelten nur 80 % des Ausgabepreises.

Bei Nichterfüllung der Behaltefrist erfolgt hinsichtlich der Sonderausgabenbegünstigung im jeweiligen Jahr eine Nachversteuerung im Ausmaß von 50 % der abgesetzten Aufwendungen. Eine Nachversteuerung der bis zu diesem Zeitpunkt steuerfrei zugeflossenen Ausschüttungen bzw. eine Nachholung der Vermögenssteuer erfolgt jedoch nicht.[272]

Durch die Absetzbarkeit von 50 % des Kaufpreises wird der tatsächliche Kapitaleinsatz entsprechend dem individuellen Einkommensteuersatz um bis zu 25 % reduziert.[273] Bei durchschnittlichen jährlichen Ausschüttungen von 5 % auf den Nominalbetrag resultieren Renditen nach Steuern von 5,3 % bei einem Steuersatz von 10 % und 6,7 % bei einem Steuersatz von 50 %.[274] Die Förderung nimmt also aufgrund der Steuerprogression absolut und relativ mit steigendem Einkommen zu.

Die stufenweise verringerte steuerliche Förderung hat in den vergangenen Jahren einen erheblichen Mengeneffekt induziert. Von 1982

26.10.1987, S. 227-230; vgl. WUNDSAM, Walter, ZÖCHLING, Hans, Die Grundzüge der Steuerreform 1988 in Österreich, in: Internationale Wirtschaftsbriefe, Nr. 17, vom 10.9.1988, S. 231-235, hier S. 233.

270) Telefonische Auskunft der DIE ERSTE & CONSTANTIA Beteiligungsfonds AG, Wien, vom 25. Januar 1989.

271) HELBICH, F., KOTRNOCH, H., a.a.O., S. 229.

272) STÖBER, K., a.a.O., S. 790.

273) Der maximale Grenzsteuersatz beträgt seit dem 1.1.1989 in Österreich 50 %; 50 % * 50 % = 25 %. Bis zum 31.12.1988 betrug er noch 62 %, so daß der Kaufpreis um bis zu 62 % * 75 % = 46,5 % reduziert wurde.

274) $$\text{Rendite nach Steuer} = \frac{\text{Ausschüttung in \%}}{1 - \text{Steuersatz} * 0{,}5}$$

bis Ende 1986 wurde ein Genußscheinemissionsvolumen von 9,61 Mrd. ÖS abgesetzt. Am gesamten privaten Risikokapitalmarkt haben die Genußscheine mit einem Anteil von 35 % die größte Bedeutung von allen Finanzierungsformen erlangt.[275)]

Das österreichische Beteiligungsfondsmodell zeigt, wie mit massiven steuerlichen Förderungsmaßnahmen die Anlagegewohnheiten von privaten Sparern verändert werden können. Die Belastung des Staatshaushaltes zur Genußscheinförderung betrug bis Ende 1986 rund 4 Mrd ÖS.[276)] Die Fondsgesellschaften haben als Intermediäre zwar zur Lenkung von erheblichen Anlagemitteln in die Unternehmen beigetragen; der Effekt beruht jedoch weniger auf einer durch die Institutionalisierung dieser neuen Form von Beteiligungsgesellschaft induzierten erhöhten Markteffizienz als vielmehr auf einer direkten Subventionierung der Risikokapitalbildung. Jede Form von Subventionen hat jedoch Schattenwirkungen, die die Allokation eher verzerren. Zudem ist es in einer Demokratie erfahrungsgemäß sehr schwer, eingeführte Subventionen in Zukunft abzubauen.

Die hohe Stückelung der Genußscheine, vor allem aber die mit wachsendem Einkommen zunehmende steuerliche Förderung, weisen darauf hin, daß das Genußscheinfondsmodell insbesondere für einkommensstarke Bevölkerungsgruppen konzipiert ist. Da dieser Personenkreis ohnehin in der Lage ist, frei verfügbare Ersparnisteile risikobehaftet anzulegen - und dies, wie Abschreibungsmodelle zeigen, auch tut - führt die zusätzliche steuerliche Förderung zu erheblichen Mitnahmeeffekten. Die Art der steuerlichen Förderung induziert zudem einen starken einkommens- und vermögenskonzentrierenden Effekt. Mit umfangreichen öffentlichen Mitteln wird eine massive Umverteilung vorgenommen, die sozialpolitisch bedenklich ist.

Mit dem österreichischen Beteiligungsfondsmodell wird das Ziel einer Risikokapitalzuführung in den Unternehmenssektor mit großem Erfolg erreicht, auf das Ziel einer gleichmäßigeren Produktivvermögensverteilung wirkt das Modell sich dagegen negativ aus. Das Modell mag einige abwicklungstechnische und organisatorische Vor-

---

275) STÖBER, K., a.a.O., S. 791.
276) Derselbe, S. 793.

züge aufweisen, die die Gestaltung der überbetrieblichen Beteiligung hierzulande anregen könnte. Der Hauptfaktor seines Verbreitungserfolges, die steuerliche Subventionierung, ist nicht nachahmenswert.

- Small Business Investment Companies (SBIC)

Die US-amerkanischen SBIC sind private Beteiligungsgesellschaften, die die Aufgabe haben, kleinen und mittleren Unternehmen Kapital zuzuführen. Sie werden von der Small Business Administration (SBA) konzessioniert und beaufsichtigt, eine Einflußnahme durch die SBA bei Investmententscheidungen erfolgt jedoch nicht.[277] Das Mindestgrundkapital beträgt - je nach SBIC-Typ und Gründungsjahr - 500.000 bis 1 Mio US-Dollar.[278]

SBIC dürfen nur in Unternehmen investieren, die als "mittelständisch" gelten. Definitionskriterien dieser Unternehmensgruppe sind die Höhe der Aktiva, eine Durchschnittsnettogewinngröße nach Steuern, die Beschäftigtenzahl und der Umsatz. Außerdem sind bestimmte, als nicht förderungswürdig angesehene Branchen von der SBIC-Finanzierung ausgenommen.[279] Weitere Einschränkungen liegen bei personellen und materiellen Verflechtungen zwischen SBIC und Beteiligungsunternehmen vor. SBIC bieten nicht nur Finanzierungs-, sondern gleichzeitig Beratungsdienstleistungen an.

Auch für SBIC gilt ein Majoritätsverbot. Weiterhin darf eine Einzelbeteiligung im Regelfall nicht mehr als 20 % des eingezahlten Kapitals der SBIC betragen[280]. Grundsätzlich sind Beteiligungen in sämtlichen Rechtsformen vorgesehen, in der Praxis ist allerdings

277) Vgl. SCHWARZ, Rainer, Zur Diskussion über die Möglichkeiten zur Schaffung eines organisierten Marktes des Eigenkapitals, in: Finanzierung mittelständischer Unternehmungen in Deutschland, hrsg. v. WOSSIDLOW, Peter Rütger, Berlin 1985, S. 266-278, hier S. 275.

278) Vgl. NORTHMANN, Rolf-Joachim, Die Small Business Investment Company (SBIC), in: Venture Capital für junge Technologieunternehmen - Workshop '83, hrsg. v. HEILMAYR, Eduard, Haar bei München 1983, S. 81-83; vgl. RÄBEL, Dieter, Venture Capital als Instrument der Innovationsfinanzierung, Köln 1986, S. 153.

279) NORTHMANN, R.-J., a.a.O..

280) Vgl. RÄBEL, D., a.a.O., S. 154.

die Darlehensvergabe besonders verbreitet.[281] Die Anlagepolitik der SBIC wird mit der konservativen Investitionspraxis der deutschen Kapitalbeteiligungsgesellschaften verglichen.[282] Das Gesamtanlagevolumen der SBIC dürfte z.Z. im Bereich von 2-3 Mrd. US-Dollar liegen.[283]

SBIC genießen eine Reihe speziell auf US-amerikanische Verhältnisse zugeschnittene Steuervorteile hinsichtlich der Substanz- und Ertragsbesteuerung, die grob mit einer Befreiung von Gewerbe-, Körperschaft- und Vermögensteuer im deutschen System vergleichbar sind.[284] Bis hierhin zielen die Regelungen nur auf eine steuerliche Neutralität der indirekten Beteiligung gegenüber dem Direktengagement.

Darüberhinaus wird jedoch die Refinanzierung der SBIC zusätzlich fiskalisch gefördert, indem der Staat SBIC-Schuldverschreibungen entweder selbst aufkauft oder sie mit einer Garantie versieht. Die Schuldverschreibungen haben eine Laufzeit von 3-15 Jahren. Ihre Verzinsung wird - mit einem Abschlag von etwa 3 % - an die öffentlicher Schuldtitel angepaßt.[285] Auf diese Weise haben die privaten Initiatoren die Möglichkeit, bis maximal zur fünffachen Höhe des selbstaufgewandten Grundkapitals in Beteiligungen und Darlehen zu investieren.[286] Diese Hebelwirkung kann die Gründung von SBIC sehr attraktiv für die Eigenkapitalgeber machen. Der wirtschaftspolitisch gewünschte Effekt - die Zuführung von Kapital in den Unternehmenssektor nach privatwirtschaftlichen Anlagekriterien - wird mit einem Multiplikator versehen.

281) NORTHMANN, R.-J., a.a.O..
282) HAMKE, Friedrich, Venture Capital in den USA und Situation in Deutschland, in: Venture Capital für junge Technologieunternehmen - Workshop '83, hrsg. v. HEILMAYR, Eduard, Haar bei München 1983, S. 91-97, hier S. 93.
283) 1981 betrug das Anlagevolumen von 100 Venture Capital-Gesellschaften der Industrie und Finanzinstitute sowie von 360 SBIC zusammen 1,6 Mrd. Dollar. Vgl. ebenda, S. 91; bis 1983 stieg das Anlagevolumen allein der SBIC auf 1,7 Mrd, umfaßte jedoch nur ein Sechstel des gesamten Venture Capital-Marktes. Vgl. ALBACH, H., HUNSDIEK, D., KOKALJ, L., a.a.O., S. 180.
284) Vgl. FISCHER, L., a.a.O., S. 26; vgl. NORTHMANN, Rolf-Joachim, Small Business Investment Company (SBIC) der USA - steuerliche Behandlung, in: Venture Capital für junge Technologieunternehmen - Workshop '83, hrsg. v. HEILMAYR, Eduard, Haar bei München 1983, S. 201-202.
285) Vgl. RÄBEL, D., a.a.O., S. 156.
286) NORTHMANN, R.-J., a.a.O., S. 82.

Die Möglichkeit der Refinanzierung mit Schuldtiteln, die im UBGG ausdrücklich ausgeschlossen ist, führt jedoch auch zu einem negativen Qualitätseffekt im Beteiligungsgeschäft der SBIC. Aufgrund der laufenden Zinsverpflichtungen muß die SBIC die eigenen Kapitalvergaben so disponieren, daß genügend entsprechende Einzahlungen vorliegen.[287] Die Folge ist die bereits erwähnte eher risikoaverse Beteiligungspraxis mit Tendenz zur Darlehensvergabe. Um das amerikanische Konzept qualitativ zu verbessern, sollte die staatliche Förderung nicht nur die Übernahme des Ausfallrisikos bzw. die Bereitstellung von Finanzierungsmitteln zu relativ günstigen Konditionen umfassen, sondern konsequenterweise die laufenden Zinsverpflichtungen der SBIC aufheben, verringern oder zeitlich verschieben.

Beim SBIC-Modell handelt es sich - ähnlich wie beim österreichischen Beteiligungsfonds-Ansatz - um zweckgebundene fiskalische Anreize für private Investoren. Die im Zusammenhang mit dem Genußscheinfondsmodell genannten allgemeinen Kritikpunkte gelten hier entsprechend. Insbesondere findet kein Produktivvermögensverteilungseffekt statt, da die SBIC nicht auf eine Refinanzierung bei einem breiten Publikum ausgerichtet sind.

Von großem Interesse erscheint die Feststellung, daß die privaten Venture Capital-Fonds, die keine staatlich vergünstigten Refinanzierungskonditionen erhalten, in den letzten 15 Jahren einen sehr starken Aufschwung erlebten und heute ein Vielfaches des Fondsvolumens aller SBIC verwalten.[288] Offensichtlich ist für die Akzeptanz auf dem amerikanischen Markt die staatliche, finanzielle Förderung weit weniger wichtig, als ein von Aufsichtsbehörden und Anlagevorschriften weitgehend unabhängiges, erfolgsorientiertes und unternehmerisches Kapitalanlagemanagement.

287) RÄBEL, D., a.a.O., S. 158.
288) 1985 betrug das Anlagevolumen der Venture Capital-Gesellschaften einschließlich SBIC 14 Mrd. $. Vgl. ALBACH, H., HUNSDIEK, D., KOKALJ, L., a.a.O., S. 180.

3.4.2. Arbeitnehmerfonds in Schweden und DGB-Voschlag als Beispiele gesellschaftspolitisch orientierter Beteiligungsmodelle

- Schwedisches Modell

Das schwedische Rentensystem beruht auf dezentralen Fonds, die durch Unternehmensabgaben finanziert werden. Die im Jahre 1984 eingeführten fünf Arbeitnehmerfonds wurden als selbständige Einrichtungen organisatorisch in dieses Rentensicherungssystem eingegliedert. Sie werden von einem Verwaltungsrat geleitet, dessen Mitglieder von der Regierung ernannt werden und überwiegend Arbeitnehmerinteressen vertreten.[289]

Die Arbeitnehmerfonds finanzieren sich nicht nur, wie die übrigen Pensionsfonds, aus den von den Unternehmen gezahlten, an die Lohnsumme gekoppelten Rentensicherungsabgaben, sondern außerdem durch eine 20 %ige Steuer auf über einem Niveau von 6 % der Lohnsumme oder 500.000 SKR liegende Unternehmensgewinne.[290] Besteuert wird der (inflationsbereinigte) Realwert einer nach Zahlung anderer Steuern verbleibenden Unternehmensgewinngröße.[291] Die Gewinnbeteiligungssteuer ist bei der Veranlagung zur Einkommenssteuer im folgenden Jahr absetzbar.

Durch die genannten Freibeträge sollten die meisten Klein- und Mittelbetriebe von der Gewinnbeteiligungssteuer ausgenommen bleiben. Es zeigte sich jedoch, daß gerade die Großbetriebe mit mehr als 500 Mitarbeitern trotz florierender Geschäfte durch das Ausnutzen der Spielräume im Gewinnsteuerberechnungsschema ihren Anteil am Fondsaufkommen unter 20 % halten konnten.[292]

Die Arbeitnehmerfonds investieren ihr Kapital nach dem Prinzip der Risikomischung hauptsächlich in den rund 100.000 schwedischen Ak-

289) Vgl. SCHWEDISCHER GEWERKSCHAFTSBUND (Hrsg.), Arbeitnehmerfonds in Schweden 1984, Stockholm 1984, S. 13.
290) Ebenda.
291) Das genaue, standardisierte Berechnungsverfahren geht hervor aus: SCHWEDISCHES FINANZMINISTERIUM (Hrsg.), Arbeitnehmerfonds, Stockholm 1984, S. 26-28.
292) Vgl. O.V., Schwedenplatte schmeckt den Bossen nicht, in: Mannheimer Morgen, Nr. 73 vom 27.3.1985, S. 8.

tiengesellschaften, der aufgrund steuerlicher Vorschriften weitaus bedeutendsten Rechtsform, aber auch in anderen Beteiligungsformen. Begrenzungen hinsichtlich Branchen, Regionen oder Unternehmensgrößen existieren nicht.[293] Ob auf diese Weise den Unternehmen tatsächlich Eigenkapital zugeführt wird, ist zu bezweifeln, da die Fonds größtenteils bereits zirkulierende Aktien kaufen. Außerdem erscheint es wenig einleuchtend, daß (gesamtwirtschaftlich betrachtet) zusätzliches Produktivvermögen entsteht, denn die Mittel, die die Fonds investieren, sind den Unternehmen vorher durch die Gewinnbeteiligungssteuer entzogen worden.

Die Arbeitnehmerfonds haben eine jährliche reale (inflationsbereinigte) Rendite von 3 % an die Rentenfonds abzuführen. Damit tragen die Arbeitnehmerfonds direkt zur Rentenfinanzierung bei, wie es auch erklärtes Ziel bei der Einführung der Konzeption war.[294] Die Festsetzung einer abzuführenden Mindestrendite könnte jedoch dazu führen, daß die Arbeitnehmerfonds bei ihrer Anlagepolitik aufgrund dieser festen Zahlungsverpflichtung eher konservativ und risikoscheu vorgehen und keinen Beitrag zur Innovationsfinanzierung leisten. Finanzierungen sehr kleiner Unternehmen werden vermutlich aufgrund hoher Transaktionskosten unterbleiben. Die Minimalrendite soll zwar einen Rentabilitätsdruck auf Fondsverwaltungsräte ausüben,[295] es ist jedoch zu erwarten, daß die von Arbeitnehmer- und Gewerkschaftsvertretern dominierten Fonds eine Anlagepolitik durchsetzen, bei der die Erhaltung von Arbeitsplätzen im Unternehmen, unabhängig von deren zukünftiger Wettbewerbsfähigkeit, höchste Priorität hat. Eine strukturkonservierende Wirkung der Arbeitnehmerfonds ist nicht auszuschließen.

Es besteht ein Majoritätsverbot für die Arbeitnehmerfonds, Beteiligungen bis zu 49 % des Grundkapitals sind jedoch möglich.

---

293) SCHNEIDER, Olaf, Mitbestimmung und Arbeitnehmerfonds in Deutschland und Schweden - Anspruch und Wirklichkeit, Nr. 29/1986, Diskussionsbeiträge aus dem Institut für Volkswirtschaftslehre, Universität Hohenheim, S. 104.

294) SCHWEDISCHES FINANZMINISTERIUM (Hrsg.), a.a.O., S. 21.

295) REHN, Gösta, Kapitalfonds von Arbeitnehmern in Schweden, in: WSI-Mitteilungen, Heft 7/1983, S. 422-431, hier S. 424 u. 426.

Die Eigentümerrechte werden von den Arbeitnehmerfonds teilweise an Arbeitnehmervertreter des Beteiligungsunternehmens abgetreten.[296] Der Einfluß der Gewerkschaften auf die Unternehmenspolitik steigt damit nachhaltig. Ein weiteres erklärtes Ziel der Arbeitnehmerfonds, die Wirtschaftsdemokratie durch Teilhabe an Unternehmensentscheidungen auszubauen, soll auf diese Weise erreicht werden. Ist die Wirtschaftsdemokratie ein System, in dem jedes Individuum das Recht hat, über den Einsatz der Ressourcen, die Verteilung der Produktion und die Gestaltung der Arbeitsbedingungen mitzubestimmen, so wird dieses Ziel durch die Fonds nicht erreicht. Teile der Entscheidungsgewalt werden lediglich von den Eigentümern des Unternehmens auf die Fonds übertragen. Nicht das einzelne Individuum erhält mehr Rechte, sondern Verwaltungsräte und Gewerkschaften.

Die Errichtung der schwedischen Arbeitnehmerfonds wurde weiterhin damit begründet, daß die sehr starke Konzentration des Produktivvermögens in Schweden korrigiert werden müsse. 1 % der Haushalte verfügt über rund 75 % aller im Haushaltsbesitz befindlichen Aktien.[297] Eine gleichmäßigere Verteilung des Produktivvermögens ist durch die Arbeitnehmerfonds in Schweden jedoch nicht zu erreichen. Kein Arbeitnehmer erhält von den Fonds finanzielle Mittel, Anteilsscheine oder Aktien zugewiesen. Der einzige materielle Nutzen liegt für den Einzelnen in der Sicherung zukünftiger Rentenansprüche.

Der Begriff "Arbeitnehmerfonds" ist deshalb irreführend; die Termini "Kollektivfonds" oder "Gewerkschaftsfonds" wären wesentlich treffender. Aus marktwirtschaftlicher Sicht implizieren die Fonds eine wesentliche Einschränkung der Privatautonomie, da die Entscheidungsbefugnisse der Alteigentümer durch die Sozialisierung von Eigentumsteilen beeinträchtigt werden. Allokations- und Verteilungsziele werden durch die Fonds nicht oder nur sehr begrenzt erreicht.

Unter dem Etikett der Vermögenspolitik wird in Schweden eine Umverteilung gesellschaftlicher Macht vorgenommen und das Rentensy-

296) Derselbe, S. 424.
297) SCHWEDISCHER GEWERKSCHAFTSBUND (Hrsg.), a.a.O., S. 10.

stem saniert. Institutionelle Anregungen für die Bundesrepublik sind dem Modell nicht zu entnehmen. Es demonstriert, wie breit überbetriebliche Vermögensbeteiligung interpretiert werden kann und erklärt somit ein häufig unproduktives "Aneinandervorbeireden" in vermögenspolitischen Willensbildungsprozessen. Gleichzeitig zeigt das Modell, wie sich in politische Macht umgesetzte Verteilungsunzufriedenheiten auswirken können.

- DGB-Konzept zur überbetrieblichen Vermögensbeteiligung

In verschiedener Hinsicht ähneln ursprüngliche Vorstellungen des Deutschen Gewerkschaftsbundes zur überbetrieblichen Vermögensbeteiligung dem schwedischen Modell. Die Forderung nach einer "großen Lösung" geht auf einen Beschluß des DGB-Bundesausschusses vom 4. April 1973 zurück, der damals mit einer Mehrheit von 55 zu 52 Stimmen getroffen worden war. Folgende Grundsätze wurden festgelegt:[298]

"1. Die Unternehmen haben *Beteiligungen*, die durch Kapitalerhöhung zu schaffen sind, *abzuführen*. *Barleistungen* sind *auszuschließen*.

2. Die Unternehmensanteile sind auf *dezentrale, nicht miteinander konkurrierende Fonds* zu übertragen, die unter Ausschluß von Banken und privaten Kapitalanlagegesellschaften zu bilden sind. Die Fonds müssen - unter Einbeziehung des öffentlichen Interesses - von den begünstigten Arbeitnehmern *selbst verwaltet* werden.

3. Die *Arbeitnehmer* aller Bereiche bis zu einer bestimmten Einkommenshöhe erhalten *gratis* wertgleiche *Zertifikate*, über die sie erst nach Ablauf eine *Sperrfrist* verfügen können.

4. Gewinne aus den Unternehmensbeteiligungen werden nicht ausgeschüttet; die Fonds sollen sie zur Finanzierung von Infrastruktur-Investitionen im öffentlichen Bereich zur Verfügung stellen."

---

298) DEUTSCHER GEWERKSCHAFTSBUND, Dokumentation-Stellungnahme des DGB zur Vermögenspolitik, in: WSI Mitteilungen, Heft 7/1983, S. 453-457, hier S. 454. *Hervorhebungen* wie im Original.

Konzeptionelle Unterschiede zum schwedischen Modell sind vor allem im 1. und 3. Grundsatz enthalten. Danach sind Barleistungen der Unternehmen an die Fonds ausgeschlossen, um eine Veränderung der Eigentumsverhältnisse unmittelbar, d.h. bereits auf der Abgabenseite, zu erreichen; weiterhin sollte hierdurch eine liquiditätsmäßige Belastung der Unternehmen vermieden werden. Der 3. Grundsatz verdeutlicht, daß der DGB durchaus eine Verteilungswirkung auf die Individualvermögen anstrebt, indem die Fonds Anteilscheine ausgeben. Eine eigene Sparleistung der Arbeitnehmer wird allerdings nicht verlangt; dem Arbeitnehmer wird auch jegliche eigene Entscheidungsfreiheit bezüglich seiner Anlagewünsche genommen.

Das Konzept der "großen Lösung" ließ sich aus Gründen, die hier nicht näher betrachtet werden sollen, politisch nicht durchsetzen und ist in einigen Punkten mittlerweile modifiziert. Der DGB und seine Mitgliedsgewerkschaften streben nun die Verwirklichung von "Tarif-" bzw. "Branchenfonds" an, die auf Branchenebene als gemeinsame Einrichtungen der Tarifvertragsparteien oder als Sondervermögen solcher Einrichtungen eine überbetriebliche Beteiligung der Arbeitnehmer ermöglichen sollen.[299] Insbesondere die Bereitschaft, gemeinsam mit der Arbeitgeberseite die überbetriebliche Beteiligungsgesellschaft zu verwalten, ist als Signal einer Kompromißbereitschaft zu betrachten.

Festgehalten wurde an dem Grundsatz, daß die Tariffonds auf eine eigenständige Anlagepolitik verzichten und stattdessen durch alle abgabepflichtigen, d.h. an einen entsprechenden Tarifvertrag gebundenen Unternehmen Beteiligungstitel dem Fonds direkt zugeführt werden. Die Tarifverträge sollen Investivlohnanteile an der Gesamtlohnerhöhung festlegen, die im Unternehmen verbleiben, zu Kapitalerhöhungen verwandt werden und anschließend an die Fonds in Form von Beteiligungen übertragen werden. Die Arbeitnehmer erhalten Anteilsrechte am Fondsvermögen, die ein Recht auf jährliche ertragsabhängige Ausschüttungen verbriefen. Für die Hälfte der An-

---

299) HÖHNEN, Wilfried, Vermögenspolitik und Arbeitnehmerinteressen - Anmerkungen zur Zweiten Stufe aus der Sicht des DGB, in: Der Langfristige Kredit, 37. Jg., Heft 22/23/1986, S. 707-709, hier S. 707.

teilsrechte pro Person ist eine Sperrfrist von 7 Jahren vorgesehen, die andere Hälfte soll bei Eintritt in den Ruhestand ausgezahlt werden. Die Fonds sind von Vermögen-, Gewerbe- und Körperschaftssteuer zu befreien.[300]

Durch Tariffonds wird den Unternehmen kein Eigenkapital von außen zugeführt. Es wird aber - entgegen dem Schwedischen Modell - gleichzeitig ein Kapitalabfluß aus den Unternehmen vermieden, der das Innenfinanzierungspotential einschränken könnte. Die Kapitalerhöhung zwecks Übertragung von Unternehmensanteilen an den Fonds könnte allerdings indirekt zu einer weiteren Eigenkapitalausweitung veranlassen, da viele Alteigentümer zur Aufrechterhaltung ihrer Anteilsquoten Bezugsrechte wahrnehmen und Kapital zuführen könnten. Dem Tariffondsmodell sind positive Auswirkungen auf die Kapitalstruktur der Unternehmen also grundsätzlich nicht abzusprechen.

Allerdings handelt es sich um "erzwungene" Kapitalstrukturentscheidungen, die weniger aus finanzierungs- als aus machtpolitischen Bedingungen heraus vorgenommen werden. Die Eigentümer werden nicht bereit sein, sich freiwillig in eine solche Position zu begeben. Eine nach Rendite- und Risikoaspekten getroffene freie Investitionsentscheidung, die alleine eine optimale Kapitalallokation gewährleisten kann, findet nicht statt. Ein Fluß des Kapitals zu den besten Projekten ist nicht gesichert.

Das Ziel eines Abbaus der Produktivvermögenskonzentration wird prinzipiell durch die Tariffonds erreicht, da ein Teil des Produktivvermögenszuwachses breiten Bevölkerungskreisen übertragen wird. Die anspruchsberechtigten Arbeitnehmer werden jedoch einer eigenen Anlageentscheidung für unmündig erklärt und bevormundet, indem ihnen Fondsanteile zugeteilt werden. Diese Form des Zwangsparens in Produktivvermögen ist abzulehnen. Die individuelle Entscheidungsfreiheit der Arbeitnehmer bei ihren Anlageentscheidungen ist nicht einzuschränken. Wirtschafts- oder gesellschaftspolitisch mehrheitlich für vorteilhaft erachtetes Handeln kann zwar durch Anreize

---

300) Vgl. PREUSKER, Peter-Michael, Beschlußvorlage zur Beteiligung von Arbeitnehmern am Produktivvermögen der IG Chemie-Papier-Keramik, 18.03.1983.

gefördert werden, ein "Verordnen des Glücks" entspricht jedoch nicht den Grundsätzen einer dezentral gesteuerten, sozialen Marktwirtschaft.

Ebensowenig vereinbar mit einer auf dem Privateigentum basierenden Wirtschaftsordnung ist die Abgabepflicht für die Unternehmen.[301)]

Die Mitbestimmung über die Ballung von Verfügungsrechten über das Produktivvermögen in den Tariffonds wird von den Gewerkschaften als Möglichkeit betrachtet, ein gewerkschaftliches Gegengewicht zur wirtschaftlichen und politischen Macht der Unternehmen aufzubauen.[302)] Nach wie vor lehnt die Arbeitgeberseite jedoch Tariffonds als Instrumente zur Realisierung eines kollektiven Machtanspruchs der Gewerkschaften ab.[303)] Zu diesem gesellschaftspolitischen Hauptziel der Gewerkschaften ist ein Konsens nicht zu erwarten.[304)]

Abschließend läßt sich feststellen, daß alle vorgestellten Modellalternativen der überbetrieblichen Vermögensbeteiligung der Institutionalisierung von Unternehmensbeteiligungsgesellschaften und Beteiligungs-Sondervermögen konzeptionell unterlegen sind, da in keiner der Alternativen simultan die Ziele der Haftkapitalallokation und Produktivvermögensdekonzentration ohne eine Verletzung der Prinzipien der Wirtschaftsverfassung erreicht werden kann.

3.5. Auswirkungen eines steigenden Wettbewerbs unter den Beteiligungsgesellschaften - Bedarf einer Risikobegrenzung?

Mit den Gesetzen über Unternehmensbeteiligungsgesellschaften und Beteiligungs-Sondervermögen sind die Voraussetzungen für den Markteintritt zweier neuer Formen von Finanzintermediären in der

---

301) Vgl. hierzu die Ausführungen in Kap. 5.2.1., S. 348 dieser Arbeit.
302) DEUTSCHER GEWERKSCHAFTSBUND, a.a.O., S. 453 f.
303) Vgl. HORNUNG-DRAUS, Renate, Vermögenspolitik in der sozialen Marktwirtschaft - Anmerkungen zur Zweiten Stufe aus Arbeitgebersicht, in: Der Langfristige Kredit, 37. Jg., Heft 22/23/1986, S. 704-706, hier S. 704.
304) Möglichkeiten eines Interessenausgleichs zwischen den Sozialpartnern werden in Kap. 5.2.2., S. 358-361 dieser Arbeit behandelt.

Bundesrepublik Deutschland gegeben. Sie runden die Palette zwischen den nicht gesetzlich geregelten Abschreibungs- und Bauherrenmodellen, geschlossenen Mitunternehmerfonds, Venture Capital- und Kapitalbeteiligungsgesellschaften einerseits und den streng regulierten Aktien- und Rentenfonds, Versicherungen und Kreditinstituten andererseits ab. Nicht nur die Institute des gleichen Typs konkurrieren miteinander, sondern auch der Wettbewerb der Institutsformen wird belebt.

Die Märkte im "Eigenkapitalgeschäft" werden erst erschlossen und sind noch nicht verteilt.[305] Eine solche Marktsituation ermöglicht hohe Wachstumsraten und Gewinne[306] für die dynamischsten Wettbewerber, die sowohl die Finanzierungsbedürfnisse der kapitalsuchenden Unternehmen als auch die Anlagepräferenzen der Kapitalgeber durch ihr spezielles Dienstleistungsangebot am besten befriedigen können. Die Möglichkeiten des Erkennens und Erschließens von Marktlücken eröffnet den Initiatoren große Zukunftschancen. Wie die Gründungswelle bei Unternehmensbeteiligungsgesellschaften[307] belegt, bestehen genügend Anreize zum Zutritt auf einen Markt, den sich in der Bundesrepublik 1987 etwa 60 Venture Capital-, Kapitalbeteiligungs- und Unternehmensbeteiligungsgesellschaften teilten.[308]

Gute Rahmenbedingungen für einen zunehmenden Wettbewerb auf dem Eigenkapitalmarkt implizieren aus gesamtwirtschaftlicher Sicht eine Reihe von Vorteilen. Eine Intensivierung des Wettbewerbs führt zu einer Senkung der Preise für die Überlassung von Eigenkapital und zu einer verbesserten Marktversorgung gegenüber einer bisher eher oligopolistischen, teilweise sogar angebotsmonopolistischen Marktstruktur. Die Konkurrenz stimuliert eine Marktorien-

---

305) Vgl. LANG, Rudolf, SCHWENKEDEL, Stefan, Kreditinstitute als Eigenkapitalfinanciers, in: Die Bank, Heft 8/1988, S. 420-424, hier S. 420.

306) Auf die zur Zeit durchsetzbaren hohen Renditen am Beteiligungsmarkt wurde bereits hingewiesen; vgl. Kap. 3.1.4., S. 130-131 dieser Arbeit.

307) Bis Februar 1988 traten 10 Unternehmensbeteiligungsgesellschaften auf den Markt, viele Gründungen sind in Vorbereitung. Vgl. O.V (kr), Bisher flossen 2 Mrd. DM Wagniskapital an innovative mittelständische Unternehmen, in: Handelsblatt, Nr. 21, vom 1.2.1988, S. 6; vgl. LANG, R., SCHWENKEDEL, S., a.a.O., S. 421; vgl. O.V., Unternehmensbeteiligungsgesellschaft, in: ZfgK, Heft 11/1988, S. 465 f..

308) WESTDEUTSCHE KAPITALBETEILIGUNGSGESELLSCHAFT MBH, a.a.O..

tierung der Beteiligungsgesellschaften, was sich positiv auf die Akzeptanz bei Unternehmen und Anlegern auswirkt.[309)]

Der Wettbewerb zwischen den Unternehmensbeteiligungsgesellschaften und Beteiligungs-Sondervermögen fördert die Erreichung der Ziele der überbetrieblichen Vermögensbeteiligung, da die beiden Intermediärstypen ein unterschiedliches Profil von Vorteilhaftigkeitskomponenten aufweisen. Das Bewertungsproblem ist bei Unternehmensbeteiligungsgesellschaften besser gelöst. Unternehmensbeteiligungsgesellschaften sind zudem eher in der Lage, Unternehmen echtes Risikokapital zuzuführen. Beteiligungs-Sondervermögen eignen sich dagegen aufgrund strengerer Diversifikationsvorschriften, des damit verbundenen geringeren Kursrisikos, der Gütestempelfunktion der Bankenaufsicht und der langjährigen Markterprobtheit der Investmentgesellschaften besser zu Vermögensbildungszwecken. Die Stärken des einen Konzepts liegen dort, wo das andere Schwachpunkte aufweist.

Unternehmensbeteiligungsgesellschaften und Beteiligungs-Sondervermögen bedienen unterschiedliche Anlegergruppen und Finanzierungswünsche. Die Marktpräsenz beider Formen ermöglicht eine höhere Ausschöpfung des Marktpotentials. Vermögensbildung und Verbesserung der Kapitalstruktur lassen sich simultan am ehesten mit dem gleichzeitigen Einsatz beider Institutionen erreichen.[310)]

Wettbewerb beinhaltet für den einzelnen das Risiko des Scheiterns. Beteiligungsgesellschaften, die den Anforderungen des Marktes nicht gewachsen sind, fallen dem Selektionsmechanismus zum Opfer. Eine schlechte Auswahl der Beteiligungsunternehmen, eine zu geringe Diversifikation, zu hohe Verwaltungskosten oder eine zu teure Refinanzierung sind die Hauptkomponenten, die die Wettbewerbsfähigkeit einer Beteiligungsgesellschaft gefährden können. Zwar ist es langfristig von Vorteil, wenn nur die leistungsfähigsten Beteiligungsgesellschaften am Markt vertreten bleiben, kurzfristig kann das Ausscheiden jedoch zu Friktionen führen. Beteili-

---

309) Zur Anpassungs- und Entwicklungsfunktion des Wettbewerbs vgl. STREIT, Manfred E., Theorie der Wirtschaftspolitik, 2. Aufl., Düsseldorf 1982, S. 66.
310) Vgl. SCHÖNER, M., (1985), a.a.O..

gungsunternehmen müssen mit dem Abzug von Finanzmitteln rechnen, Anteilseigner der Beteiligungsgesellschaft mit einem Wertverlust ihrer Kapitalanlagen.

Für die Beteiligungsunternehmen entsteht ein finanzielles Risiko durch die Kündigung von Krediten und Beteiligungen, falls eine Kündigungsmöglichkeit vorgesehen und das Unternehmen zur Rückzahlung gezwungen ist. In diesem Fall ergibt sich ein Liquiditäts- und Anschlußfinanzierungsproblem, wodurch Zins- und Transaktionskosten verursacht werden. Soll die Finanzierungslücke durch die Aufnahme neuer Gesellschafter gefüllt werden, so besteht die Gefahr unerwünschter Einflußnahme auf das Unternehmen. Das gleiche gilt bei einem Notverkauf der Beteiligung durch die Beteiligungsgesellschaft an Dritte. Ein unter Druck abgewickelter Verkauf könnte zudem zu unter Marktwert liegenden Preisen vorgenommen werden. Dies hat negativen Einfluß auf die Unternehmensbewertung und die zukünftigen Kosten der Kapitalaufnahme durch das Beteiligungsunternehmen.

Insbesondere die Gefahr von Kapitalverlusten für schutzbedürftige Anleger gibt Anlaß, Maßnahmen der Risikobegrenzung bei Beteiligungsgesellschaften zu erwägen. Drei Hauptkomponenten von Kapitalverlustrisiken sind zu unterscheiden:

- Die Beteiligungsgesellschaften betreiben bewußt betrügerische und unseriöse Geschäfte (Betrugsrisiko).
- Es erfolgt eine unsachgemäße Führung und Verwaltung des Fonds (Managementrisiko).
- Die Beteiligungsgesellschaften sind der Gefahr von Wertverlusten bei Einzelengagements und negativen Kapitalmarktentwicklungen ausgesetzt (Marktrisiko).

Managementfehler können vor allem in Form unzureichender Portefeuillediversifikation, ungünstiger Ausgestaltung der Beteiligungsverträge, zu teurer Fondsverwaltung oder schlechter Selektion der Beteiligungsunternehmen auftreten.[311] Der Anleger kann sich

311) Vgl. im einzelnen Kap. 5.3.3.-5.3.4., S. 369-375 dieser Arbeit.

durch eine Analyse des bisherigen Geschäftserfolgs und der Vertragsbedingungen der Beteiligungsgesellschaft teilweise gegen diese Risiken absichern. Außerdem garantieren die Diversifikations- und Anlagevorschriften der sich den genannten Gesetzen unterwerfenden Beteiligungsgesellschaften einen präventiv wirkenden Mindestschutz vor Managementfehlern.

Die Anerkennung als Unternehmensbeteiligungsgesellschaft bzw. die Erteilung der Betriebserlaubnis bei Kapitalanlagegesellschaften, die Gründungsvorschriften und die laufende Aufsicht tragen bei Beteiligungsgesellschaften, die diese Namen tragen, der Gefahr von Schwindelgründungen Rechnung.

Neben den institutionalisierten Beteiligungsgesellschaften ist jedoch die Gründung einer Vielzahl freier Beteiligungsfonds mit zweifelhaftem Charakter zu beobachten. Diese Fonds bieten Arbeitnehmern Anlagemöglichkeiten für vermögenswirksame Leistungen meist in Form stiller Beteiligungen an und werben mit hohen Renditeversprechungen in geschickt gestalteten Verkaufsprospekten. In der Tat gelten Geldleistungen, die der Arbeitnehmer aufgrund eines solchen Beteiligungsvertrages an ein inländisches Unternehmen zahlt, als vermögenswirksame Leistungen, die einen Anspruch auf eine Arbeitnehmer-Sparzulage zum Höchstsatz begründet (§ 2 Abs. 1, Nr. 4 i.V.m. § 7 Abs. 2 und § 2 Abs. 1, Nr. 2, Buchstabe i 5.VermBG). Nach Auffassung von Marktbeobachtern ist eine Rückzahlung der Sparleistungen bei 99 % dieser unregulierten Vermögensbildungsfonds unwahrscheinlich.[312] Auch das Bundeskriminalamt warnt vor betrügerischen Anlage-Offerten dieser stillen Fonds.[313] Der in 1988 angerichtete Schaden sei bereits höher als der gesamte Verlust der IOS-Sparer in Höhe von 750 Mio. DM. Diese Schwindelgründungen bedrohen die Akzeptanz der staatlichen Vermögensbildung und insbesondere der überbetrieblichen Produktivvermögensbeteiligung.

---

312) Vgl. JAGDFELD, Anno August, Sparern droht Milliarden-Blutbad, in: Handelsblatt, Nr. 176, 13.9.1988. S. 10.
313) Vgl. O.V., (22.8.1988), a.a.O..

Ein Schutz der Kleinanleger vor Betrugsrisiken ist nicht allein durch Pressemitteilungen in Fachzeitungen zu erreichen, sondern auch die arbeitgebenden Unternehmen sollten bei einer entsprechenden Anlagewahl den Arbeitnehmer ausdrücklich vor der Verlustgefahr warnen. Diese kurzfristig wirkenden Maßnahmen können den Zeitbedarf für eine Korrektur des Vermögensbildungsgesetzes überbrücken. Der Gesetzgeber reagierte zwar recht schnell auf die bekannt gewordenen Betrugsfälle und hat die Anlage vermögenswirksamer Leistungen in außerbetrieblichen stillen Beteiligungen aus dem Förderungskatalog gestrichen.[314] Diese Neuregelung ist jedoch nicht weitgehend genug und induziert das Ausweichen der "Anlagehaie" auf andere, unter Anlegerschutzaspekten ähnlich problematische Anlageformen wie beispielsweise außerbetriebliche GmbH-Beteiligungen.

Aus Gründen des Anlegerschutzes sollten alle außer- und überbetrieblichen Beteiligungen aus den Förderungskatalogen gestrichen werden, die nicht in Aktien oder Anteilsscheinen von Investmentfonds vorgenommen werden. Nur bei betrieblichen Beteiligungen kann auf die Schutzwirkung der institutionellen Regelungen für diese beiden Anlageformen verzichtet werden, da hier Betrugsrisiken nahezu ausgeschlossen sind. Eine klare Eingrenzung der Formen außer- und überbetrieblicher Vermögensbeteiligungen unterstreicht außerdem die den Beteiligungsgesellschaften zugedachte Rolle in der Vermögensbildung.

Die Notwendigkeit einer Absicherung von Anlegern gegen wirtschaftliche Marktrisiken ist im Gegensatz zum Schutz vor Betrugsrisiken umstritten. Ist es ein Ziel der Förderung des Produktivkapitalsparens, daß Anleger sich verstärkt für wirtschaftliche Zusammenhänge interessieren und ein besseres Verständnis für Marktmechanismen entwickeln, so wirkt eine Risikoabsicherung kontraproduktiv, da zu geringe Anreize für die erwünschte Verhaltensänderung bestehen.[315]

---

314) Vgl. STEUERREFORMGESETZ, Änderung des ehemaligen § 8, Abs. 2, 5. VermBG. Nur für "Beteiligungs-Kaufverträge", nicht für "Beteiligungs-Verträge" im Sinne des Vermögensbildungsgesetzes (vgl. im einzelnen Kap. 2.6., S. 88-97 dieser Arbeit) wurde die Möglichkeit der stillen Beteiligung bei einem Dritten gestrichen.

315) Vgl. z.B. RÖSNER, H.-J., a.a.O., hier S. 138.

Maßnahmen zur Begrenzung von Marktrisiken sind nicht erforderlich, wenn der Anleger eine uneingeschränkte Entscheidungsfreiheit bei der Disposition seiner Anlagemittel einschließlich vermögenswirksamer Leistungen besitzt. Dies ist im Rahmen der Vermögensbildung der Fall, wenn der Sparer

- die Wahl zwischen Anlageformen verschieden hoher Risiken hat und eine "zwangsweise" Anlage in risikobehafteten Titeln vermieden wird. Eine Einschränkung der Wahlfreiheit ist gegeben, wenn in den Anlagekatalogen des Vermögensbildungsgesetzes nur noch riskante Produktivkapitaltitel enthalten sind.
- genügend Informations-, Mitwirkungs- und Mitbestimmungsrechte in Verbindung mit seiner Geldanlage erhält, um das Risiko abschätzen zu können. Je riskanter eine Anlageform ist, desto wichtiger sind diese Rechte.
- nicht durch Festlegungsfristen "hilflos" Änderungen wirtschaftlicher Daten ausgeliefert ist. Die Forderung, auch innerhalb der Festlegungsfrist Umwidmungen der angelegten Mittel vornehmen zu können[316], ist im Vermögensbildungsgesetz für Sparverträge über Wertpapiere oder andere Vermögensbeteiligungen berücksichtigt worden (§ 5 Abs. 4 5.VermBG). Voraussetzung für eine risikoorientierte Disposition der Anlagemittel ist die Fungibilität der erworbenen Beteiligungen und ihre Handelbarkeit an Sekundärmärkten bzw. die Existenz einer Rückkaufzusage.

Sind die Voraussetzungen für individuelle Risikostrategien der Anleger nicht oder nur teilweise gegeben, oder werden die verbleibenden Management-, Betrugs- und Marktrisiken so hoch eingeschätzt, daß eine Förderung des gewünschten Anlageverhaltens durch zeitlich begrenzte risikosenkende oder -kompensierende Maßnahmen erforderlich erscheint, so sind weitere risikopolitische Initiativen der Beteiligungsgesellschaften oder des Gesetzgebers in Betracht zu ziehen. Ein Beispiel für solche Regelungen stellt die Vorschrift dar, daß für Arbeitnehmerdarlehen oder Namensschuldverschreibungen des Arbeitgebers aufgebrachte Geldleistungen nur dann als vermögenswirksame Leistungen gelten, wenn der Arbeitgeber die

---

316) Vgl. z.B. SCHÖNER, M., (1985), a.a.O..

Forderung des Arbeitnehmers durch eine Bankbürgschaft oder durch ein Versicherungsunternehmen absichern läßt (§ 2 Abs. 1, Nr. 2, Buchstaben b und k 5.VermBG).

Daneben ist die Möglichkeit zu diskutieren, durch eine kollektive Selbstversicherung der Beteiligungsgesellschaften eine Risikoteilung nach dem Solidarprinzip vorzunehmen. Analog zum Einlagensicherungsfonds könnten die Beteiligungsgesellschaften Beiträge an einen Schutzfonds richten, der im Verlustfalle eine Grundsicherung der Anlagebeträge ermöglicht. Denkbar wäre auch die Bildung einer privatrechtlichen Beteiligungsgarantiegemeinschaft, die von den Beteiligungsgesellschaften getragen wird und deren Hauptaufgabe in der Stellung von Garantien für vermögenswirksame Leistungen besteht. Die Öffentliche Hand könnte durch Gewährleistungen des ERP-Sondervermögens Rückgarantien abgeben.[317] Ein noch weitergehender Schutz bestände in einer staatlichen Direktgarantie zugunsten vermögenswirksam sparender Anleger bis zur Höhe der geförderten Anlagebeträge, also z.Z. maximal 6 x 936 DM = 5.616 DM.

Die hier kurz angeschnittenen Beispiele für Risikobegrenzungsformen verursachen eine Reihe von Gestaltungsproblemen hinsichtlich der Abgrenzung der Träger und des Begünstigtenkreises, der formalen Organisation, der Mittelaufbringung, der Definition des Garantie- oder Versicherungsfalles und der Leistungsansprüche. Die von Beteiligungsunternehmen, Beteiligungsgesellschaften oder Gesetzgeber vorgenommenen Sicherungsmaßnahmen verursachen hohe Kosten und senken die Rentabilität der Anlage in Beteiligungsgesellschaften. Außerdem reduzieren sie die Notwendigkeit der eigenverantwortlichen Überwachung der angelegten Mittel durch den Sparer, aber gerade hierin besteht eine gesellschaftspolitisch wichtige systemintegrierende Komponente der überbetrieblichen Vermögensbeteiligung. Die Gewährleistung von Information, Entscheidungsfreiheit und Anteilsfungibilität sind in Verbindung mit den institutionellen Bestimmungen für Beteiligungsgesellschaften - insbesondere den Diversifikationsvorschriften - als *Risikobegrenzung* ausreichend.

---

317) Vgl. einen ähnlichen Vorschlag bei KUPPLER, Benno, Duplizität des Risikos bei Kapitalbeteiligungen der Arbeitnehmer am arbeitgebenden Unternehmen, Bad Kreuznach 1974, S. 56 ff.

Spezifische Maßnahmen zur *Risikokompensation* lassen sich dagegen verteilungspolitisch begründen. Die Fähigkeit, bewußt Verlustrisiken aufgrund höherer Renditeerwartungen bei einer Neuanlage von Ersparnissen eingehen zu können, hängt vor allem von der Höhe und Struktur des bereits angelegten Vermögens sowie vom (erwarteten) Einkommen ab. Für Haushalte, die bereits ein breit diversifiziertes Vermögen und auch Produktivvermögensanlageformen besitzen, bedeutet der zusätzliche Erwerb von Anteilen einer Beteiligungsgesellschaft im Wert von beispielsweise 936 DM p.a. nur eine vernachlässigbare Veränderung des gesamten Vermögensportefeuillerisikos, und möglicherweise auftretende Verluste haben nur sehr geringe Bedeutung für den Lebensstandard.

Ganz anders ist die Situation eines nahe am wirtschaftlichen Existenzminimums operierenden Haushalts zu beurteilen; bei einem (teilweisen) Verlust vermögenswirksam angelegter Sparbeträge muß auf einen wesentlich höheren Anteil des Gesamtvermögens verzichtet werden, wodurch das Wohlstandsniveau merklich sinken kann. Deshalb ist es wichtig, daß für weniger wohlhabende Haushalte risikofreie oder wenig riskante Anlageformen im Rahmen der Vermögensbildung angeboten werden. Sollen diese Haushalte auch Produktivvermögenstitel erwerben, so ist eine Risikokompensation erforderlich.

Je geringer Einkommen und Vermögen eines Haushaltes sind, desto höher muß die Risikoprämie auf die Geldanlage sein, damit eine Bereitschaft zur Wahl einer risikobehafteten Sparform entsteht. Der Bedarf an risikokompensierenden Maßnahmen ist folglich vor dem Hintergrund der gesamtwirtschaftlichen Einkommens- und Vermögensverteilung zu sehen. Arbeitnehmer-Sparzulagen, die nicht nur hinsichtlich des Risikos der Anlageform, sondern auch nach dem Einkommen und Vermögen des Anlegers differieren, könnten geeignete Sicherheitsäquivalente darstellen, um spezifische individuelle Anreize zu einem produktivkapitalorientierten Anlegerverhalten zu geben, bei dem Einflüsse der ökonomischen Situation auf die Anlageentscheidung tendenziell nivelliert werden. Ein zieladäquates, verteilungsorientiertes Sparförderungssystem läßt sich somit als Risikokompensationsinstrumentarium - nicht als Sozialleistung -

begründen und steht im Einklang mit einem marktwirtschaftlichen, auf dem Wettbewerbsprinzip beruhenden Allokationsmechnismus.[318)]

3.6. Beitrag der Beteiligungsinstitutionen zur Risikokapitalaufbringung - das potentielle Volumen des Beteiligungsmarktes

Ausgehend von einer Schätzung des Eigenkapitalbedarfs nicht börsennotierter Unternehmen soll die Größenordnung des Potentials der Risikokapitalbereitstellung durch Beteiligungsgesellschaften quantifiziert werden. Eine Differenzierung nach Rechtsform und Qualität des zur Verfügung gestellten Eigenkapitals wird bei dieser Schätzung ebenso wenig berücksichtigt wie Restriktionen bei der Kapitalaufnahme der Beteiligungsgesellschaften bei Anlegern.[319)]

Die Schätzung des Eigenkapitalbedarfs nicht börsennotierter Unternehmen beruht - mangels plausiblerer Hypothesen - auf der Annahme, daß dieses Unternehmenssegment dann ausreichend kapitalsisert ist, wenn es die Eigenkapitalquoten der börsennotierten Aktiengesellschaften erreicht. Im Jahr 1984 betrug die Nettobilanzsumme (Wertberichtigungen abgezogen) der börsennotierten Aktiengesellschaften 345,8 Mrd. DM, die durchschnittliche Eigenmittelquote 33,5 %.[320)] Das Nettobilanzvolumen und die durchschnittliche Eigenmittelquote aller Unternehmen beliefen sich zu diesem Zeitpunkt auf 2063,6 Mrd. DM bzw. 18,2 %.[321)] Die Bilanzsumme nicht börsennotierter Unternehmen errechnet sich aus diesen Werten auf 1717,8 Mrd. DM. Wäre die Eigenmittelquote der nicht börsennotierten Gesellschaften genauso hoch wie die der im amtlichen Handel notierten Aktiengesellschaften, beliefen sich ihre Eigenmittel auf 575,5 Mrd. DM (Soll-Wert). Die tatsächlichen Eigenmittel betrugen jedoch nur

---

318) Zur Ausgestaltung eines risikokompensierenden Zulagensystems in Abhängigkeit vom Haushaltseinkommen vgl. Kap. 5.1., S. 320-345 dieser Arbeit.

319) Eine quantitative Schätzung der Akzeptanz bei Anlegern erfogt in Kap. 4.5., S. 313-316 dieser Arbeit.

320) HANSEN, Herbert, Die Eigenkapitalquote publizitätspflichtiger Unternehmen verbessert sich, in: Die Aktiengesellschaft, 30. Jg., Heft 12/1985, S. R331-R334. Die Berechnungsmethode entspricht im wesentlichen derjenigen der Bundesbank.

321) DEUTSCHE BUNDESBANK, Monatsberichte, 39. Jg., Heft 11/1987, S. 18-19.

259,7 Mrd. DM. Nach diesem Ansatz lag im Jahre 1984 eine Eigenkapitallücke von 315,7 Mrd. DM vor.

Diese Schätzung ist auf vielerlei Weise angreifbar. Bereits bei der Ermittlung und Verarbeitung der zugrundegelegten statistischen Daten ergeben sich erhebliche Probleme, auf die bereits hingewiesen wurde.[322] Zudem liegen für die Auswahl der Soll-Größe keine einzelwirtschaftlichen unternehmensbezogenen Begründungen vor. Der Vergleich mit börsennotierten Aktiengesellschaften geht von der Hypothese aus, daß die nicht börsennotierten Unternehmen bei gleichen Wettbewerbsbedingungen bei der Eigenkapitalaufnahme eine ähnliche Eigenmittelquote aufweisen würden. Unternehmensgrößenspezifische, personelle, informationsbedingte und im Unternehmensgegenstand liegende Unterschiede zwischen diesen beiden Unternehmensgruppen werden nicht berücksichtigt. Der Ansatz ist deshalb als grobe Überschlagsrechnung zu interpretieren, die lediglich die potentielle Größenordnung umreißt.[323]

Die geschätzte Dimension des Eigenkapitalbedarfs wird von anderen Autoren bestätigt. Albach setzt die Eigenkapitallücke auf über 250 Mrd. DM an.[324] Da der Risikokapitalbedarf der Unternehmen dem erreichbaren Investitionsvolumen der Eigenkapitalgeber entspricht, ist das Marktpotential der Beteiligungsgesellschaften sehr groß.

---

322) Vgl Kap. 1.3.2., S. 26-31 dieser Arbeit; vgl. DEUTSCHE BUNDESBANK, (1983), Jahresabschlüsse..., a.a.O., S. 5-10.

323) SCHNEIDER lehnt grundsätzlich Schätzungen des Eigenkapitalbedarfs der Unternehmen mit der Begründung ab, daß auf unvollständigen Finanzmärkten eine Allokationseffizienz nicht realisierbar sei und somit der "Eichstrich einer gesamtwirtschaftlich wünschenswerten Eigenkapitalausstattung" fehle. Indirekt arbeitet er Prämissen heraus, die erfüllt sein müßten, damit in einer Modellwelt eine allokationseffiziente Eigenkapitalausstattung quantifiziert werden könnte und zeigt, daß diese Bedingungen in der Realität nicht erfüllbar sind. SCHNEIDER, Dieter, Lücken bei der Begründung einer "Eigenkapitallücke", in: Der Betrieb, 39. Jg., Heft 45 vom 7. Nov. 1986, S. 2293-2298. Da in der Realität - auch über den Finanzbereich hinaus - nur unvollständige Märkte existieren, führt die Argumentation SCHNEIDERs in der Konsequenz zur Forderung nach der völligen Absenz der Wissenschaft aus der Diskussion wirtschaftspolitischer Steuerungsprobleme. Dieser Sichtweise wird hier nicht gefolgt, sondern im Gegenteil die Mitverantwortung der Wissenschaft bei der Lösung wirtschaftspolitischer Probleme betont.

324) ALBACH, Horst, Welche Maßnahmen empfehlen sich, insbesondere im Gesellschafts- und Kapitalmarktrecht, um die Eigenkapitalausstattung der Unternehmen langfristig zu verbessern?, ifm-materialien Nr. 21, Bonn 1985, S.1.

Nach der Bundesbankstatistik beträgt die durchschnittliche berichtigte Eigenmittelquote aller Unternehmen etwa 19,5 % (1987).[325] Setzt man trotz der eingeschränkten Aussagekraft dieser aggregierten gesamtwirtschaftlichen Durchschnittsgröße die Eigenkapitalquote als wirtschaftspolitische Zielgröße an, so erfordert eine Erhöhung der Quote um 1 % eine Eigenkapitalzuführung von ca. 20-25 Mrd. DM. Bei welchem Niveau die gewünschte Eigenmittelquote bei jedem einzelnen Unternehmen erreicht ist, bleibt von dieser Durchschnittsrechnung unberührt.

Für das Jahr 1986 ist eine Erhöhung der Eigenmittel des Unternehmenssektors um 21 Mrd. DM zu verzeichnen.[326] Dieses günstige und einmalige Ergebnis ist auf positive gesamtwirtschaftliche Konstellationen und die gute Börsenverfassung im Jahr 1986 zurückzuführen. Bei Aktienemissionen inländischer Unternehmen wurden 16,4 Mrd. DM aufgebracht, und hiervon flossen allein 14 Mrd. DM den rund 460 Gesellschaften zu, die im amtlichen Handel notiert sind.[327] Berücksichtigt man außerdem die Eigenmittelerhöhung der börsennotierten Gesellschaften durch Rücklagendotierung, so ist festzustellen, daß die große Zahl nicht emissionsfähiger Unternehmen nur zu einem Bruchteil an der Erhöhung der Eigenmittel teilhatte. Die von der Eigenkapitalschwäche besonders betroffenen Unternehmen haben von der hohen Eigenmittelexpansion des Jahres 1986 trotz einer guten Ertragslage nur relativ wenig profitiert. Es zeigt sich, daß die Eigenkapitalversorgung weiterhin ein strukturelles Problem für die kleinen und mittleren Unternehmen ist. Auch dies ist ein weiterer Hinweis auf die hohen Marktchancen der Beteiligungsgesellschaften.

Das bisherige Investitionsvolumen der Beteiligungsgesellschaften von rund 2 Mrd. DM[328] ist verglichen mit dem geschätzten Kapital-

---

325) DEUTSCHE BUNDESBANK, Monatsberichte, 40. Jg., Heft 11/1987, S. 19. Die Bilanzsumme wird bei der Berechnung der Eigenkapitalquote durch die Bundesbank um Wertberichtungen und Berichtigungsposten zum Eigenkapital (ausstehende Einlagen sowie Forderungen und Darlehen an haftenden Gesellschaften) vermindert.

326) DEUTSCHE BUNDESBANK, Monatsberichte, 39. Jg., Heft 11/1987, S. 17-18.

327) DEUTSCHE BUNDESBANK, Statistische Beihefte, Reihe 2, Heft 9/1988, S. 40.

328) O.V., (1.2.1988), a.a.O., S. 6.

bedarf der kleinen und mittleren Unternehmen gering. Dies beruht einerseits darauf, daß insbesondere die Banken als Initiatoren der meisten Beteiligungsgesellschaften das Eigenkapitalgeschäft bisher vernachlässigt haben. Inzwischen scheinen sie jedoch die Entwicklungschancen dieses Marktsegments teilweise erkannt zu haben.[329] Andererseits steht die Geschäftspolitik vieler Beteiligungsgesellschaften einem größeren Wachstum entgegen. Die hohen Qualitätsanforderungen der auf Sicherheiten bedachten Beteiligungsgesellschaften schränken das Geschäftsfeld im wesentlichen auf bereits etablierte Unternehmen ein. Hohe Prüfungs- und Verwaltungskosten verursachen einen wirtschaftlichen Zwang, nur Beteiligungen ab einer Größe von mindestens 0,3-0,5 Mio. DM einzugehen.[330] Diese Beteiligungssummen lassen sich jedoch nur in Unternehmen ab einer bestimmten Mindestgröße realisieren.

Damit scheiden viele kleine und junge Unternehmen als Investitionsmöglichkeit aus, solange es nicht gelingt, effektivere und kostengünstigere Selektions- und Betreuungsverfahren einzusetzen. Dennoch verbleibt ein sehr großes Potential kapitalsuchender Beteiligungsunternehmen, die auch für eher konservative Beteiligungsgesellschaften attraktive Marktpartner sein könnten. Das Marktvolumen beteiligungswilliger und ökonomisch geeigneter Unternehmen ist auf weit über 100 Mrd. DM zu schätzen.

Für die Beteiligungsgesellschaften besteht folglich ein sehr großes Wachstumspotential. Allerdings ist es erforderlich, den latenten Eigenkapitalbedarf in das Bewußtsein vieler Unternehmer zu rücken und Berührungsängste gegenüber Beteiligungsgesellschaften abzubauen. Hierfür ist eine aktive Marktstrategie der Beteiligungsgesellschaften erforderlich. Um die Entwicklungschancen wahrzunehmen, dürfen die Fondsmanager nicht passiv auf den Eingang von Beteiligungsanträgen warten und darauf vertrauen, daß sie auch in Zukunft bequem und von Wettbewerbern unbehelligt das eine Prozent Rosinen herauspicken können. Eine zunehmende Wettbewerbsintensität erfordert von den zukunftsorientierten Beteiligungsgesellschaften

---

329) LANG, R., SCHWENKEDEL, S., (1988), a.a.O., S. 424.
330) O.V., (1.2.1988), a.a.O..

schon frühzeitig den zieladäquaten Einsatz von Marketinginstrumenten[331].

3.7. Zusammenfassung der wichtigsten Ergebnisse

Die Märkte für Eigenkapital in der Bundesrepublik Deutschland sind - mit Ausnahme der Aktienbörsen - durch einen niedrigen Organisationsgrad gekennzeichnet. Die fehlende Standardisierung der Anlagetitel, heterogene Präferenzen der Kapitalanbieter und -nachfrager, ungleiche Informationsverteilungen und hohe Transaktionskosten stellen Markthemmnisse dar, die zu einer Unterversorgung der nicht emissionsfähigen Unternehmen mit Eigenkapital führen.

Beteiligungsgesellschaften tragen zu einer Überwindung der Markthemmnisse bei. Durch ihre Institutionalisierung werden Marktzutrittsbarrieren abgebaut, Informationsasymmetrien reduziert und die Transaktionskosten der Eigenkapitalaufnahme tendenziell gesenkt. Die erhöhte Verhandlungsmacht gegenüber den Unternehmen, die Anlegerschutzvorschriften sowie die Informations-, Fristen-, Losgrößen- und Risikotransformation der Intermediäre gewährleisten, daß eine Kapitalanlage bei einer Beteiligungsgesellschaft aus Anlegersicht attraktiver als eine Direktanlage in einem nicht börsennotierten Unternehmen ist. Beteiligungsgesellschaften eröffnen somit nicht emissionsfähigen Unternehmen neue Eigenkapitalquellen und bieten Anlegern interessante Produktivvermögensbeteiligungen an. Gelingt es ihnen, sich besser an die Marktbedürfnisse anzupassen als dies in der Vergangenheit bei Kapitalbeteiligungsgesellschaften der Fall war, so eröffnen sich ihnen durch den hohen Eigenkapitalbedarf der Unternehmen weite unausgeschöpfte Wachstumspotentiale.

Mit dem UBGG und KAGG wurden die noch jungen gesetzlichen Grundlagen zweier Typen von Beteiligungsgesellschaften analysiert. Sowohl Unternehmensbeteiligungsgesellschaften als auch Beteiligungs-Sondervermögen tragen zu einer Institutionalisierung heterogener Be-

---

331) Vgl. Kap. 5.3.1., S. 362-367 dieser Arbeit.

teiligungsmärkte bei, verringern tendenziell informatorisch bedingte Markthemmnisse und erhöhen die Vertragsabschlußwahrscheinlichkeit zwischen Anlegern und kapitalsuchenden Unternehmen.

Als kritisch erweisen sich jedoch eine ganze Reihe von Detailregelungen. Zur Steigerung ihrer Marktchancen sind Unternehmensbeteiligungsgesellschaften von der Körperschaftsteuer zu befreien. Nur so werden direkte und indirekte Produktivvermögensbeteiligung steuerlich gleichgestellt.

Außerdem ist Unternehmensbeteiligungsgesellschaften der Erwerb von börsennotierten Aktien bis zu 30 % ihres Grundkapitals zu gestatten. Dies erhöht die Flexibilität des Fondsmanagements und steigert die Liquidität des Anlagevermögens. Am Markt kurzfristig erzielbare Ertragschancen können besser wahrgenommen werden. Der Erwerb von Schuldverschreibungen und die Vergabe von Darlehen ist dagegen auf insgesamt 20 % des Grundkapitals zu beschränken, um ein Hauptziel des Gesetzes, die Vergabe von Eigenkapital, nicht zu verwässern.

Beteiligungs-Sondervermögen tragen zur Verbesserung der Eigenkapitalausstattung der Unternehmen vergleichsweise wenig bei, da die vorgesehene Form stiller Beteiligungen starken Fremdkapitalcharakter aufweist. Die Bewertung von Eigenkapitaltiteln durch eine Ertragswertformel stößt auf konzeptionelle Probleme, eine eindeutig überlegene Alternative liegt jedoch nicht vor. Aufgrund der für den gesamten Bewertungszeitraum systematisch einheitlichen Ertragswertberechnung ist von den beiden politisch diskutierten Lösungsvorschlägen der "Laux-Formel" der Vorzug zu geben.

Insbesondere bei Beteiligungs-Sondervermögen führt die Vielzahl von Regulationen zu erheblichen Transaktionskosten, die die Einsatzfähigkeit der Institutionen beeinträchtigen.

Eine überbetriebliche Vermögensbeteiligung mit im Wettbewerb zueinander stehenden Unternehmensbeteiligungsgesellschaften und Beteiligungs-Sondervermögen ist hinsichtlich des Ziels der Kapitalallokation fiskalisch neutral ausgestaltet. Damit werden negative Schattenwirkungen vermieden. Risikokompensationen in Form von Sparzulagen werden rein verteilungspolitisch begründet und sind deshalb einkommensabhängig zu staffeln.

Die betrachteten Alternativmodelle der überbetrieblichen Vermögensbeteiligung (österreichische Beteiligungsfonds, amerikanische SBIC, schwedische Arbeitnehmerfonds sowie Branchen- und Tariffonds) zeichnen sich dagegen entweder durch massive steuerliche Begünstigungen mit negativen Verteilungswirkungen aus, oder es handelt sich um gesellschaftspolitisch motivierte, aus hiesiger Sicht nicht systemkonforme Lösungen, die sich negativ auf die Haftkapitalallokation auswirken.

Die gesetzliche Regelung der Beteiligungsgesellschaften ist nur ein Faktor für ihren Erfolg in der Zukunft. Beispielsweise hängt die Attraktivität der von den Institutionen emittierten Anlagetitel auch von der Entwicklung der Anlegerpräferenzen, von der Höhe der staatlichen Förderung, von der Behandlung konkurrierender Anlageformen im Rahmen der Vermögensbildung und von der Nutzung der Institutionen durch die Tarifpartner ab. Die gesetzlichen Normen stellen nur Mindestbestimmungen dar, die Raum lassen für weitergehende geschäftspolitische Aktivitäten im Rahmen der Kommunikations- und Konditionenpolitik, des Angebots spezieller Finanzierungs- und Beratungsdienstleistungen sowie des Risikomanagements.

4. Subjektive und objektive Einflußfaktoren auf das Anlageverhalten privater Haushalte und ihre Bedeutung für die Akzeptanz überbetrieblicher Beteiligungstitel

In der klassischen Finanzierungstheorie existieren verschiedene, recht einfache Hypothesen zur Erklärung bestimmter Teilaspekte des Anlegerverhaltens. Bestimmungsfaktoren der Anlageentscheidung sind i.d.R. wenige, möglichst leicht meßbare Variable, wie beispielsweise die Rendite und das Risiko (als Streuung der Rendite) einer Anlageform oder das Vermögen des Anlegers, der stets als rendite- oder nutzenmaximierender homo oeconomicus betrachtet wird. Eine weitergehende theoretische und empirische Erschließung der wichtigsten Komponenten des Geldanlageverhaltens ist erforderlich, um die Verbreitungschancen überbetrieblicher Beteiligungstitel als Anlageform für private Haushalte abschätzen zu können. Die Bedeutung dieses Problemaspekts ist besonders groß, da ein verteilungsorientiertes vermögenspolitisches Konzept ohne Breitenwirkung als verfehlt einzustufen wäre.

4.1. Ausgewählte Hypothesen zum Anlegerverhalten

4.1.1. Portefeuilletheorie und CAPM

Die von MARKOWITZ[332] publizierte Theorie der "Portfolio Selection" zeigt in einem bestimmten Modellrahmen, unter welchen Bedingungen bei einer Mischung mehrerer Eigenkapitaltitel in einem Vermögensportefeuille das Gesamtportefeuillerisiko niedriger ist als das gewichtete Durchschnittsrisiko der Einzelanlagen. Die Risikoreduktion durch Diversifikation kann im Extremfall des Hedgings zur vollständigen Eliminierung der Einzelrisiken führen. Das Ausmaß der Risikosenkung - das Risiko wird als Varianz oder Standardabweichung der erwarteten Erträge gemessen - hängt dabei von der Korrelation der Einzelanlagen ab. Je geringer der Zusammenhang der Ertragsentwicklung der Einzelwerte ist, umso höher ist der Risikosenkungseffekt der Diversifikation. Bei zunehmender Diversifika-

---

332) MARKOWITZ, Harry M., Portfolio Selection, in: The Journal of Finance, Vol. VII, March 1952, No. 1, S. 77-91.

tion nähert sich die Varianz des Portfolios immer mehr dem Wert der durchschnittlichen Kovarianz.[333]

Voraussetzung für die Berechnung des Diversifikationseffekts ist die Bekanntheit der Wahrscheinlichkeitsverteilung zukünftiger Erträge. In MARKOWITZ` Ansatz sind die Verteilungen allein durch zwei Parameter (μ,σ) determiniert, was eine wesentliche Reduktion realer Anlageentscheidungsprobleme bedeutet. Liquiditätsaspekte, Prestige, wirtschaftliche Macht, Transaktionskosten, Informationsverarbeitungsmöglichkeiten, persönliche Vorlieben bleiben beispielsweise bei der Anlageentscheidung außer Ansatz. Um eine optimale Portefeuillezusammenstellung zu erreichen, müßten dem Anleger außerdem die objektiven Wahrscheinlichkeitsverteilungen bekannt sein. Ihm stehen aber im Regelfall nur subjektive Wahrscheinlichkeiten zur Verfügung. Aus Sicht des Anlegers ist es zwar rational, diese als Grundlage für ein Kalkül zu nutzen, sie implizieren jedoch aus objektiver Sicht suboptimale Entscheidungen. In einer Vorstellungswelt, in der die objektiven Wahrscheinlichkeiten der Ergebnisse jeder Anlageentscheidung durch Kenntnis einer endlichen Anzahl von Informationen ermittelt werden können (wie z.B. beim Roulette), läßt sich der Unterschied zwischen den objektiven und subjektiven Wahrscheinlichkeitsverteilungen dadurch minimieren, daß der Anteil der verarbeiteten Informationen an der Gesamtzahl der relevanten Informationen maximiert wird. Bei positiven Grenzkosten der Informationsaufnahme und -verarbeitung wird der rationale Anleger sich jedoch mit Wahrscheinlichkeitsverteilungen als Entscheidungsgrundlage abfinden, die objektiv möglicherweise "falsch" sind.

Gegebenenfalls richtet er seine Entscheidung nicht einmal nach einer Gesamtverteilung, sondern lediglich nach bestimmten Eck- oder Zentralereignissen, die er für besonders wichtig hält, um auf die Gesamtverteilung zurückzuschließen (z.B.: "Die XY-Aktie wird bis zum Zeitpunkt t sicherlich nicht unter X_1 DM fallen, aber auch nicht über X_2 DM ansteigen, sondern höchstwahrscheinlich bei etwa X_3 DM liegen."). Die Entscheidung fällt er auch nicht nach Lösung

333) HELM, Robert, Die Bestimmungsfaktoren der Geldvermögensstruktur in einer Mikrotheorie des Anlageverhaltens, Diss., Frankfurt 1985, S. 46.

eines definierten Maximierungsproblems, sondern wählt möglicherweise die erste ihm bekannte Alternative, die ein vorher festgelegtes Anspruchsniveau erreicht, und zwar ohne Rücksicht darauf, ob er nach weiterer Suche eine noch bessere Anlage finden könnte. Die Höhe des Anspruchsniveaus dürfte dabei auch aus Erfahrungen der Vergangenheit und Beobachtungen der Erfolge der Personen seiner sozialen Bezugsgruppe resultieren. Der Portfolioansatz berücksichtigt alle diese Probleme, die für das reale Anlageverhalten charakteristisch sein dürften, nicht. Weiterhin handelt es sich um einen statischen Ansatz, der nicht darauf eingeht, wie Verhaltensänderungen im Zeitablauf zu erklären sind.

Trotz dieser Einschränkungen trägt die Portfolio-Theorie zur Erklärung des Anlegerverhaltens bei. Sie erklärt das Diversifikationsstreben von Investoren. Der empirische Gehalt der Theorie ist davon abhängig, wie weit die unabhängigen Variablen des Modells, die Risikoeinstellung und die Wahrscheinlichkeitsverteilungen der relevanten Ereignisse, operationalisiert werden können.[334]

Für die theoretische Auseinandersetzung mit dem Anlegerverhalten ist bedeutsam, daß die Portfolio-Selection die Zusammenstellung effizienter Wertpapierportefeuilles beschreibt und somit die Grundlage für das marktorientierte Capital-Asset-Pricing Model (CAPM) darstellt, das sowohl als positive wie auch als normative Theorie bereits eine ganze Generation von Kapitalmarkttheoretikern beschäftigt hat, weiterentwickelt und mehrfach empirisch getestet wurde.[335] Die Portefeuilletheorie nimmt aber auch im praktischen Anlegerverhalten und bei der Begründung von Anlagevorschriften für institutionelle Anleger eine wichtige Stellung ein. Beispiele sind die Diversifikationsregelungen der §§ 12-13 KWG, § 8 KAGG, § 4 UBGG oder § 54a des Versicherungsaufsichtsgesetzes. Kreditinstitute empfehlen den Kunden, ihre Wertpapierportefeuilles zu diversifizieren. Die Möglichkeit zur Risikoreduktion durch Portefeuillemischung ist ein wesentliches Argument für risikoaverse Anleger,

334) Vgl. HELM, R., a.a.O., S. 68.
335) Vgl. beispielsweise den Literaturüberblick von KRUSCHWITZ, Lutz, SCHÖBEL, Rainer im Anschluß an den Beitrag: Die Beurteilung riskanter Investitionen und das Capital Asset Pricing Model (CAPM), in: WiST Heft 2, 1987, S. 67-72.

auch relativ riskante Vermögenstitel, z.B. Aktien, zu erwerben. Da die von Beteiligungsgesellschaften emittierten Titel bereits diversifizierte Anlageformen darstellen, erübrigt sich teilweise die kostenintensive eigenständige Portefeuillemischung durch den Anleger.

Während im CAPM ein einziges Marktportefeuille risikobehafteter Titel existiert, das für jeden risikoscheuen Anleger, unabhängig vom genauen Verlauf seiner individuellen Risikopräferenzen, effizient ist[336)], ist die subjektiv optimale Portefeuillezusammensetzung dann von der individuellen Risikonutzenfunktion abhängig, wenn keine risikolosen Investitionsalternativen existieren. Ob aus Sicht eines Investors absolut risikolose Anlageformen überhaupt existieren, hängt u.a. von der subjektiven Maßgutwahl für das Risiko ab. Aus entscheidungsorientierter Sicht, d.h. bei dem Versuch, heterogen präferenzausgestattete Wirtschaftssubjekte bei einer Anlagealternative eine Entscheidungshilfe zu geben, ist das CAPM alleine schon deshalb wertlos, weil es von der Existenz risikoloser Anlagen aus der Sicht aller Individuen ausgeht. Die Untersuchung von individuellen Präferenzen ist deshalb eine unverzichtbare Voraussetzung für entscheidungsorientierte Aussagen über das Anlegerverhalten. Ohne Kenntnis der Anlagepräferenzen ist es nicht möglich zu beurteilen, welche Akzeptanz Produktivkapitalanteile bestimmter Ausgestaltung bei den privaten Haushalten finden.

4.1.2. ARROW'sche Hypothesen zum Anlegerverhalten bei Unsicherheit

Zur Beschreibung von Präferenzordnungen werden häufig Nutzenfunktionen gebraucht, insbesondere um die Risikoeinstellungen von Anlegern bei unsicheren zukünftigen Erträgen darzustellen. Die Nutzenfunktion eines risikoscheuen Anlegers ist durch abnehmenden Grenznutzen unsicherer Vermögen gekennzeichnet.[337)]

336) MÖLLER, Hans Peter, Das Capital-Asset-Pricing-Model, Separationstheorien oder auch Erklärung der Preisbildung auf realen Kapitalmärkten, in: DBW, 46. Jg., 6/1986, S. 707-719, hier S. 710.

337) ARROW, Kenneth J., The Theory of Risk Aversion, in: Essays In The Theory of Risk-Bearing, ders., Amsterdam-London 1971, S. 90-120, hier S. 93.

Für risikoaverses Verhalten ist notwendig und hinreichend:

$$U'(V) > 0$$
$$U''(V) < 0$$

mit U als Nutzen des Vermögens V, wobei V eine Zufallsvariable ist. Als Maß der Risikoaversion benutzt ARROW zwei Koeffizienten, die absolute Risikoscheu ($R_A(V)$) und die relative Risikoscheu ($R_R(V)$).

$$R_A(V) = -\frac{U''(V)}{U'(V)}$$

$$R_R(V) = R_A \cdot V = \frac{-U''(V)}{U'(V)} \cdot V$$

$$= -\frac{dU'(V)}{dV} \cdot \frac{V}{U'(V)}$$

Die relative Risikoscheu ist damit äquivalent zur Elastizität des Grenznutzens des Vermögens. Beide Maße (R_A und R_R) sind positive reelle Zahlen bei risikoaversen Anlegern. Die vorgenommenen Definitionen der Koeffizienten haben den Vorteil, daß bei positiven linearen Transformationen von U (V) die Werte der Maße nicht verändert werden. Dies ist notwendig, damit bei positiven linearen Transformationen von U (V) (also Addition oder Multiplikation mit einer positiven Konstanten) die Präferenzordnungen unverändert bleiben und weil deshalb ein Risikomaß gefunden werden muß, das invariant bleibt.[338]

ARROW beschreibt das Anlegerverhalten bei Unsicherheit mit zwei Hypothesen:

- zunehmende relative Risikoscheu ($R_R'(V) > 0$)
- abnehmende absolute Risikoscheu ($R_A'(V) < 0$)

338) Ebenda, S. 94.

Die zweite Hypothese der abnehmenden absoluten Risikoaversion bei steigendem Vermögen erscheint unmittelbar plausibel. Sie sagt aus, daß mit wachsendem Vermögen der Absolutbetrag riskanter Investitionen steigt. Haushalte mit kleinen Vermögen (zu den Vermögen zählen in ARROW's Modellwelt auch die auf den Gegenwartswert diskontierten unsicheren erwarteten Einkommen) legen also einen absolut kleineren Betrag in riskanten Anlageformen an als "reiche" Haushalte. Riskante Anlagen sind keine inferioren Güter.[339]

Die erstgenannte Hypothese der zunehmenden relativen Risikoaversion impliziert, daß die Nachfrageelastizität nach sicheren Anlagen in Bezug auf das Vermögen größer oder gleich 1 ist[340]. Dies liegt an der Grundannahme, daß selbst unendlich hohe Vermögen nur einen begrenzten Nutzen stiften. Im Rahmen der üblichen Terminologie sind also sichere Vermögensanlagen "Luxusgüter", nicht Grundbedürfnisse.[341] Ihr relativer Anteil am Vermögen wächst mit steigendem Wohlstand. Diese Hypothese des Anlageverhaltens wird von Arrow mit einigen empirischen Untersuchungen über die Geldhaltung belegt.[342] Da einerseits die Vermögen der Haushalte nachhaltig wachsen und andererseits die Transaktionskosten durch den Einsatz neuer Techniken und höherer Effizienz im Finanzsektor absolut und relativ sinken, scheint diese Verhaltenshypothese die Nachfrage nach Kasse oder ähnlichen, niedrigverzinslichen und billig liquidisierbaren Vermögensanlagen, wie beispielsweise Spareinlagen, besser zu erklären als der Transaktionskostenansatz.

Eine kritische Analyse der beiden ARROW'schen Hypothesen zum Anlegerverhalten setzt bei der geringen Praktikabilität und Undifferenziertheit des theoretischen Ansatzes an. Er verlangt, daß die Präferenzordnungen von Individuen in Form zweimal stetig differen-

---

339) Ebenda, S. 102.

340) Ebenda, S. 103 u. 119-120; eine Nachfrageelastizität von + 1,5 bedeutet beispielsweise, daß bei einem Vermögenswachstum um 10 % die sicheren Anlagen um 15 % zunehmen.

341) "In usual economic terms, cash balances and, more generally, security are luxury goods or, at any rate, not necessities." Ebenda, S. 103.

342) Ebenda, S. 103-104; für die Bundesrepublik läßt sich beispielsweise belegen, daß der Anteil der Aktienanlagen am stark wachsenden Gesamtvermögen von 1960 bis 1982 ständig gesunken ist. Vgl. Kap. 4.3.7., S. 293-296 dieser Arbeit.

zierbarer Nutzenfunktionen darstellbar sind. Eine solche Funktion für den einzelnen zu konstruieren, stößt auf erhebliche Schwierigkeiten; dies liegt einerseits an dem Problem, Nutzen zu quantifizieren und andererseits an der intrapersonalen Inkompetenz zur Bewertung zukünftiger, unsicherer Ereignisse. Bei anderer Laune oder verändertem Wetter wird die gleiche Person identische Entscheidungsprobleme (ziehe ich 10.000 DM sicheren Vermögens einem unsicheren Vermögen von 25.000 DM mit einer Wahrscheinlichkeit von 0,5 vor?) zu zwei verschiedenen Zeitpunkten unterschiedlich bewerten. Nicht nur die individuellen Nutzenfunktionen ändern sich ständig und sind deshalb irreliabel. Auch die einem zukünftigen Ereignis zugemessenen subjektiven Wahrscheinlichkeiten werden aufgrund des Bewußtseins unvollständiger Information ständig verworfen und neugebildet. Ein realer Anlageentscheidungsprozeß unter Unsicherheit ist deshalb auf die vorgenommene Weise mathematisch nicht abbildbar.[343]

Indem ARROW's Nutzenfunktionen nur von der einzigen Zufallsvariablen Vermögen abhängig sind, wird von anderen Faktoren, die den Nutzen einer Investition ausmachen können, abstrahiert. Aber nicht nur das Vermögen, sondern - wie noch gezeigt wird - eine ganze Reihe subjektiver und objektiver Faktoren determinieren das Anlegerverhalten. Soll das ARROW-Modell die Realität abbilden, so wird mit der Beschränkung auf einen Faktor unterstellt, daß alle anderen Faktoren - auch immaterielle Nutzengrößen und psychologische Anlagedeterminanten - in die materielle Maßgröße Vermögen transferierbar sind. Diese implizite Prämisse erfordert eine eindeutige Bewertungsfunktion, die aussagt, wieviel DM Vermögen beispielsweise einem zusätzlichen Grad an Liquidität, dem Wert selbstgenutzten Wohneigentums oder dem Machtpotential einer bestimmten Menge von Aktienstimmrechten entsprechen. Eine eindimensionale Nutzenfunktion stellt daher eine grobe Vereinfachung des Anlageentscheidungsprozesses dar und erfordert die vorgelagerte Untersuchung einer Bewertungsfunktion der übrigen Entscheidungsfaktoren.

343) Auf dem ARROW-Konzept basierende entscheidungstheoretische Arbeiten zur Vermögenspolitik haben deshalb nur geringen Realitätsbezug. Vgl. z.B. TOMANN, Horst, Risikoübertragung als Mittel der Vermögenspolitik. Entscheidungsprobleme und gesamtwirtschaftliche Wirkungen, Köln, Berlin, Bonn, München 1975.

4.1.3. Hierarchisch geordnete Anlegerbedürfnisse als Verhaltensdeterminanten

Im Gegensatz zu den finanzierungstheoretischen existieren verhaltenswissenschaftliche Erklärungsversuche von Geldanlageentscheidungen bisher kaum. Als heuristischen Erklärungsansatz könnte man eine Analogie zu Bedürfnishierarchiekonzepten, wie sie beispielsweise von MASLOW entwickelt wurden, herstellen, um das Investitionsverhalten privater Haushalte unter dem Aspekt der anlagerelevanten Bedürfnisstrukturen der Individuen zu analysieren. Es erscheint plausibel, daß auch die das Anlegerverhalten steuernden Bedürfnisse einer hierarchischen Ordnung unterliegen. Übergeordnete Bedürfnisse werden erst dann aktualisiert, wenn untere Bedürfnisebenen befriedigt sind. In der MASLOW'schen Hierarchie dominieren anfangs die physiologischen und biologischen Bedürfnisse, nach deren Befriedigung zunächst Sicherheitsbedürfnisse, anschließend soziale Bedürfnisse (Zuneigung, Liebe), Status/Prestige ("Ich"-Bedürfnisse, Geltung) und schließlich Macht- und Selbstverwirklichungsbedürfnisse aktiviert werden.[344)] Das individuelle Anlegerverhalten ist in diesem Ansatz nicht mehr nur von der Sparfähigkeit - und damit vor allem vom Einkommen bzw. Vermögen - abhängig, sondern auch von den subjektiven Anlagebedürfnissen.

Das Hierarchiekonstrukt ist starker Kritik unterzogen worden, da empirische Befunde der Motivationsforschung es nicht bestätigen konnten.[345)] Insbesondere wird kritisiert, daß die oberen Bedürfnisstufen kaum in eine eindeutige Rangfolge gebracht werden könnten. Das Konzept erscheint idealtypisch, da bei vielen Individuen die Motivationsrangfolge anders ausgeprägt sei.[346)] Zudem müsse eine Motivation nicht *vollständig* erfüllt sein, bevor höherstehende Bedürfnisse wirksam werden.[347)]

344) MASLOW, A. H., Motivation and Personality, New York 1954, S. 35 ff, zitiert nach STAEHLE, Wolfgang H., Management, München 1980, S. 174.

345) STAEHLE, W., a.a.O., S. 175 und die dort angegebene Literatur.

346) KROEBER-RIEL, Werner, Konsumentenverhalten, 3. Aufl., München 1984, S. 136.

347) Ebenda.

Bei allen Problemen der Abgrenzung und verbalen Konkretisierung einzelner Bedürfnisse bleibt der Leitgedanke unbestritten, daß "höhere" und "niedere" Bedürfnisse existieren, und die "höhere" Motivation erst dann zum Zuge kommt, wenn die "niedere" weitgehend befriedigt ist.[348] Für den Bereich des Geldanlageverhaltens würde sich etwa die in Abb. 4.1 dargestellte Bedüfnishierarchie ergeben, die mit Beispielen für Anlageformen unterlegt ist, die einzelne Bedürfnisse befiedigen.

Abb. 4.1: Hierarchie von Anlegerbedürfnissen

Hierarchierichtung	Hierarchierichtung
Selbstverwirklichung, Machtstreben	gesellschaftsrechtliche Beteiligung, Aktie
Bedürfnis, sich abzuheben, soziale Geltung (Status, Prestige)	Aktie, Investmentfonds, Bauherrenmodelle
Aufbau/Erweiterung von Geldvermögen als Einkommensquelle, Renditeorientierung	Festverzinsliche Wertpapiere, Termingelder, Steuersparmodelle
Finanzielle Flexibilität, Liquidität	Termingelder, Geldmarktpapiere
Sicherung gegen Notfälle, Erhaltung von Vermögen	Lebensversicherung
Sparen zu Konsumzwecken	Bausparen, Kontensparen
Nachfragewirksame Bedürfnisse	Beispiele in Frage kommender Anlageformen aus dem Bereich des Geldvermögens

348) Ebenda.

Nach diesem Schema dominiert das Anlagemotiv Konsum-/Zwecksparen alle anderen Sparmotive (Sicherheit, Rendite, Status usw.) solange, bis es im wesentlichen erfüllt ist. Der Anleger zieht erst dann den Abschluß einer Lebensversicherung oder den Kauf einer Aktie in Betracht, wenn die vorgelagerten Bedürfnisebenen befriedigt sind. Die Sparfähigkeit bestimmt somit zusammen mit der Bedürfnisintensität der verschiedenen Hierarchiestufen die Anlagewahl. Haushalte, die die Aktie als Medium zur Befriedigung der zuoberst angeordneten Bedürfnisse einschätzen, werden beispielsweise Dividendenpapiere erst dann nachfragen, wenn sie bereits solche Anlageformen, die die unteren Ebenen befriedigen, gekauft haben. Reicht ihre Sparfähigkeit nicht aus, die vorgelagerten Anlagebedürfnisse zu befriedigen, werden keine Aktien erworben.

Die Hierarchiehypothese erklärt den starken Zuwachs von Spar- und Bausparanlagen bei steigenden Masseneinkommen, der sich ab einem bestimmten Wohlstandsniveau verlangsamt und sich zum Versicherungssparen verlagert. Die Intensität der Zwecksparbedürfnisse nimmt aufgrund weitgehender Befriedigung bei breiten Bevölkerungsschichten ab, die nun eine Absicherung des erreichten Lebensstandards anstreben. Das Modell sagt weiterhin aus, daß bei weiterem nachhaltigen Wachstum des materiellen Wohlstands zukünftig die die oberen Bedürfnisstufen repräsentierenden Anlageformen stärker nachgefragt werden. Insbesondere Produktivkapitalanlageformen werden zunächst nur von einem geringen Anlegerkreis nachgefragt, könnten jedoch langfristig bei steigendem Wohlstandsniveau auf zunehmende Akzeptanz stoßen.

Diese Hypothese des Anlageverhaltens besitzt neben dem Vorzug, außer der Sparfähigkeit auch die Sparbereitschaft als Anlagedeterminante mit einzubeziehen, den systematischen Vorteil der Dynamik. Sie erklärt auf der Mikroebene das sich wandelnde individuelle Anlageverhalten bei steigendem Vermögen und damit cum grano salis im Verlauf des Lebenszyklus. Auf gesamtwirtschaftlicher, aggregierter Ebene erklärt sie die Trends bei der Akzeptanz bestimmter Anlageprodukte, die Unternehmen, Finanzintermediäre oder der Staat emittieren, in Abhängigkeit des Befriedigungsniveaus der Anlagebedürfnisse und damit z.B. der gesamtwirtschaftlichen Vermögensakkumulation und des Wertewandels.

Die Hypothese hierarchisch geordneter, sich im Laufe der Zeit durch Befriedigung unterer Bedürfnisebenen ändernder Anlegerbedürfnisse, soll vornehmlich der Beschreibung individuellen Verhaltens dienen. Aus aggregierten, gesamtwirtschaftlichen Daten lassen sich jedoch bereits wichtige empirische Indizien für die Gültigkeit der Hypothese ableiten.

Bildet man die Differenzen zwischen den Wachstumsraten des Bruttogeldvermögens und den einzelnen Vermögensarten und glättet diese Werte von kurzfristigen Schwankungen durch Bildung gleitender Fünf-Jahres-Durchschnitte, so lassen sich sehr deutlich Trendwechsel im langfristigen Anlageverhalten feststellen.[349] Einlagen bei Banken und bei Bausparkassen von privaten Haushalten wuchsen bis zum Jahr 1976 schneller als das gesamte Geldvermögen, ab 1977 jedoch langsamer. Diese Anlageformen, die Grundbedürfnisse wie Anschaffungs- und Zwecksparen am ehesten erfüllen, verlieren an Attraktivität und werden in ihrer Dynamik von den anderen Anlageformen eingeholt und übertroffen.

Die Vermögensposition Sonstige Forderungen umfaßt neben langfristigen Ansprüchen gegenüber betrieblichen Pensionsfonds auch kurzfristige Forderungen gegen Sach- und Krankenversicherungsunternehmen sowie die Bestände an Geldmarktpapieren. Die bis 1973 durchweg unterdurchschnittlichen Wachstumsraten dieser Vermögensart sind seit 1974 stets überdurchschnittlich hoch. Das Versicherungssparen und die Anlage in festverzinslichen Wertpapieren ist fast über den gesamten Betrachtungszeitraum durch überdurchschnittliche Wachstumsraten gekennzeichnet. Das Vorsorge- und Sicherheitsmotiv, verbunden mit einer zunehmenden Renditeorientierung, beeinflussen die Anlageentscheidungen privater Haushalte demnach im gesamten Zeitraum besonders stark. Sicherheits- und Renditeziele sind bis heute noch nicht in dem Maße erfüllt, daß sie durch höher angesiedelte, bisher latente Bedürfnisse verdrängt werden.

---

349) Vgl. Anhang 1, S. 389 dieser Arbeit.

Die Attraktivität des Aktiensparens ist dagegen erst seit Beginn der 80er Jahre deutlich gestiegen. Bis zum Jahre 1983 waren die Fünf-Jahres-Durchschnittswerte der Wachstumsratendifferenzen stets negativ. Daran läßt sich eine starke, über zwei Jahrzehnte andauernde Zurückhaltung der Anleger gegenüber der Anlageform Aktie ablesen. Erst seit 1984 sind die gleitenden Durchschnittswerte der Wachstumsraten überdurchschnittlich hoch. Der Zeitraum überdurchschnittlicher Wachstumsraten ist noch zu kurz, um eine langfristige Trendwende feststellen zu können. Außerdem werden die hohen Wachstumsraten der letzten Jahre von Kurssteigerungen an der Aktienbörse exogen mitverursacht. Dennoch ist der festgestellte Trendwechsel im Wachstum des Aktienvermögens ebenfalls ein Indiz für die Steuerung des Anlageverhaltens durch hierarchische Bedürfnisse. Erst eine weitgehende Befriedigung anderer finanzieller Bedürfnisse hat das zunehmende Interesse an der Aktie als typischer Anlageform zur Befriedigung von Rendite-, Status- und Machtbedürfnissen erzeugen können.

4.2. Ein multidimensionaler Erklärungsversuch von Geldanlageentscheidungen

Bereits der kurze Überblick über einige wenige theoretische Erklärungsansätze des Anlageverhaltens hat gezeigt, daß die Entscheidungsdeterminanten nicht alleine auf die klassischen Parameter erwartete Rendite, Risiko und Vermögen begrenzt werden können. Anlageentscheidungen unterliegen der Beeinflussung durch ein komplexes System vielfältiger Faktoren, die in unterschiedlichen Situationen andere Gewichtung besitzen und individuell verschieden wahrgenommen werden. Zudem ist es wahrscheinlich, daß die Entscheidungsfindung, d.h. die Aufnahme, Selektion, Verarbeitung und Auswertung entscheidungsrelevanter Daten, nicht subjektiv rational im Sinne von zieloptimierend verläuft. Objektive Rationalität als Produkt sämtlichen überhaupt verfügbaren Wissens über die Beschaffenheit des Entscheidungsfeldes und der Einwirkungsmöglichkeiten[350] liegt

350) STREIT, M., a.a.O., S. 242.

beim menschlichen Individuum aufgrund seiner begrenzten Kapazität und seiner Neigung, auch intuitiv zu entscheiden, ohnehin nicht vor. Es gilt das Prinzip begrenzter Rationalität.[351] "Alles was wir tun können, ist die Kunst zu erlernen, irrational auf eine vernünftige Weise zu sein."[352] Ein umfassender Erklärungsansatz des Anlageverhaltens kann deshalb nicht allein auf dem homo-oeconomicus-Prinzip basieren, sondern muß um verhaltensorientierte, situative, soziologische und psychologische Aspekte ergänzt werden.

Aufgrund der Vielfältigkeit der Determinanten soll in einem deskriptiven Entscheidungsmodell eine Systematisierung der verschiedenen Einflußfaktoren versucht werden. Die Gesamtheit der Faktoren läßt sich einerseits in ökonomische und soziologische/psychologische, andererseits in objektive und subjektive Faktoren unterteilen. Objektive Faktoren sind prinzipiell nachprüfbar und kardinal meßbar; subjektive Faktoren drücken Einstellungen und Werturteile über objektive Tatbestände aus und sind i.d.R. lediglich ordinal skalierbar. Sie werden meist über Meinungstests und Einstellungsfragen erhoben.[353]

Bei beiden Klassifizierungen sind die Grenzen zwischen den Faktorenarten fließend. Nicht immer ist zweifelsfrei abgrenzbar, welcher Kategorie bestimmte Einzelfaktoren zuzuordnen sind. Beispielsweise sind die Vermögensbestände im Denkmodell den objektiv feststellbaren und meßbaren Faktoren zugeordnet. In der Realität bereitet es jedoch trotz vielfältiger statistischer Definitionsversuche große Schwierigkeiten, welche Gegenstände den verschiedenen Vermögensarten zuzuordnen sind und wie sie zu bewerten sind. Folglich sind auch Angaben über diese Faktoren von Komponenten wie Interviewer-Bias oder Befragteninterpretation u.ä. abhängig. Aber auch die Abgrenzung zwischen ökonomischen und soziologischen/psychologischen Daten ist im Einzelfall problematisch. Wenn beispielsweise der Faktor "Beruf" der zweiten Kategorie zugeordnet

351) SIMON, Herbert A., A Behavioral Model of Rational Choice, in: Quarterly Journal of Economics, 69. Jg. 1955, S. 99-118.

352) HUXLEY, Aldous, Island, London 1975, S. 171; zitiert nach STREIT, M., a.a.O., S. 152.

353) HELM, R., a.a.O., S. 37.

wird, dann aus dem Grunde, daß die ökonomischen Entscheidungskomponenten dieses Faktors bereits hinreichend durch den Datensatz "Einkommen" repräsentiert erscheint und der Beruf gemeinsam mit anderen Daten ein geschlossenes soziodemographisches Profil eines Individuums herzustellen gestattet, das vermutlich die Bedürfnisstruktur und die Einstellungen gegenüber Geld beeinflußt. Weitere Einschränkungen dieser Art über die Konsistenz der Katalogisierung wären leicht zu finden. Trotz dieser negativen Konsequenzen der Komplexitätsreduktion des Entscheidungsmodells ist es jedoch hilfreich, durch eine Strukturierung der Einzelfaktoren eine Isolation und Ordnung der Determinanten vorzunehmen. Transparenz auf reduziertem Niveau erleichtert die Entscheidungsdeskription, auch wenn auf den Anspruch der Vollständigkeit verzichtet werden muß.

Schaubild 4.2 gruppiert und systematisiert nicht nur die wichtigsten Vermögensanlagedeterminanten, sondern beschreibt auch deren Zusammenhänge. Auf seiten der ökonomischen Faktoren stehen die verschiedenen Einkommens- und Vermögensarten - wie bereits beschrieben - in einem interdependenten Verhältnis. Da mit wachsendem Einkommen die Sparfähigkeit wächst, besitzen die Haushalte mit hohem Einkommen auch große Vermögensbestände. Mit wachsenden Beständen insbesondere im Bereich des langfristigen Sachvermögens nimmt auch die Fähigkeit zum (vorübergehenden) Konsumverzicht zu. Zudem können Vermögensbestände durch Anlageentscheidungen umgewidmet werden. Durch Einkommen und Vermögen wird somit vor allem die Höhe der für Anlagezwecke verfügbaren Mittel determiniert. Da durch eine getroffene Anlageentscheidung die Struktur oder Höhe der Vermögensbestände geändert wird, werden durch sie zukünftige Entscheidungen beeinflußt. Deshalb ergibt sich eine Feedbackschleife zu den Vermögensbeständen.

Ein weiteres Kriterium für die Anlageentscheidung stellen die Transaktionskosten (Such- und Informationskosten, Provisionen, Maklergebühren, Verkehrssteuern) dar. Sie unterscheiden sich je nach Anlageform. Die Transaktionskosten beeinflussen nicht nur die Rendite einer Geldanlage, sondern können auch ein psychologisches Hemmnis bei der Wahl einer Anlagealternative darstellen.

Abb. 4.2: Determinanten von Vermögensanlageentscheidungen

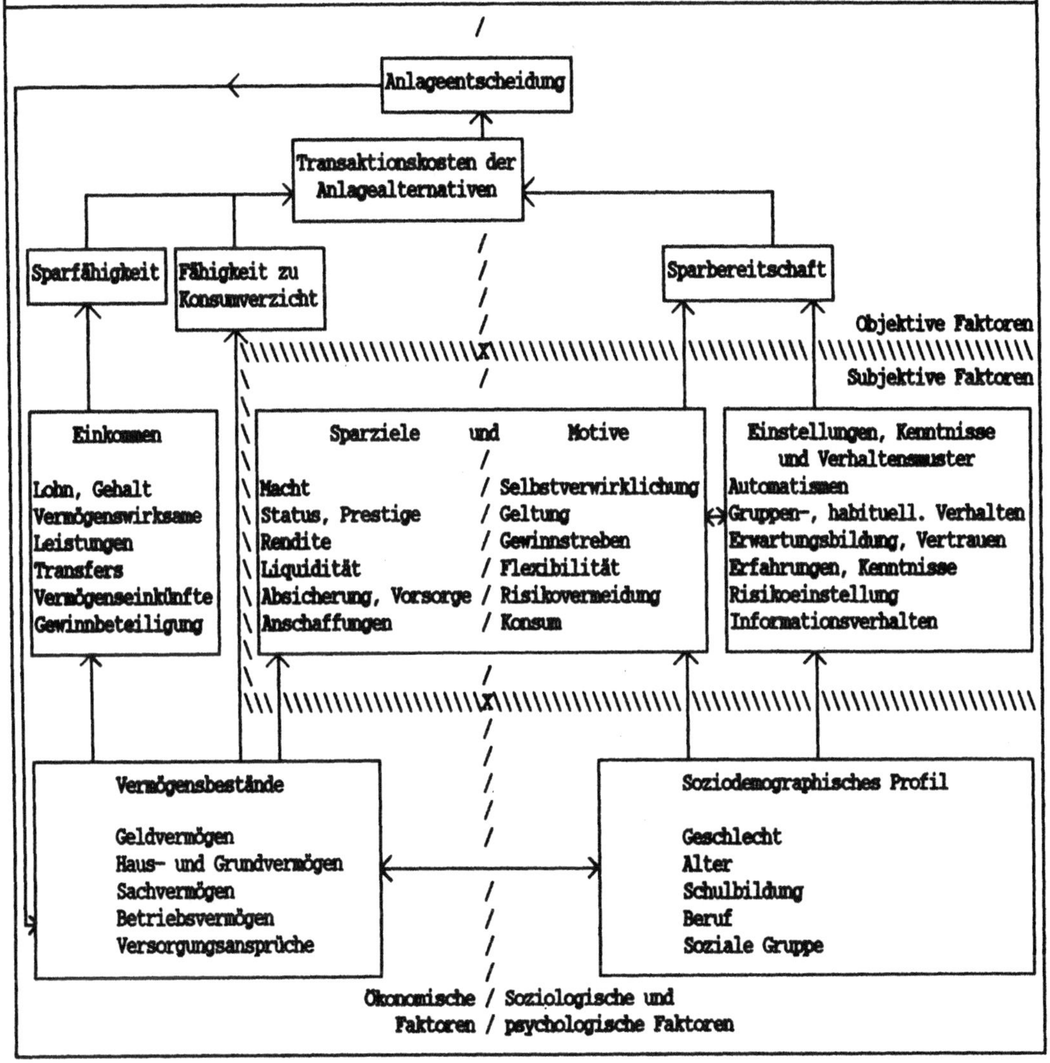

Beispielsweise könnten hohe Vermittlungsprovisionen das Interesse an einer Anlageform senken, auch wenn nach ihrer Berücksichtigung Renditevorteile der Anlage zu erwarten sind. Dies liegt daran, daß der Anleger bei der Aufwendung von Transaktionskosten in Vorleistung tritt, ohne gleichzeitig Erträge zu erhalten. Diese sunk costs sind zudem häufig gegenüber Dritten aufzuwenden, nicht jedoch gegenüber dem Vertragspartner bei der Kapitalanlage. Verursacht jede Transaktion Kosten, so sieht der Anleger zudem seine zukünftigen Ein- und Ausstiegsmöglichkeiten und damit seine finanzielle Flexibilität beeinträchtigt.

Wie noch detailliert beschrieben wird, bestehen zwischen Einkommen, Vermögen und den soziodemographischen Daten der Anleger (Alter, Geschlecht, soziale Gruppe, Bildung, Beruf) statistisch nachweisbare Interdependenzen. Die Soziodemographika beeinflussen daneben jedoch auch die psychologischen Faktoren von Anlageentscheidungen. Die sozialstrukturelle Prägung bestimmt Einstellungen, Kenntnisse und Verhaltensweisen der Anleger, die wiederum eng mit den Anlagemotiven in Verbindung stehen. Die soziologischen und psychologischen Faktoren determinieren die Sparbereitschaft. Nur wenn Sparbereitschaft und -fähigkeit simultan vorliegen, kann eine Anlageentscheidung getroffen werden.

4.2.1. Verhaltenswissenschaftlich orientiertes Erklärungsmodell

Aus sozialpsychologischer Sicht beruht das Anlageverhalten auf komplexen Prozessen, die eine aktivierende Komponente (Emotion, Motivation, Einstellung) und eine kognitive Komponente (Wahrnehmung, Entscheidung, Lernen, Gedächtnis) enthalten.[354)]

Die aktivierende Komponente treibt menschliches Handeln an und wird durch Reize ausgelöst. Grundlegende Elemente des Verhaltens sind Triebe und Emotionen, also innere Erregungsvorgänge, die mehr oder weniger bewußt wahrgenommen werden. Sind diese Triebe und Emotionen mit Wünschen oder Zielen verbunden, so handelt es sich um Motivationen.[355)] Motive treiben somit menschliches Verhalten mit dem Ziel der Befriedigung von Bedürfnissen an.[356)]

Einstellung läßt sich als Haltung oder Prädisposition gegenüber einem Gegenstand auffassen[357)], wobei die subjektiv wahrgenommene Eignung des Objektes (eines Produktes, einer Person, einer Situa-

354) KROEBER-RIEL, W., a.a.O., S. 46.
355) Vgl. ebenda, S. 48.
356) Vgl. ebenda, S. 130 ff.
357) Vgl. ebenda, S. 48.

tion) vor dem Hintergrund einer bestimmten Motivation beurteilt wird. Da die Einstellung somit Emotion und Motivation mitbeinhaltet, wird sie als entscheidende Variable zur Erklärung des Verhaltens aufgefaßt.[358] Mit Hilfe bestimmter Instrumente (beispielsweise Skalen, semantische Differentiale) lassen sich Einstellungen mittels Befragungen messen. Die Spiegel-Dokumentationen SOLL UND HABEN von 1980[359] und 1985[360] enthalten die Ergebnisse von Repräsentativumfragen über Einstellungen gegenüber Geldanlageformen.

Die kognitiven Vorgänge lassen sich als willentliche, gedankliche ("subjektiv rationale") Steuerung und Kontrolle des Verhaltens charakterisieren. Sie dienen zur Produktion von Kenntnissen eines Individuums von seiner Umwelt und von sich selbst. Sie sind gekennzeichnet durch die Aufnahme von Informationen, die (selektive) Wahrnehmung und Beurteilung, das Entscheiden sowie die Speicherung von Informationen und Zusammenhängen. Die Aufnahme und Verarbeitung neuer und die Aktualisierung bereits gespeicherter verhaltensrelevanter Informationen soll in diesem Kontext als "Lernen" bezeichnet werden.

Erst das Zusammenspiel der durch Stimuli ausgelösten aktivierenden und kognitiven Prozesse verursacht ein bestimmtes Verhalten. Präferenzen, Entscheidungen und Verhaltensweisen entstehen folglich nicht durch ein "rationales" Abwägen von Vor- und Nachteilen. Die Erkenntnis- und Denkprozesse werden vielmehr häufig von vornherein durch affektive Reaktionen in ganz bestimmte Richtungen ge-

358) NIESCHLAG, Robert, DICHTL, Erwin, HÖRSCHGEN, Hans, Marketing, 14. Auflage, Berlin 1983, S. 106.

359) SOLL UND HABEN, Spiegel-Dokumentation, Eine Untersuchung über Einstellungen zum Geld und dem Besitz von Konten, Wertpapieren, Lebensversicherungen und Bausparverträgen, hrsg. v. Spiegel-Verlag, Hamburg 1980.

360) SOLL UND HABEN 2, Spiegel-Dokumentation, Einstellungen zum Geld, Bankverbindungen, Kredite, Spar- und Anlageformen, Bausparverträge, Immobilien, hrsg. v. Spiegel-Verlag, Hamburg 1985. Auf diese Untersuchung wird in den Abschnitten 4.2.2. bis 4.2.4. Bezug genommen. Grundgesamtheit ist die deutsche Wohnbevölkerung in Privathaushalten ab 14 Jahre (48,22 Mio Personen). Die Auswahl der Befragungspersonen erfogte durch eine geschichtete, mehrstufige Zufallsstichprobe (Adressen-Random, 1070 Sample-Points). Im Befragungszeitraum vom 9. Mai bis 10. Juli 1984 wurden 4957 mündliche Interviews anhand eines strukturierten Fragebogens durchgeführt. Hochrechnungen erfolgten mit dem Faktor 9728. Vgl. ebenda, S. 205-208.

drängt.[361] Das Handeln wird allerdings oft nachträglich als Ergebnis eines Informationsverarbeitungsprozesses gesehen und hinterher mit "vernünftigen Gründen" attribuiert, da emotional gelenktes Verhalten kulturbedingt als minderwertig empfunden wird.[362] Außerdem geht das Individuum bei kognitiven Prozessen nicht von der objektiv gegebenen Situation, sondern von einem subjektiven, vereinfachten Modell der Wirklichkeit aus.[363] Beispielsweise vertritt LUHMANN die These, daß durch Vertrauen - d.h. die Bildung positiver Erwartungen aufgrund bereits gemachter Erfahrungen - die "überkomplexe" Zukunft auf ein leichter zu verarbeitendes Maß zurückgeschnitten wird. Analog produziert Mißtrauen die Reduktion einer unüberschaubaren Komplexität möglicher Handlungsalternativen und ihrer Konsequenzen, mit dem Ergebnis, daß bestimmte Alternativen abgelehnt werden, sofern sich dieses Mißtrauen nicht abbauen läßt.[364]

Die Bedeutung des Einflusses kognitiver Prozesse auf das Verhalten ist weiterhin aufgrund der Existenz von Automatismen zu relativieren. Auf bestimmte Anreize reagiert das zentrale Nervensystem aufgrund von "festen Schaltplänen" ohne gedankliches, bewußtes Zutun. In den meisten Fällen beruht Verhalten auf einem Mix kognitiv gesteuerter und automatisch ablaufender Prozesse.[365]

Diese im Bereich der verhaltenswissenschaftlichen Konsumentenforschung in die Ökonomie eingegangenen hypothetischen Konstrukte lassen sich im finanzwirtschaftlichen Bereich auf das Anlageverhalten von Individuen übertragen. Das Anlageverhalten ist mithin als ein komplexes System interdependenter Prozesse aufzufassen. Anlageentscheidungen unterliegen wie Kaufentscheidungen bei Waren begrenzter Rationalität und werden in erheblichem Maße durch affektive Komponenten mitgesteuert.

---

361) KROEBER-RIEL, W., a.a.O., S. 223.

362) Vgl. ebenda, S. 223-224.

363) Vgl. KIRSCH, Werner, Entscheidungsprozesse, Verhaltenswissenschaftliche Ansätze der Entscheidungstheorie, Band 1, Wiesbaden 1970, S. 76-77.

364) Vgl. LUHMANN, Niklas, Vertrauen - ein Mechanismus zur Reduktion sozialer Komplexität, Stuttgart 1968, S. 70 ff.

365) KROEBER-RIEL, W., a.a.O., S. 224.

Da die Individuen keine "gläserne Psyche" besitzen, die ein direktes Beobachten und Beschreiben des Entscheidungsablaufs ermöglichen würde, sollen die Strukturen des Verhaltens in einem vereinfachten Modell dargestellt werden, um das Zusammenwirken der einzelnen Komponenten vorstellbar zu machen. Schaubild 4.3 zeigt die grundsätzlichen Komponenten des Anlegerverhaltens im Zusammenhang.

Der Entscheidungsprozeß wird im Modell durch Reize in Gang gebracht, die von außen auf den Anleger einwirken. Diese Stimuli können beispielsweise in Form von Anlagetips von Bekannten, Bankenwerbung, Beratergesprächen oder einem Wertpapierverkaufsprospekt bestehen. Der Anleger nimmt jedoch nur einen Teil der durch die Reizwirkung aufgenommenen Informationen wahr (selektive Wahrnehmung)[366]. Die unbewußte Vorselektion der Informationen beruht auf Kapazitätsgrenzen der Sinnesorgane und des Gehirns sowie auf Emotionen und Trieben. Stärker aktivierende Informationen werden bevorzugt aufgenommen.[367] Die wahrgenommenen Informationen werden verarbeitet und gespeichert. Der hierdurch induzierte Aufbau eines Kenntnis- und Erfahrungsschatzes kann seinerseits Automatismen hervorrufen, durch die die Wahrnehmung aufgenommener Informationen selektiert wird. Hat beispielsweise ein Anleger aus bestimmten Gründen eine Anlageform in der Vergangenheit abgelehnt, so ist eine automatische, unbewußte Sperre bei der Wahrnehmung von Werbebotschaften für diese Anlageform denkbar, da die Stimuli keine Aufmerksamkeit finden.

Außerdem können Lernen und Erfahrungen dazu führen, daß gewohnheitsmäßige Verhaltensweisen entstehen. Bei habituellem Verhalten wird der weitere Ablauf bewußter Entscheidungsprozesse übersprungen und die Alternative ohne weitere "Überlegung" akzeptiert oder abgelehnt. Dabei kann das gewohnheitsmäßige Handeln durchaus auf rationalen Entscheidungen der Vergangenheit beruhen, diese werden jedoch nicht nachvollzogen.[368]

366) Vgl. z.B. WÜNSCHE, Gert, Grundlagen der Bankenwerbung aus verhaltenswissenschaftlicher Sicht, Wiesbaden 1982, S. 66-73.
367) KROEBER-RIEL, W., a.a.O., S. 86.
368) WEINBERG, Peter, Verhaltenswissenschaftliches Marketing in Banken, In: Die Bank, 9/1979, S. 424-427, hier S.425.

Abb. 4.3: Strukturmodell des Anlegerverhaltens

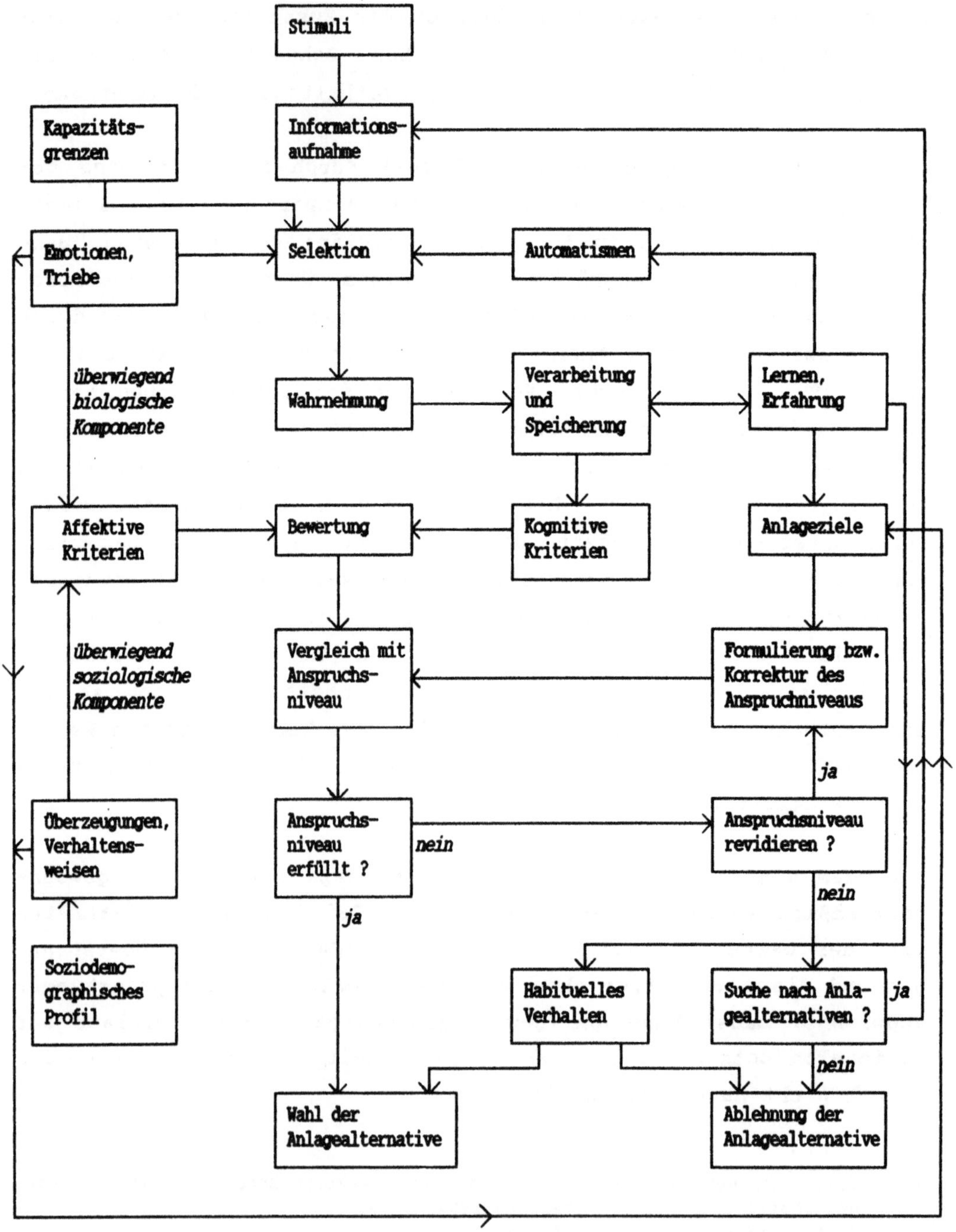

Die neu aufgenommenen und aus früheren Entscheidungsprozessen gespeicherten Informationen werden zu Kriterien verarbeitet, die die Grundlagen für den kognitiven, bewußten Teil der Bewertung einer Anlageform darstellen. In die Bewertung der Anlagealternative fließen außerdem persönlichkeitsimmanente nicht-rationale affektive Kriterien ein, die einerseits auf Emotionen und Trieben, andererseits auf sozial geprägten Überzeugungen und Verhaltensweisen des Entscheiders beruhen. Die letztgenannten Komponenten des Entscheidungsverhaltens hängen mit dem soziodemographischen Profil (Beruf, Alter, Herkunft, Familienstand, Einkommen, Geschlecht, Bildung, soziale Gruppe) des Anlegers eng zusammen und sind deshalb teilweise durch objektiv meßbare Faktoren statistisch erklärbar.

Anhand der Kriterien wird der Anlagealternative ein Entscheidungswert zugemessen. Diese Bewertung hat man sich nicht als einen mathematisch-logischen Schaltvorgang vorzustellen, der nach bestimmten, festen Gesetzmäßigkeiten abliefe. Vielmehr können gleiche zu verarbeitende Informationen zu unterschiedlichen Zeitpunkten zu anderen Ergebnissen führen, da sich beispielsweise die Gefühlswelt verändert hat. Da eine Vielzahl von affektiven und kognitiven Kriterien gleichzeitig in die Bewertung einfließen, wäre eine Rangfolge oder Gewichtung der einzelnen Faktoren notwendig, um eine eindeutige Lösung des komplexen Problems zu finden. Stattdessen wird im psychischen Bewertungsvorgang die Komplexität reduziert, indem ein subjektives, vereinfachtes Bild der Realität als Entscheidungsgrundlage zu Hilfe genommen wird. Das Ergebnis der Bewertung könnte man sich als eine abstrakte Größe, etwa einen ordinalen Skalenwert, vorstellen.

Die Bewertung der Anlagealternative wird im Modell mit einem Sollwert, dem Anspruchsniveau, verglichen. Erfüllt die Geldanlage in jeder Beziehung das Anspruchsniveau[369], so wird diese Anlageform gewählt. Der Entscheidungsprozeß ist damit abgeschlossen.

---

369) Dies impliziert auch, daß der Anleger nicht damit rechnet, eine noch bessere Alternative zu finden.

Die Formulierung des Anspruchsniveau hängt von den Zielen und Motiven des Anlegers ab. Diese werden einerseits unter dem Einfluß von Emotionen, Trieben und aufgrund sozialer Prägung gebildet, beruhen jedoch auch auf dem Erfahrungsschatz des Individuums. Erfüllt eine Alternative das Anspruchsniveau nicht, so könnte dies auf zu hohen Anforderungen an eine Anlageform beruhen. Erkennt der Anleger dies, wird er sein Anspruchsniveau entsprechend revidieren und sich möglicherweise für eine zunächst verworfene Anlagealternative entscheiden. Will der Anleger das Anspruchsniveau nicht korrigieren, aber dennoch zu einer positiven Wahl gelangen, so wird die Suche nach weiteren Anlagealternativen aufgenommen, was im Modell zu einer Feedbackschleife zur Informationsaufnahme führt. Wird die Suche bei unerfülltem Anspruchsniveau abgebrochen, so trifft der Anleger keine Entscheidung zugunsten einer bestimmten Anlageform.

4.2.2. Psychologische Anlagefaktoren - ihre empirische Relevanz

4.2.2.1. Informationsverhalten

Die wichtigsten Informationsquellen zu Geldanlagen sind nach der bevölkerungsrepräsentativen SOLL UND HABEN 2-Befragung einerseits Gespräche mit Familienmitgliedern, Bekannten und Arbeitskollegen und andererseits Gespräche mit Beratern von Bank, Sparkasse und Versicherungen. Beide Kategorien von Informationswegen werden von etwa 60 % der Bevölkerung genutzt.[370] Trotz des Kompetenzvorsprungs hat die fachliche Information professioneller Berater aus den Finanzinstituten also keine größere Verbreitung als die Information aus der Hand eines vertrauten Personenkreises der näheren Umgebung. Die Nutzung der Informationsquellen weist darauf hin, daß die Geldanlageentscheidung nicht nur einem rationalen Kalkül unterliegt, sondern in gleichem Maße Vertrauenssache ist.

Veröffentlichungen und Anzeigen in Zeitungen und (Fach-) Zeitschriften werden nur etwa von einem Fünftel der Bevölkerung als Informationsquellen für Geldanlagen genutzt, Prospekte und Bro-

370) SOLL UND HABEN 2, a.a.O., S. 218.

schüren von Banken, Sparkassen, Versicherungen oder Bausparkassen von knapp einem Sechstel, Sendungen in Fernsehen und Rundfunk von einem Achtel. Als Vertriebsweg für Finanzinstitute besitzen persönliche Beratergespräche die größte Breitenwirkung. Die geringe Frequentierung anderer Informationsquellen sagt jedoch noch nichts

Tab. 4.1: Informationsverhalten
- alle Angaben in % der Bevölkerung über 14 Jahre[1] -

Anlageform [2]	Informationsstand [3]	Informationsbedarf [4]	Informationsnachfrage [5]
Sparkonto, Sparbuch	97,8	2,0	9,3
Sparvertrag nach dem Vermögensbildungsgesetz	74,2	6,3	11,6
Sparbriefe, Sparkassenbriefe	57,7	6,2	5,5
Pfandbriefe, Kommunalobligationen	46,7	8,8	2,3
Aktien	67,8	10,7	4,3
Anteile an Investmentfonds	28,3	6,8	1,2
Bausparvertrag	85,0	5,9	8,9
Lebensversicherung	85,1	5,5	7,7

1) Zum Sample-Design vgl. Fußnote 360.
2) Auswahl aus einer Listenvorlage.
3) "Welche dieser Anlageformen sind Ihnen bekannt ? Wir meinen damit Anlageformen, deren Vorteile und Nachteile Sie z.B. einem Bekannten erklären könnten."
4) "Über welche (Anlageformen) würden Sie gern mehr wissen wollen ?"
5) "Über welche Geldanlageformen haben Sie sich in der letzten Zeit - ich meine so etwa in den letzten 12 Monaten - ausführlich informiert ?"

Quelle: SOLL UND HABEN 2, (1985), a.a.O., S. 217-219.

über deren Bedeutung und Wirkung aus. Informationen über kompliziertere Anlageprodukte lassen sich vermutlich in schriftlicher Form besser vermitteln, auch wenn das Studium eines Prospekts für den Anleger einen erhöhten Zeitaufwand erfordert.

Eine Erhöhung des Informationsstandes ist Voraussetzung für die Verbreitung insbesondere von neuen, erklärungsbedürftigen Geldanlageformen. Mit Hilfe multipler Klassifikationsanalysen der Daten zum selbsteingeschätzten Informationsstand bestätigte HELM die Hypothese, daß der Besitz komplizierter Anlageformen durch den Informationsstand maßgeblich beeinflußt wird.[371] Von den Vorteilen neuer, erklärungsbedürftiger Anlageformen wie Aktien von Unternehmensbeteiligungsgesellschaften und Anteilen an Beteiligungs-Sondervermögen sowie den damit verbundenen staatlichen Förderungsmöglichkeiten sind Anleger nur dann zu überzeugen, wenn die Gesamtheit der Informationswege genutzt wird. Über Medien sind die Produkte so bekannt zu machen, daß sie auch zum Gesprächsthema im privaten Kreis werden, sobald Anlagealternativen diskutiert werden. Ist der Anstoß gegeben, sich intensiver zu informieren, müssen Vertriebswege über Berater, Prospekte und Broschüren bereitstehen, um die Anlageentscheidung beeinflussen zu können.

Mit der Frage "Welche (der aufgelisteten) Geldanlageformen sind Ihnen bekannt? Wir meinen damit Anlageformen, deren Vorteile oder Nachteile Sie z.B. einem Bekannten erklären könnten." wurde in der Soll und Haben-Studie der Informationsstand in der Bevölkerung ermittelt. Daneben wurde erfragt, über welche Geldanlageformen die Anleger gerne mehr wissen würden und zu welchen Anlageformen in den letzten 12 Monaten genaue Informationen eingeholt wurden.

Der hohe Informationsstand bei Sparkonten entspricht der weiten Verbreitung dieser Anlageform. 97,8 % der Befragten fühlen sich über diese Geldanlage gut informiert, nur 2 % würden gerne mehr über sie wissen. Der Kenntnisstand über Sparkonten ist so hoch, daß allgemeine Produktinformationsstrategien kaum zu einem noch höheren Marktsättigungsgrad führen könnten. Auch die Vor- und

371) HELM, Robert, a.a.O., S.178.

Nachteile des Bausparens und der Lebensversicherungen sind dem größten Teil der Befragten nach ihrer Selbsteinschätzung bekannt. Während rund 85 % der Bevölkerung beide Anlageformen kennen, besitzen nur 39 % einen Bausparvertrag und 60 % eine Kapitallebensversicherung. Die Differenzen von Bekanntheitsgrad und Besitzquote weisen darauf hin, daß diese Anlageformen bei Anlageentscheidungen häufig miteinbezogen, aber nicht immer gewählt wurden. Eine Anpassung der Produkte an die Anlegerpräferenzen[372] könnte die Ausschöpfung möglicherweise erhöhen.

Bei Aktien ist die Diskrepanz zwischen dem Informationsstand und den Besitzverhältnissen wesentlich deutlicher. Ungefähr zwei Drittel der Bevölkerung glauben, die Vor- und Nachteile des Aktiensparens zu kennen, aber nur 7 % besitzen Dividendenpapiere. Offensichtlich decken sich die Präferenzen der meisten Anleger nicht mit den Attributen der Aktie, so daß Anlageentscheidungen meist gegen sie ausfallen. Da der Gestaltungsspielraum bei dem Anlageprodukt Aktie aufgrund gesetzlicher und börsensatzungsmäßiger Normierung gering ist, kann eine höhere Verbreitung der Aktie nur erreicht werden, wenn die wirtschaftlichen und institutionellen Rahmenbedingungen sich günstig auf die Kurse auswirken (kurzfristiger Effekt), wenn der Informationsstand über diese Anlageform quantitativ und qualitativ weiter gesteigert wird (mittelfristiger Effekt) oder wenn sich die Präferenzen der Anleger ändern, beispielsweise aufgrund von Wohlstandssteigerungen (langfristiger Effekt).

10,7 % der Bevölkerung würden über Aktien gerne mehr wissen. Bei keiner anderen Anlageform ist der Informationsbedarf so groß. Dies zeigt einerseits, daß Informationsstrategien durchaus auf Interesse bei den Anlegern stoßen und Erfolgschancen besitzen. Andererseits beruht der hohe Informationsbedarf auf der Faszination, die Aktie und Börse bei der Bevölkerung aufgrund der täglichen Berichterstattungen in den Medien, aber auch aufgrund von legendenhaft ausgeschmückten Erfolgsstories und dramatischen Episoden über die großen Verlierer genießen. Außerdem ist der Informationsbedarf

372) Zu denken ist beispielsweise an Vertragsformen mit besserer Verfügbarkeit, wie sie u.a. das Bauspar-Produkt "Dispo 2000" aufweist.

auch ein Indikator dafür, wie hoch die Unsicherheit im Umgang mit Dividendenpapieren ist. Schließlich ist es den Anlegern bekannt, daß ein erfolgreiches Aktienengagement auf ständiger Neuaufnahme und Verarbeitung relevanter Informationen beruht.

Auffällig ist jedoch, daß zwar 10,7 % der Befragten gerne mehr über Aktien wissen würden, aber nur 4,3 % innerhalb des letzten Jahres vor der Befragung tatsächlich Informationen einholten. Bei Sparkonten, vermögenswirksamen Verträgen, Lebensversicherungen und Bausparverträgen ist dagegen die Informationsnachfragequote höher als die Informationsbedarfsquote. Die hohe Verbreitung dieser Anlageformen sorgt dafür, daß häufig Informationen eingeholt werden, obwohl das Informationsinteresse an Aktien höher ist als an den Anlageformen, die man bereits besitzt. Zur Förderung des Aktiensparens wäre es sinnvoll, potentiellen, interessierten Anlegern den Weg zu qualifizierten Informationsquellen zu erleichtern. Die Wertpapierberatung in der Bank, Prospekte und Broschüren sollten sich nicht nur am Marktsegment der "vermögenden Privatkunden" orientieren, sondern auch die Mengenkundschaft ansprechen. Eine gezielte Popularisierung des Wertpapiergeschäfts kollidiert jedoch mit den Interessen der Kreditinstitute, die auf zinsgünstige Einlagengeschäfte kaum verzichten wollen.

Von den betrachteten Geldanlagen weisen Investmentfondsanteile den mit Abstand niedrigsten Bekanntheitsgrad auf. Nur 28,3 % der Befragten fühlen sich über diese Anlageform gut informiert. Der niedrige Informationsstand ist damit ein wichtiger Grund für die geringe Verbreitung des Investmentsparens.[373] Nur 2,5 % der Haushalte besitzen solche Fondsanteile. Angesichts der geringen Bekanntheit und Verbreitung erscheint der Anteil der Bevölkerung, der mehr Informationen über diese Anlageform erhalten möchte, mit 6,8 % relativ hoch. Allerdings hat nur ein sehr geringer Teil der Befragten in den vorherigen Monaten Informationen zum Investmentsparen nachgefragt. Für Investmentfonds ist es daher angezeigt,

373) Dies erkennt auch der BVI Bundesverband Deutscher Investmentgesellschaften e.V., Investment 87, Frankfurt 1987, S. 19 ff, und setzt sich das Ziel, die Sparer "durch gezielte Aufklärungsarbeit zu einem qualifizierten Anlageverhalten zu bringen..." (S. 21).

ihre Distributionsmaßnahmen zu forcieren, Berührungsängste abzubauen, und durch geeignete Anzeigen, Beilagen sowie öffentlichkeitswirksame Aktivitäten in den Medien präsent zu sein, um so über einen größeren Bekanntheitsgrad eine bessere Akzeptanz zu ermöglichen.

Drei Viertel der Befragten fühlten sich in der Lage, die Vor- und Nachteile von Geldanlagen nach dem Vermögensbildungsgesetz zu erklären. Da lediglich 38,7 % der Bevölkerung über 14 Jahren in den Genuß tarifvertraglicher vermögenswirksamer Leistungen kamen und nur 27,6 % Arbeitnehmer-Sparzulagen erhielten[374], erscheint der Informationsstand recht hoch. Außerdem wurden zu keiner anderen Anlagemöglichkeit im letzten Jahr vor der Befragung so häufig Informationen eingeholt.

Bei der Selbsteinschätzung der Kenntnisse ist zu berücksichtigen, daß wenige Monate vor der Befragung, die von Mai bis Juli 1984 erfolgte, das 4. VermBG in Kraft trat. Ende 1986 folgte das 5. VermBG, das mit dem Steuerreformgesetz bereits 1988 wieder geändert wurde. Durch alle Novellen wurden die Rahmenbedingungen der vermögenswirksamen Anlage stark verändert und zum Teil komplizierter. Vermutlich ist deshalb der aktuelle Informationsstand (vor allem qualitativ) schlechter als aus der Spiegel-Dokumentation hervorgeht. Die Anlage nach dem Vermögensbildungsgesetz erfreut sich zwar im allgemeinen großer Bekanntheit, fundierte Informationen zum Beteiligungssparen mit Anteilen von Beteiligungs-Sondervermögen und Unternehmensbeteiligungsgesellschaften besitzen dagegen vermutlich bisher nur sehr wenige Anleger. Immerhin zeigt sich jedoch, daß eine breite Informationsbasis besteht, die durch Aktualisierung und Spezifizierung so fortentwickelt werden könnte, daß nur noch geringe informationsbedingte Akzeptanzhemmnisse die Verbreitung überbetrieblicher Beteiligungstitel behindern.

---

374) Die Prozentsätze errechnen sich aus Angaben in BUNDESTAGSDRUCKSACHE 10/3821, a.a.O., und SOLL UND HABEN 2, a.a.O.; danach erhalten 95 % der Arbeitnehmer tarifliche vermögenswirksame Leistungen, 13,3 Mio Arbeitnehmer-Sparzulagen. 41 % der Bevölkerung über 14 Jahre sind Arbeitnehmer.

4.2.2.2. Sparziele

Über Einstellungsfragen sind in der Spiegeldokumentation einige wichtige empirische Daten zu ausgewählten psychologischen Faktoren ermittelt worden. Von Bedeutung für das Anlageverhalten insbesondere hinsichtlich neuer überbetrieblicher Sparformen in der Vermögensbildung sind die Ziele der Anleger. Auf die Frage "Was wäre für Sie das wichtigste Ziel bei der Geldanlage?"[375] konnte aus den vorgegebenen Alternativen gewählt werden. Die Ergebnisse, nach Alter und Haushaltseinkommen differenziert, sind folgender Tabelle zu entnehmen.

Tab. 4.2: Anlageziele nach Alter und Haushaltsnettoeinkommen - alle Angaben in % -

Als wichtigstes Ziel der Geldanlage nannten (Mehrfachnennungen)		Rücklagen für Notfälle	Sparen für größere Anschaffungen	Langfristige Absicherung der Zukunft, Vorsorge	Zunächst Geld anlegen, später entscheiden wofür	Sonstiges, keine Antwort
Anteil der Nennungen bei den Befragten		46	19	31	20	9
Davon entstammen aus der soziodemographischen Gruppe						
14 - 19 Jahre	12	7	20	10	18	
20 - 29 Jahre	16	13	23	16	19	
30 - 39 Jahre	14	13	15	17	16	
40 - 49 Jahre	18	16	16	22	20	
50 - 59 Jahre	15	16	14	17	12	
über 60 Jahre	25	35	11	18	15	
						k.A.
unter 1500	16	21	10	10	9	
1500 - 2000	16	18	16	14	14	
2000 - 3000	34	34	36	35	37	
3000 - 4000	19	17	23	20	22	
4000 - 5000	8	6	8	11	10	
über 5000 DM p.m.	6	4	7	9	8	
	Anteil der soziodemographischen Gruppe an der Gesamtbevölkerung					

Quelle: SOLL UND HABEN 2, a.a.O., Tab. 27 G, S. 130 u. S.224.

375) SOLL UND HABEN 2, a.a.O., S. 224.

Das häufigste und damit aus der Sicht der Anbieter von Geldanlageformen wichtigste Sparmotiv ist demnach die Bildung von Rücklagen für Notfälle. Mit steigendem Alter nimmt die Bedeutung dieses Motivs zu. Dies ist sicherlich nicht nur darauf zurückzuführen, daß mit fortschreitendem Alter die Sensibilität für das Eintrittsrisiko eines Notfalls wächst, sondern teilweise auch auf traditionelle Wertvorstellungen ("Sparmoral"), die sich bei älteren Bevölkerungsgruppen stärker manifestieren. Die geringe Bedeutung dieses Motives bei den oberen Einkommensgruppen ist vermutlich darauf zurückzuführen, daß eintretende Notfälle durch das hohe laufende Einkommen abgedeckt werden können. Interessante Mehr-Informationen über das Sparmotiv hätte eine Zusatzfrage erbringen können, an welche Art von Notfällen (Krankheit, Arbeitslosigkeit, Vermögensschäden o.ä.) bei der Beantwortung der Frage gedacht wurde, denn das Sparziel "Rücklagen für Notfälle" ist von dem nach der Befragung zweithäufigsten Sparziel "Absicherung und Vorsorge" nur schwierig abzugrenzen.

Die langfristige Absicherung der Zukunft, Alters- und Familienvorsorge bezieht sich ebenso wie das Motiv "Rücklage für Notfälle" auf das Streben nach Sicherheit und die Risikoaversion des Anlegers. Zu bemerken ist hier, daß dieses Motiv bei einem weniger eng gestrickten Netz öffentlicher Sozialleistungen und fehlender Sozialversicherungspflicht vermutlich eine noch wesentlich größere Bedeutung für die Sparer hätte. Das Ziel der langfristigen Vorsorge ist im Lebenszyklus bei den mittleren Altersgruppen am vorrangigsten, was im Hinblick auf den Existenz- und Familienaufbau nicht überrascht. Aus der Einkommensdifferenzierung wird ersichtlich, daß das langfristige Vorsorgeziel bei den oberen Einkommensgruppen stärker ausgeprägt ist als bei den Haushalten mit mittleren und kleinen Einkommen. Ab einem monatlichen Nettoeinkommen von 2000 DM ist der Anteil aus einer Einkommensgruppe, die dieses Ziel als das wichtigste einstuft, größer als der Anteil dieser Einkommensgruppe an der Gesamtbevölkerung. Die besondere Bedeutung des Vorsorgemotives bei den Haushalten mit hohem Einkommen ist auch auf den hohen Anteil von Selbständigen und nicht pflichtversicherten Angestellten zurückzuführen, die ihre Altersvorsorge selbst vorzunehmen haben. Es zeigt sich anhand der Einkommensschichtung aber auch, daß die These, die Sicherheitspräferenz der Anleger sinke mit wachsendem Einkommen, nicht undifferenziert bestätigt werden kann.

Das Motiv "Sparen für größere Anschaffungen" ist nur von etwa einem Fünftel der Befragten als Hauptmotiv der Geldanlage angegeben worden. Das konsumorientierte Sparen hat bei der Bevölkerung unter 30 Jahren einen besonders hohen Stellenwert, da in diese Lebenszyklusphase meist der Aufbau eines eigenen Hausstands fällt. Etwas höher ist der Anteil der Bevölkerung, der sich bei der Anlage auf kein Ziel festlegen kann oder will.

4.2.2.3. Kognitive Kriterien

Andere Teile der SOLL UND HABEN-Studien lassen Rückschlüsse darauf zu, welche Kriterien einer Geldanlageform die bewußte intrapersonelle Bewertung der Alternative beeinflussen. Der folgenden Tabelle ist zu entnehmen, mit welcher Häufigkeit bestimmte Kriterien einer idealen Geldanlage zugeordnet wurden. Die Rangfolge der Kriterien kann dabei als Indikator für die Wichtigkeit eines Geldanlagekriteriums beim Durchschnitt der repräsentativen Stichprobe interpretiert werden.

Aus den aggregierten Daten sind jedoch keine Aussagen über die individuellen Nutzenabwägungen der Befragten abzuleiten. Welche Kriterien für besonders wichtig gehalten werden, wird von den persönlichen Sparzielen determiniert. Dennoch ist eine Rangordnung der Anlagekriterien aufschlußreich, um die Akzeptanzchancen bestimmter Finanzprodukte bei der Gesamtbevölkerung abzuschätzen. Um die zu untersuchenden überbetrieblichen Beteiligungstitel so ausgestalten zu können, daß sie bei der kognitiven Beurteilung der Anleger als vorteilhaft eingestuft und erworben werden, ist es notwendig zu wissen, welche Faktoren die Anleger für besonders wichtig und welche sie für weniger entscheidend halten.

Tab. 4.3: Kriterien einer idealen Geldanlage

Bei einer idealen Geldanlage halten für die wichtigsten Kriterien (Mehrfachnennungen) [1]:

	1980		1984	
	Nennungen (%)	Rangfolge	Nennungen (%)	Rangfolge
Geldanlage ohne Risiko	60	1	58	1
Gute Rendite	46	2	43	2
Geldanlage, die durch die laufende Inflation nicht entwertet wird	41	3	36	4
Schnell wieder in Bargeld umwandelbar	39	4	38	3
Geldanlage, die ich genau kenne	34	5	36	4
Wertzuwachs auf lange Sicht	34	5	34	6
Geldanlage, um die man sich nur wenig kümmern muß	34	5	30	7
Staatliche Förderung, Prämien	30	8	23	11
Steuerersparnis, -begünstigung	29	9	26	9
Geldanlage, bei der ich ständig weiß, was damit geschieht	28	10	27	8
Geldanlage auch für kleinere Beträge	28	10	26	9
Kurzfristige Gewinnerzielung	28	10	22	12
Ständig gleichbleibende Ausschüttung	12	13	9	14
Geldanlage, bei der ich mich nicht auf Fachleute verlassen muß	11	14	10	13

Quelle: SOLL UND HABEN, (1980), a.a.O., Tab. 6A, S. 48-49; SOLL UND HABEN 2, (1985), a.a.O., S.222

1) Die genaue Fragestellung lautet: "Wenn Sie einmal ganz allgemein an Geldanlagen denken: Welche 5 Punkte auf dieser Liste sind Ihrer Meinung nach am wichtigsten für eine ideale Geldanlage ?" (Listenvorlage, höchstens fünf Nennungen)

Die Risikolosigkeit wurde mit Abstand am häufigsten als Kriterium einer idealen Geldanlage genannt. Aktien, aber auch Schuldverschreibungen und Investmentanteile werden aufgrund ihrer Kursrisiken daher von einem überwiegenden Teil der Bevölkerung nicht als ideale Geldanlageform angesehen. Im Jahre 1984 wurden Aktien nur von 5,9 %, Investmentanteile nur von 1,9 % der Bevölkerung als die alles in allem vorteilhafteste Anlageform eingestuft.[376] Die Anlageformen Sparbuch (24,5 %), Immobilien (40 %), festverzinsliche Wertpapiere (12,7 %), Lebensversicherung (11,3 %), Bausparvertrag (11,0 %), Gold und Edelmetalle (11,9 %) wurden wesentlich häufiger hinsichtlich Sicherheit, Verfügbarkeit und Rendite für insgesamt am besten gehalten. Gleichzeitig wurden das Sparbuch (17,9 %), Aktien (14,2 %) und Investmentanteile (8,8 %) am häufigsten von den Befragten als unvorteilhafteste Geldanlageform genannt.[377] Die häufige Negativeinschätzung des Sparbuchs ist vermutlich auf seine niedrige Rendite zurückzuführen. Mit 46 % (1980) bzw. 43 % (1984) wurde eine gute Rendite nämlich am zweithäufigsten als Kriterium einer idealen Geldanlage genannt. Die Dominanz des Merkmals "Risikolosigkeit" und auch die hohe Verbreitung des Kriteriums "gute Rendite" sind im übrigen unabhängig von Alter und Haushaltseinkommen in allen Bevölkerungsschichten zu beobachten.[378]

Inflationssicherheit und schnelle Verfügbarkeit sind Kriterien, die in der Rangfolge der Nennungen auf dem 3. und 4. Platz rangieren. Ebenfalls von rund einem Drittel der Befragten wurden die Merkmale "Geldanlage, die ich genau kenne" und "Geldanlage, um die ich mich wenig kümmern muß" als Attribute einer idealen Geldanlage genannt. Hier wird deutlich, wie wichtig es für die Anlegerakzeptanz ist, daß ein Produkt lange auf dem Markt, verständlich konstruiert, durchschaubar und leicht zu handhaben ist. In diesem Bereich besitzt das Kontensparen, insbesondere das Sparbuch, große Vorteile gegenüber dem Wertpapiersparen, das zu seinem Erfolg die Kenntnis der verschiedenen Wertpapierarten und -ausprägungen, ständige Kursbeobachtung sowie ein gezieltes Ein- und Ausstiegstiming voraussetzt.

Bei einem Vergleich der Befragungsergebnisse von 1980 und 1984 fällt auf, daß sich sowohl die Häufigkeiten der Nennungen der ein-

376) Ebenda, S. 223.

377) Ebenda. Die Angaben über Schmuck, Antiquitäten, Kunstwerke und sonstige Sachwerte wurden hier nicht berücksichtigt.

378) Ebenda, Tab. 27 A, S. 124.

zelnen Attribute als auch die Rangfolge nur unwesentlich geändert haben. Zwar liegen nur für die genannten beiden Zeitpunkte vergleichbare Befragungen vor, so daß von einer Längsschnittanalyse noch nicht gesprochen werden kann. Dennoch läßt sich mit aller Vorsicht feststellen, daß für die wichtigsten Geldanlagekriterien die Präferenzen im Zeitablauf relativ stabil sind. Die Feststellung, daß sich die Präferenzen nur langsam ändern und nur langfristige Änderungstrends zu erkennen sind, ist mit der Hypothese hierarchisch geordneter Bedürfnisebenen kompatibel, deren Aktivierung auch vom erreichten Wohlstandsniveau abhängen.

Nur bei drei der 14 aufgeführten Kriterien hat sich der Anteil der Nennungen um mehr als 5 % geändert. Während 1980 noch 41 % der Befragten Inflationssicherheit für eines der wichtigsten Mehrmale einer idealen Geldanlage hielten, wurde dieses Kriterium 1984 nur noch von 36 % angegeben. Dies mag damit zusammenhängen, daß die Inflationsrate im Jahre 1980 mit 5,4 % deutlich höher lag als 1984 (2,4 %). Die Häufigkeit der Nennung des Merkmals "kurzfristige Gewinnerzielung" sank von 28 % auf 22 %. Es ist nicht festzustellen, ob der Grund dieser Präferenzänderung eine steigende Ablehnung gegenüber der Spekulation oder die zwischenzeitliche Verbreitung der nüchternen Erkenntnis ist, daß Chancen auf schnelle Gewinne meist mit Risiken verbunden sind. Der Rückgang der Bedeutung dieses Kriteriums fällt interessanterweise in eine Phase der Börsenhausse, die auch vielen privaten Anlegern kurzfristige Gewinne bescherte.

Für die Vermögenspolitik ist bedeutsam, daß staatliche Förderungen und Prämien im Jahre 1984 von einem deutlich geringeren Anteil der Bevölkerung als Kriterium einer idealen Geldanlage angesehen wurden als noch im Jahre 1980. Während 1980 noch 30 % der Befragten dieses Merkmal angaben, waren es 1984 nur 23 %. Bei keinem anderen Kriterium veränderte sich die Anzahl der Nennungen so stark. Dieser Trend mag zum Teil auf die sinkende Anzahl Förderungsberechtigter zurückzuführen sein, er ist aber auch ein Indiz für eine abnehmende Bedeutung der Vermögenspolitik in den Augen des einzelnen Anlegers. Im gleichen Maße wie das Interesse des Anlegers an der Vermögenspolitik zurückgeht, sinken die Chancen, neue Anlagetitel durch vermögenspolitische Maßnahmen attraktiver zu machen.

4.2.2.4. Risikopräferenz, Liquiditätsneigung und Renditeorientierung

Zur Analyse der Verbreitungschancen neuer Anlagetitel sind nicht nur Kenntnisse über Sparziele, über kognitive Beurteilungskriterien und über Präferenzen gegenüber ausgewählten Geldanlageformen notwendig. Von Interesse sind genauere Informationen bezüglich der Einstellungen der Anleger beim Umgang mit Geld. An dieser Stelle sollen Renditeorientierung, Risikopräferenz und Liquiditätsneigung

Tab. 4.4: Risikopräferenz, Liquiditätsneigung und Renditeorientierung
Verteilung in der Bevölkerung (alle Angaben in %)

Risikopräferenz:			
Gerade in Gelddingen vermeide ich jegliches Risiko	Trifft überhaupt nicht zu	1	4,2
		2	5,2
		3	10,9
		4	12,4
		5	18,4
	Trifft voll und ganz zu	6	49,0
Liquiditätsneigung:			
Bei einer Geldanlage ist es für mich wichtig, daß ich jederzeit wieder schnell an mein Geld herankomme	Trifft überhaupt nicht zu	1	3,4
		2	4,3
		3	11,2
		4	16,2
		5	21,8
	Trifft voll und ganz zu	6	43,0
Renditeorientierung:			
Das wichtigste bei einer Geldanlage ist für mich nicht so sehr die Sicherheit, sondern der mögliche Gewinn	Trifft überhaupt nicht zu	1	18,3
		2	15,0
		3	25,0
		4	18,4
		5	10,7
	Trifft voll und ganz zu	6	12,7

Quelle: SOLL UND HABEN 2, (1985), a.a.O., S. 221

näher untersucht werden. Zu drei diesbezüglichen Einstellungsaussagen innerhalb der SOLL UND HABEN 2-Studie konnten die Befragten den Grad ihrer Zustimmung innerhalb einer sechsstufigen Ordinalskala angeben. Der genaue Wortlaut der Aussagen und die Anteile der Angaben in Prozent gehen aus Tabelle 4.4 hervor.

Die Daten geben über die Häufigkeitsverteilung der Skalenwerte zur Risikoaversion, Liquiditätsneigung und Renditeorientierung in der Bevölkerung Auskunft. Kumuliert man die Häufigkeiten und stellt sie graphisch in Abhängigkeit der ordinalen Skalierung dar, so lassen sich die Verbreitungschancen eines Finanztitels jeweils hinsichtlich <u>eines</u> seiner Merkmale (Risiko, Verfügbarkeit oder Rendite) in ihrer Dimension schätzen. Aus Abb. 4.4 geht beispielsweise hervor, daß hinsichtlich des Risikos eine Anlageform von 32,7 % der Bevölkerung akzeptiert wird, die Sparer mit der Risikopräferenz 4 gerade noch zu erwerben bereit wären.

Ein solches Verfahren kann jedoch nicht mehr als grobe Anhaltspunkte über die tatsächliche Verteilung von Präferenzen liefern, da die Erhebung von Präferenzskalenwerten über Einstellungsfragen mit großen methodischen Problemen verbunden ist. Es ist wahrscheinlich, daß die Befragten ihre tatsächlichen Präferenzen in der Interviewsituation nicht offengelegt haben und eine interpersonelle Vergleichbarkeit nicht gegeben ist.

Daneben besteht das Problem der subjektiven Interpretation der Einstellungsaussagen und der zugehörigen Skalierung durch die Befragten. Es ist denkbar, daß sich zwei Anleger mit identischen Präferenzen unterschiedlich in der Skala einordnen. Ebenso können zwei Personen dieselbe Präferenzstufe angeben, obwohl sie sich im Sparverhalten unterscheiden, da sie beispielsweise einen anderen Risikobegriff unterstellen. Aufgrund der fehlenden interpersonellen Vergleichbarkeit der Daten ist deshalb eine Kumulierung grundsätzlich problematisch. Andererseits ist eine Interpretation kumulierter Daten einem geringeren Fehlerrisiko ausgesetzt als ein Vergleich individueller Daten, da durch Mengeneffekte interpretative Ausreißer in die eine oder andere Richtung sich gegenseitig neutralisieren und somit an Gewicht verlieren können.

Die Gefahr der unterschiedlichen Interpretation der Skalenwerte läßt sich durch Zuordnung möglichst klarer Einstellungsaussagen zu jedem Einzelwert mildern. Interpretationsunterschiede bei den Zentraltermini (Risiko, Rendite, Verfügbarkeit) lassen sich durch interpersonell vergleichbare Kontrollfragen, beispielsweise zum Wettverhalten[379], aufdecken. Allerdings gehen in die Formulierung der Einstellungsaussagen und die Auswertung der zu beobachtenden Einordnungen in Meßskalen stets auch subjektive Interpretationen des Forschers ein.

Abb. 4.4: Risiko, Rendite, Liquidität

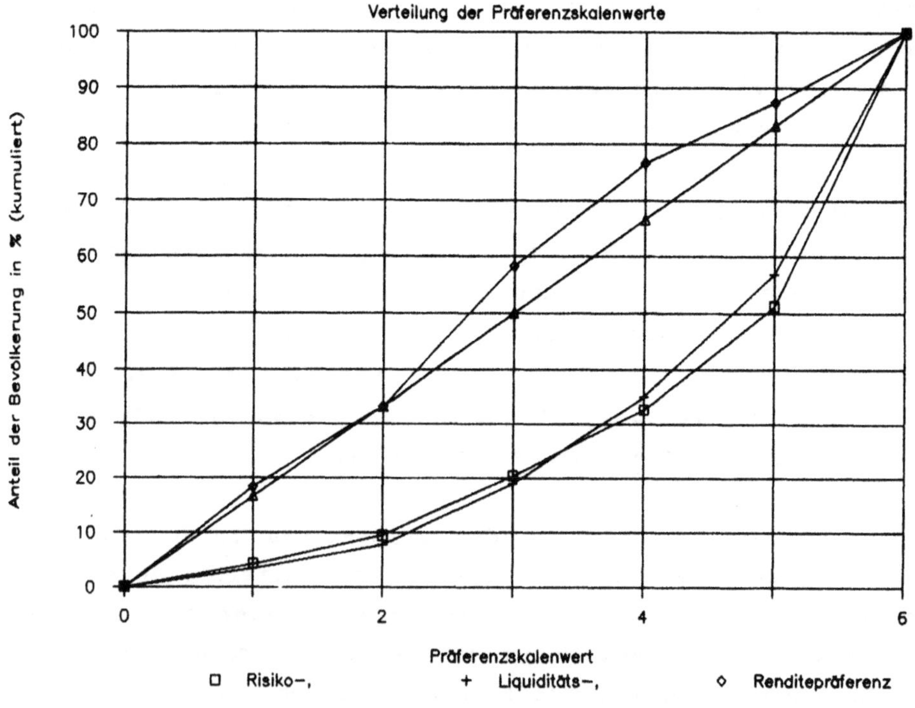

379) In einem Forschungsprojekt des Instituts für empirische Wirtschaftsforschung an der Universität Mannheim wurde deshalb die Einstellungsfrage nach der Risikopräferenz durch folgende Kontrollfrage ergänzt:"Nehmen Sie an, Sie könnten genau einmal an einem fairen Glücksspiel teilnehmen, bei dem Sie zunächst 1 DM einsetzen müssen. Die Gewinnchance ist genau fifty-fifty. Geben Sie bitte an, wie hoch die Auszahlung bei einem Gewinn sein müßte, damit Sie sich an diesem Spiel beteiligen." (10 vorgegebene Alternativen)

Die Diagonale zeigt eine gleichmäßige Verteilung der 6 Skalenwerte bei der Bevölkerung an. Verläuft die Präferenzverteilungskurve oberhalb der Diagonale, so bedeutet dies, daß die zugrundeliegende Einstellungsaussage insgesamt eher abgelehnt wird. Dies ist bei der Aussage zur Renditeorientierung "Das wichtigste bei der Geldanlage ist für mich nicht so sehr die Sicherheit, sondern der mögliche Gewinn" der Fall. Insgesamt weicht die zugehörige Kurve von der Gleichverteilungskurve jedoch nur wenig ab. Dieser Kurvenverlauf läßt sich dahingehend interpretieren, daß mit steigender Gewinnchance die Akzeptanz einer Kapitalanlage ungefähr proportional ansteigt.

Zu ganz anderen Aussagen gelangt man bei Betrachtung der Kurven zur Risikopräferenz und Liquiditätsneigung, die auffallend gleichförmig verlaufen. Beide zugrundeliegenden Aussagen ("Gerade in Gelddingen vermeide ich jegliches Risiko", "Bei einer Geldanlage ist es für mich wichtig, daß ich jederzeit schnell an mein Geld herankomme") finden insgesamt eine starke Zustimmung. Mit abnehmendem Risiko bzw. wachsender Liquidität eines Finanztitels wächst seine Akzeptanz überproportional. Um eine größere Verbreitung einer bestimmten Anlageform zu erreichen, ist c.p. eine prozentual gleich große Risikoreduktion geeigneter als eine Steigerung der Rendite.

Diese Ergebnisse sind für die Verbreitungschancen überbetrieblicher Beteiligungstitel von Bedeutung. Stark diversifizierte und jederzeit liquidisierbare Anteile erreichen eine größere Zielgruppe als beispielsweise ertragsstarke, aber riskante Titel. Aufgrund der restriktiveren Anlegerschutzvorschriften, der geringeren Wertschwankungen und der Rücknahmeverpflichtung haben Beteiligungs-Sondervermögen tendenziell bessere Absatzchancen als Unternehmensbeteiligungsgesellschaften, die eine deutlich kleinere Anlegerzielgruppe ansprechen.

4.2.3. Mentalitätstypen und Anlageentscheidungen

Im Rahmen des zugrundeliegenden verhaltenswissenschaftlichen Strukturmodells des Anlageverhaltens[380] wurde u.a. die Hypothese aufgestellt, daß Anlageentscheidungen nicht nur auf kognitiven Prozessen beruhen, sondern gleichzeitig durch affektive Kriterien beeinflußt werden. Diese Unterscheidung erscheint beispielsweise im Hinblick auf das ökonomische Denken beeinflussende deterministische finanzierungstheoretische und -technische Ansätze (Dominanzkriterien in der Portefeuilletheorie, kapitalmarkttheoretisch unterbaute Bewertungsmodelle, Nutzenmaximierungsmodelle) besonders wichtig, da diese Modelle emotionales, persönlichkeits- und mentalitätsbezogenes Verhalten gar nicht oder lediglich als "black box" berücksichtigen, indem einzelne, das Verhalten partiell beschreibende Variablen, wie z. B. die Risikoneigung eines Anlegers, exogen vorgegeben werden. Da auf eine Miteinbeziehung und Erklärung affektiver Verhaltensfaktoren weitgehend verzichtet wird, richtet sich die reine Finanzierungstheorie an einem mechanistischen Menschenbild aus. Aufgrund des hohen Gewichts sozial und psychologisch geprägter menschlicher Verhaltensweisen können diese Ansätze reale Anlageentscheidungen in privaten Haushalten nur sehr unbefriedigend abbilden.

Je stärker Anlageentscheidungen professionalisiert und institutionalisiert werden, desto geringer ist allerdings das Gewicht affektiver Verhaltensweisen. Bei Personen mit hohem Kenntnisstand, großer Sicherheit und Erfahrung in Geldanlagefragen gewinnen finanzierungstheoretische Erklärungsansätze an Bedeutung. Institutionelle Marktteilnehmer, deren Anlageentscheidungen durch organisatorische Strukturen normiert werden und häufig nicht nur durch eine, sondern eine Reihe von hochspezialisierten Personen auf einem von ihnen dominierten begrenzten Marktsegment (z.B. der Aktienbörse) vorgenommen werden, lassen sich in ihrem Verhalten leichter modellhaft beschreiben, da auf sie rationalistische, mechanistische Verhaltensmuster tendenziell zutreffen.

---

380) Vgl Kap. 4.2.1., S. 224-230 dieser Arbeit.

Erklärungsversuche für das Verhalten der großen Zahl privater Anleger sind dagegen nur dann ergiebig, wenn neben rein finanzwirtschaftlichen Entscheidungskomponenten psychologische und soziologische Faktoren berücksichtigt werden. Zu diesen Bereichen bieten die beiden Spiegel-Dokumentationen SOLL UND HABEN die aussagefähigsten und aktuellsten empirischen Daten in der deutschsprachigen Literatur. Innerhalb der Befragungen von 1980 und 1984 wurden zum Thema Umgang mit Geld 21 Statements vorgelegt, zu denen mit Hilfe einer sechsstufigen Skala jeweils der Grad der Zustimmung der rund 5000 Befragten ermittelt wurde.[381] Die Komplexität der Ergebnisse erfordert es, die Befragten nach Typen unterschiedlichen Anlageverhaltens ("Mentalitätstypen") zu klassifizieren.

Zu diesem Zweck wurden die 21 Statements zunächst einer Faktorenanalyse unterzogen. Dieses multivariate Verfahren (hier nach dem Hauptkomponentenmodell nach Hotelling mit anschließender Varimax-Rotation[382]) dient dazu, Variablen gemäß ihrer korrelativen Beziehungen in voneinander unabhängige Gruppen ("Faktoren") zu klassifizieren. Es werden dabei Indexzahlen, sogenannte "Faktorladungen" berechnet, die darüber informieren, wie gut eine einzelne Aussage in eine Aussagengruppe paßt. Bei der Spiegel-Dokumentation wurden einer Gruppe solche Aussagen zugeordnet, die Faktorladungen > 0.3 besaßen.[383] Je höher die Faktorladung ist, das heißt je stärker einzelne Variable mit dem Faktor korrelieren, desto ähnlicher sind die Informationen, die durch den Faktor und die in ihm gruppierten Variablen erfaßt werden. Die Faktorenanalyse ermöglicht es, ohne entscheidenden Informationsverlust viele wechselseitig mehr oder weniger hoch korrelierende Variablen durch wenige unabhängige Faktoren zu ersetzen und ist somit ein datenreduzierendes Verfah-

381) Die genaue Formulierung der 21 Statements ist Anhang 2, S. 390 dieser Arbeit zu entnehmen. Drei zentrale Einstellungsaussagen zur Risikoneigung, Liquiditätspräferenz und Renditeorientierung wurden bereits hinsichtlich der quantitativen Verteilungen der erhobenen Skalenwerthäufigkeiten in Kap. 4.2.2.4., S. 242-245 dieser Arbeit, gesondert analysiert und interpretiert.

382) Vgl. zu dieser Methode BORTZ, Jürgen, Lehrbuch der Statistik. Für Sozialwissenschaftler. 2. Aufl., Berlin, Heidelberg, New York, Tokyo 1985, S. 621-675; GREEN, Paul E., TULL, Donald S., Methoden und Techniken der Marketingforschung, Stuttgart 1982, S. 401-404.

383) SOLL UND HABEN 2, a.a.O., S. 208.

ren.[384] Die Datenreduktion führt zu einem weniger differenzierten Bild der Umfrageergebnisse, schafft jedoch ein Ordnungsschema und erhöht die Übersichtlichkeit.

Die Faktorenanalyse in der Spiegel-Dokumentation isoliert aus den Aussagen zu den 21 Statements fünf Faktoren, die die prinzipiellen Komponenten beim Verhalten und im Umgang mit Geld beschreiben sollen.[385] Faktor 1 betrifft den "Grad der Informiertheit und Sicherheit im Umgang mit Geld, Geldanlagen und Geldinstituten". Der zweite Faktor umfaßt die "Einstellung zum Sparen, vor allem zur langfristigen Vorsorge", während Faktor 3 Aussagen über die "Einstellung zu Krediten" subsumiert. Faktor 4 betrifft die "Bereitschaft zu Geldgeschäften", Faktor 5 "Risikobereitschaft und Ausgabeverhalten". Die fünf Faktoren beschreiben damit Teilaspekte des Geldanlageverhaltens, die sich inhaltlich nur unscharf voneinander abgrenzen lassen und sich teilweise überlappen.

Bestimmten Faktoren liegen Einzelaussagen zugrunde, deren Zuordnung bei anderen Faktoren einleuchtender wäre. So korreliert die Ablehnung der Aussage "Gerade in Gelddingen vermeide ich jedes Risiko" mit Faktor 4, ein Zusammenhang mit Faktor 5 wäre jedoch eher zu erwarten. Statistische Methodik und inhaltliche Plausibilität klaffen hier auseinander. Zwar lassen sich für jeden Faktor Benennungen *definieren*, ob sich aber beispielsweise das Konstrukt "Risikobereitschaft und Ausgabeverhalten" mit Faktor 5 und den zugrundeliegenden Statements messen läßt, ist unter dem Aspekt der Validität zu bezweifeln.

Um das Ziel der Soll und Haben-Studien zu erreichen, die befragten Personen nach Typen unterschiedlichen Verhaltens zu klassifizieren, ist die Faktorenanalyse eine Vorstufe für eine anschließende Typologierechnung. Schwächen bei der Faktorextraktion werden jedoch in die darauf aufbauende Clusteranalyse weitergegeben. Das Ergebnis der Typologierechnung kann bei allem mathematisch-stati-

384) BORTZ, J., a.a.O., S. 617.
385) Anhang 3, S. 391-392 dieser Arbeit, zeigt die Zuordnung der einzelnen Einstellungsaussagen zu den fünf Faktoren.

stischen Aufwand qualitativ nicht besser sein als das Resultat der Faktoranalyse.

In der Spiegel-Studie wurde für jeden Befragten nach den von ihm zu jeder Einstellungsaussage angegebenen Skalenwerten pro Faktor ein Faktorwert berechnet, der als Maßstab dafür interpretiert wird, wie stark die verschiedenen Faktoren bei den einzelnen Befragten ausgeprägt sind. Nur diese Faktorenwerte - nicht die Beurteilung *einzelner* Statements oder soziodemographische Daten - wurden als aktive Variable in die Typologierechnung einbezogen. Ziel der Cluster-Analyse ist es, einerseits aus Gründen der Transparenz alle Befragten in möglichst wenige separierbare Gruppen einzuteilen und andererseits innerhalb jeder der gebildeten Gruppen ein möglichst hohes Maß an Homogenität zu erreichen. Jeder Befragte soll anderen Befragten innerhalb seiner Gruppe "ähnlicher" sein als allen Befragten außerhalb der Gruppe. Die "Ähnlichkeit" wird dabei durch die Faktorwerte als Proximitätsmaß definiert. Nicht dargelegt wird in der Studie, mit welchem Optimierungskriterium die Separation der Cluster vorgenommen wurde. Es wird zwar behauptet, "anhand objektiver mathematischer Kriterien" könne die Lösung festgelegt werden, für die "das beste Verhältnis zwischen Datenreduktion und Informationsverlust" gegeben sei.[386] Keine der großen Vielzahl heute verfügbarer Clustermethoden[387] basiert jedoch auf einer Theorie, die die Aufdeckung der besten Struktur der Objekte gewährleistet.[388] Jede Clustermethode beinhaltet Separationsprobleme, und jeder zusätzlich gewonnene Grad an Übersichtlichkeit muß mit sinkender Trennschärfe bezahlt werden.

Die Typologierechnung in der Spiegel-Studie führte zu sieben Clustern, die wiederum zu vier Mentalitätsgruppen zusammengefaßt wurden.[389] Lediglich nach diesen vier Mentalitätsgruppen wurde die Beurteilung und der Besitz von Geldanlageformen unterschieden, so daß kein sonderlich differenziertes Bild vom Einfluß der Mentalität auf das Anlageverhalten vermittelt wird. Die Trennschärfe zwi-

386) SOLL UND HABEN 2, a.a.O., S. 209.
387) Vgl. die Systematisierung bei GREEN, P., TULL, D., a.a.O., S. 416 - 417.
388) BORTZ, J., a.a.O., S. 684.
389) Die Beschreibung der sieben Typen bzw. vier Mentalitätsgruppen ist Anhang 4, S. 393-394 dieser Arbeit zu entnehmen.

schen den wenigen Klassen ist methodisch bedingt gering, da mit der Reduktion die interne Gruppenheterogenität steigt. Die Bildung von nur vier "Durchschnittstypen" impliziert eine hohe Unsicherheit, wenn von den vier Mentalitätstypen auf das tatsächliche Verhalten eines bestimmten Anlegers rückgeschlossen werden soll. Diese Probleme sollten bei der Interpretation der Ergebnisse der Untersuchung Berücksichtigung finden.

Der Mentalitätstyp A umfaßt den "durchschnittlichen Bankkunden im Mengengeschäft". Er lehnt Kredite ab und verhält sich sicherheitsorientiert. 34,9 % der Bevölkerung über 14 Jahre gehören diesem Typus an. Typ B, "der sich entwickelnde Bankkunde", ist im Umgang mit Geld aufgeschlossen, risikobewußt und renditeorientiert. Der Bevölkerungsanteil beträgt 23,2 %. 28,6 % der Bevölkerung werden dem Mentalitätstyp C, dem "wenig bankfähigen Bankkunden", zugeordnet. Er lehnt Kredite ab, ist beim Umgang mit Geld unsicher und schlecht informiert. Der vierte Mentalitätstyp D wird als "der die Bank beanspruchende gehobene Vollkunde" ausgewiesen. 13 % der Bevölkerung entsprechen diesem Typus, der positiv gegenüber Krediten eingestellt ist, keinerlei Probleme mit Geld hat und gut informiert und risikobewußt entscheidet.[390] Tab. 4.5 gibt einen Überblick über die wichtigsten Zusammenhänge zwischen diesen Mentalitätstypen und dem Anlageverhalten.

Die Typen A und B weichen vom Durchschnitt der Gesamtbevölkerung hinsichtlich der Angaben über die Kriterien einer idealen Geldanlage, der Einschätzung der Vorteilhaftigkeit und dem persönlichen Besitz ausgewählter Anlageformen weniger ab als die Mentalitätsgruppen C und D. Der "durchschnittliche Bankkunde im Mengengeschäft" gab allerdings die Kriterien "Geldanlage ohne Risiko" und "gute Rendite" deutlich häufiger an als "der sich entwickelnde Bankkunde". Die Verfügbarkeit, die kurzfristige Gewinnerzielung und die einfache Handhabbarkeit haben dafür beim Typ B einen relativ hohen Stellenwert. Diese Gruppe erweist sich als risikobereit, aber auch flexibilitätsbetont. Die Unterschiede bei der Einschät-

390) SOLL UND HABEN 2, a.a.O., S. 253; vgl. Anhang 4, S. 393-394 dieser Arbeit.

Tab. 4.5: Mentalitätstypen und Anlegerverhalten

	alle	Mentalitätstyp A	B	C	D
Basis in Mio (Bevölkerung über 14 Jahre)	48,22	16,80	11,19	13,79	6,26
Es halten für die wichtigsten Kriterien einer idealen Geldanlage (in % von Zeile 1, Mehrfachnennungen)					
Geldanlage ohne Risiko	58	63	50	61	51
Gute Rendite	43	45	39	37	56
Schnell wieder in Bargeld umwandelbar	38	36	40	42	32
Geldanlage, die ich genau kenne	36	38	34	36	34
Geldanlage, die durch die laufende Inflation nicht entwertet wird	36	36	37	35	38
Wertzuwachs auf lange Sicht	34	36	33	26	47
Geldanlage, um die man sich nur wenig kümmern muß	30	27	34	35	22
Geldanlage, bei der ich ständig weiß, was damit geschieht	27	27	25	29	27
Steuerersparnis/-begünstigung	26	28	27 1)	15	40
Geldanlage auch für kleinere Beträge	25	24	22	33	21
Staatliche Förderung/Prämien	23	24	24	16	31
Kurzfristige Gewinnerzielung	22	21	26	18	23
Geldanlage, bei der ich mich nicht auf Fachleute verlassen muß	10	9	12	9	8
Ständig gleichbleibende Ausschüttung	9	10	11	7	9
Es halten für die zur Zeit vorteilhafteste Geldanlageform					
Sparbuch	24	21	20	38	12
Festverzinsliche Wertpapiere	13	15	12	8	20
Lebensversicherung	11	11	11	12	11
Bausparvertrag	11	11	11	11	11
Aktien	6	5	7	3	12
Investmentanteile	2	2	2	1	5
Es besitzen persönlich					
Sparbuch	90	94	86	86	93
Festverzinsliche Wertpapiere	8	10	6	2	14
Lebensversicherung	47	56	43	33	64
Bausparvertrag	34	41	32	20	51
Aktien	5	6	4	1	13
Investmentanteile	2	2	2	0	4

1) Lesebeispielel: 27 % der 11,19 Mio Personen des Mentalitätstyps B gaben an, daß Steuerersparnis/-begünstigung für sie ein Kriterium einer idealen Geldanlageform darstellt.
Quelle: SOLL UND HABEN 2, (1985), a.a.O., Tab. 5A und 8A, S. 37 und 52.

zung der Kriterien einer idealen Geldanlage zwischen den Gruppen A und B setzen sich jedoch nicht bei der Nennung der für sie vorteilhaftesten Geldanlageform fort. Hier bestehen zwischen den beiden Klassen kaum Unterschiede. Typ A gab hier lediglich etwas häufiger festverzinsliche Wertpapiere an, Typ B überdurchschnittlich oft die Aktie. Der Mentalitätstyp A besitzt jedoch sämtliche Anlageformen häufiger als Typ B. Dies gilt nicht nur für den persönlichen, sondern auch den Haushaltsbesitz.[391] Der Besitz von Geldanlageformen läßt sich hier offensichtlich nicht durch Mentalitätsunterschiede erklären, sondern ist weitgehend von anderen Determinanten abhängig. Die Daten der Spiegel-Dokumentation geben keinen Aufschluß darüber, ob bei gleichem Einkommen, Alter, Beruf und gleicher Bildung von Mitgliedern der beiden Gruppen Unterschiede in der Struktur des Anlagebesitzes bestehen.

Ähnliche Interpretationsprobleme treten bei den Besitzquoten des Typs C, "dem wenig bankfähigen Bankkunden", auf. *Alle* Anlageformen sind hier seltener als in den anderen Mentalitätsgruppen vertreten, obwohl aus den angegebenen Entscheidungskriterien und der Einschätzung der Vorteilhaftigkeit von Anlageformen eine deutliche Präferenz für risikolose, liquide und einfache Titel, insbesondere für das Sparbuch, sowie eine reservierte, eher ablehnende Haltung gegenüber dem Wertpapiersparen herauszulesen ist.

Sowohl Mitglieder des Typs A als auch des Typs B sind langfristig als Anleger von Unternehmensbeteiligungsgesellschaften und Beteiligungs-Sondervermögen erschließbar, wenn das vorwiegend noch latente Interesse am Wertpapiersparen durch Marketingmaßnahmen geweckt und gesteigert wird. Bei Typ A begründet sich diese Einschätzung auf der Renditeorientierung und dem bereits überdurchschnittlich häufig bestehenden Wertpapierbesitz, der auf Erfahrungen beim Wertpapiererwerb schließen läßt. Bei Typ B signalisieren die hohe Risikobereitschaft und Liquiditätsneigung, aber auch die positive Einschätzung der Aktie eine potentielle Aufnahmebereitschaft von überbetrieblichen Produktivkapitaltiteln. Beide Anlegertypen mes-

---

391) SOLL UND HABEN 2, a.a.O., Tab. 8A, S.52.

sen zudem der staatlichen Förderung der Vermögensbildung überdurchschnittlich häufig eine Entscheidungsrelevanz bei. Demgegenüber ist Typ C als Zielgruppe der überbetrieblichen Vermögensbeteiligung nicht ergiebig.

Die größten Verbreitungschancen haben überbetriebliche Beteiligungstitel bei den Mitgliedern des Typs D. Anleger dieses Mentalitätstyps kommen kurzfristig und auch ohne akzeptanzunterstützende staatliche Förderung als Erwerber der Titel von Unternehmensbeteiligungsgesellschaften und Beteiligungs-Sondervermögen in Frage, sofern sie über die spezifischen Vor- und Nachteile dieser Anlageformen informiert sind. Marketingmaßnahmen der Beteiligungsgesellschaften müssen zur Erschließung der Anlegerzielgruppe des Typs D nicht - wie für Typ A und B notwendig - zunächst Schwellenängste gegenüber dem Wertpapiersparen abbauen, sondern können sich unmittelbar auf eine Erhöhung des Kenntnisstandes über diese Spezialformen des Wertpapiersparens richten.

Typ D nannte, ähnlich wie Typ B, wesentlich seltener die Risikolosigkeit als ein Kriterium einer idealen Geldanlage als die Typen A und C. Der "gehobene Vollkunde" wählte das Kriterium "Gute Rendite" sogar häufiger als "Geldanlage ohne Risiko". Auch andere, die Rendite betreffende Kriterien (Inflationssicherheit, langfristiger Wertzuwachs, Steuerersparnis, staatliche Förderung, kurzfristige Gewinnerzielung) wurden von diesem Typ überdurchschnittlich oft gewählt, während er Informations- und Beratungsaspekten wesentlich seltener als die anderen Typen entscheidende Bedeutung zumaß. Ursache könnte ein höherer Bildungs- und Informationsstand dieses Typs sein. Das Liquiditäts- und das Losgrößenkriterium wurden ebenfalls unterdurchschnittlich oft angegeben.

20 % der Angehörigen dieses Mentalitätstyps halten festverzinsliche Wertpapiere für die vorteilhafteste Anlageform, 12 % Aktien. Das Wertpapiersparen wird damit von dieser Gruppe mit Abstand am stärksten präferiert. Allerdings halten auch 12 % dieses Typs das Sparbuch für am vorteilhaftesten. Diese Quote entspricht zwar nur der Hälfte des Durchschnittssatzes in der Gesamtbevölkerung, ist jedoch angesichts der angegebenen Idealitätskriterien immer noch

überraschend hoch. Während auch das Investmentsparen vom Typ D mit Abstand am höchsten eingestuft wird und somit bei diesem Anlegersegment noch die besten Akzeptanzchancen besitzt, ist die Einstufung der Vorteilhaftigkeit der Zwecksparformen (Bausparvertrag und Lebensversicherung) vom Mentalitätstyp völlig unabhängig.

Die hohe Einschätzung des Wertpapiersparens beim Typ D schlägt sich auch in den Besitzquoten nieder. Der Anteil der Wertpapierbesitzer ist bei allen drei Wertpapierarten wesentlich höher als im Durchschnitt der Gesamtbevölkerung. Allerdings belegt bei allen Anlageformen - mit Einschränkung beim Sparbuch - diese Gruppe den Spitzenplatz bei den Besitzquoten. Dies ist u.a. ein Hinweis darauf, daß die Sparfähigkeit in dieser Mentalitätsklasse am größten ist. Vermutlich determinieren die die Klassen charakterisierenden sozioökonomischen Merkmale die Besitzquoten stärker als die die Klassen bildenden Einstellungsaussagen selbst. Der Zusammenhang zwischen den objektiven und psychologischen Merkmalen könnte darin bestehen, daß die Mentalität eines Anlegers stark durch sein sozioökonmomisches Profil (insbesondere Einkommen, Alter, Bildung und Berufsstand) geprägt wird.

Nähere Betrachtungen bestätigen die Hypothese, daß bezüglich des Geldanlagebesitzes die Mentalitätsgruppen lediglich sozioökonomische Unterschiede widerspiegeln. Aus Tab. 4.6 geht hervor, daß die Mitglieder des Typs A hinsichtlich der Berufsgruppe, dem Geschlecht und der Bildung ähnlich verteilt sind wie die Gesamtbevölkerung. Die mittleren Altersjahrgänge und die mittleren bis gehobenen Einkommensklassen sind bei diesem Mentalitätstyp überdurchschnittlich oft vertreten. Diese Alters- und Einkommensgruppen zeichnen sich durch häufigen Besitz von Lebensversicherungen, Bausparverträgen und Wertpapieren aus.[392] Die den Typ A beschreibenden sozioökonomischen Merkmale alleine würden den Geldanlagebesitz, das heißt die tatsächlich vollzogenen Anlageentscheidungen, daher fast ebenso zuverlässig erklären wie mit den Mentalitätsgruppe gemeinsam.

392) Vgl. Tab. 4.7, S. 260 dieser Arbeit.

Tab. 4.6: Mentalitätstypen und sozioökonomische Merkmale

	alle	Mentalitätstyp A	B	C	D
Basis in Mio (Bevölkerung über 14 Jahre)	48,22	16,80	11,19	13,79	6,26
Soziale Gruppe					
Selbständige [1]	6	8	6	3	10
Leitende Angestellte und Beamte	3	3	2	0	8
Sonstige Angestellte und Beamte	21	24	23	9	32
Facharbeiter	9	10	9	6	11
Sonstige Arbeiter	7	6	8	8	3
Nicht-Berufstätige	55	49	52	73	36
Geschlecht					
Männlich	46	49	51	33 [2]	63
Weiblich	54	51	49	67	37
Bildung					
Hauptschule	62	61	53	79	43
Weiterführende Schule	26	28	29	16	37
Abitur/Studium	12	10	18	5	20
Alter					
14 - 19 Jahre	12	8	18	11	16
20 - 29 Jahre	16	15	23	11	21
30 - 39 Jahre	14	15	17	7	23
40 - 49 Jahre	18	21	18	12	20
50 - 59 Jahre	15	17	11	17	11
60 Jahre und älter	25	24	13	43	8
Haushaltseinkommen (DM netto p.m.)					
unter 1500	16	10	14	29	7
1500 bis unter 2000	16	15	15	20	10
2000 bis unter 3000	34	37	34	32	33
3000 bis unter 4000	19	22	20	13	22
4000 bis unter 5000	8	9	9	4	14
5000 und mehr	6	6	7	2	14

1) Einschließlich Freiberufler und Landwirte.
2) Lesebeispiel: 33 % der 13,79 Mio Personen des Mentalitätstyps C sind männlich.

Quelle: SOLL UND HABEN 2, (1985), a.a.O., Tab. 27A, S. 124

Auch Typ B ist hinsichtlich der Berufsgruppenzugehörigkeit ähnlich verteilt wie die Gesamtbevölkerung. Auch die Haushaltseinkommen entsprechen in etwa der Durchschnittsverteilung, wenn auch die unteren Einkommensgruppen leicht unter-, die oberen Einkommensgruppen leicht überrepräsentiert sind. Die Mentalitätsgruppe B setzt sich fast gleichmäßig aus beiden Geschlechtern zusammen, im Gegensatz zur Durchschnittsbevölkerung ist eine leichte Dominanz des weiblichen Geschlechts jedoch nicht zu erkennen. Hinsichtlich bildungs- und altermäßiger Zusammensetzung weicht Typ B vom Durchschnitt deutlicher ab: Höhere Bildungsschichten und die unteren Altersgruppen sind deutlich stärker vertreten. Diese sozioökonomischen Kriterien beschreiben stellvertretend das Renditebewußtsein und die Risikofreudigkeit dieses Typs, auch wenn in dieser Gruppe altersbedingt die Sparfähigkeit und -bereitschaft noch nicht ausreicht, um die Anlagepräferenzen beispielsweise in ein ausgeprägtes Wertpapiersparen umzusetzen.

Im Typ C sind Nicht-Berufstätige wesentlich häufiger, Angestellte und Selbständige dagegen sehr viel seltener vertreten als im Durchschnitt der Bevölkerung. Außerdem überwiegt deutlich das weibliche Geschlecht, niedrige Schulabschlüsse und die oberste Altersgruppe. Niedrige Haushaltseinkommen kommen überdurchschnittlich oft vor, Spitzenverdiener sind in der Gruppe C dagegen selten. Das geringe Einkommen, nicht der Mentalitätstyp, sind dafür verantwortlich, daß die unter dieser Gruppe zusammengefaßten Personen bei allen Geldanlageformen einen unterdurchschnittlichen Besitz aufweisen. Bezüglich der Struktur des Anlagenbesitzes läßt sich feststellen, daß das relativ schwach ausgeprägte Bau- und Lebensversicherungssparen durch die Alterszusammensetzung, das besonders gering ausgeprägte Wertpapiersparen durch die Schulbildung, das Geschlecht und das Einkommen determiniert werden.[393] Auch hier wäre eine mentalitätsmäßige Typisierung also nicht erforderlich, um das Anlageverhalten hinreichend genau zu erklären.

Die Mentalitätsgruppe D ist überdurchschnittlich stark mit den Berufsgruppen der Selbständigen, Angestellten und Facharbeiter be-

393) Vgl. Tab. 4.7, S. 260 dieser Arbeit.

setzt, während sonstige Arbeiter und Nicht-Berufstätige nur relativ schwach vertreten sind. Höhere Schulabschlüsse herrschen deutlich vor. Diese Merkmale lassen bereits ein weiteres Kennzeichen dieses Mentalitätstyps erwarten: die Einkommensverteilung ist in den unteren Stufen stark unterdurchschnittlich besetzt. Außerdem besteht der Mentalitätstyp D zu fast zwei Dritteln aus Männern. Die unteren und mittleren Jahrgänge kommen häufiger vor als im Durchschnitt. Das für diesen Mentalitätstyp festgestellte Anlageverhalten - risiko- und renditebewußt, informiert, hervorzuhebende Tendenz zum Wertpapiersparen bei hohen Besitzquoten in allen Anlageformen - entspricht damit ebenfalls den Ergebnissen der Untersuchung des Einflusses soziodemographischer und ökonomischer Faktoren.[394)]

Offensichtlich wird das Anlageverhalten durch das zusätzliche Heranziehen der vorgestellten Typisierung nicht wesentlich besser erklärt als allein durch sozioökonomische Faktoren.

Mit einem wesentlich aufwendigeren statistischen Auswertungsinstrumentarium bestätigt HELM teilweise dieses Ergebnis. Er stützt sich auf die SOLL UND HABEN-Studie von 1980. Sie enthält die gleichen Einstellungsfragen, die jedoch nur zum Teil herangezogen werden, um die fünf von ihm gebildeten subjektiven Bestimmungsfaktoren Informationsstand, Risikoeinstellung, Sparziel, Liquiditätsvorliebe und Transaktionskosteneinschätzung zu operationalisieren. Ein Modell, das nur auf objektiven sozioökonomischen Größen beruhe, verschenke zwar einen Teil möglicher Erklärungskraft, dies gelte jedoch nur in sehr geringem Maße für das hier hauptsächlich interessierende Wertpapiersparen, bei dem die eigenständige Erklärungskraft der subjektiven Größen gering sei.[395)] Ein auf die sozioökonomischen Variablen reduzierter Ansatz sei hier vertretbar, da bestimmte Variablentypen einen Teil der subjektiven Einflüsse widerspiegelten.[396)] Insgesamt sei der Zusammenhang zwischen subjektiven und objektiven Variablen eher substitutiv, nicht addi-

394) Ebenda.
395) HELM, R., a.a.O., S. 237-238.
396) Ebenda, S. 257.

tiv.[397] Nicht allein beim Wertpapiersparen, auch beim Bau- und Lebensversicherungssparen sei der Erklärungsbeitrag objektiver Variablen - bei den Zwecksparformen vor allem des Alters - dominant.[398] Jedoch nur eine Relation der Variablentypen mit überwiegend additivem Charakter mache es notwendig, Erklärungsmodelle des Anlageverhaltens um subjektive Bestimmungsgrößen zu erweitern.[399]

Kostenintensive Meinungsumfragen und Einstellungstests sind demnach als Instrumente der Marktforschung für Beteiligungsgesellschaften verzichtbar. Die Einstellungsforschung deckt hier nur Verhaltensweisen auf, die bereits durch die leichter zu ermittelnden objektiven Faktoren hinreichend erfaßt und statistisch zu erklären sind. Durch einen Verzicht auf die Ermittlung subjektiver Verhaltensfaktoren werden außerdem die typischen Probleme der Einstellungsforschung (geringe Reliabilität der Befragung, Konsistens- Validitäts- und Separationsprobleme der Faktorenanalyse und Clustermethode) vermieden. Neben die statistisch-methodischen Unzulänglichkeiten treten im übrigen auch praktische Anwendungsprobleme: Für die Anlageberatung sind die Ergebnisse einer Typologie ohnehin wenig brauchbar, da die Zuordnung des Kunden zu einem Mentalitätstyp durch den Berater ohne Durchführung eines Einstellungstests mit großer Wahrscheinlichkeit einem Fehlurteil unterliegt, denn die Anleger besitzen keine "gläserne Psyche".

Eine produktivkapitalorientierte Vermögensbildungspolitik mit Hilfe überbetrieblicher Beteiligungen funktioniert nur, wenn in weiten Teilen der Bevölkerung spezielle Formen des Aktien- und Investmentsparens größeren Anklang finden. Dazu bedarf es eines Systems akzeptanzsteigender Maßnahmen, die auf alle Zielgruppen der überbetrieblichen Vermögensbeteiligung zugeschnitten sind. Die an den Präferenzen der Anlegerzielgruppen zu orientierende Auswahl und Gestaltung der Marketingmaßnahmen ist nicht auf eine Marktsegmentierung *nach Mentalitätstypen* angewiesen; die kommunikations-, produkt- und preispolitischen Aktivitäten können ohne Verlust an Effektivität auf *nach sozioökonomischen Kriterien* abgegrenzte

---

397) Ebenda, S. 258.
398) Ebenda, S. 259 u. S. 260.
399) Ebenda, S. 261.

Zielgruppen ausgerichtet werden. Eine allein auf objektiven Kriterien beruhende Abgrenzung einzelner Marktsegmente ist trotz des Einflusses subjektiver, psychologischer Faktoren auf das Anlageverhalten gerechtfertigt, wenn sozioökonomische Kriterien und Mentalitäten der Anleger in hohem Maße korrelieren. Die Untersuchung zeigt, daß die Angehörigen einer bestimmten Mentalitätsgruppe durch ein ähnliches sozioökonomisches Profil gekennzeichnet sind, so daß diese Mentalitäten im Einzelfall nicht aufgedeckt werden müssen, um das Anlageverhalten zielorientiert beeinflussen zu können.

Dieses Ergebnis unterstreicht die Notwendigkeit zu prüfen, welchen Erklärungsbeitrag die sozioökonomischen Merkmale zum Anlageverhalten aufweisen.

4.2.4. Sozioökonomische Merkmale und ihr Einfluß auf das Anlegerverhalten

4.2.4.1. Sozialgruppenzugehörigkeit

Die Sparfähigkeit und -bereitschaft variiert bei verschiedenen sozialen Haushaltsgruppen sehr stark. Im Jahre 1985 betrugen die durchschnittlichen Sparquoten der Selbständigen-Haushalte[400] 25,3 %, der Angestelltenhaushalte 10,8 %, der Beamtenhaushalte 7,9 %, der Arbeiterhaushalte 4,6 % und der Haushalte von Rentnern und Versorgungsempfängern 5,1 %.[401] Die unterschiedliche Spartätigkeit ist dabei nicht nur durch unterschiedliche Einkommenskategorien dieser sozialen Gruppen zu erklären.[402] Auch bei Haushalten gleichen Einkommens ist die Sparquote bei Selbständigen am höchsten und bei Arbeitnehmerhaushalten höher als bei Rentnern.[403]

400) Einschließlich Selbständigen-Haushalte in Land- und Forstwirtschaft.

401) Eigene Berechnungen aus: PAVEL, Dieter, Einkommen und Ersparnis-Schichtung nach sozialen Gruppen, in: Sparkasse, 104. Jg., 4/87, S. 138-142, hier S. 141, Tab. 2.

402) Das verfügbare Durchschnittseinkommen pro Monat der Selbständigen-Haushalte lag 1985 bei 10.068 DM, der Beamten bei 4.483 DM, der Angestellten bei 4.137 DM und der Arbeiter bei 3.180 DM; ebenda, S. 139, Tab. 1.

403) Ebenda, S. 141, Tab. 3.

Wichtigste Ursache dieses unterschiedlichen Sparverhaltens dürfte die Intensität des Vorsorgemotivs sein, die bei Selbständigen-Haushalten aufgrund der fehlenden Rentenversicherungspflicht besonders hoch und bei Rentnerhaushalten aufgrund des geringeren Restbedarfs an privater Altersvorsorge niedriger ist.

Tab 4.7: Der persönliche Besitz von Geldanlageformen nach sozioökonomischen Merkmalen
- alle Angaben in %, gerundet, für 1984 -

Anlageform / Merkmal	Sparkonto	Sparbriefe	Lebensversicherung	Bausparvertrag	Rentenwerte	Aktien	Investmentanteile	Gesamt [2]
Soziale Gruppe								
Selbständige [1]	90	14	72	57	15	11	6	6
Leitende Angestellte und Beamte	90	13	80	69	24	15	7	3
Sonstige Angestellte und Beamte	94	13	66	51	11	9	2	21
Facharbeiter	90	6	75	53	7	4	2	9
Sonstige Arbeiter	90	4	55	34	3	2	1	7
Nicht-Berufstätige	86	8	31	20	8	4	2	55
Geschlecht								
Männlich	94	11	58	43	11	8	3	46
Weiblich	86	8	39	27	7	4	2	54
Schulbildung								
Hauptschule	88	8	49	32	6	3	1	62
Weiterführende Schule	93	12	46	37	11	8	3	26
Abitur/Studium	90	14	48	40	20	12	5	12
Alter								
14 - 19 Jahre	90	5	20	14	4	2	1	12
20 - 29 Jahre	90	5	54	45	8	4	2	16
30 - 39 Jahre	90	10	72	54	9	7	3	14
40 - 49 Jahre	90	13	67	52	11	7[3]	2	18
50 - 59 Jahre	90	12	54	34	9	8	3	15
über 60 Jahre	90	10	27	23	10	5	2	25
Gesamtbevölkerung über 14 Jahre	90	10	48	34	9	6	2	100

1) Einschließlich Freiberufler und Landwirte
2) Anteil der Merkmalsgruppe an der Gesamtbevölkerung über 14 Jahre
3) Lesebeispiel: Von den 40 - 49 jährigen besitzen 7 % Aktien

Quelle: SOLL UND HABEN 2, (1985), a.a.O., Tab 27c, S.126; eigene Berechnungen

Eine Folge der divergierenden Ersparnisbildung ist, daß sich die Höhe der Vermögenseinkünfte der sozialen Gruppen stark unterscheiden. Während das durchschnittliche Vermögenseinkommen aller Haushaltsgruppen 1985 bei 4.020 DM lag, erzielten die Selbständigen-Haushalte im Schnitt 12.620 DM, die Arbeitnehmerhaushalte und Haushalte von Nichterwerbspersonen dagegen lediglich 3.730 DM bzw. 2.740 DM an Mittelzuflüssen aus ihren Vermögensanlagen.[404] Da die Vermögenseinkommen zu einem beträchtlichen Teil wieder in die Ersparnis fließen, verstärken sich die Unterschiede in den Vermögensbeständen zwischen den sozialen Gruppen. Die Art und Höhe der angesparten Vermögensbestände bestimmt jedoch ihrerseits wieder die Anlageentscheidung der Haushalte mit.

Die Sozialgruppenzugehörigkeit beeinflußt nicht nur die Stärke der Spartätigkeit, sondern auch die Präferenzen für bestimmte Anlageformen. Insbesondere die Gruppe der "leitenden Angestellten und Beamten" besitzt alle getesteten Anlageformen wesentlich häufiger als der Durchschnitt der Bevölkerung über 14 Jahre, wie aus Tab. 4.7 hervorgeht. Fast jedes vierte Mitglied dieser Gruppe besitzt beispielsweise festverzinsliche Wertpapiere, während nur 3 % der Kategorie "sonstige Arbeiter" diese Anlageform gewählt haben. Auch bei Aktien und Investmentanteilen weist diese Gruppe die höchsten Besitzquoten auf, aber auch die Gruppen "Selbständige" sowie "sonstige Angestellte und Beamte" sind überdurchschnittlich im Wertpapiersparen engagiert. Diese sozialen Gruppen, die nach der Abgrenzung der Spiegel-Dokumentation insgesamt rund 30 % der Bevölkerung ausmachen, sind daher als Zielgruppe einer wertpapierorientierten Vermögenspolitik am naheliegendsten, entsprechen jedoch in der Regel nicht dem Kreis verteilungspolitisch zu begünstigender Personen. Vorbehalte gegenüber dem Wertpapiersparen zeigen sich dagegen bei den beiden Arbeitergruppen und den Nicht-Berufstätigen, worunter vor allem Schüler, Studenten und Rentner fallen, also insgesamt unterdurchschnittlich wohlhabende Gruppen. Die sich in den niedrigen Besitzquoten äußernde ablehnende Haltung läßt einen Bedarf an staatlichen Maßnahmen zur finanziellen Förderung des Wertpapiersparens für diese Gruppen als gerechtfertigt erscheinen.

---

404) Ebenda, S. 142, Tab. 4.

4.2.4.2. Geschlecht

Auch zwischen den beiden Ausprägungen des Merkmals Geschlecht und dem Besitz von Anlageformen sind Interdependenzen festzustellen. Alle Anlageformen sind bei Männern stärker verbreitet als bei Frauen. Dies ist jedoch vermutlich weniger auf ein geschlechtsspezifisches Anlageverhalten als auf traditionelle Rollenverteilungen zurückzuführen. In Mehrpersonenhaushalten sind häufig Männer Alleinverdiener, in Gelddingen erfahrener und übernehmen deshalb die Anlageentscheidungen. Die auf den Ehemann lautende Lebensversicherung zugunsten des Rests der Familie deckt in vielen Fällen die Vorsorgebedürfnisse innerhalb des Haushalts am besten ab. Dies erklärt, daß 58 % der Männer, aber nur 39 % der Frauen eine Lebensversicherung besitzen. Aber auch ein geschlechtsspezifisch unterschiedliches Risikoverhalten könnte den persönlichen Besitz von Geldanlageformen miterklären. Darauf weist beispielsweise der mit 8 % bei Männern doppelt so stark verbreitete Aktienbesitz hin.

4.2.4.3. Schulbildung

Weitere Zusammenhänge sind zwischen dem persönlichen Besitz von Geldanlageformen und der Schulbildung zu erkennen. Personen mit Hauptschulabschluß besitzen mit 88 % nur unterdurchschnittlich oft ein Sparkonto, während die höchste Verbreitung bei Absolventen weiterführender Schulen ohne Abitur und Studium auftritt. Auf den ersten Blick überrascht es, daß diese einfach verständlichen Anlageformen bei Personen mit mittlerer Schulbildung am meisten verbreitet ist, während Personen mit niedrigerer oder höherer Schulbildung sie etwas seltener besitzen. Die größere Verbreitung des Sparkontos bei Absolventen einer mittleren Schullaufbahn gegenüber den Personen mit Hauptschulabschluß ist auf einen Mengeneffekt zurückzuführen, da mit steigender Schulbildung die Anzahl der insgesamt im Besitz befindlichen Geldanlageformen zunimmt. Dieser positive Mengeneffekt wird jedoch bei den Anlegern mit Abitur oder Studium durch einen negativen Qualitätseffekt überkompensiert. Das

Sparkonto verliert in der höchsten Bildungsschicht an Attraktivität, da diese Anlegergruppe ihre finanziellen Ziele mit anderen Anlageformen besser zu erreichen glaubt.

Lebensversicherungen werden von allen Bildungsschichten ungefähr gleich häufig abgeschlossen. 49 % der Personen mit Hauptschulabschluß besitzen eine Lebensversicherung, 46 % der Absolventen einer weiterführenden Schule und 48 % der Abiturienten. Lebensversicherungen stellen die einzige Anlageform dar, für die sich Hauptschulabsolventen häufiger entschieden haben als der Durchschnitt der Gesamtbevölkerung. Dies ist als ein Anhaltspunkt dafür zu werten, daß die Vorsorge- und Sicherheitsbedürfnisse in dieser Bildungsschicht das Anlageverhalten stärker dominieren als in Bevölkerungsgruppen mit höherer Schulbildung.

Bei allen Wertpapiersparformen steigen die Besitzquoten mit wachsendem Bildungsniveau recht deutlich. Der Anteil der Personen mit Abitur oder Studium, die Sparbriefe besitzen, ist mit 14 % fast doppelt so hoch wie bei den Hauptschulabsolventen mit 8 %. Bei den festverzinslichen Wertpapieren ist die Besitzquote der höchsten der drei Bildungsschichten ungefähr dreimal so hoch, bei Aktien viermal und bei Investmentanteilen sogar rund fünfmal so hoch wie bei Hauptschulabgängern.

Die Bereitschaft, riskantere Anlageformen zu erwerben, scheint mit wachsendem Bildungsniveau zu steigen. Außerdem könnte eine höhere Bildung dazu beitragen, daß sich der Anleger komplizierteren Konditionenvergleichen gewachsen fühlt und die Komplexität von Anlageformen nur noch in geringerem Maße die Erwerbsbereitschaft behindert. Dies sind Anhaltspunkte dafür, daß die Akzeptanz überbetrieblicher Vermögensbeteiligungen mit steigendem Bildungsniveau zunimmt. Das Merkmal Bildung korreliert sehr stark mit dem Merkmal Einkommen, mit der Folge, daß ein isolierter Effekt des Bildungsniveaus auf das Wertpapiersparen schwer zu ermitteln ist.

4.2.4.4. Alter

Es soll die Frage untersucht werden, welchen Einfluß das Alter auf das Anlageverhalten besitzt. Ein aus ökonomischer Sicht typischer Lebenszyklus[405] beginnt mit einer Phase sehr niedriger Einkommen in der Kindheit und Ausbildung und setzt sich mit steigenden Einkommen nach Eintritt in die Erwerbstätigkeit fort. Mit beruflichem Aufstieg wächst das Einkommen bis zu seinem Höhepunkt irgendwann in der zweiten Lebenshälfte. Ab diesem Zeitpunkt sinkt das Einkommen aufgrund von abnehmender Belastbarkeit, Krankheit, Arbeitslosigkeit und Eintritt in das Rentenalter. Die unterschiedliche Einkommenshöhe während des Lebenszyklus wird von unterschiedlichem Sparverhalten begleitet. Die einzelnen Spar- und Entsparentscheidungen werden nach der Lebenszyklushypothese nicht nur vom aktuellen Einkommen, sondern auch von den zukünftigen Einkommenserwartungen beeinflußt.[406] Vor allem im Hinblick auf den Austritt aus der Erwerbstätigkeit wird Vermögen akkumuliert, um im Rentenalter - je nach Intensität des Vererbungsmotivs - mehr oder minder stark zu entsparen. Dieser Ansatz geht folglich von einer umgekehrt-u-förmigen Entwicklung der Vermögensbestände im Laufe des Lebenszyklus aus. Diese Hypothese läßt sich mit den Daten der Spiegel-Dokumentationen nicht überprüfen, da diese nur Informationen zur Verbreitung von Anlageformen, nicht jedoch zu ihrer Höhe beinhalten.[407]

Aus Tab. 4.7 geht hervor, daß der Besitz von Sparkonten vom Alter unabhängig ist. In allen sechs Gruppen des Merkmals entspricht die Verbreitung des Sparkontos genau dem Durchschnitt der Gesamtbevölkerung. Dennoch könnte die Lebenszyklushypothese auch für diese Anlageform zutreffen, wenn die Höhe der angesammelten Vermögensbestände auf den Sparkonten eine entsprechende Verteilung besitzt.

405) Ein Literaturüberblick und eine Diskussion des Lebenszyklusansatzes ist zu finden bei HELM, R., a.a.O., S. 81-88.

406) Vgl. ANDO, Albert, MODIGLIANI, Franco, The "Life Cycle" Hypothesis of Saving, Aggregate Implications and Tests, in: American Economic Review, Vol. 53, 1963, S. 55-84.

407) Diesen Zusammenhang übersieht HELM, R., a.a.O., S. 181-191, völlig, der die Lebenszyklushypothese in verschiedenen Varianten mit aufwendigen statistischen Methoden, aber unzureichendem Datenmaterial, zu überprüfen versucht.

Bei den Zwecksparformen Lebensversicherungen und Bausparen zeigt sich ein enger statistischer Zusammenhang zwischen der Altersgruppe und der Verbreitung dieser Anlageformen[408] (vgl. Tab. 4.7). Die Besitzquoten steigen zunächst mit zunehmendem Alter, erreichen mit 72 % bei Lebensversicherungen und 54 % bei Bausparverträgen bei der Gruppe der 30-39jährigen einen Gipfel und sinken dann kontinuierlich auf 27 % bzw. 23 % in der höchsten Altersgruppe ab. Die Verbreitung der beiden Zwecksparformen nach Altersgruppen weist somit eine umgekehrte U-Form auf und steht mit der Lebenszyklushypothese in Einklang.

Beim Wertpapiersparen ist die Erklärungskraft des Alters weniger stark.[409] Die größte Verbreitung tritt bei Sparbriefen und Rentenpapieren bei den 40-49jährigen auf, bei Aktien und Investmentanteilen bei den 50-59jährigen. Der Anteil der festverzinsliche Wertpapiere besitzenden Personen steigt in der höchsten Altersgruppe wieder an und verläuft bei Investmentanteilen ebenfalls nicht in umgekehrter U-Form. Festzustellen ist, daß der Wertpapierbesitz bei den unter 30jährigen deutlich unterdurchschnittlich verbreitet ist. Dies überrascht nicht angesichts der bei Jugendlichen und jungen Erwachsenen oft noch geringen Einkommen.

Ein Indiz für die These, daß jüngere Menschen zunehmendes Interesse am Wertpapiersparen zeigen, insbesondere in Form von Aktien, läßt sich bei einem Vergleich der Spiegel-Dokumentationen von 1980 und 1984 finden. Im Jahre 1980 war das Aktiensparen bei den 14-19jährigen mit 1 % und bei den 20-29jährigen mit 2 % nur halb so stark verbreitet wie 1984.[410] Auch im Zeitraum nach 1984 ist das Interesse der jüngeren Generation an Aktien weiter gestiegen[411].

408) Für 1980 zeigt HELM, R., a.a.O., S. 183-185, die hohe Erklärungskraft des Alters für den Haushaltsbesitz von Zwecksparformen. Bei einem Signifikanzniveau von weniger als 0,1 % betragen die Determinationskoeffizienten 16,3 % für das Bausparen und 18,5 % für Lebensversicherungen.

409) Dieses Ergebnis widerspricht allerdings den Resultaten der EVS 1983. Dort wird durchgängig eine positive Korrelation zwischen Alter und Wertpapierbesitz ausgewiesen. Vgl. STATISTISCHES BUNDESAMT, (Oktober 1986), a.a.O., S. 14-15.

410) SOLL UND HABEN, (1980), a.a.O., S. 80-81.

411) So z.B. ZÖGEL, Walther, Die jungen Erben - eine neue Kunden-Generation? in: Sparkasse, 104. Jg., Heft 10/87, S. 426-428, hier S. 428.

Der insgesamt positive Trend des Aktiensparens in bestimmten, risikofreudigeren Segmenten der jüngeren Generation läßt erwarten, daß die Akzeptanz des Aktiensparens langfristig steigt. Setzt sich die Aufgeschlossenheit gegenüber Dividendenpapieren der jetzt unter 30jährigen in der Zukunft fort, so werden die steigenden Einkommen eine zunehmende Verbreitung des Aktiensparens bewirken.

Ein solcher Entwicklungsprozeß im Anlageverhalten reagiert jedoch äußerst empfindlich auf Negativerfahrungen. Dies gilt insbesondere dann, wenn sich der private Kleinaktionär durch andere Börsenteilnehmer übervorteilt fühlt. Angesprochen sind hier beispielsweise die Insiderproblematik, die Marktmacht institutioneller Anleger, aber auch die Wertpapierberatungen von Kreditinstituten, bei denen bankinterne Interessenkonflikte zum Nachteil des Anlegers auftreten können.

Außerdem werden sich auch bei anhaltend wachsendem Interesse der jüngeren Generation am Aktiensparèn deutliche Effekte erst langfristig bemerkbar machen. Zu einer Euphorie besteht allein deshalb kein Anlaß, weil in der jüngeren Generation das Ausgangsniveau der Besitzquoten bei Aktien sehr niedrig ist und bei den hinsichtlich der Sparfähigkeit wesentlich bedeutenderen Gruppen der 30-39- und 40-49jährigen der Besitz von Aktien sogar von 9 % auf 7 % zurückging.[412] Nach repräsentativen Einstellungsbefragungen gilt für junge Erwachsene und Jugendliche, übrigens in stärkerem Ausmaß als für ältere Personen, die Sicherheit als das wichtigste Kriterium einer idealen Geldanlage.[413] Allerdings sei die "moralische" Dimension des Sparens bei der jungen Generation einer nüchternen, zweckorientierten Kalkulation gewichen.[414]

Die tendenziell zunehmende Aufgeschlossenheit der jüngeren Altersgruppen gegenüber dem Wertpapiersparen deutet darauf hin, daß sich hier für die Beteiligungsgesellschaften ein aufnahmebereites

412) Vgl. Tab. 4.7, S. 260 dieser Arbeit, sowie SOLL UND HABEN, (1980), a.a.O., Tab. 11 a, S. 80-81.
413) Vgl. SOLL UND HABEN 2, a.a.O., Tab. 5a, S. 37.
414) KÖRNER, Martin, Daten zum Geldbesitz und zum Geldverhalten in der jungen Generation; in: Sparkasse, 104. Jg., Heft 10/87, S. 430-432, hier S. 432.

Marktsegment entwickelt; aufgrund der hohen Konsumbedürfnisse und noch geringen Sparfähigkeit dieser Generation sind Mengeneffekte allerdings nur langfristig zu erwarten. Da die Stabilität des Trends zum Wertpapiersparen in der jungen Generation noch niedrig ist, bedarf dieses Marktsegment einer besonderen Pflege.

4.2.4.5. Einkommen und Vermögen

- Einkommen und Spartätigkeit

Das Einkommen determiniert die Sparfähigkeit einer Wirtschaftseinheit und damit die quantitative Dimension der Geldanlage und die Fähigkeit zur Diversifikation des Vermögens. Das Einkommen ist der objektive ökonomische Ausgangspunkt einer Entscheidung, in welchem Umfang zugeflossene monetäre Mittel für den Konsum und für das Sparen verwandt werden. Ist in einer Periode der Konsum eines Haushalts höher als sein Einkommen, so liegt eine negative Ersparnis vor. Die kumulierten Ersparnisse der Vergangenheit ergeben das Vermögen eines Wirtschaftssubjektes.[415]

Die Sparquote ist definiert als der Teil des verfügbaren Einkommens, der nicht für Konsumzwecke, sondern zur Erhöhung des Geldvermögens verwandt wird. Dabei ist zu beachten, daß wesentliche Teile des Konsums privater Haushalte zu einer Erhöhung des Gesamtvermögens, nämlich im Sach- und Immobilienbereich, führen. Die Sparquote ist deshalb für eine nicht nur am Geldvermögen orientierte Vermögenspolitik als Indikator- und Zielgröße nur mit Einschränkungen geeignet.

Darüberhinaus bestehen zwischen der hier im Vordergrund des Interesses stehenden Aufteilung der Ersparnisse auf verschiedene Anlageformen und Konsumentscheidungen Interdependenzen. Beispielsweise

415) Aus theoretischer Sicht kann auch der Gegenwartswert aller zukünftigen erwarteten Einkommen als Vermögen aufgefaßt werden. In dieser Arbeit wird aufgrund der Unsicherheit zukünftiger Einkommen eine Trennung zwischen Einkommen und Vermögen vorgenommen. Die kumulierten Aufwendungen zur Versicherung der zukünftigen Einkommenshöhe (gezahlte Renten-, Kapitallebensversicherungsbeiträge) gelten als Ersparnis.

kann der geplante Kauf einer Immobilie dazu führen, daß während der Ansparzeit nur noch dafür geeignete Sparformen gewählt werden oder Konsumeinschränkungen hingenommen werden müssen, um die Finanzierung zu sichern. Konsumentscheidungen können die Wahlfreiheit bei Geldanlageentscheidungen verringern. Auch diese Interdependenzen reduzieren die Aussagekraft der Sparquote für das Anlageverhalten.

Trotz dieser Einschränkungen liefert die Sparquote einige wichtige Anhaltspunkte für den Zusammenhang zwischen Einkommen und Anlageverhalten im Bereich des Geldvermögens. Zwischen Einkommenshöhe und Sparquote besteht eine enge, positive Korrelation. Dies gilt sowohl in komparativ-zeitlicher Hinsicht als auch schichtenspezifisch. Im bisherigen Verlauf der achtziger Jahre belief sich die private Sparquote im Durchschnitt auf 13,5 % gegenüber ca. 7,5 % in den fünfziger Jahren.[416] Insgesamt ist die Sparfähigkeit aufgrund gestiegener Einkommen kräftig gewachsen. Aufgrund der starken Streuung ist die durchschnittliche Sparquote eine statistische Kennziffer, die aussagefähig für die gesamtwirtschaftliche Kapitalbildung, nicht jedoch für eine distributiv orientierte Vermögenspolitik ist.[417]

Eine nach Einkommensschichten differenzierende Betrachtung verdeutlicht erhebliche Disparitäten bei der Geldvermögensbildung. Im Bereich verfügbarer Monatseinkommen von unter 1000 DM - hier befinden sich hauptsächlich Rentnerhaushalte - werden bereits zwei Drittel des Einkommens für den "Grundbedarf", d.h. für Nahrungs- und Genußmittel, Bekleidung, Miete und Energie, benötigt.[418] Dementsprechend niedrig fällt die Sparquote in dieser Bevölkerungsgruppe aus. Mit 3,4 % ist sie deutlich geringer als bei den Spitzenverdienern, wo die Sparquote über 30 % beträgt. Beim Durch-

416) DEUTSCHE BUNDESBANK, Monatsberichte, Heft 8/87, 39. Jg., S. 41; die Sparquote beziffert die gesamtwirtschaftliche Geldvermögensbildung in % des verfügbaren Einkommens. Unter Einbeziehung des Wohnungserwerbs beträgt die Sparquote für den Zeitraum 1981-85 nur durchschnittlich 11,5 % (ebenda, S. 45).

417) PAVEL, D., a.a.O., S. 140.

418) Ebenda.

Tab. 4.8: Einkommensschichtung, Ersparnis und Sparquoten privater Haushalte 1985

Monatliches verfügbares Haushaltseinkommen in DM von...bis unter	Zahl der Haushalte		Ersparnis[1)]		Sparquote
	in 1000	in %	in Mrd. DM p.a.[3)]	in DM p.a.[2)] pro HH	in % des verf.Eink.
0 - 1000	725	2,9	0,15	200	3,4
1000 - 2000	5056	20,1	4,00	800	4,4
2000 - 2250	1475	5,9	1,85	1250	4,9
2250 - 2500	1654	6,6	2,40	1450	5,1
2500 - 2750	1782	7,1	3,00	1700	5,3
2750 - 3000	1839	7,3	3,50	1900	5,5
3000 - 3250	1772	7,0	3,80	2150	5,7
3250 - 3500	1625	6,5	3,90	2400	5,9
3500 - 3750	1422	5,6	3,75	2650	6,1
3750 - 4000	1165	4,6	3,50	3000	6,4
4000 - 5000	2166	8,6	8,55	3950	7,3
5000 - 6000	1468	5,8	8,60	5850	8,9
6000 - 7000	938	3,7	8,05	8600	11,9
7000 - 8000	621	2,5	7,55	12150	13,5
8000 - 9000	421	1,7	7,10	16850	16,5
9000 - 10000	259	1,0	5,70	22000	19,3
10000 - 15000	383	1,5	13,90	36300	24,2
15000 - 20000	213	0,8	12,45	58400	27,8
20000 - 25000	122	0,5	9,80	80200	29,7
über 25000	69	0,3	10,10	146400	30,5
Summe	25175	100,0	117,20	-	-
Arith. Mittel 3706	-	-	-	4655	10,5
Modalwert 2698	-	-	-	1670	5,3
Median 2986	-	-	-	1898	5,5

1) Ohne nichtentnommene Gewinne der Unternehmen ohne eigene Rechtspersönlichkeit.
2) Eigene Berechnung: Klassenmitte (bzw. 500 für unterste Klasse, 40.000 für oberste Klasse) * Sparquote * 12, auf volle 50 DM gerundet.
3) Eigene Berechnung: Ersparnis pro Haushalt * Anzahl der Haushalte, auf volle 0,5 Mrd. DM gerundet. Abweichungen in der Summe beruhen darauf, daß die Klassenmitten nur näherungsweise den arithmetischen Mitteln der Schichten entsprechen.

Quelle: Pavel, Peter a.a.O., S. 139 u. 141; eigene Berechnungen. Diese Tabelle beruht im Gegensatz zu Tab. 3.2 dieser Arbeit auf Berechnungen des DIW.

schnittshaushalt[419] beträgt die Sparquote etwa 5,5 % (vgl. Tab 4.8). Die stark unterschiedliche quantitative Geldvermögensbildung läßt bereits weitere Unterschiede in der Art und Zusammensetzung der gewählten Anlageformen bei den verschiedenen Einkommensschichten erwarten.

- Einkommen und Besitz von Anlageformen

Daten zum Besitz und zu den Anschaffungsabsichten im Bereich des Geld- und Immobilienvermögens der in sechs Einkommensschichten gestaffelten privaten Haushalte können den Spiegel-Dokumentationen SOLL UND HABEN entnommen werden.[420] Eine Auswertung der erhobenen Daten zeigt für alle Geldvermögensarten mit Ausnahme des Sparkontos, daß der Anteil der diese Anlageform besitzenden Haushalte mit steigendem Einkommen kontinuierlich zunimmt (vgl. Tab. 4.9). Bei den untersuchten Formen des Edelmetall- und Immobilienvermögens zeigt sich ebenfalls eine zunehmende Verbreitung bei wachsendem

---

419) Gemeint ist ein Haushalt, dessen Einkommen dem Median der Gesamtverteilung entspricht.

420) SOLL UND HABEN 2, a.a.O., Tab. 27 B, S. 125, Tab. 27 D, S. 127, Tab 38 C, S. 188. An gleicher Stelle wird auch der Zusammenhang zwischen *persönlichem* Besitz und Einkommen untersucht. Während bei den subjektiven Anlagefaktoren und bei den objektiven Faktoren Sozialgruppenzugehörigkeit, Geschlecht, Schulbildung und Alter aufgrund ihres Individuen beschreibenden Charakters jeweils der *persönliche* Besitz mit der entsprechenden Ausprägung des Haushaltsvorstands in Beziehung gesetzt wurde, wird hier entsprechend der bereits in Kap. 2 gewählten Vorgehensweise der Zusammenhang zwischen Besitz und Einkommen der Wirtschaftseinheit "*privater Haushalt*" analysiert.
Private Haushalte sind "alle ständig in einer Wohngemeinschaft lebenden Personen, die eine gemeinsame Hauswirtschaft führen, sowie jede für sich allein wohnende und wirtschaftende Einzelperson"; BOSCH, Heinz-Dieter, Zur Vermögenssituation der privaten Haushalte in der Bundesrepublik Deutschland, Teil I, Berlin 1973, S. 25. Da bei Mehrpersonenhaushalten mit einem Einkommensbezieher das Einkommen zur Versorgung aller Mitglieder dient und Anlageentscheidungen i.d.R. im Interesse des gesamten Haushalts getroffen werden, ist der Haushalt im Gegensatz zum Individuum das aussagefähigere Aggregat. Hiervon unberührt bleibt es, ob die Vermögensentscheidungen in einem Privathaushalt autoritär von einer dominierenden Person oder demokratisch gefällt werden. Im Rahmen der genannten Erhebungen wurden nach objektiven Kriterien die Zielpersonen in der nach systematischer Zufallsauswahl bestimmten Haushaltsgrundgesamtheit festgelegt, die den Haushalt nach außen hin repräsentieren; SOLL UND HABEN 2, a.a.O., S. 205. Diese Vorgehensweise erscheint berechtigt, da die amtliche Statistik ebenfalls davon ausgeht, daß Haushaltsentscheidungen vom sogenannten Haushaltsvorstand diktatorisch getroffen werden; HELM, R., a.a.O., S. 110.

Einkommen. Diese Feststellung stützt die Hypothese steigender Sparfähigkeit bei zunehmendem Einkommen.

Tab. 4.9: Vermögensanlagen der Haushalte in Abhängigkeit vom Einkommen

Von den Haushalten mit einem monatlichen Nettoeinkommen von DM ... besitzen ... % die folgende(n) Anlageform(en) - 1984 -

Einkommensschicht / Anlageform	< 1500	1500 - 2000	2000 - 3000	3000 - 4000	4000 - 5000	> 5000	Gesamt
Sparkonto	86	92	95	92	100	92	92
Sparbriefe	7	7	12	14	16	20	12
Lebensversicherungen	30	56	65	69	75	80	60
Bausparverträge	15	27	43	52	59	66	39
Rentenpapiere	3	7	10	13	22	25	11
Aktien	2	4	7	8	14	24	7
Investmentanteile	1	1	2	3	3	10	3
Wertpapiere insgesamt	11	14	23	27	40	50	23
1 Wertpapierform	9	9	16	17	22	25	15
2 Wertpapierformen	2	3	4	6	11	14	5
3 Wertpapierformen	0	1	3	4	7	10	3
Gold	1	3	4	6	10	13	5
Wohneigentum insgesamt	30	33	45	51	61	73	44
Eigentumswohnung	5	3	6	7	11	12	6
1-/2- Familienhaus	23	30	38	40	50	61	37
Mietwohnung/-haus	2	2	3	4	4	12	3
Unbebautes Grundstück mit Bauabsicht	1	1	2	2	4	8	2
Anteil der Merkmalsgruppe an der Gesamtbevölkerung über 14 Jahre	16	16	34	19	8	6	

Quelle: SOLL UND HABEN 2 (1985), a.a.O., Tab. 27d, S. 127 und Tab. 38c, S.188; eigene Berechnungen.

Die Attraktivität des Sparkontos, das durchschnittlich 92 % der Haushalte besitzen, ist offensichtlich weniger vom Einkommen abhängig als die anderer Anlageformen. Zwar steigt auch die Verbreitung des Sparbuchs zunächst mit dem Einkommen, der Anteil der sparbuchbesitzenden Haushalte in den Einkommensgruppen von 3000 DM bis über 5000 DM ist jedoch im Durchschnitt mit 94 % niedriger als in der Gruppe der Haushalte mit einem monatlichen Netto-Einkommen zwischen 2000 und 3000 DM. Für Bezieher hoher Einkommen verliert das Sparbuch an Attraktivität, ist aber auch hier mit Abstand die verbreiteteste Anlageform.

Auch die Art der gewählten Anlageformen ist von der Höhe des Einkommens abhängig. In der untersten Einkommensklasse besitzen nur 1 % der Haushalte Investmentanteile, 2 % Aktien und 3 % festverzinsliche Wertpapiere, dagegen immerhin 15 % einen Bausparvertrag, 30 % eine Lebensversicherung und 86 % ein Sparkonto. Das in der Regel anspruchsvollere und riskantere Wertpapiersparen ist in dieser Gruppe nur sehr schwach vertreten. Sichere, einfach verständliche und leicht zu handhabende Anlageformen dominieren dagegen deutlich.

Mit steigendem Einkommen wächst die Attraktivität des Wertpapiersparens relativ betrachtet besonders stark. Während der Anteil der Haushalte in der obersten Einkommensgruppe, der Aktien besitzt, mit rund 24 % ungefähr 12mal so hoch ist wie in der untersten Einkommensgruppe, verändert sich die Besitzquote bei Spareinlagen nur unwesentlich. Eine ähnlich starke Zunahme der Besitzquote wie bei den Aktien ist bei den festverzinslichen Wertpapieren und Investmentanteilen zu verzeichnen. Trotz der mit steigendem Einkommen wachsenden Beliebtheit des Wertpapiersparens bleiben jedoch auch bei den gutverdienenden Haushalten absolut betrachtet Sparkonto, Lebensversicherung und Bausparvertrag die am weitesten verbreiteten Anlageformen. Außerdem darf eine auf die Besitzquoten beschränkte Analyse des Anlageverhaltens nicht zu einer Fehlinterpretation führen: die Besitzquoten erlauben keine Aussage über die Anlagevolumina, die den verschiedenen Sparformen zufließen. Auch wenn die Anzahl der sparbuchbesitzenden Haushalte weitgehend einkommensunabhängig ist, so ist eine Zunahme der Sparbeträge in dieser Anlageform bei wachsenden Einkommen nicht auszuschließen. Ob die Nachfrageelastizität der Spareinlagen größer oder kleiner als 1 ist, ist dem Datenmaterial nicht zu entnehmen.[421]

---

421) ARROW's Hypothese zunehmender relativer Risikoaversion läßt sich mit diesen Daten folglich nicht überprüfen. Vgl. Kap. 4.1.2., S. 212-215 dieser Arbeit.

Die steigenden Besitzquoten bei Wertpapieren, insbesondere bei Aktien, sind vermutlich auf die zunehmende Sparfähigkeit, wachsende Risikobereitschaft und steigendes Diversifikationsstreben zurückzuführen.[422] Auch der Anteil der Haushalte, die für die nächsten drei Jahre die Anschaffung solcher Anlageformen beabsichtigen, nimmt mit wachsendem Einkommen zu (vgl. Tab. 4.9). Der geplante und der tatsächliche Besitz risikotragender Produktivkapitaltitel wächst mit steigendem Einkommen.

Addiert man die 7 ersten Spaltenwerte in Tab. 4.9 und dividiert die Summe durch 100, so ergibt sich die durchschnittliche Anzahl der gehaltenen Geldvermögensarten in der jeweiligen Einkommensgruppe. Haushalte mit einem Nettoeinkommen unter 1500 DM pro Monat besitzen demnach durchschnittlich 1,44 dieser 7 Anlageformen, Haushalte mit Spitzeneinkommen dagegen 3,17 Arten. Auch die Anzahl der Haushalte, die mehrere Wertpapierarten halten, wächst (Tab. 4.9, Zeilen 9-11). Das Diversifikationsniveau des Geldvermögens steigt mit wachsendem Einkommen. Wenn die Einkommen zunehmen, substituieren die riskanteren Anlageformen offenbar die einfacheren Sparformen nicht, sondern die zusätzliche Sparfähigkeit wird zum Erwerb weiterer Anlagearten genutzt, die Anzahl der Anlageformen aufgestockt. Ein statistischer Zusammenhang zwischen Einkommen und bestimmten Portfoliokombinationen ist allerdings nicht nachweisbar.[423]

Die Rohdaten der SOLL UND HABEN-Studie von 1980 wurden von HELM mit den Methoden der Multiplen Klassifikationsanalyse und Chi-Quadrat-Tests aufbereitet, um auf diesem Wege Abhängigkeiten zwischen soziodemographischen Merkmalen und Einstellungsaussagen einerseits und dem Geldanlageverhalten andererseits zu überprüfen. Der Autor kam dabei zu dem Ergebnis, daß zwischen dem Haushaltseinkommen und der abhängigen Variablen "gewählte Anlageform" der bei weitem engste Zusammenhang besteht.[424] Beispielsweise vermag das Haushaltsnettoeinkommen 8,4 % der Gesamtvarianz im Wertpapierbesitz zu

422) So auch HELM, R., a.a.O., S. 205.
423) Ebenda, S. 211.
424) Ebenda, S. 194 ff.

erklären.[425] Die eigenständige Erklärungskraft des Haushaltseinkommens sinkt jedoch bei Populationen mit sehr hohem Einkommen. HELM schließt daraus, "daß bei den Haushalten, die nur wenig verdienen, das Haushaltseinkommen der maßgebliche Faktor für den Besitz von Wertpapieren ist, dagegen bei besser verdienenden Haushalten andere Faktoren eine stärkere Rolle spielen".[426]

Diese Feststellung harmoniert mit der oben formulierten Hypothese, daß das Anlageverhalten durch hierarchisch geordnete Bedürfnisstrukturen gesteuert wird, wobei die Bedürfnisstärke vom Einkommen bzw. Vermögen determiniert wird. Während Spareinlagen eher zur Befriedigung der unteren Bedürfnisebenen geeignet sind (Konsum- und Sicherheitsbedürfnisse), werden Wertpapiere - insbesondere Aktien - eher dann erworben, wenn die Sicherheitsbedürfnisse weitgehend befriedigt sind und Rendite-, Status- und Machtbedürfnisse in den Vordergrund treten.

Andere empirische Studien kommen zu sehr ähnlichen Ergebnissen. In einer auf einer repräsentativen Stichprobe beruhenden Marktforschungsstudie des Bundesfinanzministeriums zur Struktur und zum Verhalten privater Geldanlager wird ebenfalls der besondere Einfluß des Nettohaushaltseinkommens auf die Anlageentscheidung deutlich.[427] In einer älteren Untersuchung wird sogar die Hypothese belegt, daß mit einer Irrtumswahrscheinlichkeit von 5 % das Einkommen die Anlagestruktur determiniert.[428] Die in der zitierten Analyse festgestellte sehr hohe Erklärungskraft des Einkommens beruht jedoch auf dem reduzierten Untersuchungsniveau. So wurden lediglich drei alternative Anlageformen berücksichtigt.

Aus den Untersuchungen über den Einfluß des Einkommens auf den Geldanlagenbesitz ist als Ergebnis festzuhalten, daß die Akzep-

---

425) Ebenda, S. 196.

426) Ebenda, S. 196-197.

427) LELLEK, Hans-Ulrich, Feststellungen zur Struktur und zum Verhalten privater Geldanleger. Ergebnisse einer Marktforschungsstudie. In: Sparkasse 8/84, 101. Jg., S. 298-310, hier S. 300-302.

428) RIEDEL, Wolfgang, WILLEKENS, Willi, Empirische Analyse der Abhängigkeit ausgewählter Sparformen vom Einkommen privater Haushalte. Eine Querschnittsanalyse für die BRD im Jahre 1969. In: Archiv für das Spar-, Giro- und Kreditwesen, 11/1971, S. 28-57.

tanzchancen überbetrieblicher Beteiligungstitel in Form von Aktien und Investmentanteilen mit zunehmendem Haushaltseinkommen steigen. Gut verdienende Haushalte sind eine ergiebige Zielgruppe für die Beteiligungsgesellschaften, da sie über hohe Wertpapiererfahrungen verfügen und zur Beimischung weiterer Wertpapierformen zu ihren Portefeuilles bereit und in der Lage sind. Die Aufgeschlossenheit gegenüber dem Wertpapiersparen ist bei einkommensstarken Haushalten auf "natürliche" Anlegerpräferenzen zurückzuführen und von staatlicher Förderung unabhängig. Als Umkehrschluß ist festzustellen, daß staatliche Transfers als Anreiz zum Erwerb überbetrieblicher Beteiligungstitel für die überwiegende Mehrheit der weniger verdienenden Haushalte unverzichtbar sind. Je niedriger das Einkommen eines Haushalts ist, desto höher müssen die Anreize ausgestaltet sein, damit eine Verhaltensbeeinflussung zugunsten der überbetrieblichen Vermögensbeteiligung stattfinden kann.

- Einkommensentstehung und Anlegerverhalten

Keine empirischen Untersuchungen liegen zu der Frage vor, ob die *Formen der Einkommenserzielung* - Lohn und Gehalt, vom Arbeitgeber gewährte vermögenswirksame Leistungen, Gewinne und Tantiemen, Vermögenseinkünfte sowie staatliche Transfers, darunter auch Arbeitnehmer-Sparzulagen - das Anlageverhalten beeinflussen. Die Art der Einkommenserzielung könnte für das Anlageverhalten einen eigenständigen Erklärungswert besitzen, da die Einkommensentstehung von Entscheidungen abhängt, die einer ähnlichen kognitiven Steuerung wie die Einkommensverwendungsentscheidungen unterliegen. Personen, die bei der Einkommensentstehung hohe Risiken einzugehen bereit sind - zu denken ist beispielsweise an Selbständige oder an überwiegend umsatz- oder gewinnabhängige bezahlte Arbeitnehmer -, könnten ein ähnlich risikofreudiges Verhalten auch bei Anlageentscheidungen vorweisen. Denkbar wäre auch, daß die Einschätzung der für die Einkommenserzielung und Vermögensakkumulation individuell nötigen Mühen, Entbehrungen und Verantwortlichkeiten die subjektive Wertschätzung der anzulegenden Gelder beeinflußt. Je "wertvoller" die angesammelten Sparbeträge erscheinen, desto sorgfältiger werden sie angelegt und desto stärker könnte das Werterhaltungsmotiv ausgeprägt sein.[429]

Die Bedeutung der Vermögenseinkünfte als Einkommensbestandteil hat in der Vergangenheit deutlich zugenommen. Der Anteil der Vermögenseinkünfte am Volkseinkommen ist von durchschnittlich 5,1 % in den Jahren 1971 bis 1975 auf 6,2 % in den Jahren 1981 bis 1985 gestiegen.[430] Die Vermögenseinkünfte wuchsen damit wesentlich schneller als andere Einkommensformen. Während Anfang der siebziger Jahre die Zinserträge rund 5,5 % der verfügbaren Einkommen der privaten Haushalte ausmachten, entsprachen sie von 1981-1985 8 % der Einkommen.[431] Die Durchschnittsverzinsung der Geldvermögensanlagen betrug in diesem Zeitraum etwa 6 %.[432] Die zunehmende Bedeutung der Vermögenseinkünfte ist für das Anlageverhalten von besonderem Interesse. Bei verschiedenen Geldanlageformen - so z.B. beim Konten-, Lebensversicherungs- und Bausparen - werden die Zinserträge "automatisch" dem Vermögensbestand zugeschlagen. Eine eigenständige, neue Anlageentscheidung entfällt in der Regel.

Weitere Einkommensbestandteile, die das Anlageverhalten in besonderer Weise beeinflussen, sind die vom Arbeitgeber gezahlten vermögenswirksamen Leistungen und die staatlichen Sparprämien. Da diese Einkommensteile in ihrer Entstehung und Höhe davon abhängig sind, ob der Arbeitnehmer bestimmte Anlageformen wählt, ist ein direkter Zusammenhang zwischen Anlageentscheidung und Einkommensart gegeben. Die Kriterien der Anlageentscheidung sind dabei die Höhe der vom Arbeitgeber gewährten Leistungen, der Katalog geförderter Anlageformen sowie die Zulagesätze.

- Vermögensbesitz und Anlageverhalten

Es gibt wenig Anhaltspunkte für die Vermutung, daß der Vermögensbesitz die Anlageentscheidungen eines Haushalts in der Tendenz an-

429) Ähnlich begründet ZÜGEL Tendenzen in der "Generation der Erben" zur Risikokapitalanlage, vgl. ZÜGEL, W., a.a.O., S. 428.
430) INSTITUT DER DEUTSCHEN WIRTSCHAFT, a.a.O., Tab. 27.
431) DEUTSCHE BUNDESBANK, Monatsberichte, Heft 8/1987, 39. Jg., S. 44.
432) Ebenda.

ders beeinflussen könnte als das Einkommen. Im Gegenteil: Die Wirkungen von Einkommen und Vermögensbeständen auf die Anlageentscheidungen sind mit sehr ähnlichen Argumenten zu beschreiben. Mit steigendem Vermögen - wie mit steigendem Einkommen - werden andere der hierarchisch geordneten Bedürfnisse für das Anlageverhalten relevant, die zur Nachfrage nach rentierlicheren, riskanteren Titeln und stärker diversifizierten Vermögensportefeuilles führen.

Die Ursachen dieser Parallelität liegen in der engen Verwandtschaft der ökonomischen Größen Einkommen und Vermögen, die den gleichen Sachverhalt - nämlich Wohlstandsniveau sowie Konsum- und Sparfähigkeit - beschreiben, jedoch einmal in Form einer Bestandsgröße, einmal in Form einer Stromgröße. Nicht nur in der Finanzierungstheorie, sondern auch in der täglichen Praxis werden durch einfache Rechenoperationen Vermögensgrößen in Einkommensgrößen transformiert und umgekehrt. Beispiele sind die Verrentung von Vermögensansprüchen gegen Versicherungen oder die Auswirkungen nicht ausgeschütteter Gewinne auf den Kurswert von Aktien.

Da sich ein enger statistischer Zusammenhang zwischen Einkommens- und Vermögenshöhe der Haushalte belegen läßt,[433] erübrigt sich eine separate Untersuchung empirischer Daten auf Korrelationen zwischen Vermögenshöhe und Anlageverhalten weitgehend. Das Kriterium Einkommen erklärt die Einflüsse des Vermögens hinreichend mit. Denkbar wäre, daß das Einkommen die wichtigere Determinante bei Anlageentscheidungen mit kurzem, das Vermögen bei Entscheidungen mit langem Planungshorizont sein könnte, da die vom Einkommen jeweils für Anlagezwecke verfügbaren Beträge stärker schwanken und aufgrund ungewisser zukünftiger Konsumbedürfnisse unsicherer erscheinen als die Vermögenseinkünfte, die im Zeitablauf relativ stabil sind und zu einem erheblichen Anteil zur Wiederanlage verwandt werden. Diese Hypothese ist aus den verfügbaren Daten jedoch weder zu bestätigen noch zu widerlegen.

433) Vgl. Fußnote 86, S. 55 dieser Arbeit.

4.3. Empirische Analyse der Akzeptanz von Geldanlageformen im Zeitverlauf

Kapitalanlageentscheidungen haben eine Vielzahl konkurrierender Alternativen zu berücksichtigen, unter denen Aktien und Investmentanteile als Formen der Produktivvermögensbildung im Anlageverhalten privater Haushalte bisher nur eine untergeordnete Rolle spielen. Die Akzeptanzchancen von in diesen beiden Formen ausgestalteten überbetrieblichen Vermögensbeteiligungen sind nur dann abschätzbar, wenn auch für die wichtigsten konkurrierenden Anlageformen die Tendenzen im Anlegerverhalten betrachtet werden.

Eine retrospektive Betrachtung der Vermögensdisposition vermittelt gegenüber der vorgenommenen Untersuchung von Geldanlagedeterminanten eine Erkenntnisstanderweiterung, weil auf diese Weise die zeitliche Entwicklung des Anlageverhaltens anhand quantitativer Daten über die Höhe der Geldvermögensbestände beobachtet werden kann. Da die heutigen Vermögensbestände die in zurückliegender Zeit tatsächlich vorgenommenen Anlageentscheidungen widerspiegeln, ermöglicht eine differenzierte Betrachtung der Bestände auch Rückschlüsse auf das zukünftig zu erwartende Anlageverhalten, wenn zeitlich stabile Trends zu erkennen sind. Makroökonomisch aggregierte Daten zu den Vermögensbeständen können freilich nicht das auf Mikroebene angesiedelte Anlageverhalten differenziert erklären, sondern lediglich Durchschnittsgrößen und Anhaltspunkte liefern.

Die vorgenommene Aufstellung und Analyse der Vermögensbestände der privaten Haushalte[434], untergliedert nach Einkommens- und Vermögensgruppen, gibt bereits Auskunft darüber, wie die privaten Haushalte ihre Ersparnisse auf die verschiedenen Vermögensarten aufgeteilt haben. Im Jahre 1987 bestand das Vermögen des statistischen Durchschnittshaushalts zu 45 % aus Immobilien, zu jeweils mehr als 10 % aus Betriebs- und Sachvermögen und zu einem Drittel aus Geldvermögen (einschließlich Aktien).[435]

434) Vgl. Tab. 2.2, S. 56 dieser Arbeit.
435) Ebenda.

Die privaten Haushalte legten folglich in der Vergangenheit mit Abstand den größten Teil ihres Vermögens in Haus- und Grundbesitz an. Der Wunsch nach den "eigenen vier Wänden" gehört zu den wichtigsten und nachhaltigsten Wünschen der Bundesbürger.[436] Die Bruttoaufwendungen - ohne Abzug nutzungsbedingter Abschreibungen - für Erwerb, Um- und Ausbauten sowie Modernisierung von Haus- und Grundeigentum betrugen in den Jahren 1971 bis 1975 rund 224 Mrd. DM, im Zeitraum von 1981-1985 rund 416 Mrd. DM.[437] Für die Geldvermögensbildung wurden in den gleichen Zeitabschnitten 412 Mrd. bzw. 615 Mrd. DM aufgewandt.[438] Absolut gesehen wuchs das Geldvermögen in beiden Perioden stärker als das Haus- und Grundvermögen, der Anteil der Geldvermögensbildung an der Gesamtvermögensbildung der privaten Haushalte verminderte sich jedoch. Ob auch der Nettowert des Haus- und Grundvermögens - nach Abzug der Abschreibungen - in diesem Zeitraum höhere Wachstumsraten aufwies als das Geldvermögen, ist aus den Angaben der Bundesbank jedoch nicht ersichtlich. Real betrachtet ist die Steigerung der Vermögensbildung im Immobilienbereich nur etwa halb so hoch wie die der Einkommen und des Sozialprodukts.[439] Ursache hierfür dürfte sein, daß die Bedürfnisse bezüglich des Besitzes von Haus und Grund in vielen Bevölkerungsschichten weitgehend befriedigt sind, so daß die Anlagemittel für andere Dispositionen bereitstehen.

Auf lange Sicht ist deshalb damit zu rechnen, daß das Geldvermögen die quantitativ wichtigste Vermögensart wird. Während der Anteil des Betriebs- und Sachvermögens am Gesamtvermögen nahezu konstant bleibt, verdrängt das Geldvermögen das Haus- und Grundvermögen in seiner Bedeutung mehr und mehr.[440]

Die Analyse der Entwicklungstendenzen der vier Vermögensarten verdeutlicht die langfristigen Änderungen in der Vermögensanlageplanung der Haushalte. Während die Stagnation und der Rückgang der Anteile des Sach- und Immobilienvermögens am Gesamtvermögen auf eine abnehmende Bedeutung von Anschaffungsmotiven für das Anlage-

436) DEUTSCHE BUNDESBANK, Monatsberichte, Heft 8/87, 39. Jg., S. 41 f.
437) Ebenda, S. 42.
438) Ebenda.
439) Ebenda, S. 43.
440) Vgl. Abb. 2.1, S. 53 dieser Arbeit.

verhalten hinweisen, weist das dynamische Wachstum des Geldvermögens auf eine nunmehr stärkere Aktualisierung der Absicherungs- und Vorsorgebedürfnisse hin. Je mehr diese Bedürfnisebenen befriedigt sind, werden Rendite-, Status- und Selbstverwirklichungsmotive dominant werden, die nicht nur durch den Besitz von Luxusgütern in Sachvermögen und Immobilienbereich, sondern auch durch bestimmte Arten des Geld- und Betriebsvermögens zu befriedigen sind. Eine wachsende Nachfrage nach Produktivkapitaltiteln ist deshalb auf lange Sicht möglich. Immer mehr Haushalte erreichen Vermögensausstattungen, bei denen die oberen Hierarchieebenen der Bedürfnisstruktur relevant werden und die aus diesem Grunde Produktivkapitalanteile in ihre Vermögensportefeuilles aufnehmen. Solche Anlageformen könnten deshalb in ihrer absoluten und relativen Bedeutung zunehmen.

Eine genauere, differenziertere Betrachtung der Geldvermögensentwicklung erscheint hinsichtlich der Dynamik dieser Vermögensart besonders interessant. Über die Zusammensetzung des Geldvermögens liegen neuerdings lückenlose Jahresdaten der Deutschen Bundesbank ab dem Jahr 1960 vor.[441] Die im Vergleich zu den anderen Vermögensarten gute Informationslage erlaubt es, das Anlageverhalten der privaten Haushalte anhand der Entwicklung verschiedener Geldanlageformen genauer zu untersuchen. Einen Überblick über die Bestände der verschiedenen Anlageformen im Bereich des Geldvermögens sowie deren relative Anteile am Bruttogeldvermögen der privaten Haushalte in den Jahren 1960 bis 1987 gibt Tabelle 4.10 wider.

Das schnelle Wachstum der absoluten Höhe der Geldvermögensbestände wurde bereits betont. Das Geldvermögen verachtfachte sich im Zeitraum von 1960 bis 1978 und verdoppelte sich in den folgenden 10 Jahren nochmals. Die durchschnittliche Wachstumsrate des Geldvermögens im Gesamtbetrachtungszeitraum beträgt 10,5 %. Diese enormen

---

441) Vgl. DEUTSCHE BUNDESBANK, Zahlenübersichten und Erläuterungen zur gesamtwirtschaftlichen Finanzierungsrechnung der Deutschen Bundesbank 1960 bis 1987, Sonderdrucke der Deutschen Bundesbank, Nr. 4, 5. Auflage, Juni 1988, S. 34-37.

Tab. 4.10: Geldvermögensarten und ihre relativen Anteile 1960-1987

Jahr	Einlagen bei Banken Gesamt		Sichteinlagen 1)		Termingelder 2)		Spareinlagen		Bausparkassen		Versicherungen		Festverz. Wertp.		Aktien		Sonstige Ford. 3)		Bruttogeldvermögen (BGV)		nachrichtlich: Sparquote
	Mrd. DM	% v. BGV	Mrd. DM	% v. BGV	Mrd. DM	% v. BGV	Mrd. DM	% v. BGV	Mrd. DM	% v. BGV	Mrd. DM	% v. BGV	Mrd. DM	% v. BGV	Mrd. DM	% v. BGV	Mrd. DM	% v. BGV	Mrd. DM	% v. BGV	%
1960	78,0	47,1	24,4	14,7	2,1	1,3	51,5	31,1	9,2	5,5	20,9	12,6	5,7	3,4	36,6	22,1	15,5	9,3	165,7	100,0	9,2
1961	88,2	47,4	27,6	14,8	2,2	1,2	58,4	31,4	11,1	6,0	23,9	12,8	7,0	3,8	38,5	20,7	17,4	9,3	186,1	100,0	9,9
1962	99,2	49,3	29,6	14,7	2,5	1,2	67,1	33,3	12,8	6,4	27,4	13,6	9,4	4,7	32,9	16,4	19,4	9,6	201,2	100,0	9,5
1963	113,0	49,6	31,8	14,0	2,7	1,2	78,6	34,5	14,9	6,5	30,8	13,5	12,5	5,5	34,8	15,3	21,7	9,5	227,7	100,0	10,7
1964	129,1	49,9	34,7	13,4	2,9	1,1	91,5	35,4	17,0	6,6	34,9	13,5	17,1	6,6	36,7	14,2	23,7	9,2	258,5	100,0	11,8
1965	149,3	51,2	37,9	13,0	3,2	1,1	108,2	37,2	20,5	7,0	39,5	13,6	19,8	6,8	35,9	12,3	26,3	9,0	291,2	100,0	12,9
1966	168,9	52,3	40,6	12,6	3,3	1,0	125,0	38,7	25,0	7,7	44,5	13,8	21,7	6,7	33,9	10,5	29,2	9,0	323,2	100,0	12,3
1967	188,7	51,6	42,7	11,7	3,7	1,0	142,3	38,9	27,7	7,6	50,0	13,7	24,8	6,8	43,3	11,8	31,4	8,6	366,0	100,0	11,8
1968	215,5	52,1	47,0	11,4	5,3	1,3	163,3	39,5	30,2	7,3	56,1	13,6	27,6	6,7	50,4	12,2	33,9	8,2	413,7	100,0	13,1
1969	244,0	52,1	52,0	11,1	8,2	1,8	183,8	39,3	34,1	7,3	62,6	13,4	31,6	6,7	59,5	12,7	36,4	7,8	468,2	100,0	13,8
1970	274,7	53,1	55,5	10,7	14,3	2,8	205,0	39,6	39,6	7,7	69,7	13,5	40,2	7,8	52,4	10,1	40,8	7,9	517,5	100,0	14,7
1971	314,6	53,6	63,2	10,8	18,4	3,1	233,0	39,7	44,9	7,6	78,6	13,4	48,0	8,2	55,6	9,5	45,7	7,8	587,4	100,0	14,4
1972	361,8	54,0	71,1	10,6	26,1	3,9	264,7	39,5	52,1	7,8	88,5	13,2	56,3	8,4	59,3	8,9	52,1	7,8	670,0	100,0	15,3
1973	400,9	54,2	73,2	9,9	47,4	6,4	280,2	37,9	60,8	8,2	99,3	13,4	63,9	8,6	55,2	7,5	59,4	8,0	739,6	100,0	14,7
1974	448,6	54,8	79,1	9,7	57,4	7,0	312,1	38,1	66,5	8,1	111,1	13,6	72,6	8,9	50,5	6,2	68,9	8,4	818,2	100,0	15,7
1975	514,1	55,0	88,9	9,5	47,2	5,0	378,0	40,4	73,3	7,8	124,0	13,3	85,6	9,2	60,9	6,5	77,7	8,3	935,5	100,0	16,2
1976	565,0	54,2	95,0	9,1	57,0	5,5	413,0	39,6	79,9	7,7	138,7	13,3	111,8	10,7	58,1	5,6	88,5	8,5	1042,0	100,0	14,5
1977	619,8	53,8	106,6	9,3	72,7	6,3	440,4	38,2	86,3	7,5	155,0	13,5	132,4	11,5	60,3	5,2	97,7	8,5	1151,6	100,0	13,2
1978	676,6	54,1	119,0	9,5	87,2	7,0	470,4	37,6	93,6	7,5	173,4	13,9	131,9	10,5	66,4	5,3	109,4	8,7	1251,3	100,0	13,2
1979	726,4	53,5	123,9	9,1	118,3	8,7	484,1	35,6	101,3	7,5	193,6	14,3	151,2	11,1	61,9	4,6	123,8	9,1	1358,1	100,0	13,8
1980	777,8	52,7	127,8	8,7	157,0	10,6	493,0	33,4	107,7	7,3	215,6	14,6	170,3	11,6	62,7	4,3	140,2	9,5	1474,3	100,0	14,0
1981	814,6	51,0	126,0	7,9	198,4	12,4	490,3	30,7	113,4	7,1	241,0	15,1	213,8	13,4	58,8	3,7	156,6	9,8	1598,3	100,0	14,8
1982	876,0	50,1	133,9	7,7	215,7	12,3	526,4	30,1	118,2	6,8	269,2	15,4	251,9	14,4	62,6	3,6	170,9	9,8	1748,9	100,0	13,8
1983	921,4	49,1	143,4	7,6	221,1	11,8	556,9	29,7	123,0	6,6	297,3	15,8	267,3	14,2	83,0	4,4	185,3	9,9	1877,5	100,0	12,2
1984	968,4	47,8	150,0	7,4	240,7	11,9	577,6	28,5	123,2	6,1	327,5	16,1	315,4	15,5	91,5	4,5	202,5	10,0	2028,5	100,0	12,8
1985	1021,0	46,7	155,6	7,1	253,7	11,6	611,7	27,9	122,1	5,6	361,5	16,5	331,2	15,1	135,1	6,2	218,1	10,0	2189,1	100,0	12,7
1986	1094,4	46,9	168,8	7,2	267,7	11,5	657,7	28,2	120,4	5,2	398,0	17,0	332,8	14,2	155,6	6,7	234,9	10,0	2336,0	100,0	13,3
1987	1154,2	47,5	182,6	7,5	277,3	11,4	694,1	28,6	117,1	4,8	439,9	18,1	353,3	14,5	118,4	4,9	245,6	10,1	2428,5	100,0	13,4

Anmerkungen: Jeweils Vermögensbestände der privaten Haushalte am Jahresende; festverzinsliche Wertpapiere und Aktien zu Tageskursen

1) Bargeld und Sichteinlagen
2) Termingelder und Sparbriefe
3) Ansprüche gegen betriebliche Pensionsfonds, Forderungen gegen Sach- und Krankenversicherungsunternehmen, Geldmarktpapiere und Sonstige Forderungen

Quelle: Deutsche Bundesbank, Zahlenübersichten und methodische Erläuterungen zur gesamtwirtschaftlichen Finanzierungsrechnung der Deutschen Bundesbank, Sonderdrucke der Deutschen Bundesbank Nr. 4, 5. Aufl., Juni 1988.

Steigerungsraten sind ein Grund dafür, daß alle betrachteten Geldanlageformen absolut gesehen im Umfang zugenommen haben. Für die Analyse des Anlageverhaltens ist die Entwicklung der relativen Anteile des Geldvermögensportefeuilles jedoch von größerem Interesse, da sie sich ändernde Anlagepräferenzen besser widerspiegeln.

4.3.1. Bargeld und Sichteinlagen

Der Anteil der Kassenhaltung der privaten Haushalte ist von knapp 15 % im Jahre 1960 fast kontinuierlich auf 7,5 % im Jahre 1987 gesunken (vgl. Abb. 4.5). Dieser Rückgang beruht vermutlich vor allem auf zwei Ursachen.

Abb. 4.5: Bargeld und Sichtguthaben

der privaten Haushalte 1960–1987

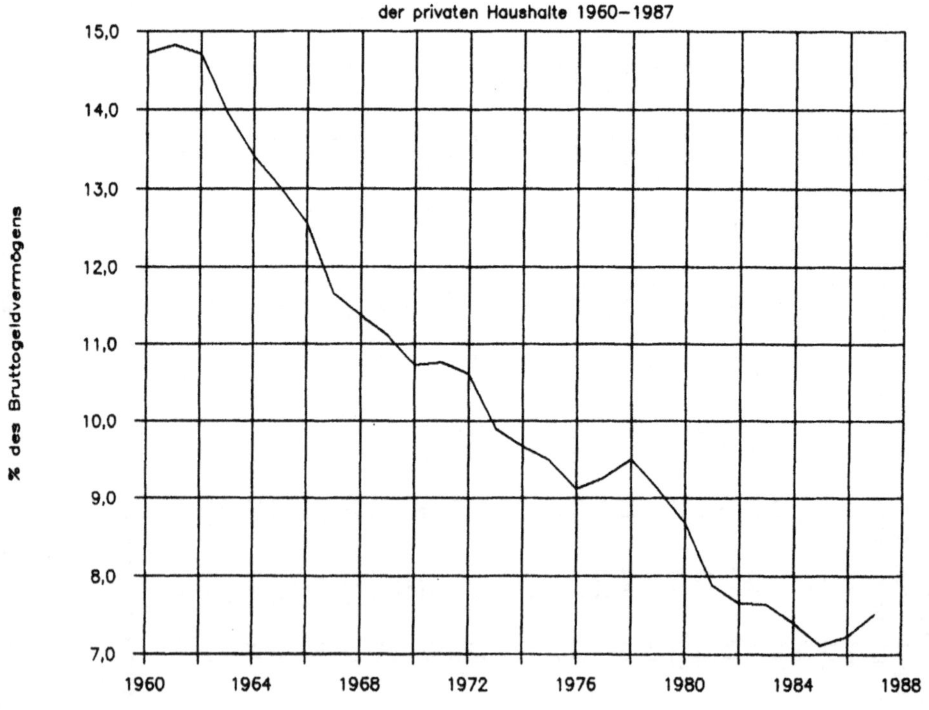

Zum einen ist der Informationsstand über Geldanlagen und die Reife des Sparers im Betrachtungszeitraum soweit gestiegen, daß er nicht mehr Mittel unverzinslich anlegt, als nötig erscheint. Die wachsende Angebotspalette der Kreditinstitute in Form verzinslicher und liquider Anlagearten wie Termingelder und Geldmarktpapiere hat zu dieser Umschichtung beigetragen.

Zum anderen hat das Transaktionsmotiv der Kassenhaltung Einfluß auf die Gesamtportefeuillestruktur. Betrachtet man die absoluten Werte der Kassenhaltung, so errechnet sich eine nominale jährliche Wachstumsrate von durchschnittlich 7,7 % im Zeitraum von 1960 bis 1987. Dies entspricht einer realen Erhöhung der Geldhaltung von etwa 4 % im Jahr. Dies reicht aus, um den aufgrund wachsender Konsumbedürfnisse steigenden Liquiditätsbedürfnissen der privaten Haushalte Rechnung zu tragen. Der Anteil der Transaktionskasse am dynamischer wachsenden Gesamtvermögen der Haushalte sinkt natürlicherweise bei steigendem Vermögen. Eine Erhöhung der Geldumlaufgeschwindigkeit, z.B. durch die Beschleunigung von Finanztransaktionen bei Einsatz elektronischer Kommunikationsmedien im bargeldlosen Zahlungsverkehr, verstärkt den Effekt geringer werdender Transaktionskassenbedürfnisse.

4.3.2. Termingelder und Sparbriefe

Im Laufe der siebziger Jahre hat sich der Marktanteil von Termingeldern und Sparbriefen am Gesamtgeldvermögen stark erhöht. Während bis 1968 nur gut 1 % des Bruttogeldvermögens aus diesen Anlageformen bestand, umfaßten sie 1982 ein Achtel des Geldvermögens. Seitdem festigte sich der Anteil dieser Geldvermögensart bei ungefähr 11,5 %.

Die in der Bundesbankstatistik zusammengefaßte Gruppe enthält bei genauerer Betrachtung recht unterschiedliche Anlageformen. Ihre Laufzeiten reichen von 3-Monats-Geldern bis zu mehrjährigen Sparbriefen. Während Festgelder und Kündigungsgelder dem Einlagengeschäft zuzuordnen sind, stellen Sparbriefe eine Wertpapiersparform dar.

Ein weiteres Unterscheidungsmerkmal besteht im Mindestanlagevolumen. Termingelder nehmen Banken meist erst ab 5000 DM oder 10.000 DM an, Sparbriefe existieren in Stückelungen ab 100 DM. Gemeinsam ist allen Formen dieser Gruppe jedoch ein Festzinssatz, der sich am Kapitalmarkt orientiert, sowie ein vernachlässigbar geringes Bonitätsrisiko, das jeweils durch eine Gläubigerstellung gegenüber einem Kreditinstitut gekennzeichnet ist.

Abb. 4.6: Termingelder und Sparbriefe

der privaten Haushalte 1960–1987

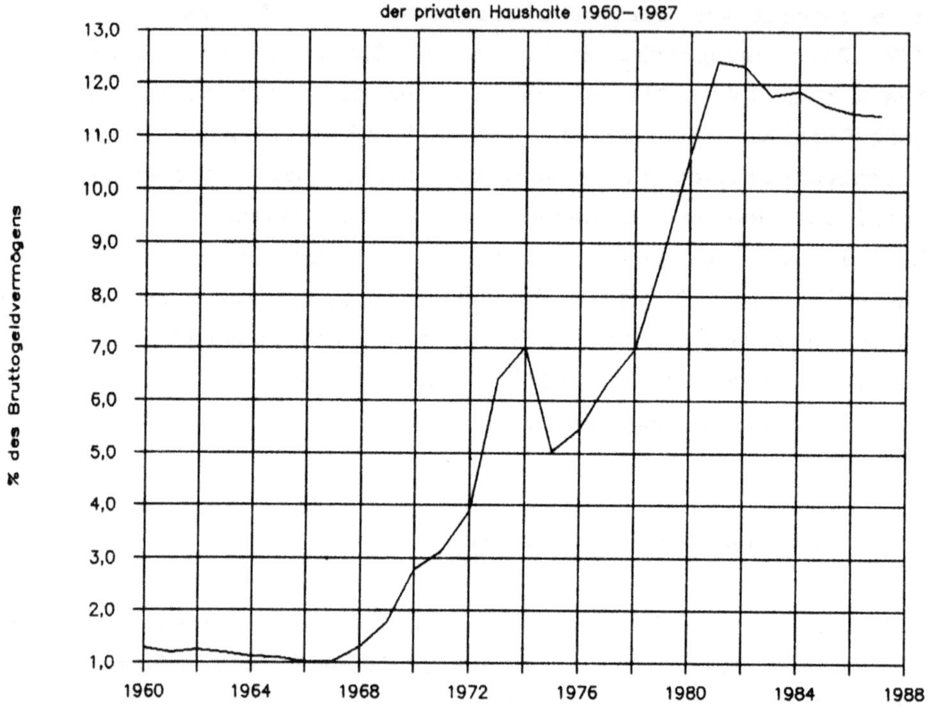

Die Verzinsung aller zu dieser Gruppe zählenden Geldanlagen liegt regelmäßig über derjenigen von Spareinlagen. Der hohe Zuwachs der Gruppe Termingelder und Sparbriefe beruht vorwiegend auf einer Umschichtung zu Lasten der Spareinlagen durch zunehmend zinsbewußte Anleger. Das gestiegene Informationsniveau der Sparer und die gezielte Suche nach höherverzinslichen, risikoarmen Geldanlageformen erzeugt einen Druck auf die Banken, gezielt solche Anlageformen anzubieten, um keine Marktanteile an die Konkurrenz unter den Banken oder an andere Emittenten zu verlieren. Der in den 70er Jahren stark wachsende Finanzbedarf der öffentlichen Hand und die Emission von sicheren, gutverzinsten Schuldtiteln durch den Staat sorgte deshalb indirekt auch für ein anlegerfreundlicheres Verhalten der Banken und ein wachsendes Angebot an Anlageformen in Kreditinstituten, das mit der Verzinsung der öffentlichen Schuldtitel konkurrieren konnte. Auch die sinkenden Zinsspannen bei Banken spiegeln diese Tendenz wider.

Die Anlagegruppe "Termingelder" spricht solche Anleger an, bei denen die Sicherheit der Geldanlage weiterhin Priorität besitzt, aber das Renditeziel an Gewicht gewinnt. Steigt das Kapitalmarktzinsniveau, so wollen diese Anleger durch höhere Zinseinkünfte daran partizipieren. Von 1969 bis 1974 stiegen sowohl der Marktanteil der Termingelder als auch die Umlaufsrendite der Wertpapiere[442] monoton an und erreichten dann ein lokales Maximum. Ein Rückgang des Zinsniveaus ließ zunächst auch den Marktanteil der Termingelder zurückfallen. Die gesammelten Erfahrungen mit dieser Anlageform und ihre Etablierung bei den Anlegern sorgten jedoch dafür, daß der bis 1978 anhaltende Zinssenkungstrend sich nicht in gleichermaßen zurückgehenden Anteilen der Termineinlagen auswirkte. Der Marktanteil der Termineinlagen des Jahres 1974 wurde jedoch erst 1979 übertroffen, als auch das Zinsniveau wieder anstieg. Der Höhepunkt der Zinsentwicklung im Jahre 1981 führte zu Rekordmarktanteilen der Termingelder in den Jahren 1981 und 1982.

Besteht eine Zins-Reagibilität der Anleger, so bezieht sich diese nicht auf die Realzinsen, sondern das nominale Zinsniveau. Bereinigt man die Umlaufsrenditen um die Inflationsraten, gemessen an der Veränderung des Lebenshaltungskostenindexes gegenüber dem Vorjahr[443], so ist kein Zusammenhang mehr zwischen dem Realzinsniveau und der Anlageentscheidung zugunsten der Termineinlage zu erkennen. Offensichtlich dominiert als Entscheidungskriterium das Nominalzinsniveau. Die Frage nach der Kaufkraft der Geldanlage scheint den Sparer weniger stark zu interessieren, er unterliegt offensichtlich bei seinen Anlageentscheidungen einer Geldillusion.[444]

442) Renditen der im Umlauf befindlichen tarifbesteuerten festverzinslichen Wertpapiere, DEUTSCHE BUNDESBANK, Statistische Beihefte, Reihe 2 Wertpapierstatistik, Tab. 8b; vgl. Tab. 4.13 und Abb. 4.12, S. 302 und 304 dieser Arbeit.

443) Vgl. Tab. 4.13, S. 302 dieser Arbeit.

444) Vgl. BAYERISCHE LANDESBANK GIROZENTRALE, Realzins und Sparverhalten, in: DEUTSCHE BUNDESBANK, Auszüge aus Presseartikeln, Nr. 17, 4.3.1987, S. 5.

4.3.3. Spareinlagen

Die Spareinlage ist nach wie vor die mit Abstand wichtigste Geldvermögensanlageform, der Marktanteil dieser Anlageproduktkategorie ist jedoch seit Mitte der siebziger Jahre drastisch zurückgegangen. Während zwischen 1965 und 1975 noch rund 40 % des Geldvermögens aus Spareinlagen bestand, macht diese Anlageform heute nur noch gut ein Viertel des Geldvermögensbestands aus.

Abb. 4.7: Spareinlagen

der privaten Haushalte 1960–1987

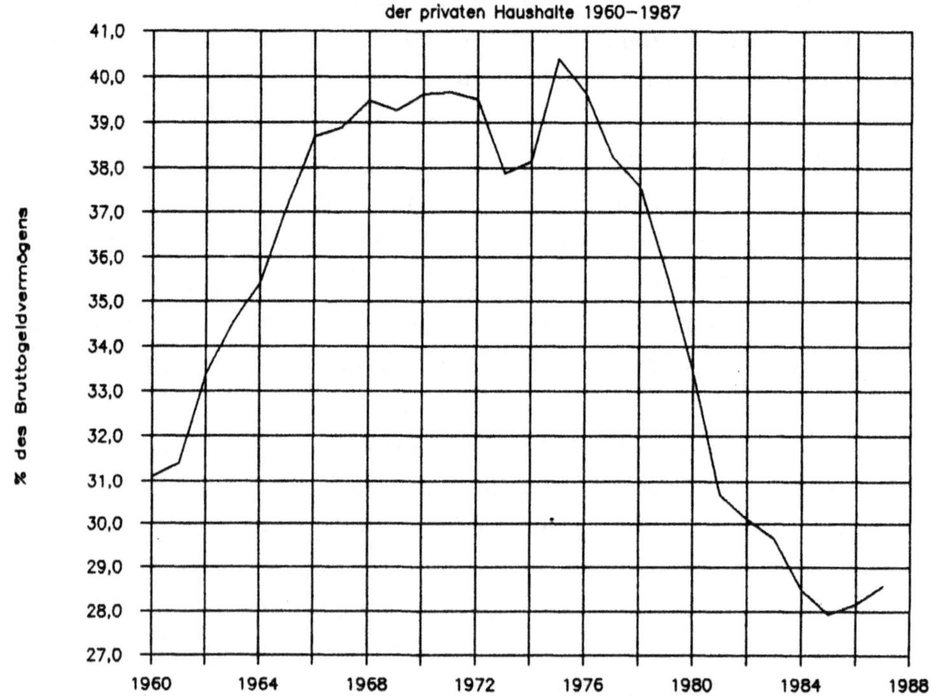

Die dennoch nach wie vor herausragende Stellung der Spareinlage hat ihre Ursache in der Sicherheit, der Liquiditätshöhe, den sehr niedrigen Transaktionskosten, der Einfachheit und Bekanntheit dieser Anlageform. Sie eignet sich sowohl für das Anschaffungs- als auch Vorsorgesparen und bedient somit die Grundbedürfnisse des Anlegers. Je mehr Anlegergruppen jedoch aufgrund steigenden Wohlstands in höher angesiedelte Bedürfnisschichten hineinwachsen, desto geringer wird die relative Bedeutung der Spareinlage.

Eine steigende Informiertheit der privaten Haushalte in Gelddingen und eine ständig größer werdende Angebotspalette an individuell angepaßten Anlageformen unterstützen diesen Trend. Durch ein wachsendes Renditebewußtsein wird die Spareinlage durch höherverzinsliche Anlageformen mit ähnlichem Liquiditätsgrad, z.B. Termingelder, Sparbriefe oder festverzinsliche Wertpapiere, mehr und mehr verdrängt. Das Motiv der langfristigen Altersvorsorge wird durch das Versicherungssparen erfüllt. Das sich verändernde Anlageverhalten zu Lasten der Spareinlagen hat also zwei Gründe: Zum einen erkennen die Haushalte, daß bestimmte Anlagebedürfnisse durch andere Anlageformen besser befriedigt werden können, zum anderen entstehen neue Bedürfnisse, denen die Spareinlage nicht adäquat gerecht wird.

4.3.4. Anlagen bei Bausparkassen

Während der Anteil der Vermögensanlagen privater Haushalte bei Bausparkassen von 1960 bis 1973 von 5,5 % auf 8,2 % expandierte, ist seit 1974 ein ständiger Marktanteilsverlust der Bausparkassen im Wettbewerb um Geldanlagen zu verzeichnen. Ende 1987 waren nur noch 4,8 % des Geldvermögens bei Bausparkassen angelegt.

Die abnehmende Bedeutung des Bausparens hat mehrere Gründe. Bausparen als vertraglich fixiertes Zwecksparen ist unter Renditeaspekten unter Umständen dann eine vorteilhafte Anlagealternative, wenn es nach dem Ansparvorgang mit einer Darlehensaufnahme zu Erwerb, Bau oder Umgestaltung von Wohneigentum verbunden ist oder wenn der Bausparvertrag zur Nutzung staatlicher Vermögensbildungsförderung dient.

Die Baufinanzierung mit Hilfe eines günstigen, festen Bauspardarlehens erfordert jedoch Ansparzeiten, in denen die Geldanlage zu einem vertraglich geregelten Festzins, meist 2,5 % bzw. 3 %, relativ niedrig honoriert wird. Tendenziell ist der Bausparvertrag dann eine günstige Zwecksparform, wenn in Niedrigzinsphasen angespart und in Hochzinsphasen das Darlehen in Anspruch genommen wird.[445] Grundvoraussetzung ist jedoch die zweckgebundene Verwendung der Bausparsumme. Verliert das Motiv der Schaffung der "eigenen vier Wände" an relativer Bedeutung, so sinkt auch die Attraktivität der Geldanlage bei Bausparkassen.

Abb. 4.8: Anlagen bei Bausparkassen

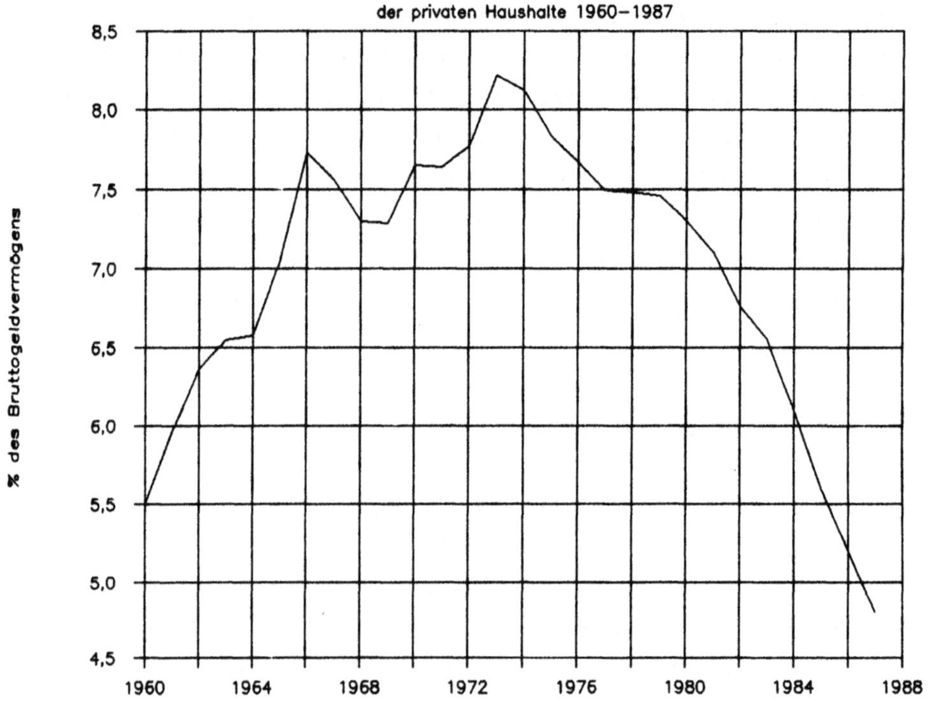

Der Abschluß eines Bausparvertrages zur Inanspruchnahme der staatlichen Vermögensbildungsförderung ist ebenfalls nur unter bestimmten Voraussetzungen gegenüber anderen Anlageformen vorteilhaft. Während in den siebziger Jahren die Kumulation von Wohnungsbauprämie und Arbeitnehmer-Sparzulage in besonderen Fällen zu einer Rendite von bis zu 85 % führen konnte[446], beschränkt sich die Förderung für die begünstigten Arbeitnehmer zur Zeit auf eine Arbeitnehmer-Sparzulage von 23 % bei einem Förderungshöchstrahmen von

445) Insofern sollten die zurückgehenden Marktanteile in der derzeitigen Niedrigzinsphase den Bausparkassen besonders zu denken geben.
446) Vgl. Kap. 2.4.4., S. 73 dieser Arbeit.

624 DM und für zusätzliche Eigenleistungen bis zur Höhe von 800 DM bzw. 1.600 DM auf eine Wohnungsbauprämie von 10 %. Die Höhe der Arbeitnehmer-Sparzulage wird ab 1990 auf 10 % bei einer Höchstsparsumme von 936 DM gesenkt. Schon jetzt sind jedoch einige Sparformen, die mit einem Höchstbetrag von 936 DM und ebenfalls 23 % gefördert werden, für den vermögenswirksam sparenden Anleger attraktiver, zumal sie teilweise zusätzlich einkommensteuerliche Vorteile aufweisen. Die Verbreitung des Bausparens im Rahmen der Vermögenspolitik geht auch allein deshalb zurück, weil immer mehr Haushalte aufgrund von Einkommenszuwächsen aus dem Begünstigtenkreis herausfallen. Die Tendenzen in der Vermögenspolitik stellen somit - neben der abnehmenden Bedeutung des reinen Zwecksparens - eine weitere Ursache für den zurückgehenden Marktanteil des Bausparens dar.

4.3.5. Anlagen bei Versicherungen

Im Jahre 1986 waren fast über 18 % des privaten Geldvermögens bei Versicherungen und Pensionskassen angelegt. Die Zunahme der Anlagen bei Versicherungen im Jahr 1986 betrug allein 41,9 Mrd. DM; dies entspricht über 28 % der gesamten Geldvermögensbildung dieses Jahres.[447] Die Wachstumsraten des Versicherungssparens sind seit 1975 überdurchschnittlich, was zu einer ständigen Erweiterung des Marktanteils der Lebensversicherer am Geldvermögen führte.[448]

Das Anlageverhalten der privaten Haushalte hat sich zugunsten der Versicherungen gewandelt. Die durch die Zahlen belegte Entwicklung dürfte ihre Ursache in der ausgeprägten Sicherheitsmentalität und einer Dominanz des Vorsorgemotivs großer Anlegergruppen haben. Die nachlassende Bedeutung des Zweck- und Anschaffungssparens durch Spareinlagen und Bausparen bei gleichzeitiger Belebung des Versicherungssparens unterstützt die Hypothese, daß das Anlageverhalten durch langfristige Veränderungen der Bedürfnisse gesteuert wird. Während die Grundbedürfnisse der Geldanlage weitgehend erfüllt sind, werden hierarchisch übergeordnete, bisher latente Bedürf-

447) DEUTSCHE BUNDESBANK, Monatsberichte, 39. Jg., Heft 5/87, S. 54-55.
448) Vgl. Anhang 1, S. 389 dieser Arbeit.

nisse geweckt. Zu ihnen gehören die Sicherung des erworbenen Vermögens und Lebensstandards, die private Altersvorsorge sowie die Absicherung der Familie und die Ausbildung der Kinder. Während Anschaffungs-, Zwecksparen und die Absicherung gegen Notfälle durch Bildung liquidierbarer Rücklagen kurzfristig orientierte Anlagemotive darstellen, erfordert das Vorsorgesparen langfristige Anlageformen, wie sie Lebensversicherungen anbieten. Kapitallebensversicherungen haben oft Laufzeiten von 30 Jahren und mehr.

Abb. 4.9: Anlagen bei Versicherungen

der privaten Haushalte 1960–1987

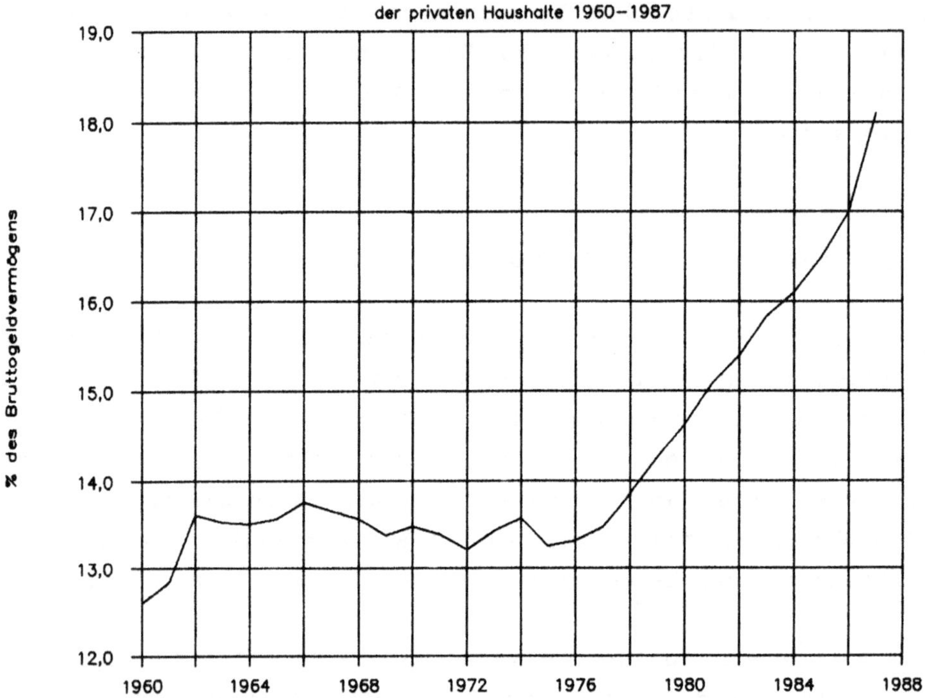

Das private Versicherungssparen profitiert gleichzeitig von der in der Öffentlichkeit spürbar gewordenen, wachsenden Unsicherheit über die Finanzierbarkeit der zukünftigen Leistungen der gesetzlichen Rentenversicherer. Eine Leistungsminderung der staatlichen Sozialversicherungsträger führt zu einer Vergrößerung der "Versorgungslücke", dem Unterschied der Nettoeinkommen vor und nach dem Eintritt in die Rente. Diese "Versorgungslücke" soll - zumindest teilweise - durch private Selbstvorsorge geschlossen werden. Im

Jahre 1987 machten die Leistungen der privaten Lebensversicherer bereits 16,8 % der Rentenleistung der Sozialversicherungen aus.[449]

Die wachsende Attraktivität des Versicherungssparens beruht auch auf staatlichen Förderungen durch die Abzugsfähigkeit von Vorsorgeaufwendungen im Bereich der Sonderausgaben (§ 10 EStG), durch das Vermögensbildungsgesetz und vor allem durch das Steuerprivileg für Lebensversicherungen, nach dem bei Ausschüttung der Versicherungssumme Zinsen und Gewinnanteile steuerfrei bleiben. Eine Streichung der Vermögensbildungsförderung ist allerdings bereits beschlossen und eine Begrenzung des Steuerprivilegs in der Diskussion. Die Einführung einer Quellensteuer, wie sie zunächst beschlossen, dann jedoch bis auf weiteres ad acta gelegt wurde, würde die Ablaufleistung bei Lebensversicherungen um 5 % bis 7 % verringern.[450] Dennoch bleiben Lebensversicherungen auch zukünftig eine bequeme, beruhigende und - auch bei Steuerehrlichkeit - überdurchschnittlich verzinste Geldanlage, die den Präferenzen breiter Bevölkerungsschichten weitgehend entspricht. Dementsprechend sind Lebensversicherungen zu der quantitativ bedeu-tendsten Anlageform nach den Spareinlagen für private Haushalte geworden.

4.3.6. Festverzinsliche Wertpapiere

Seit Anfang der sechziger Jahre nimmt der Anteil festverzinslicher Wertpapiere am Geldvermögen nahezu konstant zu und hat sich mehr als vervierfacht. Von 1980 bis 1985 verdoppelte sich der Bestand privater Haushalte an festverzinslichen Wertpapieren (zu Tageskursen). Erst in den letzten Jahren trat eine Konsolidierung ein. Nur die Spareinlagen und Lebensversicherungen übertreffen in ihrer Größe diese Anlageform.

Bei der Interpretation der Marktanteilsentwicklung festverzinslicher Wertpapiere ist zwischen Preis- und Mengeneffekten zu differenzieren, da bei steigendem Renditeniveau die zu Tageskursen be-

---

449) O.V., Ablaufleistung der Lebensversichung mit Quellensteuer um 5 bis 7 % geringer, in: Handelsblatt, Nr. 82, vom 28.4.1988, S. 10.
450) Ebenda.

werteten Vermögensbestände sinken et vice versa. Betrachtet man die Entwicklung der festverzinslichen Wertpapiere zu Nominalwerten, so ist die stärkste Zunahme an Marktanteilen für die Jahre 1978 bis 1981 zu verzeichnen.[451] Diese Periode fällt somit genau mit einer Phase steigender Kapitalmarktzinsen zusammen. Offensichtlich ist auch das Interesse an Rentenpapieren mit der Zinsreagibilität der Haushalte zu erklären. Interessant ist, daß sich zur Zeit des Zinsabschwungs der Marktanteil der festverzinslichen Wertpapiere (zu Nominalwerten) nur wenig änderte. Möglicherweise ist dies durch positive Erfahrungen mit dem Wertpapierbesitz zu erklären und mit der Erkenntnis, daß auch in Niedrigzinsphasen festverzinsliche Wertpapiere eine verglichen mit Spareinlagen günstigere Verzinsung erbringen.

Abb. 4.10: Festverzinsliche Wertpapiere

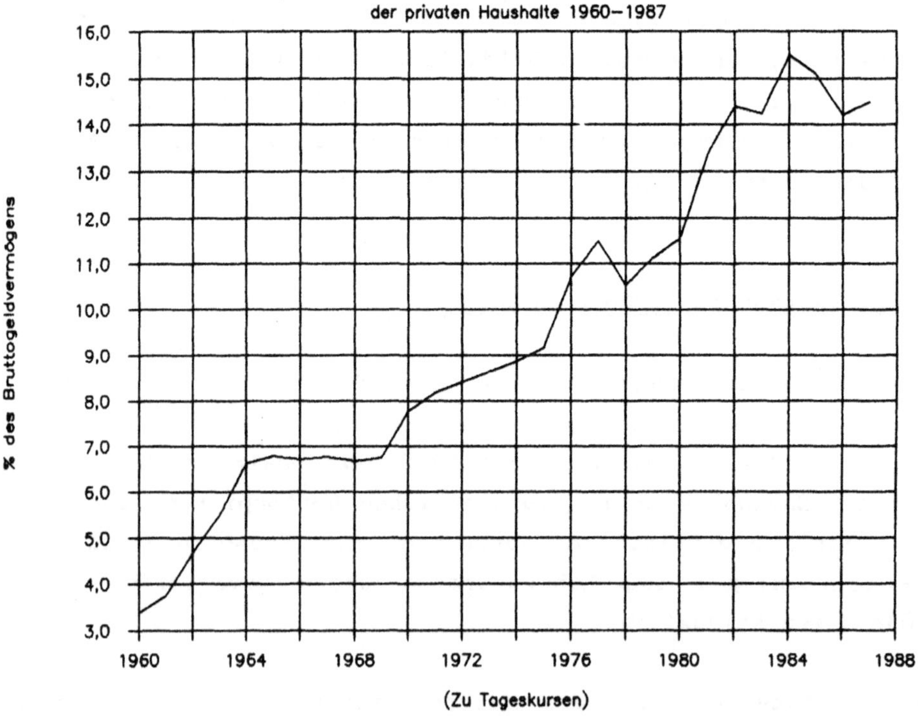

Die anfallenden Transaktions- und Verwahrkosten sowie das Kursrisiko der Rentenpapiere scheinen deren Attraktivität kaum zu bela-

451) Vgl. DEUTSCHE BUNDESBANK, (Juni 1988), a.a.O., S. 34-37.

sten. Die Bundesbank stellt fest, daß das Renditebewußtsein vieler Haushalte soweit entwickelt ist, daß zeitweise gezielt hochverzinsliche Auslandsanleihen, die zum Teil Währungsrisiken unterliegen, gesucht wurden.[452] Möglicherweise empfinden Anleger Kursrisiken, die auf "objektiven" Ursachen beruhen (wie z.B. Zins- und Wechselkursveränderungen) weniger negativ als Kursrisiken, die auf Bonität und Ertragskraft des Schuldners oder auf spekulative Markttendenzen zurückzuführen sind.

Aufgrund ihrer Marktgängigkeit und ihrer meist sehr niedrigen Bonitätsrisiken sind festverzinsliche Wertpapiere Anlageformen, die sich gleichzeitig zur Erreichung verschiedener Anlageziele eignen. Sie können als jederzeit liquidisierbare Finanztitel Ansparmotive erfüllen und eine Absicherung gegen unvorhersehbare Notlagen darstellen. Sie eignen sich ebenfalls zur langfristigen Vorsorge oder zum Zweck der Einkommenserzielung durch Zinsen. Gleichzeitig erfordert ihr Erwerb jedoch ein bestimmtes Maß an Risikobereitschaft, Informiertheit und Marktbeobachtung. Festverzinsliche Wertpapiere sprechen somit das Segment der "reiferen" Anleger an. Da das ökonomische Wissen, aber auch die Gesamtvermögen der Haushalte zunehmen und dadurch ein bewußtes Eingehen von Risiken für wachsende Bevölkerungskreise kalkulierbar wird, werden Rentenpapiere zukünftig eher an Bedeutung gewinnen. Sie stellen gleichzeitig eine Einstiegsform für informationsbedürftigere, kompliziertere und riskantere kapitalmarktgängige Anlagetitel dar.

4.3.7. Aktien

- Aktienbesitz privater Haushalte im Zeitverlauf

Die Bundesbank veröffentlicht in ihren Tabellen die am Jahresende sowohl zu Tageskursen als auch zu Emissionskursen[453] bewerteten Aktienbestände privater Haushalte.[454] Legt man die Kurswerte der

452) Vgl. DEUTSCHE BUNDESBANK, Monatsberichte, 38. Jg., Heft 5/86, S. 20 ff.
453) Der Ausweis zu Emissionskursen erfolgt deshalb, um eine Konsistenz mit den Statistiken zur Aktienkapitalisierung der Unternehmen herzustellen.
454) Vgl. DEUTSCHE BUNDESBANK, (Juni 1988), a.a.O., S. 34-37.

Aktien zugrunde, so gibt Abbildung 4.11 Auskunft über den Anteil der Aktienanlagen am Bruttogeldvermögen privater Haushalte.

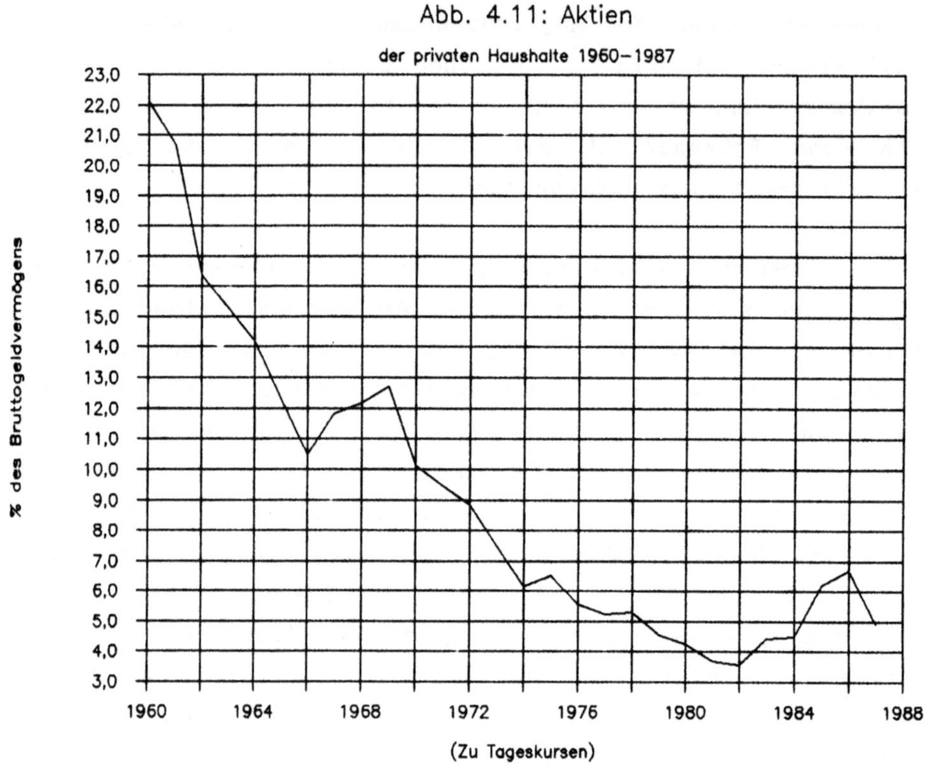

Der Wert des Aktienvermögens ist bis 1982 deutlich langsamer gewachsen als das Gesamtvermögen und verzeichnet erst in den Jahren 1982 bis 1986 höhere Zuwachsraten. Der Aktienanteil reduzierte sich kontinuierlich von 22,1 % im Jahre 1960 auf 3,6 % im Jahre 1982, um anschließend wieder auf 6,7 % im Jahre 1986 anzusteigen. Absolut betrachtet hat sich der Kurswert der Aktien privater Haushalte von 1982 bis 1986 von 62,6 Mrd. DM auf 155,6 Mrd. DM ungefähr verzweieinhalbfacht. Es ist allerdings voreilig, das starke Wachstum in diesem Vierjahreszeitraum nur auf einen im Jahre 1982 stattgefundenen Umschwung im Anlegerverhalten zurückzuführen, der sich im verstärkten Erwerb von Aktien ausdrücke. Vielmehr ist der Anteilszuwachs bei Aktien in den achtziger Jahren zu einem erheblichen Teil auf Kurssteigerungen zurückzuführen, denn der zu Emissionskursen berechnete Anteil des Aktienbesitzes hat sich zwischen 1982 und 1986 von 1,8 % auf 2,5 % deutlich langsamer erhöht.[455]

Bei einer Bewertung des Aktienvermögens zu Tageskursen (in geringem Maße auch bei einer Bewertung zu Emissionskursen) wird die ausgewiesene Höhe des Aktienvermögens durch exogene Marktfaktoren beeinflußt. Schwankungen des Aktienvermögens privater Haushalte zu Kurswerten treten auch dann auf, wenn weder Nettozu- noch -abgänge stattgefunden haben. Für die Analyse des Anlegerverhaltens stellt dies einen Nachteil dar, da Ein- und Ausstiegsentscheidungen durch die Kursentwicklungen überdeckt werden können und nicht mehr beobachtbar sind.

Dieser Nachteil wird bei einer Betrachtung des Aktienvermögens zu Nominalwerten vermieden. Nach der vom Statistischen Bundesamt veröffentlichten Depotstatistik[456] stieg der Depotbesitz inländischer Privatpersonen von 12,5 Mrd. DM (Ende 1977) auf 17,5 Mrd. DM (Ende 1987) um 40 %, während sich in diesem Zehnjahreszeitraum das Aktienvermögen zu Kurswerten von 60,3 Mrd. DM auf 118,4 Mrd. DM beinahe verdoppelte.[457] Die Wachstumsrate des nominellen Aktienvermögens betrug 3,4 %, die zu Kurswerten 7,0 %. Das gesamte Geldvermögen wuchs von 1977-1987 durchschnittlich um jährlich 7,7 %. Die deutlich langsamere Entwicklung des nominellen Aktienvermögens weist ebenfalls darauf hin, daß die Aktie im Betrachtungszeitraum nicht im Mittelpunkt des Anlegerinteresses steht.

Dieser Trend setzte sich durch den Börsenkrach im Herbst 1987 nicht fort, sondern erlebte - was zunächst überrascht - eine Wende. Gemessen am Index des Statistischen Bundesamtes verloren die deutschen Aktien innerhalb von sechs Wochen durchschnittlich ungefähr ein Drittel ihres Wertes. Diese Baisse verursachte eine anhaltende Verunsicherung, die sich noch über Monate in kurzfristigen Schwankungen des Kursniveaus bei niedrigen Umsätzen äußerte. Während ausländische Anleger und die Kreditinstitute im 4.

455) Ebenda, S. 36.
456) Vgl. STATISTISCHES BUNDESAMT, Statistische Jahrbücher 1980-1988, Stuttgart Mainz, versch. Jg., S. 330.
457) Vgl. Anhang 10, S. 401 dieser Arbeit.

Quartal 1987 ihre Aktienanlagen zum Teil drastisch abbauten, nutzten die inländischen Nichtbanken das niedrige Kursniveau zu starken Neuengagements und stockten ihre Aktienbestände um etwa 13 Mrd. DM auf.[458]

Eine Marktstudie der Deka Deutsche Kapitalanlagegesellschaft mbH kommt zu dem Ergebnis, daß die Zahl der deutschen Aktionäre 1987 um über 2 Mio auf 5,7 Mio[459] gestiegen sei. Auch hier wird die Wahrnehmung guter Einstiegschancen in der Baisse als Begründung genannt. Ein großer Teil der Einsteiger gehöre der Altersgruppe bis 35 Jahre an.[460]

Der Beobachtungszeitraum nach dem Kurssturz ist jedoch zu kurz, um einen endgültigen Trendwechsel zugunsten des Aktiensparens belegen zu können. Die sehr schnelle und umfangreiche Investition der Privaten in Aktienportefeuilles zeigt jedoch die Sensibilität und Handlungsbereitschaft der Anleger auf. Der hohe Kenntnisstand über Aktienanlagen hat dabei die schnelle Reaktion der Anleger erst ermöglicht. Wenn Marktveränderungen das Anlageverhalten so stark beeinflussen können, so haben auch neue Anlageprodukte wie Aktien von Unternehmensbeteiligungsgesellschaften eine gute Absatzchance, wenn die Konditionen stimmen. Im Bereich des Wertpapiersparens sind die Anlagepräferenzen offensichtlich auch kurzfristig flexibel genug.

- Struktur des Aktienbesitzes national und international

Aus der Entwicklung der Struktur des Aktienbesitzes in der Bundesrepublik Deutschland wird deutlich, daß im langfristigen Zeitvergleich das Aktiensparen in breiten Bevölkerungskreisen an Popularität verloren hat.

---

458) DEUTSCHE BUNDESBANK, Monatsberichte, 40. Jg., Heft 2/88, S. 19-20.

459) Nach der EVS besaßen Ende 1983 nur ungefähr 10 % der 23,5 Mio deutschen Privathaushalte Aktien, nach der Spiegel-Dokumentation SOLL UND HABEN 2 waren es 1985 rund 7%.

460) O.V., 2 Mill. neue Aktionäre trotz Crash, in: Handelsblatt, Nr. 22 vom 28.4.1988, S. 29.

Tab. 4.11: Struktur des Aktienbesitzes in der Bundesrepublik Deutschland[1] (Anteile in %, zu Tageskursen am Jahresende)

	1960	1965	1970	1975	1980	1985	1987
Private Haushalte	26,8	27,1	27,6	22,2	18,8	17,9	18,7
Unternehmen	43,6	42,5	41,0	45,3	45,0	42,8	40,0
Staat	14,1	11,7	11,2	10,5	10,0	9,0	7,1
Ausland	6,5	6,1	7,3	7,9	9,4	8,1	9,9
Banken	3,4	3,7	4,2	4,2	5,7	9,0	11,6
Versicherungen	5,6	8,8	8,5	9,9	11,1	13,2	12,8

1) Eigene Berechnung aus der Geldvermögensstatistik der DEUTSCHEN BUNDESBANK, (Juni 1988), a.a.O., S. 106-129.

Sieht man von den letzten Monaten im Jahr 1987 ab, so stehen in der Bundesrepublik den zurückgehenden Anteilen der privaten Haushalte und des Staates am Aktienvermögen zunehmende Anteile des Auslands, der Banken und Versicherungen gegenüber, während bei den Aktien im Unternehmensbesitz kein eindeutiger Trend festzustellen ist. Der Anteil des Aktienvermögens der Privathaushalte am gesamten Aktienvermögen sank von rund 27 % während der sechziger Jahre auf etwa 18 %, wobei die hohen Quoten in den sechziger Jahren z.T. auf die Volksaktien-Ausgaben zurückzuführen sind. Die Unternehmen besitzen nach wie vor den größten Anteil der Aktien, wodurch die enge Verflechtung der Unternehmen untereinander deutlich wird. Die steigenden Anteile der Banken und Versicherungen wurden teilweise mit den Mitteln finanziert, die die privaten Haushalte diesen Finanzinstituten in Form von Spareinlagen, Lebensversicherungen, Termingeldern und durch den Erwerb von Bankschuldverschreibungen zusätzlich zufließen ließen.

Nach Schätzungen der Commerzbank befanden sich Ende Juli 1987 mindestens 43 % des Grundkapitals der börsennotierten deutschen Aktiengesellschaften in Festbesitz.[461] Geht man davon aus, daß Aktien in Festbesitz nur sehr selten oder in außerbörslichen Pakettransaktionen den Besitzer wechseln, so wird deutlich, daß praktisch

461) Als Festbesitz wird eine öffentlich bekannt gewordene Beteiligung in Höhe von mindestens 25 % des Grundkapitals an einem Unternehmen durch einen Großaktionär verstanden. Vgl. COMMERZBANK AG, Bericht der Abteilung Volkswirtschaft, Deutschen Aktien in Festbesitz, 10.9.1987.

nur gut die Hälfte des Aktienkapitals an der Börse verfügbar ist und somit die Börsenkapitalisierung sehr viel geringer als das Aktienvermögen ist. Private Haushalte, die zum Kauf und Verkauf auf die Börse angewiesen sind, können faktisch nur in Streubesitz befindliche Unternehmensbeteiligungen erwerben. Dadurch wird das Aktienangebot deutlich eingeschränkt.

Als interessant erweist sich eine vergleichende Analyse der Aktionärsstrukturen in anderen Industrienationen. In den USA befanden sich 1985 rund zwei Drittel der Aktien in Privatbesitz von rund 47 Mio Aktionären.[462] Jeder fünfte US-Bürger ist somit Aktionär, vor 10 Jahren war es nur etwa jeder zehnte. Dieser positive Trend des Aktiensparens in den USA zeigt, wie stark sich das Anlegerverhalten in den beiden Ländern bisher unterscheidet. Während der deutsche Anleger meist sichere Anlageformen bevorzugt, besteht bei den Amerikanern eine geringere Scheu vor dem Risiko. Allerdings ist auch in den USA dieser Trend in der nun zu beobachtenden Intensität erst jung. Möglicherweise ist er von kurzer Dauer; möglicherweise drückt er aber auch ein fortgeschritteneres Stadium des Anlegerverhaltens der Amerikaner aus, das sich in ähnlicher Weise in der Bundesrepublik entwickeln könnte.

Obwohl die Zahl der Aktionäre in den USA stark gestiegen ist, hat sich der Anteil am Aktienvermögen verringert. Gewachsen sind dagegen die Aktienbestände der Lebensversicherer und Pensionskassen, die inzwischen rund ein Viertel des Aktienvermögens besitzen.

In Kanada ist der Anteilsbesitz der privaten Haushalte am Aktienvermögen am größten. Die privaten Aktionäre besitzen rund 70 % des Grundkapitals der Aktiengesellschaften. Dagegen ist die Aktionärsstruktur in Japan der deutschen in einigen Punkten ähnlich. Auch hier stellen die Unternehmen die größte Aktionärsgruppe dar, während die privaten Haushalte nur weniger als ein Viertel des Aktienvermögens besitzen. Bezogen auf die Bevölkerung ist die Zahl der privaten Aktionäre mit 4 % sogar niedriger als in der Bundesrepublik. Von den untersuchten Industrienationen ist Japan das Land,

462) Commerzbank AG, Bericht der Abteilung Volkswirtschaft, Struktur des Aktienbesitzes - national und international, 6.8.1986, S. 2.

in dem die Banken mit 24 % den größten Anteil am Aktienvermögen besitzen.

Tab 4.12: Struktur des Aktienbesitzes im internationalen Vergleich Anteile in %, gerundet, für 1985

	BRD	USA	Kanada	Japan	Großbritannien
Private Haushalte	17	66	70	23	17
Unternehmen	36	-	2	29	12
Versicherungen und Pensionskassen	7	25	13	16	49
Banken und andere Finanzintermediäre	9	4	11	24	15
Staat	7	-	1	1	3
Ausland	24	5	3	7	4

Anmerkungen: Die Anteile für die Bundesrepublik sind hier - im Gegensatz zu Tab. 4.11 - auf der Basis von Emissionskurswerten berechnet worden; vgl. DEUTSCHE BUNDESBANK, Monatsberichte, Heft 5/1986, S. 55. Außerdem liegt eine andere Abgrenzung der Sektoren vor; vgl. DEUTSCHE BUNDESBANK, (Juni 1988), a.a.O., S. 124-125 und S. 131-144, insbesondere S. 143. Die fehlenden Angaben für die USA hinsichtlich der Sektoren Unternehmen und Staat werden an der Fundstelle nicht begründet oder kommentiert. Aufgrund dieser Probleme und der international uneinheitlichen Vermögensrechnungen sind die ausgewiesenen Zahlen lediglich als grobe Schätzungen der tatsächlichen Verhältnisse aufzufassen.

Quelle: Commerzbank AG, Struktur des Aktienbesitzes..., a.a.O., S. 3.

Aufgrund des privatwirtschaftlich organisierten Sozialversicherungssystems in Großbritannien stehen den britischen Pensionsfonds und Versicherungen hohe Kapitalakkumulationen zur Anlage zur Verfügung. Aus diesem Grunde ist es nicht verwunderlich, daß fast die Hälfte des britischen Aktienvermögens in den Händen dieses Sektors liegt. Auf diese Weise werden die Anleger bei den Versicherern zu indirekten Eigentümern der Aktiengesellschaften. Der Direktbesitz von privaten Haushalten ist mit rund einem Sechstel des Aktienvermögens dagegen so groß wie in der Bundesrepublik. Die Zahl der Aktionäre ist jedoch in Großbritannien rund doppelt so hoch und hat sich seit Ende der siebziger Jahre verdoppelt.

Es zeigt sich, daß die eher zurückhaltende Einstellung deutscher Haushalte gegenüber dem Aktiensparen in diesem Maße in anderen Industrienationen - mit Ausnahme von Japan - nicht zu beobachten ist. Der Aktienbesitz privater Haushalte ist entweder bereits wesentlich höher oder nimmt doch wenigstens zu. Offensichtlich existiert beim Anlageverhalten eine deutsche Risikomentalität, die sich in den vier Vergleichsländern bei ähnlichem Wohlstandsniveau nicht wiederfinden läßt.

4.3.8. Investmentanteile

- Entwicklung des Investmentsparens im Zeitverlauf

Die Analyse des Investmentsparens nimmt in der Untersuchung eine Sonderstellung ein, da Investmentfonds in der Aufgliederung der Bundesbank über das Geldvermögen nicht gesondert berücksichtigt sind. Da Investmentanteile jedoch eine besonders wichtige Form der überbetrieblichen Vermögensbeteiligung darstellen können, ist eine nähere Betrachtung unverzichtbar, auch wenn sie sich auf andere Daten stützt und daher aus methodischen Gründen nur begrenzt vergleichbar bleibt.

Investmentzertifikate stellen aufgrund einer jederzeitigen Rücknahmeverpflichtung der Kapitalanlagegesellschaft eine sehr liquide Anlageform dar, die auch bei geringen Anlagebeträgen die Beteiligung an einem diversifizierten Portefeuille ermöglicht. Die Anleger können gemäß ihren Präferenzen zwischen mehr oder minder breit gestreuten Publikumsfonds wählen, die sowohl aus börsennotierten Aktien als auch aus festverzinslichen Wertpapieren in- und ausländischer Emittenten sowie im Falle von Beteiligungs-Sondervermögen aus stillen Beteiligungen an inländischen Unternehmen zusammengesetzt sein können. Sogenannte Spezialitätenfonds erwerben nur Anteile an Unternehmen bestimmter Branchen oder Regionen. Zur Zeit besitzen nur etwa 2 % der Bevölkerung Investmentanteile, und nur etwa 28 % der Bevölkerung sind die Vor- und Nachteile dieser Anlageform nach eigenem Urteil bekannt.[463] Diese Quoten zeigen gleichzeitig die relativ geringe bisherige Bekanntheit und Verbreitung dieser Anlageform, aber auch ihre langfristigen Entwicklungspotentiale bei entsprechender Informationspolitik auf.

Aus der Wertpapierstatistik der Deutschen Bundesbank lassen sich eine Reihe wesentlicher Daten über die Verbreitung von Investmentfondsanteilen als Vermögensanlage privater Haushalte entnehmen, obwohl keine Aufstellungen existieren, die wie bei den anderen Geldvermögensarten explizit nach Anlegersektoren differenzieren. Unterschieden wird jedoch zwischen Publikums- und Spezialfonds.

Während die Publikumsfonds insbesondere für die Anlegergruppe der privaten Haushalte konzipiert sind, sind Spezialfonds bestimmten institutionellen Anlegern vorbehalten, beispielsweise Versicherungsunternehmen, Pensions- und betrieblichen Unterstützungskassen, berufsständischen Organisationen, Arbeitgeber- und Arbeitnehmer-Vereinigungen sowie Kirchen und Stiftungen.[464] Da einerseits die Anteile von Publikumsfonds grundsätzlich auch von anderen Anlegergruppen erworben werden können und andererseits sogenannte Mitarbeiterfonds, die ausschließlich zum Zwecke betrieblicher Vermögensbildung konstruiert wurden, als Spezialfonds in die Statistik eingehen, ist eine exakte Ermittlung der Anlagen privater Haushalte in Investmentanteilen aus den verfügbaren Daten nicht möglich. Eine nähere Untersuchung der Publikumsfonds läßt jedoch bereits wichtige Grundzüge des Anlageverhaltens erkennen.

Die Entwicklung deutscher Publikumsfonds in den Jahren 1969-1987 geht aus Tab. 4.13 hervor. Im Untersuchungszeitraum hat sich die Anzahl der Fonds von 42 auf 158 fast vervierfacht, das verwaltete Fondsvolumen stieg gleichzeitig von 9,5 Mrd. DM um das Siebeneinhalbfache auf 71 Mrd. DM. Aus den Angaben über das Fondsvolumen und den Anteilumlauf läßt sich außerdem der durchschnittliche Anteilswert für das jeweilige Jahresende berechnen. Der durchschnittliche Wert der Anteilsscheine schwankte demnach im Betrachtungszeitraum zwischen 30,96 DM (1974) und 49,43 DM (1985). Los-

463) SOLL UND HABEN 2, a.a.O., S. 13-18, S. 126.
464) Vgl. BVI, a.a.O., S. 51.

Tab. 4.13

Entwicklung deutscher Publikumsfonds 1969-1987

Jahr	1969	1970	1971	1972	1973	1974	1975	1976	1977	1978	1979	1980	1981	1982	1983	1984	1985	1986	1987
Aktien- und Mischfonds																			
Anzahl (Stück)	33	42	69	72	74	72	72	72	74	76	74	71	73	73	80	80	82	86	93
Mittelaufkommen (Mrd. DM)	1,658	0,992	0,834	1,423	1,056	0,277	0,975	1,489	1,080	0,613	-0,163	-0,902	-1,105	-0,672	0,574	-1,128	-0,957	-0,530	0,755
Fondsvolumen (Mrd. DM)	7,0	6,2	7,1	8,6	7,6	7,1	9,8	10,1	11,2	11,7	10,3	9,4	8,1	8,0	10,5	9,8	12,8	12,9	10,0
Anteilumlauf (Mio Stück)	176,3	211,8	236,6	281,7	321,8	332,8	365,7	416,6	451,4	459,8	436,2	395,3	347,2	312,8	300,7	268,2	241,3	228,8	242,1
Rentenfonds																			
Anzahl (Stück)	9	13	15	17	23	23	23	25	32	33	37	38	40	41	43	48	54	63	69
Mittelaufkommen (Mrd. DM)	1,720	0,395	0,447	1,810	0,624	-0,360	0,511	2,783	6,263	5,170	2,236	-0,493	-1,339	1,335	1,719	4,536	8,489	12,142	10,977
Fondsvolumen (Mrd. DM)	2,5	2,8	3,3	4,9	5,2	4,8	5,5	8,4	14,9	19,2	20,2	19,0	17,4	20,8	22,6	28,9	37,4	48,1	56,8
Anteilumlauf (Mio Stück)	38,6	45,3	52,8	87,7	103,8	101,0	115,9	192,2	350,4	476,7	536,0	522,5	486,2	527,8	565,1	672,0	856,7	1114,2	1315,4
Offene Immobilienfonds																			
Anzahl (Stück)		5	6	8	8	9	9	8	8	8	8	8	8	8	8	8	9	9	9
Mittelaufkommen (Mrd. DM)		0,120	0,497	1,129	0,166	-0,052	0,163	0,242	0,292	0,511	0,191	0,195	-0,086	0,335	1,522	0,758	0,749	1,323	3,025
Fondsvolumen (Mrd. DM)		0,6	1,1	2,3	2,6	2,6	2,8	3,0	3,3	3,9	4,1	4,4	4,5	5,0	6,7	7,6	8,5	10,0	13,1
Anteilumlauf (Mio Stück)		6,8	15,8	32,3	34,8	34,5	36,6	39,0	43,1	49,8	52,2	54,7	53,9	57,8	75,2	82,4	89,6	103,4	135,9
Insgesamt 1)																			
Anzahl (Stück)	42	60	90	97	105	104	104	105	114	117	119	117	121	122	131	136	145	158	171
Mittelaufkommen (Mrd. DM)	3,376	1,508	1,779	4,361	1,846	-0,132	1,650	4,512	7,635	6,294	2,264	-1,200	-2,530	0,998	3,815	4,166	8,281	12,935	14,757
Fondsvolumen (Mrd. DM)	9,5	9,6	11,5	15,8	15,4	14,5	18,1	21,5	29,4	34,8	34,6	32,8	30,0	33,8	39,8	46,3	58,7	71,0	79,9
Anteilumlauf (Mio Stück)	214,9	263,9	305,2	401,7	460,4	468,3	518,2	647,8	844,9	986,3	1024,4	972,5	887,3	898,4	941,0	1022,6	1187,6	1446,4	1693,4
Fondsvolumen in % des Bruttogeldvermögens zu Marktpreisen 1)	2,4	2,2	2,3	2,5	2,2	1,9	1,9	2,1	2,5	2,8	2,5	2,2	1,9	1,9	2,1	2,3	2,7	3,0	3,3
Nachrichtlich: Umlaufsrendite	7,0	8,2	8,2	8,2	9,5	10,6	8,7	8,0	6,4	6,1	7,6	8,6	10,6	9,1	8,0	7,8	6,9	6,0	5,8
Inflationsrate	2,4	3,6	5,1	5,6	6,9	6,9	5,9	4,4	3,6	2,7	4,2	5,4	6,3	5,3	3,3	2,4	2,2	-0,2	0,2

1) eigene Berechnungen, für 1969 ohne offene Immobilienfonds

Quelle: Deutsche Bundesbank, Statistische Beihefte zu den Monatsberichten, Reihe 2, Tab. 8b, 19 und 20, verschiedene Jahrgänge; Institut der Deutschen Wirtschaft, a.a.O., Tab. 36

größenrestriktionen können daher auch Kleinanleger kaum an Engagements bei Investmentfonds gehindert haben.

Setzt man die Fondsvolumina in das Verhältnis zum Bruttogeldvermögen zu Marktpreisen aus Tab. 4.10, so zeigt sich, daß die Publikumsfonds Aktien, Renten und Immobilien verwalteten, deren Wert zwischen knapp 2 % und 3 % des Geldvermögens schwankte. Für den Gesamtzeitraum läßt sich kein eindeutiger Trend für den am Gesamtgeldvermögen bemessenen Marktanteil der Publikumsfonds erkennen. Auffällig jedoch ist, daß der Marktanteil gerade während der Hochzinsphasen 1974 und 1981 am niedrigsten ist. Seit 1981 hat der Anteil der Investmentfonds am Bruttogeldvermögen deutlich zugenommen und im Jahre 1986 mit 3 % sein Maximum erreicht.

Auch das Mittelaufkommen hat im Jahre 1986 einen Höhepunkt erlebt, während die Publikumsfonds in den Jahren 1980 und 1981 noch beträchtliche Nettorücknahmen zu verzeichnen hatten. Während des gesamten Betrachtungszeitraums schwankt der jährliche Mittelzufluß stark. Bei einer Ersparnis der privaten Haushalte von 167 Mrd. DM[465] betrug im Jahre 1986 das Mittelaufkommen der Publikumsfonds 12,935 Mrd. DM. Dagegen waren 1981 bei einer mit 153,7 Mrd. DM kaum geringeren Ersparnis[466] den Fonds 2,53 Mrd. DM entzogen worden.

Die verschiedenen Fondstypen entwickelten sich im Betrachtungszeitraum recht unterschiedlich. Während bis zum Jahre 1976 die Volumina der Aktien- und Mischfonds diejenigen der Rentenfonds deutlich übertrafen, mußten die Aktienfonds seit 1979 (mit Ausnahme des Jahres 1983) ständig Mittelabflüsse hinnehmen - trotz einer teilweise sehr guten Börsenverfassung. Die bereits festgestellte geringe Akzeptanz risikotragender Dividendenpapiere zeigt sich bei den Aktienfonds noch deutlicher als bei der Direktanlage. Das schwache Interesse an Dividendenpapieren bei allgemein positiven Kursentwicklungen demonstriert die immer noch niedrige Börsenreife der meisten privaten Haushalte.

465) DEUTSCHE BUNDESBANK, Monatsberichte, 39. Jg., Heft 5/87, S. 21.
466) Ebenda.

Wie aus Abb. 4.12 hervorgeht, haben die Rentenfonds dagegen seit 1976 - mit Ausnahme der Jahre 1980 und 1981 - erhebliche Mittelzuflüsse erzielt. Während das Volumen der Aktienfonds in den letzten zehn Jahren stagnierte, versechsfachten sich die Anlagemittel der Rentenfonds seit 1976. Ähnlich wie die Direktanlage in festverzinslichen Wertpapieren ist die Anlage in Rentenfonds für die privaten Haushalte seitdem zunehmend attraktiv geworden und hat Marktanteile gewonnen. Offensichtlich entsprechen solche Anlageformen den Präferenzen der Anleger zur Zeit am meisten.

Abb. 4.12: Mittelzufluß bei Rentenfonds

und Umlaufsrendite 1969–1987

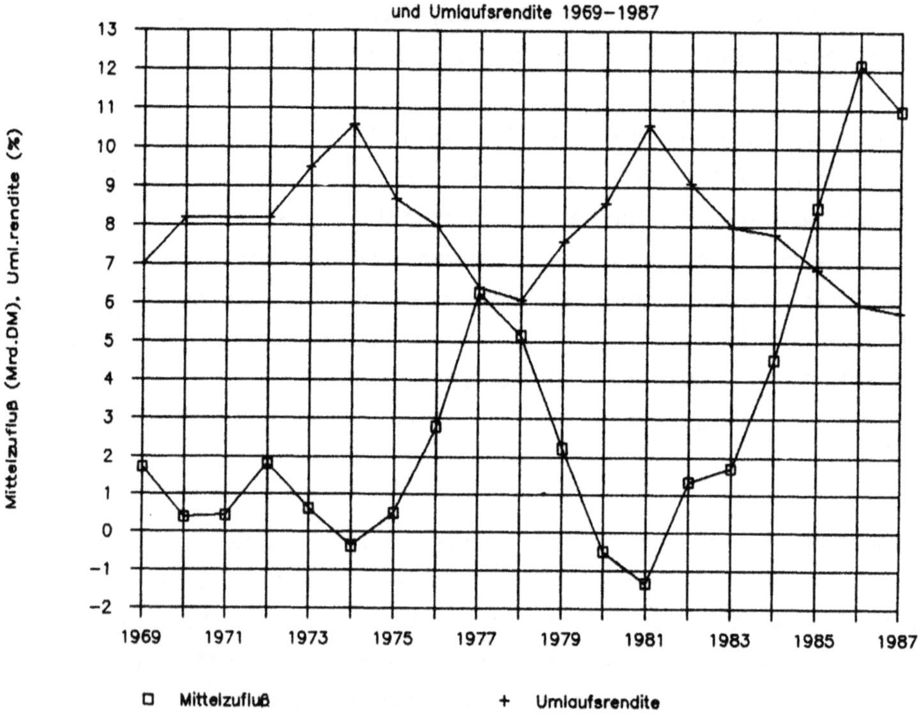

Das per Saldo wachsende Interesse der privaten Haushalte an Publikumsfonds ist auf den Bereich der Rentenfonds zurückzuführen, während die Bedeutung der Aktien- und Mischfonds sinkt. Diese Strukturdaten machen zudem deutlich, daß über die Publikumsfonds nur in geringem Maße Produktivkapitalanlagen erfolgen, sondern von den privaten Haushalten Festbetragsansprüche erworben werden. Die Investmentfonds haben sich - den Anlegerinteressen entsprechend - in den letzten zehn Jahren per Saldo nicht in Eigenkapitaltiteln, sondern fast nur in Fremdkapitaltiteln engagiert.

Die Entwicklung des Mittelaufkommens der Rentenfonds und der Umlaufsrenditen festverzinslicher Wertpapiere (vgl. Abb. 4.12) lassen den Schluß zu, daß das Anlegerverhalten der Investmentsparer durch eine hohe Zinsreagibilität gekennzeichnet ist. Dabei ist ein prozyklisches Verhalten[467] zu erkennen. Bei hohem Kursniveau bzw. niedriger Rendite festverzinslicher Papiere neigen die Anleger stärker zur Beteiligung an Rentenfonds. Dagegen nimmt das Anlegerinteresse an Rentenfonds in Hochzinsphasen ab. Bei Termingeldern ist eine umgekehrte Wirkung der Kapitalmarktzinsen festzustellen.[468] Es liegt daher die Vermutung nahe, daß Termingelder und Rentenfonds Anlagesubstitute darstellen, die von der jeweiligen Zinskonstellation in entgegengesetzter Richtung beeinflußt werden. Die Attraktivität der Rentenfonds in Niedrigzinsphasen beruht nach Angaben der Investmentbranche auf den mit den Zinssenkungen verbundenen Kurssteigerungen der Rentenwerte im Fonds, welche die Anlageergebnisse begünstigen.[469] Die Anleger reagieren auf die verbesserte Performance mit verstärkten Käufen während der Niedrigzinsphase, ohne sich der damit verbundenen Kursrisiken bewußt zu sein. Dieses objektiv irrationale Verhalten wird sich langfristig negativ für die Investmentbranche auswirken, wenn die Erwartungen der Anleger enttäuscht werden.

- Investmentsparen im Ausland

Wie aus der Tab. 4.14 hervorgeht, ist das Investmentsparen im Ausland teilweise stärker verbreitet als in der Bundesrepublik. Insbesondere in den USA, in Japan, Frankreich und Großbritannien sind die verwalteten Publikumsfondsvermögen und die Investmentvermögen pro Kopf der Bevölkerung größer als hierzulande. Die Gründe für das größere Anlegerinteresse liegen jedoch hauptsächlich in spezi-

467) Vgl. BVI, a.a.O., S. 27.
468) Vgl. Kap. 4.3.2., S. 285 dieser Arbeit.
469) Vgl. BVI, a.a.O., S. 28.

fisch-nationalen normativen Rahmenbedingungen, weniger dagegen in unterschiedlichen Anlegermentalitäten.

Tab. 4.14: Investmentsparen im Ausland

Land	Fondsvermögen (Mrd. DM)		Investmentvermögen pro Kopf der Bevölkerung (DM)		Spareinlagen pro Kopf der Bevölkerung (DM)
(Bestand am Jahresende)	1985	1986	1985	1986	1986
Australien	15,4	15,4	974	963	7418
BR Deutschland	58,8	71,0	936	1162	23851
Belgien	6,9	10,3	696	1043	28232
Dänemark	6,1	7,8	1200	1521	19704
Frankreich	215,3	296,9	3902	5370	12093
Großbritannien	78,2	92,1	1393	1622	11302
Irland	0,5	0,4	143	111	k.A.
Italien	29,0	93,4	507	1633	15330
Japan	245,1	389,1	2029	3195	52691
Kanada	21,1	23,9	840	935	k.A.
Korea	17,3	20,3	851	488	k.A.
Niederlande	22,4	25,1	1546	1721	10351
Österreich	2,9	5,1	381	680	19867
Schweiz	26,2	33,7	4110	5190	46078
Südafrika	1,5	2,5	47	89	k.A.
USA	1130,3	1266,4	4724	5242	18890

Anmerkung: Es wurden nur Publikumsfonds (Wertpapier- und offene Immobilienfonds) erfaßt, für die USA auch Geldmarktfonds (money market funds). Als Quellen dienten Unterlagen der Deutschen Bundesbank, des Statistischen Bundesamtes, des Internationalen Instituts der Sparkassen, Genf, sowie Erhebungen des BVI Bundesverband Deutscher Investment-Gesellschaften e.V.. Die Daten wurden zum amtlichen Devisen-Mittelkurs an der Frankfurter Börse umgerechnet.

Quelle: BVI Bundesverband Deutscher Investment-Gesellschaften e.V., Investment 88, Frankfurt 1988, S. 19.

So dienen Investmentanlagen in den USA und Großbritannien der Altersvorsorge, die in diesen Ländern in stärkerem Maße der Privatinitiative überlassen bleibt, jedoch steuerlich gefördert wird. In den USA und Japan existieren zudem Geldmarktfonds, die zu Geldmarktsätzen verzinste Depositenzertifikate emittieren und den Anlegern gleichzeitig meist den Service von Sichteinlagen bieten, beispielsweise die Verfügungsmöglichkeit durch Scheck oder Kreditkarte. Diese Innovation sorgte für ein erhebliches Wachstum der Investmentbranche.[470)]

In Italien wurde der erste Investmentfonds erst im Juli 1984 aufgelegt, aber bereits Ende 1986 waren 2,5 Mio. Italiener Anteilsbesitzer.[471)] Dieser Boom beruht vor allem auf der Steuerfreiheit von Veräußerungsgewinnen und Ausschüttungen für Privatanleger. Auch das französische Investmentwesen profitiert von steuerlichen Maßnahmen durch das "Loi Monory" von 1978 bzw. das "Loi de Finance" von 1982, welche die Risikokapitalbildung fördern sollen. Danach können Steuerpflichtige bei Aktien- oder Aktienfondskäufen bis zum Höchstbetrag von 7000 FF (bzw. 14000 FF für Verheiratete) 25 % des investierten Betrags von der Einkommensteuer absetzen. Die Festlegungsfrist beträgt fünf Jahre, der Fondsanteil französischer Aktien mindestens 60 %.[472)]

4.4. Struktur des Geldvermögens in den Jahren 1960, 1970, 1980, 1990 und 2000 im Vergleich

Tabelle 4.15 weist die Bestände von zu sechs Gruppen zusammengefaßten Geldvermögensarten für die Jahre 1960, 1970 und 1980 aus. Für die Jahre 1990 und 2000 wurden eigene, auf den Bundesbankstatistiken[473)] beruhende Trendrechnungen zugrundegelegt.

Bei den Prognosewerten wurde zunächst die zukünftige Entwicklung des Bruttogesamtvermögens geschätzt. Für die Jahre 1960 bis 1987 wurden die jährlichen Wachstumsraten errechnet und anschließend eine lineare Regression[474)] dieser Wachstumsraten vorgenommen. Die

470) Vgl. BVI, a.a.O., S. 68.
471) Vgl. BVI, a.a.O., S. 69.
472) COMMERZBANK AG, Bericht der Abteilung Volkswirtschaft vom 23.6.1986. S. 4.
473) DEUTSCHE BUNDESBANK, (Juni 1988), a.a.O., S. 34-39.
474) Alle Regressionsanalysen wurden auf einem IBM-AT mit Lotus-Symphony, Vers. 2.0, gerechnet. Ausgangsdaten, Ergebnisse und die wichtigsten statistischen Kennzahlen sind in den Anhängen 5-11 dieser Arbeit aufzufinden. Das Bestimmtheitsmaß R^2 gibt den Anteil an der Varianz der abhängigen Variable wieder, der durch die unabhängigen Variablen (Jahreszahl, Bruttogeldvermögen) erklärt werden kann. Die (multiple) Korrelation zwischen der abhängigen Variable und den unabhängigen Variablen ist dann gerade 0, wenn

Zeitreihenanalyse ergab leicht abnehmende Wachstumsraten des Gesamtvermögens. Dennoch wird sich das Geldvermögen von 1988 bis zum Jahr 2000 auf knapp 5000 Mill DM ungefähr verdoppeln.[475]

Tab. 4.15: Privates Geldvermögen im Zehnjahresvergleich

Bestand am Jahresende (Mrd. DM)	1960	1970	1980	1990	2000
Geldanlage bei Banken	78,0	274,7	777,8	1376,7	2171,3
Geldanlage bei Bausparkassen	9,2	39,6	107,7	152,9	211,3
Geldanlage bei Versicherungen[1]	20,9	69,7	215,6	514,7	916,2
Festverzinsliche Wertpapiere[2]	5,7	40,2	170,3	463,7	850,3
Aktien[2]	36,6	52,4	62,7	145,1	241,2
Sonstige Forderungen[3]	15,5	40,8	140,2	307,2	540,2
Bruttogesamtvermögen	165,7	517,5	1474,3	2960,3	4930,5

1) Lebensversicherungen, Pensions- und Sterbekassen sowie berufsständische Versorgungswerke.
2) Zu Tageskursen.
3) Geldmarktpapiere und Forderungen gegen Sach- und Krankenversicherungsunternehmen sowie betriebliche Pensionsfonds.

Quelle: Deutsche Bundesbank, Sonderdrucke Nr. 4, a.a.O., Juni 1988.

Für die Schätzung der sechs Vermögensarten wurden ebenfalls jährliche Daten der Jahre 1960 bis 1987 zugrundegelegt. Es wurden jeweils drei verschiedene Formen von Regressionsrechnungen durchgeführt und miteinander verglichen. Als erste Alternative (Reg1) wurde eine einfache lineare Regression der Vermögensbestände durchgeführt. Die zweite Alternative (Reg2) sollte die natürlichen

alle einfachen Korrelationen gleich 0 sind. Will man die Nullhypothese zum Niveau α gegen die Alternative einer von 0 verschiedenen Korrelation testen, so verwendet man im F-Test als Prüfgröße $F = R^2(n-m-1)/m(1-R^2)$; m kennzeichnet die Anzahl der unabhängigen Variablen, n die Anzahl der Ausgangsdaten. Für alle in diesem Kapital beschriebenen Regressionsrechnungen betrug das Signifikanzniveau der Null-Hypothese 1 %. Dies bedeutet, daß mit einer Wahrscheinlichkeit von 99 % ein statistischer Gesamtzusammenhang zwischen der abhängigen Variablen und den unabhängigen Variablen besteht. Zu den gewählten statistischen Verfahren und Kennziffern vgl. z.B. GREEN, P., TULL, D., a.a.O., S. 283-316 u. 562; zur Zeitreihenanalyse vgl. HARTUNG, Joachim, Statistik, 6. Aufl., München 1987, S. 637-744; zum F-Test vgl. derselbe, S. 565-567.

475) Das Bestimmtheitsmaß R^2 betrug für die Regression 0,53. Der F-Test weist eine Irrtumswahrscheinlichkeit von $\alpha < 0,01$ aus, wobei die Nullhypothese Unabhängigkeit von Jahreszahl und Wachstumsrate unterstellt. Die Trendanalyse führt also zu einem statistisch durchaus befriedigenden Ergebnis.

Wachstumstrends der Vermögensarten stärker berücksichtigen; deshalb wurden die Ausgangsdaten zunächst logarithmiert, dann eine lineare Regression vorgenommen und anschließend wieder entlogarithmiert. Die dritte Alternative (Reg3) besteht in einer mehrfachen Regression, wobei die Jahreszahlen und die Bestände des Gesamtvermögens als unabhängige, die Bestände der jeweiligen Vermögensart als abhängige Variable aufgefaßt wurden.[476] Insgesamt sind die Schätzwerte nach der dritten Methode statistisch am besten. Bei der Interpretation ist jedoch zu berücksichtigen, daß die Berechnung selbst wiederum teilweise auf Prognosewerten für das Bruttogeldvermögen beruht.

In den Anhängen 6 bis 11 zu dieser Arbeit ist für die Jahre 1960 bis 2000 der (geschätzte) Bestand der privaten Haushalte in allen Geldvermögensarten aufgelistet. Näher diskutiert werden an dieser Stelle nur die Schätzwerte der Alternative 3. Diese Alternative führt nicht nur zu den statistisch besten Ergebnissen, sondern ist ökonomisch auch am plausibelsten, da nicht nur eine reine Zeitreihenanalyse durchgeführt wird, sondern gleichzeitig die erwartete Entwicklung des Bruttogeldvermögens als Vorgabe für das Wachstum der einzelnen Vermögensarten berücksichtigt wurde. Diese Methode ermöglicht eine konsistente Betrachtung der Entwicklung aller einzelnen Vermögensarten, denn die gewählte Regressionsmethode impliziert mathematisch eine Gleichheit der Summe der geschätzten Vermögensarten pro Jahr und des geschätzten Gesamtgeldvermögens.

Auch in Zukunft wird die Geldanlage bei Banken die wichtigste Geldvermögensform für private Haushalte darstellen. Die Entwicklung dieser Vermögensart wird jedoch langsamer verlaufen als die des gesamten Geldvermögens. Der Anteil der Geldanlage bei Banken

476) Vgl. Anhänge 6-11, S. 397-402 dieser Arbeit. Von einer Ausnahme abgesehen waren die Wurzeln aus der Summe der quadratischen Abweichungen zwischen Ausgangsdaten und Regressionsfunktion für alle Vermögensarten bei der dritten Alternative am geringsten. Nur bei der Anlage bei Versicherungen hat die logarithmische Regression zu etwas besseren Ergebnissen geführt. Aber auch in diesem Fall erweist sich die mehrfache Regression mit einem Bestimmtheitsmaß $R^2 = 0{,}994$ als sehr zuverlässig. Für alle Vermögensarten wurden Bestimmtheitsmaße zwischen 0,785 (Aktien) und 0,998 (Sonstige Forderungen) ermittelt. Das Signifikanzniveau liegt in allen Fällen bei 99%.

am Bruttogeldvermögen wird im Jahr 2000 nur noch 44 % betragen, nachdem er 1980 noch 52,8 % ausmachte.

Die Geldanlagen bei Bausparkassen werden ebenfalls an Bedeutung verlieren. Im Jahre 1970 verwalteten Bausparkassen noch 7,7 % des Geldvermögens privater Haushalte. Im Jahre 2000 wird der Anteil der Geldanlagen bei Bausparkassen nur noch 4,3 % betragen.

Weiterhin expandieren wird das Versicherungssparen. Bis zum Jahr 2000 wird das bei Versicherungen angelegte Geldvermögen stetig auf über 900 Mrd. DM anwachsen. Der Anteil der Geldanlagen bei Versicherungen am gesamten Geldvermögen privater Haushalte steigt von 12,6 % (1960), 13,5 % (1970) und 14,6 % (1980) auf 17,4 % (1990) und schließlich 18,6 % im Jahre 2000.

Eine ähnlich nachhaltige Wachstumsentwicklung wird für die Vermögensposition Sonstige Forderungen prognostiziert. Die sehr unterschiedlichen in dieser Position enthaltenen Vermögensarten werden von derzeit rund 10 % auf 11 % im Jahr 2000 anwachsen.

Eine Betrachtung des Wertpapiersparens zeigt deutliche Veränderungen in den Zehnjahresintervallen. Im Jahre 1960 waren 25,5 % des privaten Geldvermögens in Wertpapieren angelegt, im Jahre 1970 waren es nur noch 17,9 %, im Jahre 1980 nur noch 15,9 %. Bis 1990 wird das Wertpapiersparen jedoch 20,6 % und im Jahre 2000 über 22 % des gesamten Geldvermögens umfassen.

Sehr unterschiedlich verläuft dabei die Entwicklung des Bestandes an festverzinslichen Wertpapieren und an Aktien. Im Jahre 1960 besaßen die privaten Haushalte einen Aktienbestand, der rund 6,5 Mal so groß war wie der an festverzinslichen Wertpapieren in Höhe von 5,7 Mrd. DM. Von dieser Ausgangsbasis wuchs der Bestand an festverzinslichen Wertpapieren nachhaltig und sehr schnell. In keiner anderen Vermögensart wurde die hier erreichte durchschnittliche Wachstumsrate von 16,5 % (für die Jahre 1960-1987) auch nur annähernd erreicht. Der Anteil der festverzinslichen Wertpapiere am gesamten Geldvermögen nimmt ständig zu. Er wird bis zum Jahr 2000 auf 17,2 % ansteigen.

Abb. 4.13: Struktur des Geldvermögens in den Jahren 1960, 1970, 1980, 1990 und 2000

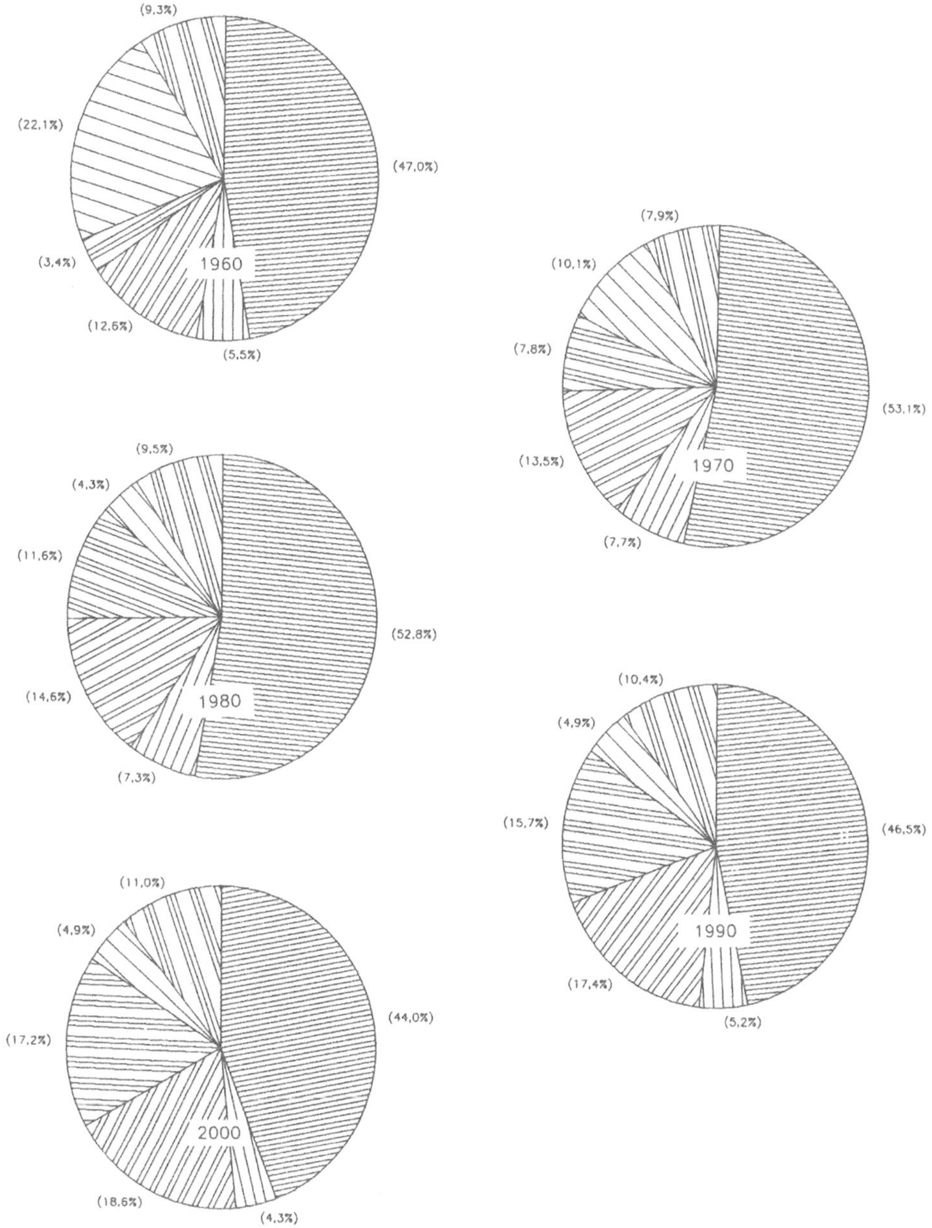

Eigene Berechnungen

Die Segmente aller fünf Kreisdiagramme bedeuten (im Uhrzeigersinn):

- Geldanlage bei Banken
- Geldanlage bei Bausparkassen
- Geldanlage bei Versicherungen (Lebensversicherungen, Pensions- und Sterbekassen sowie berufsständische Versorgungswerke)
- Festverzinsliche Wertpapiere (zu Tageskursen)
- Aktien (zu Tageskursen)
- Sonstige Forderungen (Geldmarktpapiere und Forderungen gegen Sach- und Krankenversicherungsunternehmen sowie betriebliche Pensionsfonds)

Abbildung 4.13 gibt eine Übersicht über die sich verändernde Zusammensetzung des Geldvermögens im Zeitraum von 40 Jahren.

Beim Aktienvermögen ist eine Abnahme des Anteils am gesamten Geldvermögen von 22,1 % im Jahre 1960 über 10,1 % (1970) auf 4,3 % (1980) zu verzeichnen. Für das Jahr 1990 wird ein Anteil von 4,9 % errechnet. Im Jahre 2000 wird der Anteil des Aktienvermögens weiterhin knapp 5 % betragen. Nachdem zunächst eine deutliche Abnahme der Bedeutung des Aktiensparens zu verzeichnen ist, führt die Regressionsrechnung zu dem Ergebnis einer zukünftig mit dem Wachstumstempo des Gesamtvermögens schritthaltenden Entwicklung des Aktienvermögens.

Die Vermögensbestände der Vergangenheit spiegeln in aggregierter Form die Auswirkungen der Gesamtheit aller einzelnen Verhaltensfaktoren auf die Anlageentscheidungen wider. Über lange Zeiträume beobachtete Bestandsentwicklungen lassen deshalb Rückschlüsse auf die langfristige Entwicklung der Gesamtheit aller Entscheidungsfaktoren zu, wenn auch die Intensität und die Beziehungen einzelner Verhaltensdeterminanten verdeckt bleiben. Eine Voraussetzung für die Zuverlässigkeit einer Prognose zukünftiger Vermögensbestände mit Hilfe vergangenheitsbezogener Daten ist, daß das in der Vergangenheit gültige Beziehungsgeflecht von Verhaltensfaktoren bei den meisten Individuen für die Zukunft erhalten bleibt.

Nicht unmittelbar aus den Vergangenheitsdaten ersichtliche Verhaltensänderungen liegen beispielsweise bei der Variation von nachfragewirksamen Bedürfnissen vor. Die beim Bausparen und bei Bankeinlagen bereits deutlich sichtbar gewordenen Grenzen des Wachstums werden sich vermutlich in der näheren Zukunft ebenso beim Versicherungssparen bemerkbar machen, sobald die mit dieser Anlageform verbundenen Bedürfnisse weitgehend befriedigt sind und eine relative Marktsättigung vorliegt.[477] Bisher latente Bedürfnisse gewinnen dagegen an Dominanz. Renditeaspekte, Liquiditätsneigung,

477) Staatliche Maßnahmen zur Verhaltenssteuerung in Form eines Abbaus von selektiven steuerlichen Anreizen für das Versicherungssparen einerseits oder in Form einer Reduktion der öffentlichen Altersversorge andererseits bleiben hier außer Betracht.

wachsendes Risikobewußtsein, aber auch Status- und Machtbedürfnisse werden bei steigendem Wohlstand und gewachsenem Informationsniveau der Anleger zukünftig das Wertpapiersparen, langfristig betrachtet insbesondere das Aktiensparen, zusätzlich beleben.

Die mit Hilfe der Regressionsanalyse quantitativ ermittelten Trends beinhalten diese erwarteten Verhaltensänderungen nicht. Bezieht man qualitative Faktoren in Form sich ändernder Bedürfnisstrukturen in die Schätzung mit ein, so sind die statistisch prognostizierten Bestands- und Strukturdaten für Aktien und festverzinsliche Wertpapiere als Untergrenze der tatsächlich zu erwartenden Entwicklung zu interpretieren. Diese Prognose wird zusätzlich durch die sich abzeichnende demographische Entwicklung verstärkt. Bei sinkender Bevölkerungszahl wächst das durchschnittliche Pro-Kopf-Vermögen schneller als das Gesamtvermögen aller privaten Haushalte. Von steigenden Individualvermögen profitiert die Anlagealternative Wertpapiersparen voraussichtlich überproportional.

Die tatsächlichen Wachstumsraten des Wertpapiersparens werden folglich über den quantitativ errechneten liegen und deutlich höher als die der gesamten Geldvermögensbildung sein. Die Akzeptanz des Wertpapiersparens bei privaten Haushalten in Form von Anlagen in festverzinslichen Wertpapieren, Aktien und Investanteilen wird zunehmen.

4.5. Akzeptanzchancen überbetrieblicher Beteiligungstitel

Grundsätzlich ist davon auszugehen, daß von dem prognostizierten positiven Trend beim Wertpapiersparen auch die Verbreitungschancen von Unternehmensbeteiligungsgesellschafts-Aktien sowie Anteilen an Beteiligungs-Sondervermögen als Wertpapierspezialformen profitieren.

Kurzfristig betrachtet ist ein großer Mittelzufluß zu den neuen Beteiligungsinstitutionen jedoch nicht zu erwarten. Die neuen Anlageformen sind den privaten Haushalten noch weitgehend unbekannt. Selbst unter der Voraussetzung, daß die Initiatoren von Beteiligungsgesellschaften durch Werbung und Öffentlichkeitsarbeit den Bekanntheitsgrad dieser Anlageformen deutlich steigern können, so ist nicht mit einer sprunghaften, sondern lediglich mit einer allmählichen Zunahme der Anlagebereitschaft zu rechnen.

Die Akzeptanz überbetrieblicher Beteiligungstitel ist bei unterschiedlichen sozialen Gruppen differenziert zu beurteilen. Bereits wertpapiererfahrene Sparer, die insbesondere in den einkommensstarken und höher gebildeten Bevölkerungsschichten aufzufinden sind, werden in den neuen Beteiligungsformen eine Anlagealternative zu den bisher nachgefragten Wertpapiersparformen sehen. Ökonomische Faktoren wie Rendite-Risiko-Verhältnis und Liquidität stellen die wesentlichen Faktoren dar, die die Anleger dieser soziodemographischen Schichten zum Erwerb überbetrieblicher Beteiligungstitel veranlassen können.

Der diversifizierte Charakter überbetrieblicher Beteiligungstitel macht Unternehmensbeteiligungsgesellschafts-Aktien und Anteile an Beteiligungs-Sondervermögen für private Anleger besonders attraktiv. Aufgrund relativ geringer Größen der Beteiligungsunternehmen, der zu erwartenden Gefahr einer Marktenge und Informationsdefiziten über die Beteiligungsunternehmen werden Unternehmensbeteiligungsgesellschafts-Aktien jedoch nicht zu den "Blue-Chips" an der Börse zählen. Ähnliche Vorbehalte, auch aufgrund des immer noch unbefriedigend gelösten Bewertungsproblems, gelten für Anteile an Beteiligungs-Sondervermögen. Beide Anlageformen werden von wertpapiererfahrenen Anlegern als eher spekulative Papiere eingestuft werden. Von der Portefeuille-Politik des jeweiligen Fondsmanagements hängt es ab, ob die Titel der jeweiligen Beteiligungsgesellschaft von dieser durchschnittlichen, groben Klassifikation bonitätsmäßig nach oben oder unten abweichen. Unternehmensbeteiligungsgesellschafts-Aktien und Anteilsscheine an Beteiligungs-Sondervermögen werden keine Umsatzrenner darstellen, jedoch als interessante Ergänzungsmöglichkeit des individuellen Wertpapier-Portefeuilles auf Nachfrage stoßen.

Die Akzeptanzchancen bei weniger verdienenden, wertpapierunerfahrenen Anlegern beruhen auf anderen Faktoren. Diese Anlegergruppe, die sich aus einer sehr großen Zahl von Sparern mit relativ niedrigen Anlagebeträgen zusammensetzt, wird zu großen Teilen aus Anspruchsberechtigten nach dem Vermögensbildungsgesetz bestehen. Die Verbreitung der neuen Anlageformen in dieser Anlegerschicht wird davon abhängen, inwieweit die Vorteile der Förderung nach dem 5. VermBG und § 19 a EStG beim Erwerb überbetrieblicher Beteiligungstitel von den Betroffenen wahrgenommen werden. Die Entwicklung bei Aktienfonds, bei denen die Zahl der nach dem Vermögensbildungsgesetz geführten Depots von 1983 bis 1986 von 5277 auf 158.939 anstieg,[478] stimmt auch für die beiden neuen Anlageformen zuversichtlich. Die Konstruktion indirekter Mitarbeiterbeteiligungsmodelle, die tarifpolitische Einbindung der überbetrieblichen Vermögensbeteiligung und die Bereitstellung von Informationen durch Arbeitgeber und Kreditwirtschaft werden in erheblichem Maße darüber bestimmen, ob der "natürliche" Trend zum Wertpapiersparen sich bei überbetrieblichen Beteiligungstiteln überdurchschnittlich stark auswirkt. Den ca. 20 Mio vermögenswirksam sparenden Arbeitnehmern steht eine jährliche geförderte Höchstsparsumme von 936 DM zur Disposition bereit. Dieses potentielle Anlagevolumen von über 18 Mrd. DM eröffnet prinzipiell gute Wachstumschancen für die überbetriebliche Vermögensbeteiligung. Dies gilt insbesondere dann, wenn Produktivvermögensbeteiligungen deutlich stärker gefördert werden als andere Anlageformen. Die Streichung der Förderung des Konten- und Lebensversicherungssparens[479] impliziert eine zunehmende Konzentration des Anlagevolumens im Bereich des Produktivvermögens.

Nach den Prognoserechnungen[480] werden in den Jahren 1988-2000 über 600 Mrd. DM Wertpapiervermögen von den privaten Haushalten neu gebildet. Innerhalb eines solchen Mengenwachstums sind erhebliche Spielräume auch für überbetriebliche Beteiligungstitel zu sehen. Gelänge es, 1 % des neu gebildeten Wertpapiervermögens in diese Anlageformen zu lenken, so stände im Durchschnitt der nächsten 12 Jahre rund 0,5 Mrd. DM p.a. zur indirekten Investition in kleinen und mittleren Unternehmen über Beteiligungsgesellschaften zusätzlich zur Verfügung. Ein noch darüberliegendes Wachstum der über-

---

478) BEHRENWALDT, U., a.a.O., S.20.
479) Vgl. Kap. 2.6., S. 87-97 dieser Arbeit
480) Vgl. Anhänge 9 und 10, S. 400-401 dieser Arbeit.

betrieblichen Vermögensbeteiligung ist durchaus möglich, da einerseits bei der Schätzung des Wertpapiervermögens die Untergrenze der zu erwartenden Entwicklung ermittelt wurde und andererseits der unterstellte Einprozent-Anteil langfristig betrachtet noch übertroffen werden kann.

4.6. Zusammenfassung der wichtigsten Ergebnisse

Voraussetzung für die Erreichbarkeit der beiden diskutierten Hauptziele der überbetrieblichen Vermögensbeteiligung - Dekonzentration der Vermögen und Zufuhr von Risikokapital zu nicht emissionsfähigen Unternehmen - ist die Akzeptanz der von Beteiligungsgesellschaften emittierten Finanztitel als Anlagemedium bei den privaten Haushalten. Die Marktchancen dieser neuen, speziellen Wertpapierformen sind nur abzuschätzen, wenn der Einfluß einer Vielzahl subjektiver und objektiver Faktoren auf das Anlageverhalten und die Marktstellung der bereits existierenden konkurrierenden Anlageformen in der Analyse berücksichtigt werden.

Die Ansätze der klassischen Finanzierungstheorie beschäftigen sich lediglich mit bestimmten Teilaspekten des Anlegerverhaltens und helfen bei der Analyse der Akzeptanzchancen neuer Anlageformen nur wenig weiter. Beispielsweise erklärt die Portefeuilletheorie das Diversifikationsstreben risikoaverser Anleger oder die ARROW'sche Theorie der Risikoaversion die Nachfrage nach sicheren Anlagen bei wachsendem Vermögen. Diese Ansätze bewegen sich jedoch in einem idealtypischen Modellrahmen, gehen von objektiv rationalem Verhalten der Akteure aus und argumentieren mit in der Realität in dieser Form nicht meßbaren Parametern. Eine verhaltenswissenschaftliche Fundierung fehlt. Außerdem handelt es sich um (komparativ-)statische Ansätze, die Verhaltensänderungen im Zeitablauf nicht erklären.

Als dynamisches Modell des Geldanlageverhaltens wurde ein Bedürfnishierarchiekonzept entwickelt, nach welchem im Zeitverlauf erst dann höhere Bedürfnisse aktiviert werden, nachdem vorgelagerte Anlagebedürfnisse weitgehend befriedigt sind. Da wachsender materieller Wohlstand eine zunehmende Befriedigung der Grundbedürfnisse von Geldanlagen (Konsum-/Zwecksparen, finanzielle Absicherung) impliziert, wird sich nach diesem Modell bei steigender Prosperität die Nachfrage nach Geldanlageformen erhöhen, die mit höhergelagerten Anlegerbedürfnissen (Renditeorientierung, Status- und Machtstreben) assoziiert werden. Eine Untersuchung geglätteter Wachstumsraten ausgewählter Anlageformen ab 1960 gibt Anhaltspunkte für eine Bestätigung des Hierarchiekonzepts.

Aufgrund des geringen Realitätsbezugs der aus der Finanzierungstheorie bekannten, nur auf einem oder zwei Faktoren beruhenden Erklärungsansätze des Anlegerverhaltens wurde eine umfassende Gruppierung und Systematisierung der vielfältigen Determinanten von Vermögensanlageentscheidungen vorgenommen. Bei der Diskussion eines verhaltenswissenschaftlichen, an Ansätzen aus der Konsumentenforschung orientierten Modells zur Beschreibung von Anlageentscheidungsprozessen wurde festgestellt, daß das Anlageverhalten privater Haushalte aufgrund affektiver Momente, Automatismen und begrenzter Kapazität bei der Informationsaufnahme und -verarbeitung nicht "objektiv rational" sein kann.

Zur empirischen Untersuchung subjektiver, psychologischer Anlagefaktoren wurde auf die Ergebnisse der Befragungen der Spiegel-Dokumentationen SOLL UND HABEN zurückgegriffen. Hinsichtlich der im Mittelpunkt des Interesses stehenden überbetrieblichen Beteiligungen in Form von Aktien und Investmentzertifikaten ist es besonders bedeutsam, daß für die überwiegende Mehrheit der Bevölkerung Absicherungs- und Vorsorgemotive bei einer Geldanlage im Vordergrund stehen. Außerdem wurde festgestellt, daß sich private Anleger über das Konten-, Bauspar- und Lebensversicherungssparen wesentlich besser informiert fühlen als über das Aktien- und besonders das Investmentsparen. Um ihre Marktchancen wahrzunehmen, müssen Unternehmensbeteiligungsgesellschaften und Beteiligungs-Sondervermögen den Kenntnisstand über diese Spezialformen des Wertpapiersparens erhöhen und ihre Anlagetitel - insbesondere durch eine entsprechende Portefeuillepolitik - den Sparzielen und Präferenzen der Anlegerzielgruppen anpassen. Kurzfristig ist eine Popularisierung überbetrieblichen Beteiligungssparens nicht möglich. Auch möglichst risikoarm ausgestaltete überbetriebliche Produktivkapitaltitel sprechen zur Zeit nur die Anlageziele einer relativ kleinen Bevölkerungsschicht an.

Die in der SOLL UND HABEN-Studie durch eine Clusteranalyse ermittelten "Mentalitätstypen" stellen keinen geeigneten Ausgangspunkt für eine Marktsegmentierung der Anleger aus Sicht der Beteiligungsgesellschaften dar. Diese Mentalitätstypen spiegeln lediglich sozioökonomische Unterschiede wider, die im Vergleich zu psychologischen Faktoren wesentlich einfacher, zuverlässiger und direkt ermittelt werden können.

Eine Betrachtung der sozioökonomischen Anlagefaktoren zeigt, daß die Verbreitung des Aktien- und Investmentsparens mit steigender sozialer Stellung, steigendem Bildungsniveau und steigendem Einkommen zunimmt. Dabei liefert das Einkommen den mit Abstand größten eigenständigen Erklärungsbeitrag. Außerdem ist eine wachsende Aufgeschlossenheit der jungen Generation gegenüber dem Wertpapiersparen festzustellen. Damit sind gleichzeitig die aufnahmefähigsten sozioökonomischen Schichten für überbetriebliche Beteiligungstitel umrissen. Je stärker das sozioökonomische Profil eines Anlegers hiervon abweicht, desto wichtiger sind verhaltensbeeinflussende, subsidiäre Förderungsmaßnahmen des Staates, der Tarifpartner und der Unternehmen für die Akzeptanz überbetrieblicher Vermögensbeteiligungen.

Mit Hilfe der Geldvermögensstatistik der DEUTSCHEN BUNDESBANK konnten die Entwicklungstrends der Vermögensstruktur des Sektors private Haushalte seit 1960 untersucht werden. Die Bundesbankdaten zeigen, daß die in Befragungen festgestellte Dominanz der Sicherheits- und Vorsorgeziele sich auch im tatsächlichen Anlegerverhalten manifestiert. So umfassen die Geldanlagen bei Banken und Versicherungen insgesamt rund zwei Drittel des Geldvermögens privater Haushalte, wobei der Marktanteil der Versicherungen nachhaltig wächst.

Eine zunehmende Renditeorientierung gibt in den letzten Jahren dem Wertpapiersparen Impulse, wovon allerdings bisher hauptsächlich

Rentenwerte profitierten. Aber auch der Marktanteil der Aktienanlagen, der bis Anfang der achtziger Jahre kontinuierlich sank, hat sich zuletzt etwas erhöht. Offensichtlich hat das Aktiensparen durch den Kursturz im Oktober 1987 nicht zusätzlich an Attraktivität verloren. Das in den letzten Jahren zu verzeichnende zunehmende Interesse privater Haushalte an Dividendenpapieren hat sich während der Baisse sogar verstärkt. Das niedrige Kursniveau ist vermutlich von vielen privaten Anlegern als gute Einstiegsmöglichkeit eingeschätzt worden. Wachsende Segmente der privaten Haushalte reagieren zunehmend flexibel auf Chancen am Wertpapiermarkt. Diese Aufgeschlossenheit bestimmter Anlegerschichten kann die Markteinführung überbetrieblicher Beteiligungstitel vereinfachen.

Trendanalysen ergeben, daß das Wertpapiervermögen der privaten Haushalte bis zum Jahr 2000 um rund 600 Mrd. DM anwachsen und dann rund 22 % des Geldvermögens (1987: 19,4 %) umfassen wird, wovon jedoch weniger als ein Viertel dem Aktienvermögen zuzurechnen ist. Das überdurchschnittliche Wachstum des Wertpapiersparens eröffnet auch Unternehmensbeteiligungsgesellschaften und Beteiligungs-Sondervermögen langfristig gute Absatzchancen, zumal durch ein Streichen der Förderung des Konten- und Versicherungssparens zukünftig jährlich zweistellige Mrd.-DM-Beträge dem Produktivvermögen im Rahmen der Vermögensbildung zufließen werden.

5. Anforderungen an ein zieladäquates Vermögensbeteiligungsmodell

5.1. Gesetzlicher Rahmen

5.1.1. Zu fördernde Vermögensarten und Förderrahmen

Die Bundesregierung hat wiederholt betont, daß sie die Förderung im Rahmen der Vermögensbildungsgesetze auf Produktivkapitalbeteiligungen konzentrieren will. Eine Streichung der Förderung des Konten- und Versicherungssparens für nach dem 1.1.1989 abgeschlossene Neuverträge ab 1990 ist bereits gesetzlich fixiert.[481] Die Bausparförderung soll dagegen, wenn auch mit geringeren Zulagesätzen, fortgeführt werden; daneben wird das Bausparen weiterhin durch das Wohnungsbauprämiengesetz und die Möglichkeit des Sonderausgabenabzugs subventioniert.[482] Das Versicherungssparen soll auch zukünftig durch das Steuerprivileg des § 20, Abs. 1 Nr. 6 EStG sowie die Sonderausgabenabzugsfähigkeit der Prämienzahlungen gestützt werden.

- Beibehaltung der Geldvermögensförderung aus sozialpolitischen Gründen

Eine einseitige Forcierung des Produktivkapitalsparens mag sich günstig auf das Ziel der Verbesserung der Kapitalstruktur der Wirtschaft auswirken. Die Ausführungen über die Vermögensbestände, ihre Verteilung und ihre Entwicklungstendenzen haben jedoch gezeigt, daß eine solche Weichenstellung Verteilungswirkungen besitzt, die sozialpolitisch unerwünscht sind. Zwar ist eine absolute Erhöhung der Geldvermögensbestände bei allen Haushaltsgruppen zu verzeichnen, gleichzeitig wächst jedoch die Geldvermögenskonzentration und damit die Verteilungsungleichheit. Zieht sich der Gesetzgeber aus der Vermögensbildung im Bereich des Kontensparens zurück, unterstützt er damit den Konzentrationstrend in dieser Vermögensart. Da auch das absolute Niveau der Geldvermögensbestände des ärmsten Haushaltsquintils mit durchschnittlich 2600 DM pro Haushaltsmitglied nicht besonders hoch ist, ist es in sozialer Hinsicht kritisch zu beurteilen, einen erheblichen Teil der Förde-

481) Vgl. Kap. 2.6., S. 87-97 dieser Arbeit.
482) Vgl. Kap. 2.4.4., S. 72-73 dieser Arbeit.

rung der Geldvermögensbildung aufzugeben. Das Subsidiaritätsprinzip würde durchbrochen, denn Vermögensbestände dieser Größenordnung sind nicht geeignet, einen soliden Beitrag zur Absicherung gegen Notfälle zu leisten oder die Altersversorge um eine spürbare private Komponente zu ergänzen.

Aufgrund des sozioökonomischen Profils und der Anlagebedürfnisse der Mitglieder der unteren Einkommensschichten können Produktivvermögenstitel die einfacher zu durchschauenden Geldvermögensanlagen zumindest kurzfristig nicht ersetzen. Dies könnte zu einem Rückgang der Sparbereitschaft und in der Konsequenz zu einer Verringerung der Spartätigkeit führen. Deshalb erscheint, gemessen an den Bedürfnissen der sozialpolitisch besonders förderungswürdigen Bevölkerungsschichten, eine nur auf das Produktivvermögen ausgerichtete Politik verfehlt. Eine Forcierung des Produktivkapitalsparens ist zwar zu befürworten, ein völliger Verzicht auf Förderung von Geldvermögensformen jedoch abzulehnen.

Anstatt eine bedürfnisgerechte Alternativenselektion bereits durch den Ausschluß von Anlageformen zu verhindern, sollte der Gesetzgeber über das Instrument differenzierter Fördersätze Anreize bieten, bestimmte Anlageformen zu wählen. Werden vermögenswirksame Kontensparverträge aus den Anlagekatalogen gestrichen, so hat das für den Anleger nicht nur die Konsequenz, daß er für die entsprechenden Sparleistungen keine Arbeitnehmer-Sparzulage mehr erhält. Gleichzeitig verlieren die vom Arbeitgeber überwiesenen Sparbeträge den Charakter vermögenswirksamer Leistungen. Der Arbeitnehmer kann folglich ohne Änderung der Anlageformen auch die tariflichen Vorteile des vermögenswirksamen Sparens nicht mehr nutzen.

Die besserverdienenden der nach den Vermögensbildungsgesetzen anspruchberechtigten Haushalte profitieren dagegen von der produktivkapitalorientierten Vermögenspolitik. Durch die zunehmende Befriedigung der Bedürfnisse bezüglich des Haus-, Grund- und Sachvermögens sowie der Sicherheitsbedürfnisse durch Geldvermögensbildung wird dieser Anlegerkreis in die Lage versetzt, sein Gesamtvermögen zunehmend nach Rendite- und Risikoaspekten zu diversifizieren. Bei wachsenden Gesamtvermögen empfiehlt es sich aus portefeuilletheo.etischer Sicht ohnehin, zunehmend Beträge in riskantere Titel mit höheren Renditeerwartungen zu investieren. Die Produktivkapitalförderung unterstützt eine Änderung des Anlageverhaltens, für die bereits genügend marktmäßige Anreize bestehen und führt deshalb in gewissem Maße zu Mitnahmeeffekten. Indem die Vermögensbildung damit den Anlagepräferenzen der besserverdienenden Schichten entgegenkommt, wirkt sie sozialpolitisch "asymmetrisch". Aus verteilungspolitischer Perspektive ist auch deshalb die Fortsetzung der Geldvermögensförderung zu fordern. Ihre Abschaffung ist nicht nur sozial bedenklich, sondern schadet insgesamt der Akzeptanz der Vermögensbildung bei der Bevölkerung, den Tarifpartnern und der Kreditwirtschaft. Die zu erwartenden deutlichen Einsparungen öffentlicher Mittel sollten nicht dazu verleiten, die Vermögenspolitik in ein Schattendasein zu manövrieren. Die verteilungspolitische Alibi-Funktion eines solchen Gesetzes könnte schnell entlarvt werden.

- Förderung von betrieblichen Kommanditbeteiligungen

Auch im Bereich der geförderten Produktivkapitalanlagen sind Modifikationen vorzunehmen. Nachdem mit Inkrafttreten des zweiten Vermögensbeteiligungsgesetzes vom 19. Dezember 1986 gemäß § 2 Abs. 1, Nr. 2 h auch GmbH-Anteile als Anlageform für Arbeitnehmerkapitalbeteiligungen anerkannt werden, können alle originären Rechtsformen von Eigenkapitalbeteiligungen, bei denen der Beteiligte nicht persönlich haftet, mit Ausnahme der Kommanditbeteiligung durch das Gesetz gefördert werden. Diese Sonderstellung der Kommanditbeteiligung ist auf die Regelung des § 15 Abs. 1 Nr. 2 EStG zurückzuführen, die bestimmt, daß Kommanditisten steuerrechtlich Mitunternehmer sind. Die gleiche Problematik gilt für die Beteiligung mit Genußrechten und atypischen stillen Beteiligungen, die eine Mitunternehmerschaft vermitteln.

Diese Vorschrift hat zur Konsequenz, daß sämtliche Bezüge der Mitarbeiterunternehmer einschließlich der Löhne und Gehälter nicht wie bei den meisten[483] anderen Rechtsformen gewerbeertrag- und steuerpflichtigen-Gewinn-mindernde Betriebsausgaben, sondern gewerbeertragerhöhende Gewinnvorwegnahmen sind.[484] Dies führt zu einer Erhöhung der Gewerbesteuerlast um ca. 10 bis 12 %[485], was einen eklatanten Wettbewerbsnachteil durch Einführung einer Kommanditbeteiligung gegenüber anderen Formen der Mitarbeiterbeteiligung bedeutet. "Während den Arbeitnehmern sämtliche Arbeitnehmervergünstigungen (Freibeträge, Sparzulagen, Sozialversicherung usw.) verlorengingen, entfällt für das Unternehmen die Abzugsfähigkeit von Löhnen, Gehältern und Arbeitgeberanteilen zur Sozialversicherung bei der Gewinnermittlung; ebenso dürfen Pensionsrückstellungen für die Mitarbeiter nicht mehr gebildet werden."[486]

Als Lösung dieser Problematik bietet es sich an, eine Novellierung der Bestimmung des Einkommensteuerrechts mit dem Ziel einer engeren steuerrechtlichen Definition der Mitunternehmerschaft vorzunehmen. Als Kriterien kämen der Einfluß auf die Geschäftsführung und die Höhe des Anteils in Betracht.[487] Beispielsweise wäre eine Ausklammerung der Mitunternehmerschaft bei Beteiligungen von weniger als 1 % des Unternehmenskapitals denkbar. Andere Autoren halten die gesetzliche Ausgestaltung des § 15 Abs. 1 Nr. 2 EStG für der Interessenlage des Gesetzgebers kaum entsprechend und die Stellung des Kommanditisten als Mitunternehmer aufgrund seiner handelsrechtlich schwachen Position für schlechthin "fingiert".[488] Die Konsequenz der Streichung dieser Vorschrift wäre die generelle Behandlung von Kommanditisten als Körperschaftssteuersubjekte unter Einbeziehung des Anrechnungsverfahrens, also eine Besteuerung entsprechend den Aktionären einer KGaA. Die Möglichkeit der syste-

483) Die gleiche Ausnahme gilt für die atypische stille Gesellschaft und unter Umständen für Genußrechte.

484) GUSKI, Hans-Günter, SCHNEIDER, Hans J., Betriebliche Vermögensbeteiligung in der Bundesrepublik Deutschland, Köln 1977, S. 108-109; dieselben, (1983), a.a.O., S. 127-128.

485) SCHNEIDER, Hans J., ZANDER, Ernst, Erfolgs- und Kapitalbeteiligung der Mitarbeiter in Klein- und Mittelbetrieben, Freiburg 1982, S. 134.

486) Ebenda, S. 135.

487) Vgl. z.B. SCHILLERT, Ulrich, MOLSBERGER, Josef, Vermögenspolitik und Eigenkapitalversorgung mittelständischer Unternehmen, Köln 1976, S. 154.

488) RAUPACH, Arndt, Der Niedergang des deutschen Einkommensteuerrechts - Möglichkeiten der Neubesinnung, in: RAUPACH, Arndt, TIPKE, Klaus, UELNER, Adalbert (Hrsg.), Niedergang oder Neuordnung des deutschen Einkommensteuerrechts? Münsteraner Symposion, Band I, Köln 1985, S. 125.

matischen Abrundung des Anlagekatalogs des Vermögensbildungsgesetzes durch Kommanditbeteiligungen wäre nur ein wünschenswerter Nebeneffekt einer solchen Bereinigung des Einkommensteuerrechts. Vor allem würde aufwendigen steuerrechtlichen Problemen wie der Verlustzurechnung auf Kommanditisten, des Sonderbetriebsvermögens oder der "Familiengesellschaften" die Grundlage entzogen.[489]

- Einheitlicher Höchstsparbetrag 1200 DM

Da sich die Belastung der öffentlichen Haushalte aufgrund der Vermögensbildungsgesetze und die zieladäquate Anreizbildung für die verschiedenen Anlageformen am geeignetesten durch Niveau und Differenzierung der Fördersätze steuern läßt, erscheint die bisher vorgenommene zusätzliche Differenzierung der Anlagehöchstbeträge (624 DM bei Geld-, 936 DM bei Produktivvermögen) überflüssig. Alle Anlageformen sollten einen einheitlichen Förderungsrahmen erhalten. Eine solche Vereinfachung des Vermögensbildungsgesetzes wirkt sich nicht nur kostengünstig auf die Handhabung des Gesetzes aus, sondern macht den für den privaten Anleger ohnehin kompliziert erscheinenden Regelungsapparat etwas transparenter. Die Notwendigkeit einheitlicher Förderrahmen wurde bei der Novellierung des 5. VermBG durch das Steuerreformgesetz bereits berücksichtigt.

Über die Vereinheitlichung der Förderrahmen hinaus wird angeregt, nur noch auf standardisierte Sparbeträge (z.B. 1/4, 1/2, 3/4 und 1/1 des Höchstrahmens) Prämien zu zahlen. Bei abweichenden Sparsummen wird nur auf den darunterliegenden Standardbetrag eine Prämie gezahlt. Auch dies verringert den verwaltungstechnischen Aufwand bei der Zulagenkalkulation und könnte die Anleger außerdem dazu motivieren, den Förderrahmen in voller Höhe auszunutzen. Dieses Ziel erscheint erreichbar, da Ende 1984 bereits rd. 60 % aller Arbeitnehmer tarifvertragliche Ansprüche auf vermögenswirksame Leistungen der Arbeitgeber in Höhe von mindestens 624 DM besaßen und folglich ohne große Eigenleistungen die Sparhöchstbeträge erreichen konnten.[490]

489) Derselbe, S. 126.
490) BUNDESTAGS-DRUCKSACHE 10/3821, a.a.O., S. 54.

Im übrigen ist der Kritik von GRESS zuzustimmen, die eine Dynamisierung der Förderrahmen fordert.[491] Gemessen am Preisindex für die Lebenshaltung ist der Realwert der 1970 eingeführten Sparhöchstgrenze von 624 DM 1986 fast genau halb so groß wie zum Zeitpunkt des Inkrafttretens des 3. Vermögensbildungsgesetzes. Das Wachstum der Löhne und Gehälter sowie die Preissteigerung bei Bauleistungen und Grundstücken - also besonderer Zielobjekte der Vermögensbildung - lagen noch höher als die Preissteigerung bei Konsumgütern.[492] Um die reale Vermögensbildung in gleicher Weise zu fördern wie zum Einführungszeitpunkt 1970 müßte der ursprüngliche Förderrahmen von 624 DM folglich mehr als verdoppelt werden. Um den Realwert der Förderung auch in Zukunft konstant zu halten, wäre an eine Indexierung der Höchstgrenzen zu denken. Zumindest sollten die Förderrahmen in bestimmten zeitlichen Abständen, z.B. alle 3 Jahre, den Preisindizes angepaßt werden. Vorläufig wird als begünstigter Höchstsparbetrag 1200 DM p.a. vorgeschlagen.

5.1.2. Fördersätze und Begünstigtenkreis

Die Staffelung der seit dem Inkrafttreten des 2. Vermögensbeteiligungsgesetzes gültigen Arbeitnehmer-Sparzulagesätze erscheint in hohem Maße willkürlich. Während vermögenswirksame Sparverträge, Schuldverschreibungen, Rentenfonds oder gemischte Fonds mit einem Anteil von weniger als 70 % in Aktien oder stillen Beteiligungen und Kapitallebensversicherungen mit 16 % gefördert werden, gilt für das Bausparen, Genußscheine, stille Beteiligungen, gesicherte Mitarbeiter-Darlehen und -Obligationen, Gewinnobligationen, Fonds mit Anlageanteil von über 70 % in Aktien und stillen Beteiligungen, sowie für Aktien, Kuxe, Wandelanleihen, Genossenschafts- und GmbH-Anteilen ein Sparzulagesatz von 23 %. Die Zweistufigkeit der Fördersätze hat zur Folge, daß risikoaverse Anleger innerhalb jeder der beiden Anlageklassen diejenigen Anlageformen auswählen, die die für sie günstigste Rendite-Risiko-Position besitzt. Insbesondere bei den mit 23 % geförderten Anlagearten besteht deshalb

491) GRESS, K., a.a.O., S. 268-270 u. S. 282.
492) GRESS, K., a.a.O., S. 269.

ein Anreiz, sich weniger in riskanten Unternehmenstiteln als vielmehr beispielsweise in Bausparverträgen, gesicherten Arbeitnehmerdarlehen oder in von Banken emittierten Gewinnobligationen zu engagieren. Sogar innerhalb des 16 %-Blockes gibt es Anlageformen - z.B. Zertifikate von Mischfonds -, die deutlich höhere Risiken aufweisen können und mehr zur Produktivkapitalaufbringung beitragen als die genannten Formen der 23 %-Kategorie. Die Folge ist, daß die Aufbringung von Risikokapital nicht sachgerecht stimuliert wird. Darin besteht aber gerade der Zweck der Produktivvermögensförderung: Es soll Risikokapital aufgebracht werden, das für produktive Investitionen verwandt werden kann. Die bisherige Staffelung der Fördersätze wird somit den Zielen des Vermögensbeteiligungsgesetzes nicht gerecht.

Durch die inzwischen beschlossene zukünftige Nullförderung der bisher mit 16 % geförderten Anlageformen und der Senkung der Bausparförderung auf 10 % wird die verfehlte Anreizwirkung der bisherigen Prämiendifferenzierung teilweise korrigiert. Der einheitliche Zulagesatz von 20 % für die restlichen Anlageformen wird, auch wenn er deutlich über dem Niveau der Bausparförderung liegt, dem Ziel jedoch immer noch nicht voll gerecht, die Bereitstellung von Risikokapital zu fördern. Denn nach wie vor bestehen innerhalb der verschiedenen Formen der Produktiv- oder Mitarbeiterkapitalbeteiligungen erhebliche Unterschiede im Grade des finanziellen Risikos. Eine zieladäquate Steuerung der Anlagebeträge verlangt eine die unterschiedlichen Risiken berücksichtigende Differenzierung der Fördersätze.

- Risikoorientierte Prämiendifferenzierung

Aufgrund der Dominanz des Sicherheitsziels beim Anlageverhalten privater Haushalte sind Risikounterschiede zwischen verschiedenen Anlageformen besonders entscheidungsrelevant. Durch die Gewährung einer mit zunehmendem Risiko höheren Arbeitnehmer-Sparzulage erhält der Anleger eine (sichere) Prämie für die Risikoübernahme.

Dieses Sicherheitsäquivalent[493] hat für ihn vereinfacht die Funktion, mögliche Wertverluste des Beteiligungstitels bis zur Höhe des Prämienvorteils zu kompensieren. Erst Wertverluste, die höher sind als der Prämienvorteil einer bestimmten Anlageform, stellen ein absolutes Verlustrisiko für den Anleger dar. Die Prämiendifferenzierung sollte derart sein, daß das Risiko eines absoluten Vermögensverlustes für alle Anlageformen annähernd gleich hoch ist. Auf diese Weise würde der dominante Einfluß der Risikoaversion auf das Anlageverhalten gemildert. Bei gleichem Verlustrisiko würde das Anlagekapital dorthin gelenkt, wo es die höchsten Renditechancen besitzt. Dieser Effekt wäre für die Kapitalallokation durchaus wünschenswert.

Die Prämiendifferenzierung lediglich am Verlustrisiko einer Anlageform zu orientieren ist eine wesentlich schwächere Forderung, als durch die Zahlung von Sicherheitsäquivalenten eine Indifferenz der Investitionsalternativen im finanzierungstheoretischen Sinne zu erzeugen. Hierzu wäre die exakte Kenntnis aller μ-σ-Kombinationen der angebotenen Finanztitel und des Verlaufs der individuellen Risikonutzenfunktionen der Anleger notwendig. Der private Geldanleger ist aber weder in der Lage, fundierte Aussagen über die Wahrscheinlichkeitsverteilung der Renditen möglicher Anlageobjekte noch über den Grad seiner persönlichen Risikoaversion zu treffen. Zwar hat die Untersuchung des Anlageverhaltens ergeben, daß die Investitionsentscheidungen privater Haushalte in erheblichem Maße auf psychologischen Faktoren wie Intuition, Erfahrung und Einstellungen zum Geld beruhen, aber dennoch besteht ein Spielraum, über die Steuerung ökonomischer Daten die Anlageentscheidung zu beeinflussen. Der Vorteilhaftigkeitsvergleich verschiedener Geldanlageformen orientiert sich jedoch an wenigen, leicht erkennbaren und für den Anleger besonders bedeutsamen Eckdaten. Aufgrund der dominanten Sicherheitsbedürfnisse der Kleinanleger ist die Wahrscheinlichkeit des Verlusteintritts vermutlich ein zentrales Entscheidungskriterium. Kann durch die Prämiendifferenzierung erreicht werden, daß die Anleger die Verlustwahrscheinlichkeit unterschiedlich riskanter Anlagetitel annähernd gleich

---

493) Als Sicherheitsäquivalent dient der den Zulagesatz für "risikolose" Anlagen überschreitende Teil der Prämie.

einschätzen, werden bisher latente Entscheidungsdeterminanten aktiviert - etwa die Gewinnchancen. Die Prämiendifferenzierung soll also vor allem die Angst vor dem Risiko nehmen, sie kann aber nicht dazu führen, daß alle Anlageformen "gleich gut" im finanzierungstheoretischen Sinne sind.

Dies ist auch aus einem weiteren Grunde nicht möglich. Die Prämiendifferenzierung kann sich allenfalls an rechtsformspezifischen Risiken orientieren, nicht jedoch an unternehmensspezifischen Risiken. Andernfalls müßten für jeden einzelnen Beteiligungstitel andere Zulagesätze festgelegt werden, beispielsweise müßte zwischen den Risiken der Aktien eines Chemie- und eines Automobilunternehmens differenziert werden. Ein solches Vorgehen wäre in der Praxis weder durchführbar noch sinnvoll. Eine Prämiendifferenzierung lediglich zwischen den Rechtsformen von Anlagetiteln ist wesentlich einfacher, da sich die Unterscheidung nach objektiven Kriterien - den fixierten rechtlichen Normen über Haftung, Gewinn- und Verlustbeteiligung, Beteiligung am Liquidationserlös und den stillen Reserven, Kontroll- und Mitentscheidungsrechte und Besteuerung - richtet und nur eine begrenzte Anzahl verschiedener Rechtsformen existiert. Für diese Vereinfachung muß in Kauf genommen werden, daß es im Einzelfall zu einer der Risikokonzeption widersprechenden Förderung kommen kann. So wird ein Darlehen an ein konkursgefährdetes Unternehmen eine wesentlich höhere Verlustwahrscheinlichkeit aufweisen als eine Kommanditbeteiligung an einer großen diversifizierten Gesellschaft.

Als einfach zu handhabende und konsequente Form einer rechtsformspezifischen Fördersatzdifferenzierung wird vorgeschlagen, alle Anlagetitel mit originärem Eigenkapitalcharakter (Aktien, GmbH-, Genossenschafts- und Kommanditanteile, Kuxe, Zertifikate von reinen Aktienfonds) mit einem einheitlichen Spitzentarif zu fördern.

Kapitalmischformen wie Genußscheine, stille Beteiligungen, Gewinnobligationen, Wandelanleihen, Anteile an Beteiligungs-Sondervermögen und Mischfonds mit überwiegendem Produktivkapitalanteil sowie in der 1. Kategorie nicht enthaltene Formen von Mitarbeiterkapitalbeteiligungen - auch Arbeitnehmerdarlehen - erhalten einen mittleren Tarif. Da nach Aufnahme der Kommanditbeteiligungen in den Förderungskatalog alle Unternehmensrechtsformen eine Beteiligung am Grund-, Stamm- oder Gesellschaftskapital anbieten können, ist es nicht mehr erforderlich, rechtsformunabhängige Finanztitel wie Genußscheine oder stille Beteiligungen als für eine Beteiligung unumgängliche Eigenkapitalersatzformen in der Höchstförderstufe zu berücksichtigen. Die in dieser Klasse enthaltenen Eigenkapitalzwitter sind in der Regel so ausgestaltet, daß sie für den Anleger eine Risikoreduktion gegenüber den originären Eigenkapitaltiteln erbringen. Die Aufnahme reiner Gläubigerrechte in diese 2. Kategorie im Falle betrieblicher Mitarbeiterkapitalbeteiligungen in Form von Darlehen oder Obligationen ist damit zu begründen, daß sich im Falle betrieblicher Beteiligungen das geringe Gläubigerrisiko mit Arbeitsplatzrisiken kumuliert. Mit dieser Ausnahmestellung wird gleichzeitig die besondere gesellschaftliche Förderungswürdigkeit der betrieblichen Beteiligung betont und das Arbeitnehmerdarlehen als geeignete Einstiegsform für die Mitarbeiterbeteiligung gewürdigt.

Alle weiteren Anlageformen werden nach einem 3. Tarif gefördert. In diese Kategorie fallen neben dem Bausparen und Kapitallebensversicherungen auch weiterhin der vermögenswirksame Sparvertrag, Schuldverschreibungen und Fondsanteile, die nicht zur 1. oder 2. Kategorie gehören.

Der gesamte Sparbetrag ist in Anlageformen nur einer Risikokategorie anzulegen.

- Progressiver Prämienverlauf

Zentraler Bestandteil einer stärker distributionspolitisch orientierten Vermögenspolitik ist die Abkehr vom bisherigen System konstanter Zulagesätze und fester Einkommensgrenzen. Stattdessen wird ein bei abnehmender Bemessungsgrundlage progressiver Tarifverlauf empfohlen. Bemessungsgrundlage ist - wie bisher - das zu versteuernde Einkommen des Antragstellers, in das eine Haushaltsgrößenkomponente eingerechnet wird. Zwar wäre das Haushaltsnettovermögen für die Vermögenspolitik die theoretisch ideale Bemessungsgrundlage, aber aufgrund der Bewertungs- und Erhebungsprobleme sowie der hohen statistischen Korrelation zwischen Einkommen und Vermögen erscheint die Zugrundelegung einer Einkommensgröße trotz der damit im Einzelfall sicherlich entstehenden Inkonsistenzen gerechtfertigt. Von den verschiedenen Einkommensbegriffen wäre das verfügbare Einkommen (= Bruttoerwerbseinkommen + Transfers + Vermögenseinkünfte - direkte Steuern - Sozialversicherungsbeiträge) am geeignetesten, da es die größte Aussagekraft zur Sparfähigkeit des Haushalts besitzt. Aus Gründen der Praktikabilität ist jedoch am zu versteuernden Einkommen (=Bruttoeinkommen - Freibeträge, abzugsfähige Sonderausgaben und Werbungskosten) als Bemessungsgrundlage festzuhalten.

Die Tarifverläufe aller drei Förderungskategorien sind prinzipiell gleich und unterscheiden sich lediglich in den Spitzenfördersätzen. Die Formel für den Tarif lautet:

$$t = \begin{cases} z_i & \text{für } Y < E \\ z_i \left(\dfrac{Y - E}{Y^d - E} - 1\right)^2 & \text{für } E \leq Y \leq Y^d \\ 0 & \text{für } Y > Y^d \end{cases}$$

mit $z_i = z_1 , z_2 , z_3$

und $Y = \dfrac{2 Y_{HH}}{M + 1}$

Die Symbole haben folgende Bedeutung:

t : Zulagesatz in %, mit dem ein bestimmter Sparbetrag gefördert wird
z_i : Spitzenfördersätze für die Förderkategorien i = 1, 2, 3
E : "Existenzminimum"
Y : maßgebliches Einkommen des Antragshaushalts
Y_{HH}: zu versteuerndes Haushaltseinkommen
M : Anzahl der Haushaltsmitglieder
Y^d : durchschnittliches zu versteuerndes Pro-Kopf-Einkommen

Die Spitzenfördersätze sind in ihrem relativen Verhältnis zueinander nach dem dargestellten Risikokonzept in 3 Kategorien festzusetzen. Die absolute Höhe der Spitzenfördersätze kann daneben sozial- und haushaltspolitische Aspekte berücksichtigen.

Im folgenden wird zur Veranschaulichung von einem Spitzensatz für Risikokapitalanlagen von 100 % ausgegangen. Der Staat legt dann bei Antragstellern, deren Einkommen unter dem "Existenzminimum" liegen, auf den selbstgeleisteten oder tariflich vom Arbeitgeber erbrachten Sparbetrag bis zur Höhe von 1.200 DM p.a. bei Anlage in Eigenkapitaltiteln noch einmal dieselbe Summe dazu. Für die zweite Anlagenkategorie betrage der Spitzensatz 75 %, für die dritte 50 %. Liegt das rechnerische "Existenzminimum" bei einem Jahreseinkommen von 10.000 DM und das durchschnittliche zu versteuernde Pro-Kopf-Einkommen bei ungefähr 30.000,[494] so läßt sich der Zusammenhang zwischen Zulagesatz und Einkommen für einen Ein-Personen-Arbeitnehmerhaushalt graphisch illustrieren (Abb. 5.1).

Bei einem Einkommen von weniger als 20.408 DM p.a. stellt sich der Sparer bei gleichem Kapitaleinsatz bei Anlage in Risikokapitaltitel, die z.Z. mit 23 % und nach diesem Beispiel mit einem Spitzensatz von 100 % gefördert werden, nach dem neuen Konzept besser als bei der jetzigen Praxis.

Bemessungsgrundlage des Prämiensatzes ist das Haushaltseinkommen, nicht das Individualeinkommen des oder der erwerbstätigen Mitglieder. Ein Zwei-Personen-Haushalt darf das 1,5-fache, ein Drei-Personen-Haushalt das 2-fache, ein 4-Personen-Haushalt das 2,5-fache usf. eines Ein-Personen-Haushalts verdienen, um einen Anspruch auf denselben Prämiensatz zu erhalten. Damit fließt eine familienpolitische Komponente der verteilungsorientierten Vermögenspolitik in die Berechnung der Fördersätze ein. Während nach den bisherigen Vermögensbildungsgesetzen die Haushaltsgröße durch Korrekturen der starren Einkommensgrenzen (Verdoppelung bei gemeinsam veranlagten Ehegatten und Erhöhung um 1800 DM bzw. 900 DM pro Kind) und konstanten Fördersätze (Erhöhung um 10 % ab 3 Kindern) in die Prämie

494) Beispielwerte; das durchschnittliche *verfügbare* Pro-Kopf-Einkommen lag 1987 bei etwa 22000 DM; vgl. Tab. 2.2., S. 56 dieser Arbeit.

eingeht, erfolgt nun die Berücksichtigung von Distributions-, Familienpolitik- und Risikokomponenten simultan durch eine einzige Tarifformel. Dabei werden sowohl Ungerechtigkeiten durch starre Einkommensgrenzen vermieden als auch die besondere Bedeutung der Vermögenspolitik für die unteren Einkommensschichten und Familien berücksichtigt, die überproportional von den Verteilungseffekten profitieren sollen. Die Bereitschaft zu Konsumverzicht wird bei denjenigen Haushalten am stärksten belohnt, bei denen er aufgrund geringer Sparfähigkeit am schwersten fällt. Die höchste zusätzliche Prämie für den Erwerb von Produktivkapitaltiteln erhalten die Haushalte, die aufgrund geringer Einkommen am wenigsten in der Lage sind, ihr eigenes Vermögen risikogerecht zu diversifizieren.

Abb. 5.1: Progressiver Förderungstarif

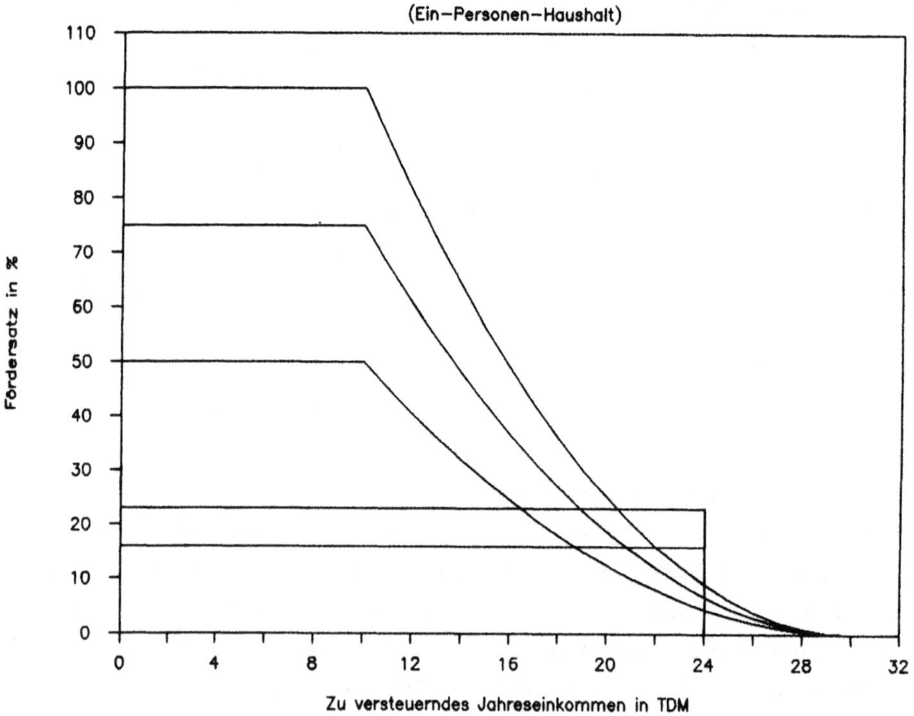

Antragsteller für die Prämie ist nicht mehr der einzelne Arbeitnehmer, sondern der Arbeitnehmerhaushalt. Der Höchstförderungsrahmen von 1200 DM ist unabhängig von der Haushaltsgröße konstant. Eine Verdoppelung bei 2 Arbeitnehmern pro Haushalt entfällt, da als Maßstab für Verteilungsgerechtigkeit der Bedarf des Haushalts zugrundegelegt wird, nicht aber die Frage, wieviele Mitglieder erwerbstätig sind.[495] Die Haushaltsgrößenkomponente bei der Prämienberechnung behandelt zwei gleichgroße Haushalt mit gleichem Einkommen, aber unterschiedlicher Anzahl von Arbeitnehmern also völlig gleich.

Tab. 5.1: Haushaltsgröße, Haushaltseinkommen und Fördersätze für Produktivkapital

Haushaltsmitglieder	Es beträgt der Fördersatz (E=10000, Y^d=30000, z_1=100): bei einem Haushaltseinkommen (DM p.a.) von Y_{HH} =									
	10000	15000	20000	25000	30000	37500	45000	60000	75000	100000	125000
M = 1	100	56,3	25	6,3	0	0	0	0	0	0	0
2	100	100	69,4	44,4	25	6,3	0	0	0	0	0
3	100	100	100	76,6	56,3	31,6	14,1	0	0	0	0
4	100	100	100	100	81	56,3	36	9	0	0	0
5	100	100	100	100	100	76,6	56,3	25	6,3	0	0
6	100	100	100	100	100	93	73,5	41,3	18,4	0,5	0
7	100	100	100	100	100	100	87,9	56,3	31,6	6,3	0.4
8	100	100	100	100	100	100	100	69,4	44,4	15,1	1.2

Die Koppelung der Einkommensgrenze für die Prämienberechtigung an eine objektiv meßbare Größe, und zwar das durchschnittliche zu versteuernde Pro-Kopf-Einkommen (Y^d) (bzw. eine diesem statistischen Wert nahekommende gerundete Zahl), ermöglicht eine Dynamisierung, durch die eine materielle Auszehrung der vermögenspolitischen Leistungen vermieden wird. Die an die Begünstigten gezahlten Prämien behalten ihren Realwert, und inflationäre Einkommenssteigerungen führen nicht zu einem Verlust der Förderungsfähigkeit. Die asymptotische Annäherung des Tarifs an den Fördersatz 0 bei

495) Die Beschränkung der Prämienberechtigung auf einen Arbeitnehmer pro Haushalt bedeutet lediglich, daß nur eine Zulage pro Haushalt auf maximal 1200 DM gezahlt wird, und zwar unter Zugrundelegung des Haushaltseinkommens. Dagegen steht es Doppelverdienern selbstverständlich frei, auch einzeln bis zu 1200 DM anzulegen, um tarifliche Leistungen in Anspruchnehmen zu können.

Erreichen der dynamischen Einkommensgrenze gewährleistet, daß Förderungssprünge bei Haushalten, deren Einkommen soeben die Grenzen übersteigen, ausbleiben. Die niedrigen Fördersätze für die Haushalte knapp unter der Einkommensgrenze berücksichtigen, daß diese Gruppe nur noch eines geringen Anstoßes zur Sparförderung bedarf und vermeiden Mitnahmeeffekte, die die bisher an diese Gruppe bezahlten Zulagen vermutlich in hohem Maße induzierten. Viele Anspruchsberechtigte in der betroffenen Einkommensklasse könnten aufgrund der geringen Förderung auf einen Prämienantrag verzichten. Da in diesen mittleren Bereich der Einkommensverteilung eine sehr große Anzahl von Haushalten fällt, würde dies aus Sicht des Fiskus zu erheblichen Einsparungen führen.

5.1.3. Senkung des Verwaltungsaufwandes

Die gegenwärtig praktizierte Förderung des vermögenswirksamen Sparens erfordert einen sehr hohen Verwaltungsaufwand in den Unternehmen, Kreditinstituten und Finanzämtern. Zwar existieren keine statistischen Aufzeichnungen über den verwaltungstechnischen Aufwand bei der Durchführung des Vermögensbildungsgesetzes, es gibt jedoch Schätzungen. Nach einer Berechnung des Deutschen Industrie- und Handelstages entstehen allein den Arbeitgebern für jeden Arbeitnehmer, der vermögenswirksam spart, monatlich Kosten in Höhe von rund 10 DM.[496] Zu diesem Ergebnis kommt auch das Bundesministerium der Finanzen.[497] Es geht bei seiner Rechnung allerdings von der unrealistischen Prämisse aus, daß jeder Arbeitnehmer, der tarifvertraglich vermögenswirksame Leistungen erhält, 624 DM in Geldvermögen und 312 DM in Kapitalbeteiligungen anlegt. Bei einem solchen Anlagesplitting seien ca. 220 Betragsangaben und Buchungen pro Arbeitnehmer und Jahr erforderlich, deren Kosten der Arbeitgeber zu tragen habe. Bewertet man jede dieser Angaben mit einem Kostenfaktor von 0,50 DM, so errechnen sich ebenfalls rund 10 DM monatliche Aufwendungen.

496) Zitiert nach TENHOF, D., a.a.O..
497) BUNDESMINISTERIUM DER FINANZEN, Beglaubigtes Schreiben (i.A. Dr. Speich) vom 26. Mai 1987.

Nach anderen Schätzungen des Bundesfinanzministeriums wurden jedoch nur ca. 6 % des Gesamtvolumens der Vermögensbildung in Kapitalbeteiligungen angelegt.[498] Das Anlagesplitting kann folglich nicht als die Regel, sondern nur als die Ausnahme angesehen werden. Gerade das Splitting ist aber besonders verwaltungskostenintensiv. Zudem unterscheidet die Modellrechnung des Finanzministeriums nicht zwischen Buchungen und Betragsangaben, die bei jedem Buchungsvorgang mehrfach auftreten können. Berücksichtigt man lediglich die Anzahl der tatsächlich vorzunehmenden Buchungen und unterstellt, daß ca. 10 % der Sparer ein Anlagesplitting vornehmen, so reduziert sich der Aufwand auf durchschnittlich etwa 70 verwaltungstechnische Vorgänge (Buchungen im Lohnkonto, Ausfüllen von Überweisungsaufträgen, Gegenbuchungen bei Banken, Lohnsteuerkarten-Bescheinigung und Lohnsteuermeldungen) im Unternehmen pro Arbeitnehmer und Jahr. Dies entspräche bei einem Kostenfaktor von 0,50 DM, der aufgrund der stark repetitiven und maschinenfähigen Buchungen eher zu hoch angesetzt erscheint, einem monatlichen Verwaltungskostenaufwand von 3 DM pro Arbeitnehmer. Bei den Finanzverwaltungen beschränkt sich der Buchungsaufwand nicht nur auf die Arbeitnehmer-Sparzulageabwicklung; außerdem sind Berechtigungsprüfungen und ggf. Rückforderungen vorzunehmen. Legt man für diese Tätigkeiten einen pauschalen Kostenansatz von 2 DM pro Arbeitnehmer und Monat zugrunde, so beläuft sich bei 19 Mio vermögenswirksam anlegenden Sparern[499], von denen 12,9 Mio staatliche Förderungen erhalten[500], der Gesamtbetrag des verwaltungstechnischen Aufwandes - in Unternehmen und Finanzverwaltungen - auf insgesamt knapp 1 Mrd. DM jährlich (19 Mio x 3 x 12 + 12,9 Mio x 2 x 12 = 993,6 Mio DM). Diese Schätzung erscheint realistischer als diejenige des Bundesfinanzministeriums, bei der, auf den genannten Annahmen beruhend, ein Verwaltungsaufwand von 2,28 Mrd. DM jährlich allein in den Unternehmen berechnet wurde.

Dem Verwaltungsaufwand von 1 Mrd. DM standen im Jahr 1986 Arbeitnehmer-Sparzulagen in Höhe von 1,63 Mrd. DM gegenüber.[501] Zur Ori-

---

498) BEHRENWALDT, U., a.a.O., S. 20.
499) BUNDESMINISTERIUM DER FINANZEN, a.a.O..
500) BEHRENWALDT, U., a.a.O., S. 19.
501) BUNDESTAGS-DRUCKSACHE 10/3821, a.a.O., S. 243.

entierung scheint die Faustregel zulässig zu sein, daß jede DM gezahlte Arbeitnehmer-Sparzulage Folgekosten in der Höhe von ungefähr 0,60 DM verursacht. Wenn sogar ohne Berücksichtigung der administrativen Kosten die Effektivität der bisherigen vermögenspolitischen Maßnahmen zu bezweifeln ist,[502] so wird die bisherige Vermögensbildungspraxis durch den immensen Verwaltungsaufwand zusätzlich stark in Frage gestellt.

Dessen ist sich der Gesetzgeber offensichtlich bewußt. Er hat die Vereinheitlichung der Förderrahmen, die Abschaffung der kinderabhängigen Erhöhung der Einkommensgrenze, die Streichung der erhöhten Sparzulage für Arbeitnehmer mit mehr als zwei Kindern und schließlich die Zahlung der Arbeitnehmer-Sparzulage durch die Finanzverwaltung beschlossen, um die Abwicklung zu vereinfachen und die Verwaltungskosten zu senken.

Die Absichten der Bundesregierung sind insgesamt zu begrüßen, wenn auch in Einzelaspekten zu modifizieren. Die Einführung eines einheitlichen Höchstförderrahmens erscheint sinnvoll, anstatt auf 936 DM sollte er jedoch, wie bereits begründet, auf zunächst 1.200 DM erhöht werden. Daneben sind nur noch standardisierte Sparbeträge in Höhe von 300, 600, und 900 DM zu begünstigen. Damit wird zugleich eine Bagatellbetragsförderung vermieden.

Bei Umsetzung der Novelle des 5. VermBG geht die familienorientierte Komponente in der Vermögenspolitik völlig verloren. Dies ist mit sozial- und verteilungspolitischen Zielen unvereinbar. Mit zunehmender Haushaltsgröße nimmt die Fähigkeit zur privaten Vermögensbildung ab, die Bedeutung der subsidiären Vermögenspolitik jedoch zu. Um eine relative Benachteiligung von Mehrpersonenhaushalten zu vermeiden, muß an besonderen Anreizen zur Vermögensbildung für diese Gruppe festgehalten werden. Der vorgeschlagene Förderungstarif mit Haushaltsgrößenkomponente bietet einen idealen Kompromiß: Die zur Zeit gültigen verwaltungstechnisch teuren Einzelregelungen können entfallen, ohne daß auf eine familienorientierte Förderung verzichtet werden müßte.

---

502) Vgl. Kap. 2.4.4., S. 69-75 dieser Arbeit.

Die Verlagerung der Verwaltungsarbeiten bei Berechnung und Auszahlung der Arbeitnehmer-Sparzulage aus den Unternehmen hinaus in die Finanzämter wird nicht nur zu Rationalisierungseffekten durch Zentralisation führen, sondern diese Praxis ist Voraussetzung für die Realisierung der empfohlenen Förderungstarife. Erst in Verbindung mit dem Antrag auf Lohnsteuerjahresausgleich bzw. Einkommensteuerrückerstattung ist es ohne Mehrfachaufwand und zu vertretbaren Kosten möglich, die Angaben zum Familienstand und zur Kinderzahl zu überprüfen. Dies ist die verwaltungstechnische Basis für die haushaltsbezogene Prämiengewährung nach dem empfohlenen Tarif. Da Familienstand und Kinderzahl Daten sind, die für jeden Lohnsteuerjahresausgleich benötigt werden, sind Versuche von Doppelverdienern, getrennt voneinander Prämie auf zwei Sparhöchstbeträge zu beantragen, relativ leicht nachzuweisen. Das reibungslose Funktionieren der Prämienzahlung wird durch die Verwaltung beim Finanzamt garantiert. Ein bisher notwendiger Zahlungsvorgang, die Erstattung der vom Unternehmen an die Arbeitnehmer ausgezahlten Zulagen durch das Finanzamt, kann völlig entfallen.

Trotz dieser wichtigen Vorteile sind jedoch keine zu hohen Erwartungen bezüglich der Kostenvorteile der Verlagerung zu setzen. Die Anlage der vermögenswirksamen Leistungen, die damit verbundene Beratung und die Bearbeitung von Anträgen, sowie gegebenenfalls die Übermittlung entsprechender Auskünfte an die Finanzämter bleiben Aufgaben der Arbeitgeber. Das Finanzamt übernimmt lediglich die Berechnung und Auszahlung der Zulage. Ein erheblicher Teil der Kosten, den die Unternehmen durch diese Erleichterung einsparen, entsteht stattdessen den Finanzämtern. Den Einsparungen im Unternehmenssektor stehen folglich zusätzliche Belastungen der öffentlichen Haushalte gegenüber. Die Verlagerung der Kosten macht allerdings den bisherigen § 15 5.VermBG überflüssig. Er beinhaltet Einkommen- bzw. Körperschaftsteuervergünstigungen für Unternehmen mit höchstens 60 Arbeitnehmern bis zu 3000 DM pro Jahr in Abhängigkeit von der Höhe der gewährten vermögenswirksamen Leistungen und kostete den Fiskus 1986 rund 285 Mio DM.[503)]

---

503) BUNDESTAGS-DRUCKSACHE 10/3821, a.a.O., S. 243.

Bei der Durchführung der Prämienverwaltung durch die Finanzämter sind auch die Interessen der Anleger zu berücksichtigen. Viele Arbeitnehmer könnten aus Unkenntnis oder aus Scheu vor dem zusätzlichen Arbeitsaufwand auf einen Antrag nur zum Zwecke der Sparzulage verzichten. Außerdem werden den Arbeitnehmern die bisher monatlich ausgezahlten Prämien bis zur Auszahlung der Steuererstattung - also durchschnittlich rund ein Jahr lang - vorenthalten. Beide Probleme lassen sich dadurch vermeiden, daß der Arbeitnehmer auf der Lohnsteuerkarte einen Eintrag beantragt, der bewirkt, daß die ihm zustehende Prämie von seinem monatlichen Lohnsteuerzahlbetrag abgezogen wird.

Den Ablauf des Verwaltungsweges hätte man sich in etwa folgendermaßen vorzustellen: Der Arbeitnehmer beantragt unter Vorlage der Lohnsteuerkarte beim Finanzamt für das kommende bzw. bereits begonnene Jahr eine Arbeitnehmer-Sparzulage. Dabei muß er die Anlageform, für die er sich entschieden hat, und den beabsichtigten Jahressparbetrag, also 300, 600, 900 oder 1.200 DM, angeben. Eine Überprüfung des zu versteuernden Einkommens des Jahres, das vor dem Sparjahr liegt, sowie Familienstand, Zahl der Kinder und weiterer im Haushalt lebender und zu versorgender Personen - alles Daten, die aus dem letzten Lohnsteuerantrag bzw. -bescheid hervorgehen - bilden die Grundlage für die Errechnung des Prämiensatzes nach dem beschriebenen Tarif. Die Tarifformel mag auf den ersten Blick kompliziert erscheinen, sie stellt aber selbst für die einfachste Rechenanlage kein Problem dar. Da auch bei den bisherigen konstanten Sparzulagesätzen die Prämie maschinell berechnet wurde, stellt der neue Tarif keine kostenverursachende Verkomplizierung dar. Der errechnete Zulagesatz, der Anlagebetrag und das Produkt beider Größen, die Arbeitnehmer-Sparzulage, werden auf der Lohnsteuerkarte eingetragen und dem Arbeitnehmer mitgeteilt. Bei Beteiligungssparen wird der Arbeitnehmer gegebenenfalls gleichzeitig auf die Möglichkeit der Erstellung einer Freistellungsbescheinigung für die Kapitalertragsteuer hingewiesen.

Der Arbeitnehmer legt die Lohnsteuerkarte beim Arbeitgeber vor, der unter Zugrundelegung der eingetragenen Daten die Lohnbuchhaltung abwickelt und dabei vom Lohnsteuerzahlbetrag den auf jeden Monat entfallenden Prämienbetrag abzieht. Der Prämienbetrag ist auf dem Gehaltsauszug auszuweisen. Am Jahresende trägt der Arbeitgeber seinerseits auf der Lohnsteuerkarte ein, in welcher Höhe er vermögenswirksame Leistungen für den Arbeitnehmer angelegt hat und in welche Tarifkategorie die gewählte Anlageform fällt. Auf diese Weise kann das Finanzamt die Richtigkeit des Karteneintrags beim nächsten Lohnsteuerjahresausgleich überprüfen und zuviel gezahlte Zulagen einfordern oder gegebenenfalls vom Erstattungsbetrag einbehalten.

Die Anwendung der Tarifformel in Verbindung mit der Prämienzahlung über den Lohnsteuerjahresausgleich bietet folglich eine Reihe verwaltungstechnischer Vereinfachungen gegenüber der zur Zeit gängigen Praxis und wesentliche Vorteile im Vergleich zu den aktuellen Plänen der Bundesregierung. Sie erfordert keinen zusätzlichen Kontroll- oder Verwaltungsaufwand, sondern berücksichtigt sämtliche Differenzierungsnotwendigkeiten in einem Rechengang. Schließlich bietet das neue Konzept einen grundsätzlichen Kostenvorteil: Nicht mehr jeder Arbeitnehmer, sondern nur noch jeder Haushalt ist prämienberechtigt. Die Anzahl der zu bearbeitenden Prämienanträge sinkt dadurch erheblich.

5.1.4. Fiskalischer Kostenvergleich

Ein neu vorgetragenes vermögenspolitisches Konzept hat auch fiskalische Bedürfnisse zu berücksichtigen. Es erscheint zwar gerechtfertigt, für eine zielkompatible und leistungsfähige Vermögenspolitik mit starkem sozialpolitischem Charakter mehr Mittel zur Verfügung zu stellen, als es bisher der Fall war. Dennoch mag zur Orientierung eine Modellkalkulation hilfreich sein, unter welchen Bedingungen das neue Konzept kostenneutral im Vergleich zum derzeitigen Gesetz ist.

Ziel der Modellrechnung ist nicht die präzise Angabe der potentiellen Haushaltsbelastung, sondern lediglich eine Schätzung der Dimension der Kosten. Bei der Vergleichsrechnung werden lediglich die zu zahlenden Arbeitnehmer-Sparzulagen berücksichtigt, Verwaltungskosten und andere Aufwendungen der öffentlichen Haushalte und Steuermindereinnahmen bleiben außer Ansatz.

Die Haushaltsbelastung nach dem vorgeschlagenen Tarif beträgt

$$(1) \quad K = \sum_{n=1}^{N} 1/100 * A_n \, t_n$$

$$\text{mit} \quad t_n = z_{in} \left(\frac{2 \, Y_{HHn}}{(Y^d - E)(M_n + 1)} - \frac{E}{Y^d - E} - 1 \right)^2$$

$$\text{für} \quad Y_n = \frac{2 \, Y_{HHn}}{(M + 1)} > E$$

$$\text{und} \quad t_n = z_{in} \quad \text{für} \quad Y_{HHn} \leq E$$

A_n bezeichnet den Anlagebetrag des Sparers und N die Anzahl der vermögenswirksam sparenden Haushalte.[504)]

Voraussetzungen für die modellierte Kalkulation des fiskalischen Aufwandes sind Annahmen über die nach Haushaltsgröße differenzierte Einkommensschichtung, über den durchschnittlich geförderten Anlagebetrag, über die Anzahl der die Förderung in anspruchnehmenden Haushalte und schließlich über die Aufteilung der vermögenswirksamen Leistungen auf die Anlageformen der 3 Förderungskategorien. Für die in der obigen Formel angegebenen Konstanten E, Y^d und z_i gelten die bereits in Kap. 5.1.2. zugrundegelegten Beispielwerte: das "Existenzminimum" E betrage 10000 DM, Y^d 30000 DM und für $z_i = z_1$, z_2 , z_3 sind die Werte 100, 75 und 50 einzusetzen. Diese Konstanten sind vor allem nach dem Kriterium der rechnerischen Überschaubarkeit gewählt. Es sei nochmals betont, daß es bei einer Realisierung des Konzepts vor allem auf die verteilungspolitische Plausibilität der Konstanten E und Y^d - also die untere und obere Grenze der Progressionszone - ankommt, während bei den Spitzenfördersätzen z_i risikotheoretisch sinnvolle Relationen untereinander im Vordergrund stehen. Die genaue Bestimmung dieser Werte kann in einem politischen Meinungsbildungsprozeß vorgenommen

504) Zur restlichen Notation vgl. S. 330 dieser Arbeit.

werden. Eine pragmatische Haushaltspolitik erhält durch die Festsetzung der Absolutwerte der Konstanten eine zusätzliche Flexibilität.

Zwei weitere vereinfachende Prämissen machen die Kalkulation überschaubarer: Die Höhe des durchschnittlichen Anlagebetrages und auch die Wahl der Anlageform sei unabhängig von Haushaltsgröße und -einkommen. Während Haushalte mit nur einem Arbeitnehmer den neuen Sparhöchstrahmen von 1200 DM zunächst kaum voll ausfüllen können - vor allem solange keine erhöhten tariflichen Leistungen vereinbart wurden - werden Doppelverdiener, die bisher beide jeweils vermögenswirksam sparten, gemeinsam die Grenze von 1200 häufig erreichen. Da der progressive Förderungstarif die stärksten Anlageanreize bei den untersten Einkommensschichten besitzt, die nur eine geringe Sparfähigkeit aufweisen, wird der durchschnittliche Ausfüllungsgrad des Höchstförderrahmens vermutlich niedriger sein als dies zur Zeit der Fall ist. Angemessen erscheint eine Schätzung des durchschnittlichen Anlagebetrages pro Arbeitnehmer-Haushalt von 1000 DM p.a.

Bezüglich des Anlageverhaltens wird davon ausgegangen, daß sich die hohen Förderungs"spreads" zwischen Produktiv- und Geldkapitaltiteln in einer deutlichen Steigerung des Anteils der Risikokapitalanlagen gegenüber dem heutigen Stand auswirken. Zur Zeit werden nur etwa 6 % der vermögenswirksamen Leistungen in Produktivvermögen angelegt.[505] Um den Prämienaufwand nicht zu unterschätzen, wird der Modellrechnung zugrundegelegt, daß ein Sechstel der Mittel in Produktivkapital, ein Drittel in Mischformen und die Hälfte in das "risikolose" Geldvermögen fließen. Im gewichteten Durchschnitt ergibt sich dann ein Tarif, der mit dem Spitzenfördersatz 66,66 % beginnt.

Tabelle 5.2 gibt Auskunft über die Anzahl (N) existierender Haushalte einer bestimmten Größe und über deren durchschnittliches zu versteuerndes Jahreseinkommen (Y_{HH}) in 1000 DM.[506] Die Tabelle

505) BEHRENWALDT, U., a.a.O., S. 20.
506) Da das STATISTISCHE BUNDESAMT keine Schichtung nach dem zu versteuernden Einkommen veröffentlicht, mußte hilfsweise auf das Haushaltsnettoeinkommen

weist beispielsweise aus, daß sich in der 2,4 % aller Haushalte umfassenden untersten Einkommensschicht 545.000 Ein-Personen-Haushalte befinden, die 1987 ein durchschnittliches zu versteuerndes Jahreseinkommen von 9800 DM bezogen. Im Bereich oberhalb der gekennzeichneten, gestuften Trennlinie befinden sich diejenigen Haushalte, die Anspruch auf eine Prämie besitzen. Etwa 13,2 Mio Haushalte liegen unter den für die Prämienberechnung maßgeblichen Einkommensgrenzen (30000 DM für Ein-Personen-Haushalte, 45000 DM für Zwei-Personenhaushalte, 60000 DM für Drei-Personenhaushalte, 75000 DM für Vier-Personen-Haushalte, 90000 DM für Fünf-Personen-Haushalte).[507] Nur etwa die Hälfte dieser Haushalte sind Arbeitnehmerhaushalte, der Rest bezieht seine Einkommen aus Renten, Pensionen, Arbeitslosengeld oder befindet sich in der Ausbildung.[508] Sollten nur Arbeitnehmerhaushalte prämienbegünstigt sein, so beläuft sich die Schätzung der berechtigten Haushalte auf etwa 6,6 Mio.

Die vorgeschlagene Vermögensbildungskonstruktion kann durchaus auch Nicht-Arbeitnehmerhaushalte berücksichtigen. Ihre vermögenswirksam angelegten Beträge sind dann keine tariflichen Leistungen, sondern Eigenleistungen. Aufgrund der geringen Sparfähigkeit der Nicht-Arbeitnehmerhaushalte ist nur mit geringen Anlagebeträgen zu rechnen und die hierauf ausgeschütteten Prämien führen zu keiner allzu großen zusätzlichen Haushaltsbelastung. Die Ausdehnung der

---

als Schichtungskriterium zurückgegriffen werden. Außerdem ist darauf hinzuweisen, daß sich die demographische Struktur der Haushalte seit der EVS 1983 vermutlich zulasten der Mehrpersonenhaushalte geändert hat. Jede nach einer größeren Anzahl von Schichten differenzierende Einkommensverteilung muß zu einer höheren Haushaltsbelastung führen, denn je mehr Schichten eine tatsächlich gleiche Verteilung beschreiben, desto höher ist die zu messende Einkommenskonzentration. Bei wachsender Einkommenskonzentration steigt bei dem vorgestellten Tarif der Förderungsaufwand. Der errechnete Wert ist deshalb als eine Untergrenze zu interpretieren, von der der tatsächliche Aufwand allerdings nicht wesentlich abweichen wird. Die Genauigkeit der Schätzung hängt außer von der Exaktheit der zugrundegelegten nach Haushaltsgröße differenzierten Einkommensverteilung von der Plausibilität der Annahmen zur Ausschöpfungsrate der Förderung ab.

507) Die in der Tabelle vorgenommene Abgrenzung ist ungenau, da jeweils nur die Durchschnittseinkommen einer Gruppe bekannt sind. Da die Fördersätze in der Nähe der Einkommensgrenzen sehr niedrig sind, führt die geringe Trennschärfe zwischen förderungsberechtigten und nicht berechtigten Haushalten jedoch zu keinen großen Fehlern bei der Berechnung der Haushaltsbelastung.

508) Vgl. STATISTISCHES BUNDESAMT, (Dez. 1987), a.a.O., Tabellenteil S. 2; vgl. MIEGEL, M., a.a.O., S. 114.

Förderung auf Nicht-Arbeitnehmerhaushalte wäre jedoch mehr als nur eine Bagatelle. Dem Gleichheits- und Subsidiaritätsprinzip würde Rechnung getragen, indem der Staat die "Hilfe zur Selbsthilfe" bei der Ansammlung von Vermögen allen Bedürftigen anbietet. Die Vermögenspolitik würde um eine weitere gesellschaftlich relevante Komponente bereichert und die Trennung von tariflicher und staatlicher Vermögensbildung betont.

Tab. 5.2: Schichtung der privaten Haushalte nach Haushaltsnettoeinkommen und Haushaltsgröße 1987

Einkommens-schicht		Haushalte mit ... Person(en)											
		1		2		3		4		5 und mehr		insgesamt	
Nr.	% der HH	N	YHH	N	YHH	N	YHH	N	YHH	N	YHH	N	Y
1	2,4	545	9,8	8	10,0	4	10,0	1	10,0	1	10,0	559	10,0
2	3,6	796	13,0	42	13,0	3	13,0	1	13,0	1	13,0	843	13,0
3	3,8	775	15,7	110	15,7	9	15,7	1	15,7	1	15,7	896	15,7
4	4,5	824	18,8	194	18,5	25	18,8	4	18,8	3	18,8	1050	18,8
5	4,7	791	22,4	256	21,8	45	22,2	6	22,2	6	22,2	1104	22,2
6	5,0	726	26,2	356	24,5	58	25,0	22	25,6	2	25,6	1164	25,6
7	5,1	666	30,0	396	27,6	92	29,1	30	28,7	8	29,0	1192	29,0
8	4,8	519	33,5	449	31,0	109	32,7	45	32,6	9	32,4	1131	32,4
9	6,7	530	37,5	678	35,0	239	36,9	109	36,9	20	35,2	1577	36,3
10	10,7	517	44,9	1061	42,0	509	43,6	339	43,7	80	42,1	2506	43,2
11	9,8	313	55,6	918	50,9	534	51,9	386	51,7	141	50,5	2292	51,9
12	8,7	157	65,6	731	60,6	566	60,6	415	59,8	179	58,0	2048	60,6
13	7,3	98	73,5	579	69,7	477	69,1	377	68,4	190	65,9	1720	69,0
14	5,8	51	86,4	376	79,3	392	79,3	355	77,2	176	73,9	1350	78,3
15	16,0	82	117,4	920	110,0	1016	106,9	1047	106,8	695	105,7	3761	107,7
16	1,2	11	247,8	73	261,1	47	234,8	84	247,6	61	232,1	276	247,8
alle	100,0	7402	28,8	7147	55,2	4125	69,4	3222	78,4	1573	86,2	23469	54,6

N: Anzahl der Haushalte in 1000.
Y: Durchschnittliches zu versteuerndes Jahreseinkommen eines Haushaltes der Schicht Nr. ... mit ... Haushaltsmitgliedern in TDM.

Ohne Haushalte von Ausländern, ohne Anstaltsbevölkerung und ohne Haushalte mit einem Netto-Jahreshaushaltseinkommens von 300000 DM und mehr.
Das zu versteuernde Jahreseinkommen wurde aus dem Haushaltsnettoeinkommen p.m. zuzüglich der für jeden Haushaltstyp nachgewiesenen geleisteten Steuerzahlungen * 12 errechnet. Da sich die Ursprungsdaten des Statistischen Bundesamtes auf 1983 beziehen, wurden alle Beträge mit dem Faktor 1,17787 (Wachstumsfaktor des verfügbaren Einkommens 1983-1987) auf 1987 hochgerechnet. Bei Haushaltstypen mit N < 12 wurde N aus den statistischen Restgrößen geschätzt und das Durchschnittseinkommen zugrundegelegt.

Quelle: Statistisches Bundesamt, (Dezember 1987), a.a.O., Tabellenteil S. 6-22; beruhend auf der EVS 1983; eigene Berechnungen.

Für Nicht-Arbeitnehmerhaushalte wird ein durchschnittlicher jährlicher Anlagebetrag von 500 DM/HH zugrundegelegt.

Würden 90 % der berechtigten Haushalte die Förderung in Anspruch nehmen, so beliefe sich die jährliche Gesamtanlagesumme demnach auf 0,9*(6,6 Mio * 1000 DM + 6,6 Mio * 500 DM), also insgesamt auf ca. 8,9 Mrd. DM. Der durchschnittliche Anlagebetrag pro Haushalt beträgt 750 DM. Nach den Modellannahmen würden jährlich 1,5 Mrd. DM in Risikokapital, 3 Mrd. DM in Mischformen und knapp 4,5 Mrd. DM in Geldvermögen vermögenswirksam angelegt.

Die Berechnungsformel (1) der Haushaltsbelastung läßt sich nach den bisher gemachten Annahmen wie folgt vereinfachen:

$$(1a) \qquad K = \sum_{n=1}^{N} A_n \frac{z_{in}}{100} \left(\frac{2\, Y_{HHn}}{(Y^d - E)(M_n + 1)} - \frac{E}{Y^d - E} - 1 \right)^2$$

$$(1b) \quad \Leftrightarrow K = \sum_{n=1}^{N} 750 \frac{66,6}{100} \left(\frac{2\, Y_{HHn}}{(30000-10000)(M_n+1)} - \frac{10000}{30000-10000} - 1 \right)^2$$

$$(2) \quad \Leftrightarrow K = 500 \sum_{n=1}^{N} \left(\frac{Y_{HHn}}{10000(M_n + 1)} - 1,5 \right)^2$$

Formel (2) stellt die Haushaltsbelastung als nur noch von den Variabeln N (Anzahl geförderter Haushalte), Y_{HH} (zu versteuerndes Haushaltseinkommen) und M (Haushaltsgröße) abhängige Größe dar.

Zur Bestimmung der Haushaltsbelastung ist nach Einsetzen der Werte aus Tab. 5.2 eine 58-gliedrige Summenformel der Form

$$K = 500 \left[\left(\frac{9800}{10000(1+1)} - 1,5 \right)^2 * 545 + \ldots + \left(\frac{105700}{10000(1+5,16)} - 1,5 \right)^2 * 695 \right]$$

aufzulösen. Das genaue Ergebnis der Rechnung beträgt

<u>K = 2000,949 Mio DM</u>

Im Jahre 1987 hätte die Förderung nach diesem Modell damit rund 2 Mrd. DM gekostet. Aus der relativ komplizierten und dennoch auf reduziertem Niveau gehaltenen Modellrechnung läßt sich ein wichtiges prinzipielles Fazit ziehen: Die Haushaltsbelastung der vorgeschlagenen Vermögensbildungsreform weicht nur in vertretbarem Ausmaß vom bisherigen Aufwand von 1,63 Mrd. DM (1986) ab. Trotz Spitzenfördersätzen zwischen 50 % und 100 %, trotz der Ausdehnung des Berechtigtenkreises auch auf Nicht-Arbeitnehmerhaushalte und trotz Erhöhung des begünstigten Sparhöchstbetrages auf 1200 DM bleibt das Modell annähernd kostenneutral gegenüber der heutigen Förderung. Während den untersten Einkommensschichten überproportional höhere Transfers zufließen, verringern sich die Förderungsbeträge bei den Haushalten nahe der Einkommensgrenze. Der Spareffekt des Modells beruht darauf, daß sich gerade im mittleren Bereich der Einkommensverteilung eine besonders hohe Anzahl von Haushalten befindet. Durch den Verzicht auf Doppelförderung von Doppelverdienern wird ein weiterer Konsolidierungsbeitrag geleistet, der den einkommenschwächsten und mitgliederstärksten Haushalten zugutekommt.

5.2. Tariflicher Interessenausgleich

Die Erfahrungen der Vergangenheit haben gezeigt, daß die Verbreitungschancen neuer Vermögensbildungsformen in hohem Maße von der Möglichkeit eines Interessenausgleichs zwischen den Sozialpartnern bzw. zwischen Belegschaftsvertretung und Unternehmensführung abhängen. Auch die überbetriebliche Vermögensbeteiligung kann sich nur in breitem Rahmen durchsetzen, wenn sie durch Tarif- und Betriebsvereinbarungen gefördert wird. Aus diesem Grunde ist es erforderlich, Konfliktpotentiale zwischen den Verhandlungsseiten aufzudecken und Lösungsmöglichkeiten herauszuarbeiten.

Untersucht werden an dieser Stelle nur Konflikte auf der Inhaltsebene, die durch die Beziehungen von Sachzielen der Interessengruppen ausgelöst werden. Die Bedeutung der personalen Ebene von Konflikten soll dabei nicht geleugnet werden; Beziehungskonflikte entziehen sich jedoch häufig sachlogischen Lösungsmöglichkeiten und sind eher Gegenstand psychologischer und soziologischer als ökonomischer Forschungen.

Ein Interessenausgleich setzt voraus, daß die Interessengruppen in Kommunikation treten und ihre Standpunkte offenlegen. Die Verhandlungsbereitschaft ist gering, solange konfliktäre Ziele innerhalb der Zielhierarchie der Konfliktpartner eine niedrige Position einnehmen. Dies gilt insbesondere dann, wenn die Verhandlungen über Ziele niedriger Priorität die Erreichbarkeit von übergeordneten Zielen aus Sicht eines Konfliktpartners beeinträchtigen könnten. Solange Kaufkraftsteigerung und Arbeitszeitverkürzung unangefochtene Oberziele der gewerkschaftlichen Tarifpolitik bleiben, sind Verhandlungen über eine überbetriebliche Vermögensbeteiligung trotz prinzipiellen Interesses unwahrscheinlich.

5.2.1. Neue Formen der überbetrieblichen Vermögensbeteiligung aus Arbeitgeber- und Gewerkschaftssicht

- Position der Arbeitgeberseite

Als allgemeine, übergeordnete Ziele der Unternehmenspolitik gelten Fortbestand und Gewinnerzielung. Da von *betrieblichen* Vermögensbeteiligungen aufgrund der Erschließung neuer Kapitalquellen und der staatlichen Förderung erhebliche finanzwirtschaftliche Vorteile erreicht werden können und aufgrund motivatorischer Effekte Verhaltensänderung der Mitarbeiter erwartet werden, die langfristig zu Produktivitätssteigerungen führen können, fördert die Kapitalbeteiligung nachhaltig die übergeordneten Ziele der Unternehmen. Impliziert das Fortbestandsziel auch Kontinuität der Eigentums- und Dispositionsrechte, so besteht die Möglichkeit zur Begrenzung der Einflußnahme der Mitarbeiter auf unternehmenspolitische Entscheidungen durch bestimmte Modellkonstruktionen, beispielsweise durch die Beteiligung mit stimmrechtslosen Vorzugsaktien, stillen Beteiligungen, Genußrechten oder Darlehen. Verhandlungsbarrieren gegenüber *betrieblichen* Beteiligungen bestehen daher von Unternehmens- und Arbeitgeberseite nur in geringem Umfang. Dies wird durch die stetige Zunahme betrieblicher Beteiligungsmodelle belegt.[509] Eine schnellere Verbreitung wird vermutlich weniger durch Sachgründe als durch eine mangelnde Informiertheit vieler Unternehmer über die Vorteile und durch Angst vor dem Aufwand der Erstinstallation behindert.

Überbetriebliche Modelle stoßen dagegen auf stärkere Vorbehalte der Arbeitgeber. Sie lassen sich zwar so ausgestalten, daß in finanzwirtschaftlicher Hinsicht keine Nachteile im Vergleich mit betrieblichen Modellen vorliegen, und auch bei überbetrieblichen Modellen läßt sich die Einflußnahme des Kapitalgebers begrenzen. Es besteht jedoch die Befürchtung, daß bei den Beteiligungsinstitutionen eine schädliche Konzentration an Verfügungsrechten und Macht entstehe. Investitionslenkung, erhöhter gewerkschaftlicher Einfluß und Beeinträchtigung der Privat utonomie seien jedoch zu verhindern.[510]

Als Kriterien einer ordnungskonformen Vermögenspolitik werden von der Bundesvereinigung der Deutschen Arbeitgeberverbände angeführt:[511]

- Die Vermögenspolitik muß sich auf die Förderung individueller Vermögen beziehen; Kollektivlösungen, die der Machtbasis von Gewerkschaften dienen, werden abgelehnt.
- Tarifverträge seien das geeignete Instrument zur *Aufbringung* vermögenswirksamer Leistungen. Bei der *Verwendung* der vermögenswirksamen Leistungen sei jedoch die individuelle Wahlfreiheit des Arbeitnehmers zu wahren. Auch die Entscheidungsfreiheit des Arbeitgebers über die Einräumung oder Überlassung von Darlehen oder Beteiligungen an eigenen Unternehmen dürfe nicht tangiert werden.

Die Wahlfreiheit der Arbeitnehmer bei der Anlage vermögenswirksamer Leistungen und die Entscheidungsfreiheit des Arbeitgebers hinsichtlich der Einräumung von Beteiligungsmöglichkeiten sind in §

509) Vgl. LEZIUS, M., a.a.O..
510) HORNUNG-DRAUS, R., a.a.O., S. 704.
511) Ebenda.

12 5.VermBG kodifiziert. Sind diese Grundsätze nicht gewährleistet, ist eine Förderung nach dem Vermögensbildungsgesetz ausgeschlossen. Eine Verletzung dieser Grundsätze stößt auf verfassungsrechtliche Bedenken.

Im Kommentar zum Grundgesetz von MAUNZ/DÜRIG/HERZOG/SCHOLZ[512] wird geltend gemacht, daß die negative Koalitionsfreiheit (Art. 9 GG) verletzt werde, wenn eine Produktivvermögensbeteiligung über grössere Fonds vorgenommen werde, die in Zuständigkeit für organisierte wie nicht-organisierte Arbeitnehmer maßgeblich unter gewerkschaftliche Leitung gestellt würde.[513] Eine entschädigungslose Zwangsabtretung von Gesellschafts- und Geschäftsanteilen würde weiterhin dem verfassungsrechtlichen Schutz des Eigentums (Art. 14 GG) zuwiderlaufen, auch wenn die Abtretung in Form von Gewinnanteilen vorgenommen werde, sofern es sich um eine wertgleiche Abtretung von Rechten am Unternehmen selbst handele.[514] Ebenfalls mit Art. 14 GG unvereinbar sei ein Arbeitskampf, der eine arbeitnehmerische Produktivvermögensbeteiligung durchzusetzen versuche.[515]

Die von Arbeitgeberseite genannten Grundsätze einer ordnungskonformen Vermögenspolitik können somit als durch das deutsche Rechtssystem gewährleistet angesehen werden. Wahlfreiheit des Arbeitnehmers, Einräumungsfreiheit der Beteiligung des Arbeitgebers und individuelle Vermögensbildung sind als unantastbare Grundsätze der Vermögenspolitik zu akzeptieren. Eine kollektive Vermögensbildung durch Zwangsabgaben an Fonds und eine Investitionslenkung, z.B. nach schwedischem Vorbild, stehen in der Bundesrepublik auch politisch derzeit nicht zur Debatte. Selbst einstige Verfechter solcher Lösungen akzeptieren inzwischen ihre fehlende politische Durchsetzbarkeit.[516]

---

512) MAUNZ, Theodor, DÜRIG, Günter,HERZOG, Roman, SCHOLZ, Rupert, (u.a.), Grundgesetz, Kommentar, München 1987, zu Art. 9, Rdn. 235.

513) Vgl. HANAU, Peter, Arbeitsrechtliche Probleme der Vermögensbeteiligung der Arbeitnehmer, in: Zfbf Sonderheft Nr. 19, 1985, S. 111-127, hier S. 121.

514) Vgl. ebenda und die dort angegebene Literatur.

515) Ebenda.

516) Vgl. PITZ, Karl, Tariffonds sind nicht zu realisieren, Sozialdemokratischer Pressedienst "Wirtschaft", 7.2.1980.

Hinsichtlich der beiden neu geschaffenen Beteiligungsinstitutionen (Unternehmensbeteiligungsgesellschaften und Beteiligungs-Sondervermögen) werden die Vorbehalte gebenüber überbetrieblichen Vermögensbeteiligungsmodellen von der Arbeitgeberseite folgendermaßen präzisiert:[517)]

- Bei Beteiligungs-Sondervermögen seien Bewertungs- und Liquiditätsprobleme unzureichend gelöst und führten zu hohen Kosten.
- Beide Typen seien als Instrument der tarifvertraglichen Vermögenspolitik aus rechtlichen und wettbewerbspolitischen Gründen ungeeignet. Die Gründung erwerbswirtschaftlicher Institutionen überschreite die rechtliche Zuständigkeit der Tarifvertragsparteien und impliziere Wettbewerbsvorteile gegenüber nicht von einer "gemeinsamen Einrichtung" initiierten Unternehmensbeteiligungsgesellschaften und Beteiligungs-Sondervermögen.

Die von Arbeitgeberseite spezifisch für Beteiligungs-Sondervermögen angeführten Kritikpunkte sind berechtigt.[518)] Eine Bewertungsverordnung wurde allerdings zwischenzeitlich verabschiedet. Sie besitzt Komponenten, die eine objektivere Bewertung erwarten lassen, als dies beispielsweise bei Grundstücks-Sondervermögen der Fall ist. Auch wenn die gewählte Lösung des Bewertungsproblems aus wissenschaftlicher Sicht nicht völlig befriedigen kann, sollte ihre Praktikabilität nicht ohne Erprobung ausgeschlossen werden. Die kritische Würdigung der Beteiligungs-Sondervermögen führt zwar zu dem Schluß, daß gegenüber anderen überbetrieblichen Beteiligungsinstitutionen in verschiedener Hinsicht Nachteile bestehen, die grundsätzliche Eignung zur überbetrieblichen Vermögensbeteiligung jedoch besteht. Die Vorteilhaftigkeit der von den Tarifparteien zu wählenden Beteiligungsgesellschaftsform ist nur im Einzelfall zu entscheiden.

Das zweite Argument kann zur Begründung einer prinzipiellen Ablehnung der beiden Formen von Beteiligungsgesellschaften ebenfalls nicht überzeugen. Eine Überschreitung der rechtlichen Zuständigkeit liegt nicht vor, da der Gesetzgeber in der Begründung des

517) HORNUNG-DRAUS, R., a.a.O., S. 706.
518) Vgl. Kap. 3.3.2., S. 158-169 dieser Arbeit.

UBGG ausdrücklich auf die Gründung von Unternehmensbeteiligungsgesellschaften durch gemeinsame Einrichtungen der Tarifvertragsparteien gemäß § 4 Abs. 2 TVG hingewiesen hat.[519] Auch die im Laufe der Gesetzesberatung vorgenommene Streichung des ursprünglich geplanten § 10 Abs. 3, Ziff. 2,[520] genügt nicht, um die Möglichkeit der Gründung einer gemeinsamen Einrichtung auszuschließen.

Die Rechtskonformität von gemeinsamen Einrichtungen zur überbetrieblichen Vermögensbeteiligung wird mit dem Argument angezweifelt, diese Institutionen würden primär gewinnorientiert arbeiten und Wettbewerbsvorteile gegenüber anderen Beteiligungsgesellschaften besitzen.[521] Eine von den tariflichen Normsetzungsbefugnissen unabhängige Kooperation sei hingegen aufgrund der ihnen nach allgemeinem Privatrecht zustehenden Vertragsfreiheit zulässig.[522] Durch gemeinsame Einrichtungen begründete Beteiligungsgesellschaften hätten Wettbewerbsvorteile, da ihnen Mittel aufgrund tarifvertraglicher Regelungen zugeführt würden, während andere Beteiligungsgesellschaften ihren Mittelzufluß am Markt erreichen müßten.[523]

Diese Position richtet sich jedoch nicht gegen die prinzipielle Möglichkeit der Einrichtung einer gemeinsamen Einrichtung, sondern unterstellt eine bestimmte Ausgestaltung derselben. Bei der Konstruktion von seitens der Tarifparteien betriebenen Unternehmensbeteiligungs- und Kapitalanlagegesellschaften können durchaus wettbewerbsverzerrende Formen vermieden werden.

---

519) BUNDESRATS-DRUCKSACHE 140/85, vom 12.4.1985, Entwurf und Begründung des UBGG, S. 14. Ähliches gilt für einen Passus in der Gesetzesbegründung für Beteiligungs-Sondervermögen. Vgl.LAUX, Manfred, Keine Irrwege in der Vermögensbildung!, in: Börsen-Zeitung, Nr. 154, v. 14.8.1982, S. 5.

520) Der Wortlaut ist: Ein öffentliches Angebot liegt auch dann vor wenn, ..."2. die Aktien der Gesellschaft einem durch Tarifvertrag näher bestimmtem Kreis von Arbeitnehmern zum Erwerb angeboten werden". BUNDESRATS-DRUCKSACHE 140/85, a.a.O., S. 6.

521) Vgl. LAUX, M. (1982), a.a.O., unter Berufung auf BÖTTICHER, Eduard, Die gemeinsamen Einrichtungen der Tarifvertragsparteien, Heidelberg 1966, S. 150.

522) Vgl. BÖTTICHER, E., a.a.O., S. 151-152; vgl. LAUX, M. (1982), a.a.O..

523) BUNDESTAGS-DRUCKSACHE 10/6193, Beschlußempfehlung und Bericht des Finanzausschusses zum UBGG, S. 33.

BUSCHMANN[524] untersuchte zwar nur *betriebliche* direkte und indirekte Kapitalbeteiligungen als Gegenstand von Tarifverträgen und Betriebsvereinbarungen, einige Ergebnisse sind jedoch auch für die *überbetriebliche* Vermögensbeteiligung bedeutsam. Die sorgfältige Prüfung ergab, daß das Rechtsinstitut der gemeinsamen Einrichtung gemäß § 4 Abs. 2 TVG durchaus geeignet ist, eine betriebliche Kapitalbeteiligung zu mediatisieren.[525] Es wird darauf verwiesen, daß für die Zwischenschaltung einer gemeinsamen Einrichtung ein "vernünftiges Bedürfnis"[526] vorliegen müsse. Ausdrücklich für zulässig gehalten werden betriebsbezogene oder betriebliche gemeinsame Einrichtungen, wenn es um einen zusätzlichen Sicherungseffekt ginge, wie z.B. im Bereich der Vermögensbildung.[527] Diese Begründung muß jedoch für überbetriebliche gemeinsame Einrichtungen ebenso gelten, da sie bedeutende Sicherungseffekte durch Diversifikation im Rahmen der Vermögensbildung ermöglichen.

Darüberhinaus vertritt BUSCHMANN ebenfalls die Meinung, daß Verbandstarifverträge einzelne Arbeitgeber nicht verpflichten können, ein indirektes Beteiligungsverfahren für ihr Unternehmen einzurichten.[528] Ein Erzwingen durch normativ wirkende Tarifverträge verletze die Eigentumsrechte des Art. 14 GG.[529] Allerdings können Tarifverträge die Arbeitgeberverbände dazu verpflichten, unter Wahrung der Freiwilligkeit und ohne Einsatz von Zwangsmitteln auf eine Einführung von Beteiligungsverfahren bei ihren Mitgliedern einzuwirken.[530] Diese Einwirkung kann völlig ausreichen, um die Verbreitung der überbetrieblichen Vermögensbeteiligung maßgeblich zu fördern.

Die Beteiligung der Arbeitnehmer an der überbetrieblichen Beteiligungsgesellschaft kann selbst nicht zum Gegenstand von Tarifverträgen gemacht werden, da eine privatrechtliche Zwangsmitglied-

524) BUSCHMANN, Barbara, Vermögensbildung durch Kollektivvereinbarungen, Spardorf 1983.
525) Ebenda, S. 357-358.
526) Ebenda, S. 284.
527) Ebenda und die dort angegebene Literatur.
528) Ebenda, S. 278-279.
529) Ebenda, S. 279 u. S. 323-327.
530) Ebenda, S. 279 u. S. 358.

schaft die Individualrechte der Arbeitnehmer einschränken würde.[531]

Die Organisation, Verwaltung und die Besetzung der Organe gemeinsamer Einrichtungen wird in der Praxis überwiegend paritätisch vorgenommen. Dies ist rechtlich jedoch keineswegs zwingend erforderlich.[532] Die Verteilung der Funktionen ist Verhandlungsgegenstand der Tarifparteien und kann satzungsmäßig festgelegt werden. Ebenso kann die Frage der Art und Höhe von Beitragsleistungen und Nutzungsberechtigungen der Satzung überlassen werden und muß nicht tarifvertraglich geregelt sein.[533]

Auch Pensionskassen stellen Kapitalsammelstellen dar, die ihre Funktionen im Interesse der Arbeitnehmer ausüben. Sie nehmen ihre Vermögensanlagen ebenfalls nach Ertragsaspekten vor. Die Zulässigkeit solcher gemeinsamer Einrichtungen zum Zweck der Altersversorgung ist heute unstrittig, ebenso ihre Einbeziehung in für allgemeinverbindlich erklärte Tarifverträge.[534] Aber auch hier liegt grundsätzlich eine Konkurrenz mit betrieblichen Unterstützungskassen, mit Direktversicherungen zugunsten Betriebsangehöriger durch die Unternehmen sowie mit privaten Lebensversicherungen der Arbeitnehmer vor. Bestimmte Gestaltungsformen erwiesen sich jedoch als akzeptabel für alle Interessengruppen, rechtlich zulässig und wirtschaftlich sinnvoll.[535] "Für die Zulässigkeit unternehmensbezogener Einrichtungen der Vermögensbildung und gemeinsamer tarifvertraglicher Einrichtungen zur Vermögensbildung spricht die damit gegebene Möglichkeit, die angesammelten Vermögenswerte in besonderem Maße den beteiligten Unternehmen zukommen zu lassen. Da dieses Motiv im Bereich der betrieblichen Altersversorgung anerkannt ist, wird man es im Bereich der Vermögensbeteiligung nicht verwerfen können. Dies entbindet freilich nicht von der Beachtung der Rechtsvorschriften über Kapitalanlagegesellschaften, wie ja auch betriebliche Pensionskassen an das Versicherungsaufsichtsgesetz

531) Ebenda, S. 301 u. S. 354.
532) Ebenda, S. 287-291.
533) Ebenda, S. 299-300.
534) Vgl. HANAU, P., a.a.O., S. 125.
535) Ebenda.

(VAG) gebunden sind."[536] Unternehmensbeteiligungsgesellschaften und Kapitalanlagegesellschaften sind demnach unter bestimmten Bedingungen durchaus tarifpolitisch gestaltbar.

Die gesamten inhaltlichen Vorbehalte der Arbeitgeberseite erweisen sich folglich als durch Sachargumente überwindbar. Problematischer ist jedoch die Frage, ob und unter welchen Bedingungen Arbeitgeberverbände an Verhandlungen über tarifvertragliche Regelungen der überbetrieblichen Vermögensbeteiligung ein Interesse haben. Hier ist das Erschließen neuer Kapitalquellen, das Durchwirken der staatlichen Förderung auf die Finanzierungskonditionen und die motivierende, partnerschaftliche Wirkung auf die Mitarbeiter in das Bewußtsein der Arbeitgeber zu rücken. Auch ohne gewerkschaftlichen Verzicht auf Teile von Barlohnerhöhungen oder Arbeitszeitverkürzungen bestehen für die Unternehmen genügend Anreize, überbetriebliche Vermögensbeteiligungsmodelle mit dem Verhandlungspartner zu diskutieren, durch eine teilweise Kompensation mit anderen gewerkschaftlichen Forderungen könnten die Verhandlungen jedoch vereinfacht und beschleunigt werden.

- Position der Gewerkschaften[537]

Als Hauptziele gewerkschaftlichen Handelns lassen sich die Sicherung und Steigerung von Beschäftigung und Reallohn, die Gestaltung der Arbeitsbedingungen, die Erweiterung der Mitbestimmung sowie die Erhaltung und Erweiterung der eigenen Organisation identifizieren. In langfristiger Betrachtung wirkt die überbetriebliche Vermögensbeteiligung auf das Reallohn-, Beschäftigungs- und Mitbestimmungsziel positiv, da für die Arbeitnehmer eine neue Einkommensquelle erschlossen wird, die Investitionsfähigkeit der Unternehmen durch eine erhöhte Kapitalausstattung zunimmt und neben die arbeitskontraktabhängige Mitbestimmung eine kapitalfundierte Mitbestimmung der Arbeitnehmer tritt.

536) Ebenda.

537) Die Interessenheterogenität innerhalb des Gewerkschaftssektors bleibt hier unberücksichtigt. Da hier nur die grundsätzliche Möglichkeit eines Interessenausgleichs geprüft wird, erscheint eine aggregierte Betrachtung ausreichend. Stellvertretend wird auf Stellungnahmen des DGB Bezug genommen.

Betriebliche Mitarbeiterbeteiligungen können in einem Konflikt zum Ziel der Organisationserhaltung stehen, wenn der Arbeitnehmer durch seine Beteiligung mehr Solidarität zu seinem arbeitgebenden Unternehmen als zu seiner Gewerkschaft entwickelt. Zwar ermitteln GUSKI/SCHNEIDER, daß kein signifikanter Einfluß einer Kapitalbeteiligung auf den Organisationsgrad der Mitarbeiter feststellbar ist,[538] von gewerkschaftlicher Seite wird aber die Eignung des Organisationsgrades als Indikator für die Identifikationsstärke der Arbeitnehmer mit ihrer Gewerkschaft angezweifelt.[539] Deshalb stehen Gewerkschaften besonders betrieblichen Beteiligungen überwiegend ablehnend gegenüber und tabuisieren sie als nicht verhandlungsfähig.[540]

Die Gewerkschaften favorisieren dagegen von jeher bestimmte Formen überbetrieblicher Vermögensbeteiligungsmodelle.[541] Gegenüber den frühen 70er Jahren ist die Sichtweise der Gewerkschaften weniger dogmatisch geworden.

Auch nach Verabschiedung des UBGG und der Vorschriften über Beteiligungs-Sondervermögen ist der DGB grundsätzlich bereit, über überbetriebliche Vermögensbeteiligungsmodelle zu verhandeln. Auch Konstruktionen, die auf den beiden neuen Formen von Beteiligungsgesellschaften fußen, werden als "konzeptionell durchaus diskutabel" bezeichnet; Probleme werden jedoch in rechtlichen und technischen Details gesehen.[542] Als Verhandlungsbarriere erweist es sich jedoch, daß die Gewerkschaften der Sicherung und Verbesserung von Beschäftigung und Kaufkraft der Arbeitnehmer eine deutliche tarifpolitische Priorität einräumen, so daß augenblicklich kein Verhandlungsspielraum für vermögenspolitische Fragestellungen verbleibt.[543]

---

538) Vgl. GUSKI, H.G., SCHNEIDER, H.J., (14.7.1984), a.a.O., S. 11.

539) Vgl. ADAM, H., a.a.O.,S. 22-23.

540) Abweichend hierzu die Stellung der IG-Chemie, der IG-Bau-Steine-Erden, der IG-Textil-und-Bekleidung, der ULA, der DAG.

541) Vgl. Kap. 3.4.2., S. 190-193 dieser Arbeit.

542) Vgl. HÖHNEN, Wilfried, zuständig für Vermögensbildung im Bundesvorstand des DGB, im Schreiben vom 13. Oktober 1988 an den Verfasser.

543) DGB, Informationen zur Wirtschafts- und Umweltpolitik, die "2. Stufe" der Vermögenspolitik aus der Sicht des DGB, Oktober 1986, S. 8-9.

Auch der DGB knüpft einige Grundsätze an überbetriebliche Beteiligungsmodelle, deren Durchsetzbarkeit als Voraussetzung eines Verhandlungserfolgs zu betrachten ist.

- Aufgrund der Risikoduplizität betrieblicher Beteiligungen seien diese ohne Insolvenzsicherungen ungeeignet; überbetrieblichen Lösungen sei ein Vorrang einzuräumen.[544]
- Ein Sparförderungssystem sei in erster Linie darauf auszurichten, die Sparfähigkeit der Arbeitnehmer zu steigern. Die Regelungen des § 19 a EStG seien einer Erhöhung der Sparfähigkeit der Arbeitnehmer nicht zweckdienlich. Auch das Nicht-Beteiligungssparen müsse weiterhin gefördert werden, und zwar mit einem einheitlichen Höchstrahmen von 936 DM.
- Die Wahlfreiheit und die Möglichkeit der Wahrnehmung der Kapitalgeberrechte sei für die Arbeitnehmer zu gewährleisten.[545]

Die Forderung nach Wahlfreiheit der Anlageform deckt sich mit der Grundsatzposition der Arbeitgeber und den gültigen rechtlichen Regelungen. Eine weitere Diskussion erübrigt sich deshalb.

Ein einheitlicher Höchstsparrahmen, die Beibehaltung der Förderung der Geldvermögensbildung auf Konten, die Vorteilhaftigkeit von überbetrieblichen gegenüber betrieblichen Beteiligungsmodellen und die Ausrichtung der Vermögenspolitik auf eine Erhöhung der Sparfähigkeit stellen Diskussionspunkte dar, die durch eine Realisierung der in dieser Arbeit vorgelegten Vorschläge für den gesetzlichen Rahmen eines Vermögensbeteiligungsmodells[546] gewährleistet würden. Der hier vorgeschlagene gesetzliche Rahmen widerspricht auch den Grundsätzen der Arbeitgeberseite nicht.

Neben den vermögenspolitischen Grundsatzpositionen äußert sich der DGB zu aus seiner Sicht spezifischen Problembereichen der Unter-

---

544) Ebenda, S. 10.
545) Ebenda, S. 6-8.
546) Vgl. Kap. 5.1., S. 320-345 dieser Arbeit.

nehmensbeteiligungsgesellschaften und Beteiligungs-Sondervermögen. Im wesentlichen werden folgende Kritikpunkte geltend gemacht[547]:

- Investmentfonds seien aufgrund der strengen gesetzlichen Regelungen des KAGG und KWG tarifpolitisch nicht gestaltbar.
- Eine Beteiligung solle sowohl an börsennotierten als auch an nicht emissionsfähigen Unternehmen erfolgen können; daher sei das UBGG kein geeigneter Rahmen.
- § 19 a EStG verschaffe betrieblichen Beteiligungsmodellen einen Vorteil und lasse durch fehlende Einkommensgrenzen einen sozialen Charakter vermissen.

Im Gegensatz zur Arbeitgeberseite begründet der DGB die mangelnde tarifpolitische Gestaltbarkeit nicht mit grundsätzlichen Bedenken gegen die Realisierbarkeit einer gemeinsamen Einrichtung, sondern mit dem rigiden Rahmen des KAGG und KWG, denen gemeinsam gegründete Kapitalanlagegesellschaften unterworfen wären. Doch auch der Argumentation des DGB kann in diesem Punkt nicht gefolgt werden, da sie in sich widersprüchlich ist. Die Regelungen der genannten Gesetze, auch die mit ihnen verbundenen Einschränkungen der Gewerbefreiheit, haben fast ausschließlich Anlegerschutzziele. Es erscheint völlig abwegig und der Argumentation der Gewerkschften zuwiderlaufend, den Anspruchsberechtigten der überbetrieblichen Vermögensbeteiligungen den bewährten Anlegerschutz vorzuenthalten, gerade weil es sich zu einem großen Teil um schutzbedürftige Kleinanleger handelt. KWG und KAGG stellen einen zuverlässigen Präventivschutz gegen zu hohe Kapitalrisiken der Arbeitnehmer dar. Eine Eingliederung überbetrieblicher Beteiligungsinstitutionen in das erprobte Rechts- und Anlegerschutzsystem hat außerdem den Vorteil, faire Ausgangspositionen mit anderen Wettbewerbern um Anlagekapital zu schaffen.

Das Erwerbsverbot von börsennotierten Aktien für Unternehmensbeteiligungsgesellschaften wurde bereits an anderer Stelle kritisiert.[548] Allerdings wurde die Forderung, daß Unternehmensbeteiligungsgesellschaften bis zu 30 % ihres Grundkapitals in börsenno-

547) Vgl. DGB (1986), a.a.O., S. 3-10; vgl. HÖHNEN, W., (1986), a.a.O..
548) Vgl. Kap. 3.2.2., S. 148 dieser Arbeit.

tierten Unternehmen anlegen können, mit einer Verbesserung der Diversifikationsmöglichkeiten, der Liquidität und der Flexibilität begründet. Das Ziel des DGB - Beteiligung *auch* an börsennotierten Publikumsgesellschaften - kann mit der Gründung von Kapitalanlagegesellschaften, beispielsweise durch Auflage von Beteiligungs-Sondervermögen, erreicht werden. Ein den Interessen des DGB entsprechendes Vermögensbeteiligungsmodell ist unter Einbeziehung beider Formen von Beteiligungsgesellschaften durchaus gestaltbar. Hinsichtlich der Institutionen ist der gesetzliche Rahmen zur Erfüllung der DGB-Forderungen somit völlig ausreichend.

Die Behauptung, § 19 a EStG schaffe Vorteile für betriebliche Beteiligungsmodelle, ist unwahr. Die Überlassung außerbetrieblicher Beteiligungen wird einkommensteuerlich gleich behandelt. Der fehlende soziale Charakter dieser steuerlichen, einkommensunabhängigen Regelung ist dagegen nicht zu leugnen. Aufgrund der für die Akzeptanz des Beteiligungssparens wichtigen Anreizwirkung sollte auf diese steuerliche Regelung trotz der verteilungspolitisch unerwünschten Effekte nicht verzichtet werden. Ein Kompromiß könnte in einer Begrenzung des durch die Überlassung von Beteiligungen erzielbaren Steuervorteils bestehen. Denkbar wäre eine Regelung, nach der die tatsächliche Steuereinsparung für jeden Sparer 250 DM p.a. nicht überschreiten darf. Die jetzige 500-DM-Grenze, die sich auf den Wert der überlassenen Anteilsrechte bezieht ("steuerfreier Vermögensvorteil"), wäre dann überflüssig. Die Festlegung der genauen Höchstgrenze der tatsächlichen Einkommensteuerersparnis kann abweichend von dem vorgeschlagenen Betrag auch steueraufkommensneutral berechnet werden.

Der nachhaltige Zuwachs der vom DGB abgelehnten betrieblichen Beteiligungsmodelle erzeugt einen zunehmenden Druck auf die Gewerkschaften, über kompromißfähige überbetriebliche Beteiligungsmodelle nachzudenken. Das Ziel einer breiten Produktivvermögensbildung ist von den Gewerkschaften von jeher betont worden und die Notwendigkeit von Maßnahmen zur Förderung der Investitionsfähigkeit durch eine verbesserte Eigenkapitalausstattung werden akzeptiert. Es ist zu hoffen, daß die Tarifparteien bald erkennen, wie bedeutend die überbetriebliche Vermögensbeteiligung zur Erreichung dieser gesamtwirtschaftlichen Ziele ist, und daß eine Realisierung solcher Modelle ihren eigenen Zielsystemen nicht entgegensteht.

5.2.2. Struktur eines kompromißfähigen Beteiligungsmodells

Die dargestellten Positionen der Spitzen- bzw. Dachverbände der Tarifparteien und die in dieser Arbeit bereits entwickelten Verbesserungsvorschläge bilden die Ausgangspunkte für das folgende in seiner Grundstruktur darzulegende überbetriebliche Vermögensbeteiligungsmodell. Es soll die wirtschaftspolitischen Ziele Produktivvermögensdekonzentration und Risikokapitalzuführung zu nicht börsennotierten Unternehmen gleichgewichtig berücksichtigen und außerdem kompromißfähig für die Sozialpartner sein.

Zusammenfassend lassen sich folgende Punkte auflisten, die eine Veränderung oder Erweiterung der Rahmenbedingungen durch den Gesetzgeber erfordern:

- Unternehmensbeteiligungsgesellschaften sind von der Körperschaftsteuer freizustellen.
- Unternehmensbeteiligungsgesellschaften dürfen bis zu einer Höhe von 30 % ihres Grundkapitals Aktien an börsennotierten Unternehmen erwerben.
- Eine Förderung des Konten- und Lebensversicherungssparens nach dem Vermögensbildungsgesetz bleibt erhalten, die Zulagesätze sind jedoch deutlich niedriger als für risikobehaftete Beteiligungstitel anzusetzen.
- Die Zulagesätze erhalten einen vom Einkommen abhängigen progressiven Tarifverlauf; die Einkommensgrenzen und einheitlichen Höchstsparbeträge werden nach bestimmten Regeln dynamisiert.
- Im Rahmen des § 19 a EStG wird eine Begrenzung der individuellen Steuerersparnis vorgenommen.
- In den Anlagekatalogen des Vermögensbildungsgesetzes wird explizit zwischen betrieblichen und außer-/überbetrieblichen Beteiligungen unterschieden. Alle außer-/überbetrieblichen Beteiligungen, die nicht in Form von Aktien oder von Anteilsscheinen von Kapitalanlagegesellschaften vorgenommen werden, werden aus dem

Anlagekatalog gestrichen, um Betrugsrisiken auszuschließen, um Transparenz und Vergleichbarkeit zu erhöhen und um die Sonderstellung der von Unternehmensbeteiligungsgesellschaften und Kapitalanlagegesellschaften emittierten Titel für die Vermögensbildung zu unterstreichen.

Innerhalb dieses gesetzlichen Rahmens könnten die Tarifparteien über folgendes Modell verhandeln. In Form gemeinsamer Einrichtungen der Tarifvertragsparteien werden regional Unternehmensbeteiligungsgesellschaften gegründet, die ausschließlich die Funktion haben, vermögenswirksame Leistungen der Arbeitnehmer zu sammeln und an die Unternehmen zurückzuführen. Die Unternehmensbeteiligungsgesellschaften sollen nicht nur Beteiligungen von Unternehmen einer Branche erwerben, sondern ein möglichst diversifiziertes Portefeuille aufbauen. Die gemeinsamen Einrichtungen sind Gegenstand von Tarifverträgen, die für allgemein verbindlich erklärt werden können. Die Tarifverträge haben folgende Grundsätze zu berücksichtigen:

- Die Wahlfreiheit der Arbeitnehmer bleibt unangetastet. In den Tarifverträgen wird nicht festgelegt, daß die vermögenswirksamen Leistungen der Arbeitnehmer zwingend den Unternehmensbeteiligungsgesellschaften zufließen müssen. Tarifvertraglich können jedoch bestimmte Formen der Werbung für die überbetriebliche Vermögensbeteiligung vorgenommen werden. Die Empfehlung oder Werbung für bestimmte Anlagearten und bestimmte Institute ist - abgesehen von den Regelungen des § 23 Abs. 3 KWG - in Tarifverträgen zulässig.[549] Über die Maßnahmen der Empfehlung und Werbung hinaus beeinflussen die Tarifparteien die Wahl der Anlageform der Arbeitnehmer nicht.
- Außerdem ist zu regeln, auf welche Weise ein Mittelrückfluß an die Unternehmen des Tarifbezirks stattfindet.[550]

Außer den regionalen Unternehmensbeteiligungsgesellschaften ist überregional eine Kapitalanlagegesellschaft als gemeinsame Einrichtung der Tarifparteien zu gründen. Diese Modellergänzung ist

549) Vgl. KITTNER, M., BASTEN, S., a.a.O., S. 83-84.
550) Vgl. hierzu die Ausführungen in Kap. 5.3.5., S. 375-379 dieser Arbeit.

vor allem dann notwendig, wenn der Gesetzgeber den Erwerb börsennotierter Anteile durch Unternehmensbeteiligungsgesellschaften nicht gestattet. Die überregionale Kapitalanlagegesellschaft hat die Funktion, den Arbeitnehmern eine zusätzliche Anlagemöglichkeit anzubieten. Sie soll vorwiegend Aktien der regionalen Unternehmensbeteiligungsgesellschaften erwerben. Sie kann unterschiedliche Fonds auflegen, die jeweils verschiedene Anlegergruppen ansprechen sollen. Die Auflegung von Beteiligungs-Sondervermögen ist denkbar, jedoch nicht erforderlich, da Anteile an nicht emissionsfähigen Unternehmen bereits indirekt über die Aktien von Unternehmensbeteiligungsgesellschaften in den Portefeuilles enthalten sind. Empfehlungen und Werbung für die Anteilsscheine der Kapitalanlagegesellschaft sind ebenfalls in die Tarifverträge aufzunehmen. Weiterhin steht es den Arbeitgebern frei, betriebsspezifisch - nicht per Tarifvertrag - die Attraktivität der Finanztitel von Beteiligungsgesellschaften durch eine Überlassung gemäß § 19a EStG zu erhöhen.

Die Zweistufigkeit dieses überbetrieblichen Vermögensbeteiligungsmodells hat eine Reihe wesentlicher Vorteile. Regionale Besonderheiten können durch das flexiblere Instrument Unternehmensbeteiligungsgesellschaft hinreichend berücksichtigt werden. Arbeitnehmer, denen die Aktien dieser Gesellschaften, aus welchen Gründen auch immer, als Anlageform nicht geeignet erscheinen, können sich dennoch durch Kauf von Anteilsscheinen der überregionalen Kapitalanlagegesellschaft indirekt an ihrem arbeitgebenden Unternehmen beteiligen. Die Kapitalanlagegesellschaft unterliegt den Anlegerschutzgesetzen, die sich in der Bundesrepublik Deutschland Jahrzehnte lang bewährt haben und bietet Anlagemöglichkeiten an, deren Risiko deutlich niedriger als das der Unternehmensbeteiligungsgesellschaften sein wird. Eine Beteiligung der Arbeitnehmer am gesamten Produktivvermögen, nicht nur an bestimmten Unternehmenssegmenten, kann erreicht werden.

Die Verwaltung der Unternehmensbeteiligungsgesellschaften und Kapitalanlagegesellschaften erfolgt nach den Vorschriften des Aktiengesetzes, des UBGG und des KAGG. Im Zweifelsfall hat diejenige

Partei das Letztentscheidungsrecht, die die Mittel zur Gründung der Beteiligungsgesellschaften aufbringt.

5.3. Fondsmanagement

Die Gestaltung der Geschäftspolitik durch das Fondsmanagement entscheidet maßgeblich über Anlageerfolg und Publikumsakzeptanz der für die überbetriebliche Vermögensbeteiligung einsetzbaren Beteiligungsgesellschaften. Unabhängig davon, ob private Initiatoren, Finanzinstitute, Unternehmen oder Tarifparteien als Träger der Beteiligungsgesellschaft fungieren, bestehen bei vorgegebenen gesetzlichen Rahmenbedingungen genügend Entscheidungsspielräume des Managements zur Wahrnehmung möglicherweise sehr unterschiedlicher unternehmenspolitischer Ziele. Als Unternehmenszweck kommen z.B. langfristige Beherrschungs- und Übernahmemotive von Unternehmen, die Fortführung bereits betriebener Kapitalbeteiligungsgesellschaften von Banken oder Venture Capital Fonds in regulierter und steuerlich bevorzugter Form, die Auflegung von an ein abgegrenztes, vermögendes Publikum gerichteten Spezialitätenfonds oder die Finanzierung von Spin-offs, Buy-outs und Neugründungen in Betracht.

Die geschäftspolitischen Gestaltungsmöglichkeiten werden im folgenden vorwiegend unter vermögenspolitischem Aspekt untersucht. Dies bedeutet nicht, daß nur als gemeinsame Einrichtungen konstruierte Unternehmensbeteiligungsgesellschaften und Beteiligungs-Sondervermögen betrachtet werden, denn auch rein erwerbswirtschaftlich ausgerichtete Beteiligungsgesellschaften konkurrieren um vermögenswirksame Leistungen, bieten einem breiten Publikum Produktivkapitaltitel an und versorgen nicht emissionsfähige Unternehmen mit Haftkapital.

Bei vermögenspolitisch motivierten Beteiligungsgesellschaften erscheinen folgende Problembereiche der Geschäftspolitik besonders wichtig:

- die Bereitstellung von Informationen über die Geschäftstätigkeit gegenüber Anlegern und der interessierten Öffentlichkeit;
- die Imagepolitik und Werbung zur Erhöhung der Akzeptanz bei Unternehmen und Anlegern.
- die Selektion von Beteiligungen unter Kosten- und Risikoaspekten;
- die Gestaltung der Konditionen des Beteiligungsvertrages, insbesondere im Falle staatlich geförderter Kapitalakkumulation im Rahmen der Vermögensbildung;
- die Gestaltung des Mittelrückflusses von Unternehmern und Mitarbeitern über die Beteiligungsgesellschaft in das Unternehmen;

5.3.1. Zielgruppenorientiertes Marketing bei Unternehmen und Anlegern

- Maßnahmen zur Akzeptanzförderung bei den Unternehmen

Wie bereits festgestellt wurde, stellt das Beteiligungsgeschäft an nicht emissionsfähigen Unternehmen ein großes Marktpotential dar, das bisher nur zu einem geringen Grade ausgeschöpft wurde.[551] Deshalb ist Maßnahmen innerhalb der Geschäftspolitik, die die Attraktivität der Beteiligungsgesellschaften bei den Unternehmen zu erhöhen vermögen, sehr großes Gewicht beizumessen. Ansatzpunkte für eine derartige Geschäftspolitik stellen die von Seiten der Unternehmen empfundenen Vorurteile gegenüber einer Beteiligungsfinanzierung dar. Diese sind abzubauen, und gleichzeitig ist über die Vorteile der Beteiligungsfinanzierung aufzuklären.

Nachteilig dürften von vielen Unternehmen die bei einer Kapitalzuführung durch eine Beteiligungsgesellschaft erforderlichen Publizitätsmaßnahmen empfunden werden. Die Publizitätsscheu der Unternehmen stellt ein Hindernis dar, wenn es nicht gelingt, die Unternehmer davon zu überzeugen, daß Publizität zur sachgerechten Beurteilung einer Beteiligung notwendig ist und daß ein Mehr an Publi-

551) Vgl. Kap. 3.6., S. 202-206 dieser Arbeit.

zität sich gegebenenfalls günstig auf die von der Beteiligungsgesellschaft geforderte Risikoprämie auswirken kann.

Daneben ist auf den werbenden und imagefördernden Aspekt der Publizität hinzuweisen. Die Informationen in den Berichten einer namhaften Beteiligungsgesellschaft über ein Unternehmen können zu einer Anhebung des "Good-Wills" des Unternehmens führen, da der Abschluß eines Beteiligungsvertrages als eine Art Gütesiegel angesehen wird. Außerdem steht dem Unternehmen mit der Beteiligungsgesellschaft ein kompetenter Berater vor allem in Finanzierungsfragen zur Seite und kann in vielen Fällen bei der Anbahnung geschäftlicher Kontakte behilflich sein.

Viele Unternehmer könnten in der Aufnahme eines fremden und kritischen Gesellschafters die Gefahr einer Einschränkung ihrer eigenen Entscheidungsfreiheit sehen. Es wird befürchtet, daß Unternehmenskonzeption, Unternehmenspolitik, Führungsauswahl, Führungsstil oder Entnahmepolitik nicht mehr unabhängig nach eigenen Vorstellungen und Kriterien entschieden werden können. Dieser "Herr-im-Hause-Standpunkt" gilt als ein bedeutendes psychologisches Hemmnis für die Beteiligungsfinanzierungen.[552] Eine Überwindung dieses Hemmnisses ist nur durch eine langfristige Aufklärungsarbeit zu erreichen. Die Annahme, ein Unternehmen sei eine reine Privatangelegenheit der Eigentümer, ist jedoch auch ohne eine Aufnahme neuer Gesellschafter eine "nostalgische Illusion" und unterschätzt "die Abhängigkeit von der Sachrationalität" bei unternehmerischen Entscheidungen.[553] Unternehmenspolitische Entscheidungen werden bereits jetzt von Aufsichtsämtern, Behörden, Banken, Betriebsrat und Gewerkschaften mitbeeinflußt. Im Gegensatz zu diesen externen Entscheidungsträgern besteht meist zwischen Alteigentümern und Beteiligungsgesellschaften eine Interessenkongruenz. Den Unternehmen ist die Erkenntnis zu vermitteln, "daß 51 % an einem gesunden, wachsenden Unternehmen mehr unternehmerische Selbständigkeit verleihen als 100 % an einem kranken oder stagnierenden".[554]

552) Vgl. LEICHT, Martin, Das Interesse mittelständischer Unternehmen am öffentlichen Handel ihrer Unternehmensanteile, in: Risikokapital über die Börse, hrsg. von GERKE, W.,Berlin u.a. 1986, S. 81-97, hier S. 88.
553) Ebenda, S. 89.
554) Ebenda, S. 96.

Das Interesse der Unternehmensbeteiligungsgesellschaften und Beteiligungs-Sondervermögen zielt nicht auf Mitsprache im Unternehmen oder gar Beherrschung, sondern auf die Sicherung einer möglichst hohen Rendite ab. Mehrheitsbeteiligungen werden nicht angestrebt. Die Beteiligungsgesellschaften sollten sich nur solche Mitsprache- und Kontrollrechte einräumen lassen, durch die sie Fehlentwicklungen möglichst früh erkennen und korrigierenden Einfluß nehmen können. Eine passive Überwachungspolitik erlaubt der Beteiligungsgesellschaft, eine Vielzahl von Beteiligungen einzugehen und die vorhandene Managementkapazität für den Aufbau des Portfolios zu nutzen.

Eine auf das Marktsegment kleiner und mittlerer Unternehmen gerichtete Öffentlichkeitsarbeit muß dazu eingesetzt werden, Informationsdefizite über die Leistungen der Beteiligungsgesellschaften bei den Unternehmern abzubauen. Diese Öffentlichkeitsarbeit kann auf Verbandsebene abgewickelt werden.

Beteiligungsgesellschaften sollten neben Aufklärung und Imagepflege eine aktive Kundenwerbung anstreben. In Zukunft werden Beteiligungsgesellschaften sich nicht damit begnügen können, passiv auf Beteiligungsanträge interessanter Unternehmen zu warten. Eine zunehmende Wettbewerbsintensität am Beteiligungsmarkt wird dazu führen, daß Beteiligungsgesellschaften eine eigenständige Kundenakquisition, gegebenenfalls durch Einsatz von Außendienstmitarbeitern, betreiben.

Darüberhinaus hat jede einzelne Beteiligungsgesellschaft die Möglichkeit, durch Werbung ihr eigenes Angebotsprofil und ihre Stärken hervorzuheben. Beteiligungsgesellschaften könnten sich beispielsweise auf die Einführung, Organisation und Durchführung indirekter Mitarbeiterbeteiligungsmodelle spezialisieren. Das Angebot, komplette Mitarbeiterbeteiligungsmodelle unter Wahrung individueller Unternehmensbedürfnisse zu implementieren, könnte sich unter Hinweis auf die Vorteile bei Unternehmen und Mitarbeitern als überzeugendes Marketingargument erweisen. Eine solche Marketingkonzeption würde zudem durch die anhaltende öffentliche Diskussion über Vermögensbildung und Partnerschaft im Unternehmen profitieren.

Andere Spezialleistungen, mit denen Beteiligungsgesellschaften werben können, wären beispielsweise die Vorbereitung für ein Going-Public oder die Durchführung von Spin-offs oder Buy-outs. Beteiligungsgesellschaften können weiterhin mit Spezialkenntnissen und Erfahrungen in bestimmten Branchen werben. Insbesondere in ihrer Funktion als Kontaktvermittler und Berater können branchenspezialisierte Beteiligungsgsellschaften Vorteile für die betreuten Unternehmen besitzen. Für die Beteiligungsgesellschaften führt eine solche Spezialisierung zu einer qualifizierteren und kostengünstigeren Bonitätsprüfung. Dieser Vorteil muß allerdings mit den Nachteilen ungünstigerer Diversifikationsmöglichkeiten abgewogen werden.

Bei von der Kreditwirtschaft initiierten Beteiligungsgesellschaften ist auf eine verbesserte Kooperation zwischen Mutter- und Tochtergesellschaft zu achten. In den Filialen der Kreditinstitute ist für die Leistungsangebote der Beteiligungsgesellschaften zu werben. Dazu ist es jedoch erforderlich, daß die Bankmitarbeiter zunächst selbst über die Tätigkeit von Beteiligungsgesellschaften informiert werden. Selbst Leiter von Kredit- und Wertpapierabteilungen kennen häufig die Dienstleistungen bankeigener Beteiligungsgesellschaften nicht.[555)]

Für Beteiligungsgesellschaften, die ihre Leistungen nicht über das Vertriebsnetz von Banken anbieten können, spielt in der Akquisitionspolitik die Kooperation mit Unternehmensberatungs-, Steuerberatungs- und Wirtschaftsprüfungsunternehmen eine besondere Rolle. Diese Unternehmensgruppen besitzen aufgrund langjähriger Zusammenarbeit häufig ein Vertrauensverhältnis zu den von ihnen betreuten Unternehmen und erkennen früh einen Eigenkapitalbedarf. Ihre Empfehlung an ein betreutes Unternehmen, Verhandlungen mit einer Beteiligungsgesellschaft aufzunehmen, könnte dem Beteiligungsgeschäft entscheidende Impulse geben.

555) Vgl. GERKE, W., (1983), a.a.O., S. 30

- Maßnahmen zur Akzeptanzförderung bei den Anlegern

Die Untersuchungen zum Anlegerverhalten haben ergeben, daß das Aktiensparen bei der Bevölkerung erst in jüngster Zeit wieder auf zunehmendes Interesse stößt und das Investmentsparen einen niedrigeren Bekanntheitsgrad und eine im Vergleich zum Ausland immer noch niedrige Verbreitung aufweist. Aktien von Unternehmensbeteiligungsgesellschaften und Anteile von Beteiligungs-Sondervermögen als spezielle Arten dieser Anlageformen sind hinsichtlich ihrer Verbreitung von allgemeinen Maßnahmen zur Popularisierung des Aktien- und Investmentsparens abhängig. Den Banken kommt durch die in ihren Filialnetzen vorgenommene Anlageberatung eine besondere Bedeutung bei der Erweiterung der Akzeptanz des Investment- und Aktiensparens im allgemeinen sowie der Anlage in Aktien von Unternehmensbeteiligungsgesellschaften und Anteilsscheinen von Beteiligungs-Sondervermögen im speziellen zu. Eine Werbung für diese Anlageform kann auch von den einzelnen Beteiligungsgesellschaften oder ihren Verbänden durch Annoncen oder durch sprachlich und inhaltlich auf die Zielgruppe zugeschnittene Fachartikel in Zeitschriften wahrgenommen werden. Dabei ist insbesondere auf die besonderen Vorzüge der Anlageformen hinsichtlich Liquidität, Renditechancen, Diversifikation und staatlicher Förderungsmöglichkeiten hinzuweisen.

Unternehmensbeteiligunsgesellschaften können durch die Ausgabe von Vorzugsaktien Finanztitel anbieten, die in ihrem Charakter festverzinslichen Wertpapieren angenähert sind. Hierdurch könnte vielen Anlegern der Umstieg von festverzinslichen Wertpapieren in Produktivkapitaltitel erleichtert werden, da das Abwägen zwischen Chancen und Risiken der Unternehmensbeteiligungsgesellschafts-Aktie hierdurch vereinfacht wird. Vorzugsaktien mit einer garantierten Mindestdividende entschärfen den spekulativen Charakter von Aktien und können tendenziell zu einer Nivellierung von Wertschwankungen an der Börse führen. Für risikoaverse Anlegerschichten wird ein solcher Aktientyp eine höhere Attraktivität besitzen als Stammaktien. Eine Produktdifferenzierung in Form einer Ausgabe von Vorzugs- und Stammaktien kann dazu beitragen, ein möglichst breites Spektrum verschiedener Anlegertypen anzusprechen.

Gegenüber vermögenden Privatanlegern sollte betont werden, daß Beteiligungsgesellschaften eine indirekte Kapitalanlage in mittelständischen Unternehmen ermöglichen, die aufgrund mangelnder Transparenz und hoher Informations- und Transaktionskosten für den Anleger bisher nicht möglich oder uninteressant gewesen ist. Dem Sicherheitsbedürfnis der Anleger entsprechend sollten die erzielbaren Vorteile der Diversifikation, die der einzelne Investor aufgrund zu geringer Anlagebeträge sonst nicht nutzen kann, besonders herausgestellt werden.

Insbesondere für Kleinanleger mit geringer Sparfähigkeit, die die Anteile von Beteiligungsgesellschaften durch Anlage vermögenswirksamer Leistungen erwerben, ist neben der staatlichen Förderung durch das Vermögensbildungsgesetz und § 19a EStG der erforderliche Anlagebetrag ein wichtiges Kriterium der Anlageentscheidung. Während bei kleingestückelten Anteilen an Beteiligungs-Sondervermögen diesbezüglich keine Probleme zu erwarten sind, könnten Unternehmensbeteiligungsgesellschaftsaktien mit einem Nennwert von mindestens 50 DM sehr schnell ein Kursniveau erreichen, bei dem ein Erwerb durch Kleinanleger gefährdet ist. Das durchschnittliche Kursniveau einer börsennotierten 50-DM-Stammaktie betrug im Oktober 1988 rund 383 DM.[556] Niedrigere Losgrößen können durch Kapitalerhöhungen aus Gesellschaftsmitteln erreicht werden.[557] Durch die Erhöhung der Aktienanzahl würde der Kurs der Aktie entsprechend sinken. Die Aktie der Unternehmensbeteiligungsgesellschaft bliebe auch für den Kleinanleger im Rahmen der Vermögensbildung erschwinglich.

---

556) DEUTSCHE BUNDESBANK, Statistische Beihefte, Reihe 2, a.a.O., November 1988, S.41.

557) Alternativ hierzu schlug der Verfasser vor, Unternehmensbeteiligungsgesellschaften die Emission von Aktien mit einem Nennwert von 10 DM zu gestatten. Vgl. SCHÖNER, M., a.a.O., S. 467. Trotz einer nachfolgenden ähnlichen Stellungnahme des Bundesrates wurde dieser Vorschlag im Gesetzgebungsverfahren nicht berücksichtigt. Vgl. BUNDESTAGS-DRUCKSACHE 10/4551 vom 12.12.1985, S. 41.

5.3.2. Freiwillige Publizität

Durch eine über die gesetzlichen Vorschriften hinausgehende freiwillige Publizität ist das Fondsmanagement in der Lage, eine erhöhte Akzeptanz bei Anlegern und Unternehmen zu schaffen. Im Rahmen informationsökonomischer Überlegungen ließ sich zeigen, daß Informationsungleichgewichte zu einer Beeinträchtigung des Marktergebnisses führen können.[558] Die langfristigen, durch die Vergabe von risikotragenden Eigenkapitaltiteln gekennzeichneten Finanzierungsverhältnisse der Beteiligungsgesellschaft gegenüber Unternehmen und Anlegern sind besonders vertrauensempfindlich.

Gegenüber den Anlegern können die Beteiligungsgesellschaften Markthemmnisse abbauen und um Vertrauen werben, indem sie einen möglichst genauen Einblick über die Zusammensetzung des Portefeuilles sowie die wirtschaftlichen und rechtlichen Faktoren der einzelnen Beteiligungen vermitteln. Die Anonymität von stillen Beteiligungen sollte überall dort, wo eine Genehmigung des Beteiligungsunternehmens erworben werden kann, aufgehoben werden. Wichtige einzelne Vertragsbestandteile, z.B. die Art der Beteiligung am Gewinn bzw. Wertzuwachs der Unternehmen, Einstiegspreise und Vereinbarungen über die Rückzahlung, die Möglichkeiten der Weiterveräußerung an Dritte und Haftungszusagen sind den Vertragspartnern der Beteiligungsgesellschaft zugänglich zu machen. Solche Informationen sind nicht nur zur Beurteilung des Beteiligungsportefeuilles für den Anleger wichtig, sondern demonstrieren auch gegenüber potentiellen Beteiligungsunternehmen die Praktizierung bestehender Beteiligungsverträge.

Den Unternehmensbeteiligungsgesellschaften und Beteiligungs-Sondervermögen ist zu empfehlen, die Anleger nach dem Vorbild der österreichischen Genußscheinfonds[559] jährlich anhand bestimmter Kennzahlen über die Entwicklung der einzelnen Beteiligungen des Unternehmens zu informieren. Entscheidend für die Wirksamkeit dieser Informationen ist, daß alle Beteiligungsgesellschaften sich über die Art und die Berrechnungsweise der zu veröffentlichenden

---

558) Vgl. Kap. 3.1.3., S. 119-128 dieser Arbeit.
559) Vgl. Kap. 3.4.1., S. 180 dieser Arbeit.

Kennzahlen einigen. Nur in diesem Falle ist eine Vergleichbarkeit der Einzelunternehmen sowie der Beteiligungsportefeuilles gegeben. Wichtige Kennzahlen sind vertikale und horizontale Kapitalstrukturquoten, Cash-Flows, Zahlen zur Umsatz- und Kapitalrentabilität oder auch das Verhältnis von Effektivverschuldung zu Cash-Flow. Es würde ausreichen, in Kurzberichten, die jedem Anleger auf Wunsch zugesandt werden oder über die Vertriebsstellen erhältlich sind, mit sechs bis acht zentralen Kennziffern über jedes Beteiligungsunternehmen zu informieren. Diese Kennziffern sollten jeweils für die letzten drei Jahre ausgewiesen werden, damit der Anleger sich ein Bild über die zeitliche Entwicklung des Unternehmens machen kann. Die einheitliche Festlegung der Kennziffern und ihrer Berechnungsweise wäre eine Aufgabe, die für die beiden Typen von Beteiligungsgesellschaften jeweils auf Verbandsebene wahrgenommen werden könnte.

5.3.3. Diversifikation und Prüfungskosten

Die Auswahl von geeigneten Beteiligungen und ihre Zusammenstellung zu einem Portefeuille stellen die wichtigsten Aufgaben für das Fondsmanagement einer Beteiligungsgesellschaft dar. Sie determinieren die Rendite und das Risiko eines Beteiligungsportefeuilles und somit die zentralen Eckwerte für die Absatzchancen der selbstemittierten Finanztitel.

Bei den Beteiligungsunternehmen soll es sich um wirtschaftlich gesunde, entwicklungsfähige und wachstumsorientierte Unternehmen handeln.[560] Das zur Verfügung gestellte Beteiligungskapital soll im Beteiligungsunternehmen zur Schaffung, Erhaltung oder Steigerung der Ertragskraft eingesetzt werden. Rationalisierungs-, Modernisierungs- und Entwicklungsinvestitionen, Konsolidierung der finanziellen Verhältnisse nach vorangegangener Geschäftsausweitung, Übernahme von anderen Unternehmen oder von Beteiligungen an

560) Vgl. **RÖSNER**, G., a.a.O., S. 259; vgl. **FREYER**, E., a.a.O., S. 100.

Unternehmen sowie die Ablösung ausscheidender Gesellschafter sind typische Gründe für einen Kapitalbedarf.[561]

Ein zu stark ausgeprägtes Sicherheitsdenken bei der Selektion führt zur Ablehnung von Unternehmen mit hohen Zukunftschancen, aber zu geringen materiellen Sicherheiten. Bei der Bonitätsprüfung sollten sich Kapitalbeteiligungsgesellschaften jedoch auf die Zukunftschancen der Unternehmen konzentrieren, die entscheidend von der Qualität des sie führenden Managements abhängen. Das Ergebnis dieser Beurteilung muß in den Preis der Beteiligung eingehen.

Ist die Zielgruppe möglicher Beteiligungsunternehmen festgelegt, schließt sich die Frage nach der Größe und Zusammensetzung des Beteiligungsportefeuilles an. Die jeweilige Beteiligungsobergrenze richtet sich zum einen nach dem Eigenkapital des Beteiligungsunternehmens, da Unternehmensbeteiligungsgesellschaften keine Mehrheitsbeteiligungen erwerben dürfen, und zum anderen nach dem Eigenkapital der Unternehmensbeteiligungsgesellschaft bzw. der Höhe des Beteiligungs-Sondervermögens in Verbindung mit den Mindestdiversifikationsnormen (§ 4 UBGG i.V.m. § 2 Abs. 4 UBGG, § 25b Abs. 2 und 3 KAGG, § 25e Abs. 1 KAGG).

Diversifikation als Maßnahme der Risikoreduktion besitzt eine quantitative und eine qualitative Komponente. Beide Komponenten beeinflussen das Portefeuillerisiko. Unter der quantitativen Komponente wird hier die Festlegung der Anzahl an Beteiligungen und ihrer relativen Gewichtr innerhalb des Portefeuilles subsumiert. Die qualitative Komponente umfaßt die Höhe der Einzelrisiken und die Korrelationen zwischen den erwarteten Wertentwicklungen der einzelnen Beteiligungen. Die quantitative Komponente beeinflußt allerdings nur dann das Portefeuillerisiko, wenn die Einzelanlagen nicht vollständig positiv korreliert sind.

561) Vgl. AMELUNG, Hans-J., Überlegungen zu einem neuen Konzept über Beteiligungsfinanzierung, in: Die Kapitalbeteiligungsgesellschaft in Theorie und Praxis, hrsg. von JUNCKER, Klaus und SCHLEGELMILCH, Klaus, Frankfurt 1976, S. 141-152, hier S. 152; FELDBAUSCH, F., a.a.O., S. 17; FREYER, G., a.a.O., S. 76.

Die gesetzlichen Mindestbedingungen hinsichtlich der quantitativen Komponente der Diversifikation für Unternehmensbeteiligungsgesellschaften und Beteiligungs-Sondervermögen wurden an anderer Stelle ausführlich diskutiert.[562] Dabei wurde festgestellt, daß die gesetzlichen Mindestbedingungen für Beteiligungs-Sondervermögen restriktiver als diejenigen für Unternehmensbeteiligungsgesellschaften sind. Unter gleichen Bedingungen (hinsichtlich der qualitativen Komponente) ist das Portefeuillerisiko einer Unternehmensbeteiligungsgesellschaft höher als das eines Beteiligungs-Sondervermögens, wenn die quantitativen Mindestnormen soeben erfüllt werden. Durch Beimischung weiterer Beteiligungen über die gesetzlich geforderte Mindestanzahl hinaus kann eine Unternehmensbeteiligungsgesellschaft jedoch das Risikoniveau eines Beteiligungs-Sondervermögens erreichen oder unterschreiten. Der rechtliche Rahmen der Beteiligungsgesellschaft bestimmt deshalb das Risiko der Portefeuilles weniger als die tatsächlich realisierte quantitative Anlagenstreuung durch das Fondsmanagements.

Bei einer sehr großen Anzahl von Beteiligungen ist das Portefeuillerisiko von der Höhe der Einzelrisiken weitgehend unabhängig und wird nur noch von den Korrelationen zwischen den Wertentwicklungen der Einzelbeteiligungen beeinflußt. Je niedriger der Korrelationskoeffizient zwischen einem zusätzlichen Beteiligungsprojekt und dem Portefeuille ist, desto stärker ist der risikoreduzierende Effekt der Aufnahme der Beteiligung ins Portefeuille.[563] In den meisten Fällen werden die Korrelationen zwischen den Einzelanlagen zwischen 0 und +1 liegen, da Konjunkturschwankungen oder sich verändernde Rahmenbedingungen in der Tendenz die Wertentwicklungen von Beteiligungen an Unternehmen in allen Branchen in der gleichen Richtung beeinflussen. Geht die Anzahl der Beteiligungen gegen Unendlich, ist die Varianz des Portefeuilles gleich der Durchschnittskovarianz der Einzelbeteiligungen. Durch Diversifikation

562) Vgl. GERKE, W., SCHÖNER, M., (1988), a.a.O., insbesondere S. 206-210; vgl. Kap. 3.2.2. und Kap. 3.3.3., S. 142-153 u. 170-176 dieser Arbeit.

563) Der Korrelationskoeffizient ist ein normiertes Risikomaß, bei dem die Kovarianz zweier Anlagen ins Verhältnis zum Produkt der Standardabweichungen der Einzelanlagen gesetzt wird. Der Korrelationskoeffizient beträgt definitionsgemäß maximal +1 und minimal -1. Vgl. GERKE, W., PHILIPP, F., a.a.O., S. 55.

kann das Portefeuillerisiko niemals auf ein Niveau unterhalb der Durchschnittskovarianz (systematisches oder Marktrisiko) gesenkt werden.[564)]

Aus den Implikationen der Portefeuilletheorie sind wichtige Schlußfolgerungen für das Fondsmanagement von Beteiligungsgesellschaften zu ziehen. Je größer die Anzahl von Beteiligungen im Portefeuille ist, um so niedriger ist die Bedeutung des Einzelrisikos einer Beteiligung. Einem sehr großen Portefeuille können hochriskante Einzelbeteiligungen beigemischt werden, ohne daß dadurch das Portefeuillerisiko wesentlich steigt. Mit hohem Verwaltungsaufwand riskante[565)] Beteiligungsmöglichkeiten auszufiltern, impliziert hier einen ökonomisch nicht begründbaren Renditeverzicht. Solange jedoch die anzulegende Vermögensmasse des Fonds klein ist, sollte das Management bei der Selektion der Beteiligungen restriktiv vorgehen.

Das Ausfiltern von zu stark positiv korrelierten oder zu riskanten Beteiligungen verursacht einen relativ hohen Prüfungsaufwand. Mit wachsender Anzahl an Beteiligungsverträgen lassen sich die Prüfungsvorgänge standardisieren und die Selektionskosten senken.[566)] Es kann gezeigt werden, daß hinsichtlich Bonitätsprüfungskosten und Risikoreduktion ein optimaler Diversifikationsgrad eines Portefeuilles existiert.[567)] Dies gilt dann, wenn die Bonitätsprüfungskosten im relevanten Bereich mit abnehmenden Zuwachsraten ansteigen und die Risikoreduktion bei steigender Anzahl von Beteiligungen abnimmt.

Bei den bisher praktizierten Selektionsverfahren, bei denen nur ein Drittel der Anträge ernsthaft geprüft wird und nur 3 % der An-

---

564) Vgl. zu diesem Absatz z.B. HARBRECHT, Wolfgang, Grundlagen der optimalen Kapitalanlageplanung, in: Investment Handbuch, hrsg. v. SCHUSTER, Leo, Stuttgart 1971, S. 89-109, hier S. 102.

565) Um Mißverständnisse zu vermeiden, sei ausdrücklich darauf hingewiesen, daß der hier verwandte, portefeuilletheoretische Risikobegriff durch Varianz oder Standardabweichung gemessen wird und mithin auch die positiven Abweichungen von der Renditeerwartung umfaßt.

566) Vgl. GERKE, W., (1974), a.a.O., S. 60.

567) Ebenda, S. 66-68.

träge zu einem Abschluß führen,[568] findet eine rationale Entscheidung über den optimalen Diversifikationsgrad eines Beteiligungsportefeuilles nicht statt. Eine Senkung der Bonitätsprüfungskosten durch Standardisierung des Verfahrens, ein hinsichtlich des Risikos der Einzelbeteiligung weniger rigides Auswahlverfahren und eine verstärkte Beachtung der Zukunftschancen der Beteiligungsunternehmen anstelle einer auf Sicherheiten bedachten Vergabepolitik könnten dem Geschäftserfolg einer Beteiligungsgesellschaft in vielen Fällen zuträglich sein. Eine nach diesen Kriterien vollzogene Ausweitung des Beteiligungsgeschäfts könnte eine wesentlich umfangreichere Zuführung von Risikokapital zu nicht emissionsfähigen Unternehmen zur Folge haben.

5.3.4. Vertragsgestaltung

Die Gestaltung der Beteiligungsverträge stellt eine sehr komplexe Aufgabe dar, da Vertragselemente wie die Beteiligung an Substanzwert, Gewinn und Verlust, die Regelung der Haftung, der Informations- und Mitbestimmungsrechte und die Wahrnehmung von Beratungsaufgaben individuell vereinbart werden müssen. Die vielfältigen Regelungsmöglichkeiten führen zu schwierigen, langwierigen und teuren Verhandlungen. Die Heterogenität der Verträge reduziert deren Vergleichbarkeit und verursacht eine geringe Markttransparenz. Dennoch ist es nicht sinnvoll, nach allgemeingültigen Vertragsformen zu suchen. Die Bemühungen um eine kostensenkende Standardisierung von Verträgen müssen dort eine Grenze finden, wo die Kapitalüberlassung die Berücksichtigung individueller, unternehmensspezifischer Anforderungen erfordert.

Die im Beteiligungsvertrag vereinbarten Konditionen spiegeln als Ergebnis eines Verhandlungsprozesses die Verhandlungsstärke der Marktpartner und die allgemeine Marktlage hinsichtlich Angebot und Nachfrage von Beteiligungskapital wider. Die marktmäßige Aushandlung von Vertragsbedingungen ermöglicht eine Differenzierung zwischen Anlagemöglichkeiten unterschiedlicher Qualität.

568) Vgl. Kap. 3.1.4., S 130 dieser Arbeit.

Bestimmte Fehler in der Vertragsgestaltung sollten jedoch vermieden werden. Die Ablösung der Beteiligungen sollte nicht auf Nominalbasis mit vereinbarter Verzinsung vorgenommen werden, sondern es sollte in vollem Umfang an den Wertsteigerungen des Beteiligungsunternehmens partizipiert werden. Eine echte Beteiligung an den stillen Reserven kann auch nicht durch die Vereinbarung von Wertzuwachspauschalen erreicht werden,[569] denn diese fallen unabhängig von der tatsächlichen Reservebildung an und stellen lediglich eine am Ende der Beteiligungsdauer fällige Zusatzverzinsung dar.[570]

Ist eine Beteiligung an den stillen Reserven - wie etwa bei den stillen Beteiligungen bei Beteiligungs-Sondervermögen - ausgeschlossen, so sind Ertragsbeschränkungen bei den Ausschüttungen soweit es geht zu vermeiden. Eine unbeschränkte Gewinnbeteiligung führt jedoch nur dann zu einer der Substanzwertbeteiligung gleichwertigen Ausschüttung, wenn keine stillen Reserven gebildet werden. Da eine Mitbestimmung bei der Ausnutzung von Bilanzierungswahlrechten und bei der Gewinnverwendung über die Rechte eines stillen Gesellschafters hinausgehen, liegen bei typischen stillen Beteiligungen im Regelfall Ertragsbeschränkungen vor.

Ist zudem eine erfolgsunabhängige Mindestverzinsung Vertragsbestandteil, so werden "gute" Beteiligungsunternehmen auch auf eine obere Verzinsungsgrenze pochen. Lediglich solche Unternehmen, die zu günstigen Usancen keine Kapitalgeber finden, werden einseitig zu ihren Lasten ausgestaltete Verträge akzeptieren. Es findet folglich ein "Adverse-Selection"-Prozeß statt, der tendenziell zu einer Kumulation "schlechter" Beteiligungen im Portefeuille des Intermediärs führt.

Auch einseitige Kündigungsmöglichkeiten für die Beteiligungsnehmer und Laufzeitbegrenzungen der Beteiligungen bei vorheriger Festle-

569) Dies fordert FELDBAUSCH, F., a.a.O., S. 100-101 in einem von ihm entwikkelten Vertragsentwurf.

570) TER MEULEN, Edzard, Der Beteiligungsvertrag, in: Die Kapitalbeteiligungsgesellschaft in Theorie und Praxis, hrsg. von JUNCKER, Klaus, SCHLEGELMILCH, Klaus, Frankfurt 1976, S. 103-114, hier S. 113.

gung der Rückkaufkonditionen führen zu einer Begrenzung der Gewinnbeteiligung und zur Selektion schlechter Risiken.[571] Entsprechende Vertragsklauseln sind daher zu vermeiden.

Ertragsbeschränkungen sind nicht im Interesse der Beteiligungsunternehmen, da durch sie die Kapitalvergabemöglichkeiten der Beteiligungsgesellschaften eingeschränkt werden. Nur bei unbegrenzter Partizipation an Erträgen und Wertzuwächsen sind die Beteiligungsgesellschaften in der Lage, Ausfälle bei anderen Unternehmen zu verkraften. Gerade junge innovative Unternehmen weisen häufig sehr hohe Ertragschancen, aber auch Verlustrisiken auf. Die Beteiligungsmöglichkeiten an solchen Unternehmen werden durch Ertagsbeschränkungen behindert.[572]

Unternehmensbeteiligungsgesellschaften sind im Gegensatz zu Beteiligungs-Sondervermögen besser geeignet, voll partizipierende Beteiligungen zu vergeben, weil sie nicht auf die Vergabe stiller Beteiligungen und für Fremdkapitaltitel anzuwendende Bewertungsverfahren angewiesen sind.

5.3.5. Mittelrückfluß bei indirekten Arbeitnehmerbeteiligungsmodellen

Indem Beteiligungsgesellschaften die Installation von indirekten Arbeitnehmerbeteiligungsmodellen anbieten, erschließen sie jene Unternehmen als potentielle Marktpartner, die nach neuen, zu geringen Kosten realisierbaren und einfach handhabbaren Möglichkeiten zur Kapitalbeteiligung ihrer Mitarbeiter suchen. Die positiven Finanzierungswirkungen einer indirekten Mitarbeiterkapitalbeteiligung über Beteiligungsgesellschaften wurden bereits aufgezeigt.[573]

In vielen Fällen wird für die Beteiligungsunternehmen eine vorzugsweise Überlassung (§ 19a EStG) von Unternehmensbeteiligungsgesellschafts-Aktien oder Anteilscheinen von Beteiligungs-Sonder-

571) Vgl. GERKE, W., (1983), a.a.O., S. 30.
572) Ebenda, S. 29.
573) Vgl. Tab. 2.4, S. 94 dieser Arbeit.

vermögen und eine Werbung für diese Anlagemöglichkeiten bei vermögenswirksam sparenden Mitarbeitern nur dann von Vorteil sein, wenn das zusätzlich aufgebrachte Kapital mindestens in gleicher Höhe über die Beteiligungsgesellschaft in das Unternehmen zurückfließt. Diese Bedingung ist dann erfüllt, wenn zeitgleich zur Anlage in Anteilen der Beteiligungsgesellschaft durch die Mitarbeiter ein Erwerb von Beteiligungen am Unternehmen durch die Beteiligungsgesellschaft erfolgt.

Der Mittelrückfluß an das Unternehmen kann durch eine Vereinbarung folgenden Inhalts gewährleistet werden: "Das Unternehmen erhält einen Anspruch auf eine Beteiligung in Höhe der von den Mitarbeitern des Unternehmens an der Beteiligungsgesellschaft gehaltenen und durch vermögenswirksame Leistungen und verbilligte Überlassung des Arbeitgebers finanzierten Anteile."

Eine solche Klausel kann im direkten Vertragsverhältnis zwischen einer erwerbswirtschaftlichen Beteiligungsgesellschaft und einem Unternehmen vereinbart werden, sie kann jedoch auch in einen Tarifvertrag aufgenommen werden, in dem der Zweck einer als gemeinsame Einrichtung betriebenen Beteiligungsgesellschaft geregelt wird. Die Bereitschaft der Beteiligungsgesellschaft zur Investition im Unternehmen und zur Vereinbarung der genannten Vertragsklausel hängt weiterhin von der Renditeerwartung der Einzelbeteiligung und ihrem Risikobeitrag zum Portefeuille ab. Jedoch stellt bei derartigen indirekten Mitarbeiterkapitalbeteiligungen die Mittelbeschaffung am Kapitalmarkt für die Beteiligungsgesellschaft keine Restriktion für die Investitionsentscheidung mehr dar.

Um eine Beteiligungssumme zu vergeben zu können, die über dem von den Mitarbeitern aufgebrachten Betrag liegt, müssen der Beteiligungsgesellschaft auch Anlagemittel von anderen Anlegergruppen zufließen. Zu diesen Gruppen zählen institutionelle und private Anleger, die aus erwerbswirtschaftlichen Motiven Anlagemöglichkeiten in Unternehmensbeteiligungsgesellschaften und Beteiligungs-Sondervermögen zur Abrundung ihres Vermögensportefeuilles suchen. Auch von einer bestimmten Quote der nach dem Vermögensbildungsgesetz anlegenden Arbeitnehmer aus privaten Wirtschaftsbereichen und aus dem öffentlichen Dienst werden überbetriebliche Beteiligungstitel erworben werden. Die Höhe dieser Quote ist von der Förderung konkurrierender Anlagemöglichkeiten abhängig und läßt sich durch Werbemaßnahmen der Tarifpartner, Unternehmen und Beteiligungsgesellschaften beeinflussen.

Die Höhe der in der Beteiligungsgesellschaft angelegten und damit für einen Mittelrückfluß sofort verwendbaren Mittel hängt schließlich auch davon ab, inwiefern Unternehmen, die erst für einen späteren Zeitpunkt die Aufnahme von Kapitalbeteiligungen planen, schon jetzt bereit sind, durch die bevorzugte Überlassung von Titeln der Beteiligungsgesellschaft an ihre Mitarbeiter den Kapitalfluß zu den Intermediären zu fördern. Insbesondere in einem regional und branchenmäßig begrenzten Gebiet könnte ein solidarisches Ansammeln von Sparbeträgen der Mitarbeiter mehrerer Unternehmen in der Beteiligungsgesellschaft und ein sukzessiver, zeitversetzter Kapitalrückfluß organisierbar und für die einzelnen Unternehmen vorteilhaft sein.

Für die Gestaltung indirekter Arbeitnehmerkapitalbeteiligungsmodelle besitzen Beteiligungs-Sondervermögen gegenüber Unternehmensbeteiligungsgesellschaften aufgrund des Open-end-Prinzips einen bedeutenden Vorteil. Die dem Sondervermögen zufließenden Beträge stehen dem Fondsmanagement zur Investition sofort zur Verfügung und können durch Erwerb oder Erhöhung von stillen Beteiligungen in die Unternehmen zurückgeleitet werden.[574]

Eine indirekte Beteiligung über Unternehmensbeteiligungsgesellschaften ist dagegen wesentlich komplizierter. Die Arbeitnehmer haben aus Liquiditätsgründen den Wunsch, börsennotierte Aktien zu erwerben. Beim Kauf am Sekundärmarkt Börse entsteht bei der Unternehmensbeteiligungsgesellschaft jedoch kein Mittelzufluß, der für eine Beteiligung am arbeitgebenden Unternehmen verwandt werden kann.

---

574) Im Rahmen der gesetzlichen Regelungen, insbesondere der Anlagevorschriften des § 25b KAGG.

Besitzt die Unternehmensbeteiligungsgesellschaft keine oder zu geringe liquidisierbare Aktiva, die bei inländischen Kreditinstituten, in Form von Schuldverschreibungen oder - wie gefordert - in Form von börsennotierten Aktien angelegt sind, so ist sie zur Beschaffung der Mittel für eine Beteiligung auf eine Kapitalerhöhung angewiesen. Das hierzu erforderliche Verfahren ist zeitaufwendig, kompliziert und teuer. Die gesetzlichen Regelungen finden sich im einzelnen in §§ 182-221 AktG. Erinnert sei hier lediglich an die Notwendigkeit einer Beschlußfassung durch eine Dreiviertelmehrheit in der Hauptversammlung, Bezugsrechtsregelungen, die Anmeldung und Eintragung von Beschluß und Durchführung im Handelsregister, die Ausfertigung der Stücke, das schriftliche Zeichnungsverfahren, die Problematik der Festsetzung des Ausgabepreises und die Kosten für das emissionsbegleitende Kreditinstitut.

Um den Kapitalbedarf für neu einzugehende oder zu erhöhende Beteiligungen mit möglichst geringem Aufwand und möglichst flexibel zu decken, sollte eine genehmigte Kapitalerhöhung gegen Einlagen bei Ausschluß des Bezugsrechts (§ 202 AktG i.V.m. § 186 Abs. 3-4 AktG) vorgenommen werden. Der Bezugsrechtsausschluß soll die Anpassung des Kapitals vereinfachen und beschleunigen. Soweit die genehmigte Kapitalerhöhung stimmrechtslose Aktien betrifft, verändern sich hierdurch nicht die Stimmrechtsproportionen zulasten der Altaktionäre. Das Unternehmen kann in Höhe der vorgesehenen Beteiligungssumme neue Aktien zeichnen, zu deren Ausgabe der Vorstand der Unternehmensbeteiligungsgesellschaft durch Satzung zu ermächtigen ist (§ 202 AktG), und den Mitarbeitern verbilligt anbieten. Die Arbeitnehmer erwerben unter Ausnutzung der Förderungsmöglichkeiten Aktien der Unternehmensbeteiligungsgesellschaft, der die für die Beteiligung notwendigen Mittel in der erforderlichen Höhe und zum entsprechenden Zeitpunkt zufließen. Damit ist das Dreiecksverhältnis zwischen Mitarbeitern, Unternehmen und Beteiligungsgesellschaft geschlossen. Die vorgeschlagene Form der Kapitalerhöhung nutzt die Gestaltungsspielräume innerhalb des Aktienrechts aus und ermöglicht eine relativ flexible Durchführung einer indirekten Mitarbeiterkapitalbeteiligung auch über Unternehmensbeteiligungsgesellschaften, ohne daß den Arbeitnehmerm oder den Unternehmen die in den Modellrechnungen[575] aufgezeigten Vorteile entgehen.

5.4. Zusammenfassung der wichtigsten Ergebnisse

Vor dem Hintergrund der Untersuchungen über die Vermögensverteilungssitutation in der Bundesrepublik Deutschland, der institutionellen Regelungen über Beteiligungsgesellschaften sowie des Anlegerverhaltens privater Haushalte konnten wesentliche Strukturelemente eines zieladäquaten überbetrieblichen Beteiligungsmodells ausgearbeitet werden. Die Ergebnisse der Analyse betreffen den Gesetzgeber, die Tarifparteien und das Fondsmanagement der Beteiligungsgesellschaften.

Bei der Gestaltung des gesetzlichen Rahmens sind einerseits Korrekturen der Regelungen über Unternehmensbeteiligungsgesellschaften und Beteiligungs-Sondervermögen - die bereits im dritten Kapitel vorgeschlagen wurden - und andererseits des Vermögensbildungsgesetzes vorzunehmen.

Die Verteilungswirkung des Vermögensbildungsgesetzes ist durch grundsätzliche Änderungen zu verbessern. Die Korrekturvorschläge richten sich nach zwei Prinzipien: einerseits sollen die Fördersätze deutlicher nach der Höhe des Risikos der Anlageform differenziert werden und andererseits soll sich die Höhe der Sparförderung nach der Sparfähigkeit des Anspruchsberechtigten richten. Es wurde gezeigt, daß die derzeitige Staffelung der Arbeitnehmer-Sparzulagen und die konstanten Fördersätze unterhalb fester Einkommensgrenzen diesen Prinzipien nicht gerecht werden.

Stattdessen sollen drei Fördertarife unterschieden werden. Nach dem höchsten Tarif werden nur Anlagen in reinen Eigenkapitaltiteln, also Aktien, Kuxen, GmbH-Anteilen, Genossenschaftsanteilen und Zertifikaten von Aktienfonds gefördert. Auch Kommanditanteile sollten in die oberste Förderungskategorie des Vermögensbildungs-

575) Vgl. Tab. 2.4, S. 94 und Tab. 2.5, S. 97 dieser Arbeit.

gesetzes aufgenommen werden; allerdings erfordert dies eine Anpassung des einkommensteuerrechtlichen Mitunternehmerbegriffs an die Erfordernisse betrieblicher Mitarbeiterbeteiligungsmodelle. Der mittlere Förderungstarif gilt für alle Kapitalmischformen wie Genußscheine, stille Beteiligungen, Gewinnobligationen, Wandelanleihen, Anteile an Mischfonds mit überwiegendem Produktivkapitalanteil sowie für direkte Mitarbeiterbeteiligungen in Form von Arbeitnehmerdarlehen. Eine Konsequenz dieser Differenzierung ist die unterschiedliche Förderung der beiden diskutierten Formen überbetrieblicher Vermögensbeteiligungen. Da Unternehmensbeteiligungsgesellschaften in stärkerem Maße zur Bereitstellung von Risikokapital beitragen und ihre Aktien höheren Wertschwankungen ausgesetzt sind als die Anteile an Beteiligungs-Sondervermögen, ist die vorgeschlagene Unterscheidung notwendig und sinnvoll. In der dritten Kategorie mit den niedrigsten Fördersätzen sind weitgehend risikolose Anlageformen wie Bausparverträge, Kapitallebensversicherungen und vermögenswirksame Sparverträge enthalten. Das Konten- und Lebensversicherungssparen sollte insbesondere im Hinblick auf die Anlagepräferenzen der unteren Einkommensschichten und deren Möglichkeiten zur Risikoübernahme weiterhin gefördert werden.

Bereits im zweiten Kapitel wurde ausführlich begründet, daß im Rahmen einer verteilungsorientierten Vermögenspolitik, bei der die Fördermittel effizient eingesetzt werden sollen, die Höhe der Zulagen mit abnehmender Sparfähigkeit zunehmen muß. Eine Umsetzung dieses Prinzips ist durch eine Festsetzung der Förderungshöhe nach einem progressiven Tarif in Abhängigkeit vom zu versteuernden Einkommen möglich. Außerdem sollte die Bemessung der Zulagen aus sozialpolitischen Gründen eine Haushaltsgrößenkomponente berücksichtigen. Im Gegensatz zur tariflichen Vermögensbildung muß die staatliche Vermögensbildung sich nicht ausschließlich auf Arbeitnehmer beziehen, sondern kann auch Nichterwerbstätigen- und Arbeitslosenhaushalte - die sich meist in den unteren Schichten der Einkommens- und Vermögenverteilung befinden - berücksichtigen.

Obwohl der Kreis der Anspruchsberechtigten damit erheblich erweitert wird, muß eine solche Konzeption nicht zu einer höheren fiskalischen Belastung führen. Eine Modellrechnung belegt, daß bei

Spitzenfördersätzen von 100 % für Risikokapital, 75 % für Mischformen und 50 % für "risikolose" Anlagen und einkommensabhängigen Zulagen die Haushaltsbelastung nicht wesentlich höher als nach heute gültiger Regelung ist. Dabei wurde als Einstiegsgrenze in die Förderung ein zu versteuerndes Haushaltseinkommen von 30.000 DM p.a. (+ 15.000 DM für jedes weitere Haushaltsmitglied) zugrundegelgt. Der Spitzenfördersatz wird bei 10.000 DM p.a. (+ 5.000 DM für jedes weitere Haushaltsmitglied) erreicht. Die Verwaltung der Zulagenzahlung ist, ähnlich wie in der letzten Novelle des Vermögensbildungsgesetzes vorgesehen, auf die Finanzämter zu übertragen. Sie wird sich durch die vorgeschlagene Konzeption nicht verteuern, da die Berechnung der Förderung auf einer einfachen Formel beruht, automatisierbar ist und alle relevanten Daten ohnehin den Finanzämtern vorliegen.

Hat der Gesetzgeber die Rahmenbedingungen für eine verteilungsorientierte Vermögenspolitik und für die überbetrieblichen Beteiligungsgesellschaften entsprechend verbessert, so steigen auch die Chancen für einen Interessenausgleich zwischen den Tarifpartnern. Sowohl von Arbeitgeber- als auch Arbeitnehmerseite wird der Beitrag der überbetrieblichen Vermögensbildung zur Kapitalaufbringung und Vermögensverteilung anerkannt. Eine Betrachtung von Stellungnahmen des Bundesverbandes Deutscher Arbeitgeberverbände und des Deutschen Gewerkschaftbundes zur überbetrieblichen Vermögensbeteiligung führte zu dem Ergebnis, daß die inhaltlichen Unterschiede in den Positionenen der beiden Spitzenverbände nicht unüberbrückbar sind. Allerdings besitzen Fragen der Vermögenspolitik in der Tarifpolitik keine Priorität, und einige der Kernpunkte der überbetrieblichen Beteiligung - beispielweise die Verwaltung der Beteiligungsgesellschaften - werden derzeit tabuisiert. Rechtliche Vorbehalte gegen die Installation von Unternehmensbeteiligungsgesellschaften und Beteiligungs-Sondervermögen als gemeinsame Einrichtungen bestehen nicht, wenn der Zweck der Einrichtung die Vermögensbildung der Arbeitnehmer ist, das angesammelte Vermögen den Unternehmen zugeführt wird, die Wahlfreiheit der Arbeitnehmer uneingeschränkt ist und die Unternehmen nicht zur Zahlung von Beiträgen oder zur Übertragung von Anteilsrechten verpflichtet werden. Das gemeinsame Betreiben einer Beteiligungsgesellschaft und die Werbung bei Unternehmen und Arbeitnehmern für diese Alternative der Vermögensbildung kann in Tarifverträgen vereinbart werden. Derartige tarifpolitische Aktivitäten können in hohem Maße dazu beitragen, die Akzeptanz der überbetrieblichen Vermögensbeteiligung zu steigern.

Unabhängig davon, ob Beteiligungsgesellschaften privat und rein erwerbswirtschaftlich oder tarifpolitisch gestaltet werden, ist der Erfolg der überbetrieblichen Vermögensbeteiligung in erster Linie durch die Geschäftspolitik des Fondsmanagements determiniert.

Die Auswahl der Beteiligungen und die Zusammenstellung der Portefeuilles entscheiden über die Publikumsakzeptanz und somit indirekt über die Höhe zukünftig investierbarer Mittel. Dem Fondsmanagement von Beteiligungsgesellschaften wird empfohlen, rechtzeitig zu einer aktiven, aquisitorischen Marktstrategie gegenüber Unternehmen und Anlegern überzugehen. Dabei ist das Leistungsprofil der einzelnen Gesellschaft nach außen zu verdeutlichen. Die Fonds sollten über die gesetzlichen Bestimmungen hinaus freiwillige Publizitätsmaßnahmen zur Vertrauensbildung bei Anlegern vornehmen. Zusätzliche Tranparenz würde die Veröffentlichung eines einheitlichen normierten Kennzahlensystems über jedes Beteiligungsunternehmen schaffen, insbesondere wenn über die Auswahl und Berechnung der Kennzahlen ein Agreement aller Fondsgesellschaften besteht.

Eine risikovermeidende, an materiellen Sicherheiten orientierte Selektion der Beteiligungsunternehmen führt in vielen Fällen zu einer suboptimalen Ausnutzung von Renditechancen. Eine Standardisierung der Bonitätsprüfung kann die Verwaltungskosten reduzieren. Bei der Gestaltung der Beteiligungsverträge ist darauf zu achten, daß eine volle Partizipation an Wertsteigerungen des Beteiligungsunternehmens stattfindet. Ertragsbeschränkungen und einseitige Kündigungsrechte für die Unternehmen führen tendenziell zu einer Kumulation schlechter Risiken im Portefeuille.

Die Implementierung indirekter Mitarbeiterbeteiligungsmodelle ist eine Spezialleistung, die von Beteiligungsgesellschaften angeboten werden kann. Dabei kann der Rückfluß der von den Mitarbeitern sowie dem Unternehmen aufgebrachten und der Beteiligungsgesellschaft zugeführten Mittel in das Unternehmen zu Problemen führen. Während bei Beteiligungs-Sondervermögen die angelegten Mittel direkt zur Wiederanlage im Unternehmen bereitstehen, führt bei Unternehmensbeteiligungsgesellschaften der Erwerb von Aktien am Sekundärmarkt zu keiner Erhöhung der investierbaren Mittel. Als Hilfskonstruktion können die Aktionäre der Unternehmensbeteiligungsgesellschaft eine genehmigte Kapitalerhöhungen unter Ausschluß des Bezugsrechtes beschließen. In diesem Fall hat die Beteiligungsgesellschaft die Möglichkeit, potentiellen Beteiligungsunternehmen flexibel Kapitalbeteiligungen anzubieten. Zeitgleich zur Beteiligungsvergabe kann das Unternehmen die neuen Aktien aus der genehmigten Kapitalerhöhung der Unternehmensbeteiligungsgesellschaft übernehmen und seinen Mitarbeitern verbilligt anbieten. Auf diese Weise ist das indirekte Mitarbeiterverhältnis bei Ausnutzung aller steuerlicher Vorteile für die Mitarbeiter und das Unternehmen geschlossen.

6. Abschließende Thesen zur überbetrieblichen Vermögensbeteiligung

1. Die überbetriebliche Vermögensbeteiligung ist ein Element einer wirtschaftspolitischen Gesamtkonzeption, die auf dem Prinzip der marktmäßigen Koordination der Wirtschaft beruht und gleichzeitig sozialpolitische Aspekte berücksichtigt.

2. Überbetriebliche Vermögensbeteiligungsmodelle können simultan zu einer Dekonzentration des Produktivvermögens und zur Verbesserung der Eigenkapitalausstattung nicht emissionsfähiger Unternehmen beitragen. Die Erreichung dieser Ziele wird durch eine Konkurrenz zwischen verschiedenen Formen von Beteiligungsgesellschaften begünstigt.

3. Überbetriebliche Vermögensbeteiligungen stellen eine Gestaltungsvariante im Rahmen von Partnerschaftsmodellen dar. Im Vergleich zur direkten Beteiligung am arbeitgebenden Unternehmen bleiben sämtliche materiellen Vorteile für Unternehmen und Mitarbeiter bestehen. Darüberhinaus wird die Kumulation von Arbeitsplatz- und Kapitalvermögensrisiko für den Arbeitnehmer vermieden. Überbetriebliche Modelle sind zumindest dann die geeignete Alternative, wenn direkte betriebliche Kapitalbeteiligungsmodelle nicht erwünscht oder nicht möglich sind. Die mit Kapitalbeteiligungsmodellen verbundene Umverteilung der Verfügungsrechte führt nur zu einer geringen Umverteilung der tatsächlichen Entscheidungsgewalt im Unternehmen.

4. Eine Betrachtung von Umfang und Schichtung der Vermögensbestände privater Haushalte in der Bundesrepublik Deutschland läßt für das Produktiv- und Geldvermögen eine hohe Konzentration erkennen, die sich beim Geldvermögen tendenziell verstärkt. Für beide Vermögensarten besteht nach wie vor ein Bedarf an vermögenspolitischen Maßnahmen. Überbetriebliche Beteiligungstitel stellen eine Anlagealterna-

tive dar, um bisher dem Geldvermögen zugeflossene Mittel teilweise dem Produktivvermögen zuzuführen. Eine staatliche Förderung der überbetrieblichen Vermögensbeteiligung läßt sich verteilungspolitisch begründen.

5. Der Umfang der Sparförderung ist gezielter an die Sparfähigkeit der Haushalte anzupassen. Dies erfordert ein Zulagesystem, bei dem die Höhe der Förderung mit steigendem Einkommen sinkt. Kriterium für eine Differenzierung der Zulagesätze sollte deutlicher als bisher das Risiko der Anlageform sein.

6. Die niedrige Eigenkapitalausstattung nicht emissionsfähiger Unternehmen beruht u.a. auf institutionellen Hemmnissen am deutschen Kapitalmarkt. Umstritten ist nicht der grundsätzliche Bedarf an zusätzlichen Finanzintermediationsformen, sondern die jeweilige Ausgestaltung des Anlegerschutzes, der Mittelaufbringung und des Wettbewerbs der Institutionen untereinander.

7. Unternehmensbeteiligungsgesellschaften als Institutionen der überbetrieblichen Vermögensbeteiligung können prinzipiell sowohl zum Abbau der Kapitalmarkthemmnisse für nicht emissionsfähige Unternehmen als auch zur Produktivvermögensbildung privater Haushalte beitragen. Der Verzicht auf allzu restriktive Anlegerschutzregelungen mindert den administrativen Aufwand und vermeidet institutionelle Gründungsbarrieren, er reduziert jedoch auch die Akzeptanz bei sicherheitsorientierten Anlegern. Damit ein Ausschöpfen der Marktpotentiale möglich ist, ist Unternehmensbeteiligungsgesellschaften ein Engagement in börsennotierten Aktien bis zu einer Höhe von 30 % ihres Grundkapitals zu gestatten.

8. Auch Beteiligungs-Sondervermögen tragen zum Abbau von Kapitalmarktzutrittshemmnissen für nicht emissionsfähige Unternehmen bei. Sie stellen den Unternehmen jedoch kein vollwertiges Eigenkapital zur Verfügung. Das Bewertungs-

problem bei stillen Beteiligungen ist nicht zufriedenstellend gelöst. Anteile an Beteiligungs-Sondervermögen stellen im Vergleich zu Aktien von Unternehmensbeteiligungsgesellschaften eine weniger riskante Anlagealternative im Produktivvermögensbereich für private Haushalte dar.

9. Eine Subventionierung der Tätigkeiten von Beteiligungsgesellschaften - wie sie im Ausland praktiziert wird - ist nicht wünschenswert und nicht erforderlich. Eine Verzerrung der Kapitalallokation durch fiskalische Maßnahmen muß vermieden werden. Die Direktanlage im Unternehmenssektor und die indirekte Anlage über Beteiligungsgesellschaften sind jedoch steuerlich gleichzustellen. Aus diesem Grunde sind Unternehmensbeteiligungsgesellschaften von der Körperschaftsteuer zu befreien.

10. Die Risikopräferenzen der meisten privaten Anleger verhindern die direkte Eigenkapitalzuführung an Unternehmen. Es müssen daher geeignete Wege gesucht werden, um Risikopapiere für Arbeitnehmer attraktiv zu gestalten. Beteiligungsgesellschaften tragen durch ihre Transformationsleistungen dazu bei, von den Unternehmen benötigtes Risikokapital an die Präferenzen privater Kapitalanbieter anzupassen. Die Finanzierungsrisiken werden insbesondere durch Diversifikation gemindert. Die Zahlung von Prämien und Zulagen im Rahmen des Vermögensbildungsgesetzes kann als Risikokompensation aufgefaßt werden, die die Anlage in Produktivvermögen zusätzlich erleichtern soll.

11. Nur bei hinreichender Akzeptanz der Finanzintermediäre sowohl auf seiten der Anleger als auch auf seiten der Unternehmen ergeben sich genügend Anreize zur Gründung der Beteiligungsinstitutionen und damit makroökonomische Effekte nennenswerter Größe. Für die Akzeptanz bei den Unternehmen sind ein zielgruppenorientiertes Marketing, Zusatzdienstleistungen und vor allem die Beteiligungsvertragsgestaltung die entscheidenden Kriterien. Erster Schritt zur Entwicklung von Strategien zur Erhöhung von Anlegerakzeptanz

ist die Segmentierung des heterogenen potentiellen Anlegerkreises und die Selektion der für die Beteiligungsinstitutionen als geeignet erscheinenden Gruppen.

12. Die langfristige Entwicklung des Anlageverhaltens deutet darauf hin, daß die Akzeptanzchancen der überbetrieblichen Beteiligung bei einer zunehmenden Anzahl privater Haushalte - insbesondere aus den oberen Einkommensschichten - unabhängig von einer staatlichen Förderung steigen. Die Struktur der Geldvermögensbildung läßt ein wachsendes Renditebewußtsein erkennen. Viele Haushalte haben Vermögensbestände angespart, die ihre Sicherheitsbedürfnisse im wesentlichen abdecken. Wachsende Anlegersegmente sind bereit, auch risikotragende Anlagetitel zu erwerben. Diese "wertpapierreife" Anlegergruppe ist nicht deckungsgleich mit dem vom Vermögensbildungsgesetz erfaßten Personenkreis, bei dem die Akzeptanzchancen überbetrieblicher Beteiligungstitel hauptsächlich von der finanziellen Förderung determiniert werden. Nur bei zieladäquater staatlicher Förderung und tariflicher Adoption der überbetrieblichen Vermögensbeteiligung bilden auch die unteren Einkommensschichten ein bedeutendes potentielles Anlegersegment der überbetrieblichen Vermögensbeteiligung.

13. Die Gründung von Unternehmensbeteiligungs- und Kapitalanlagegesellschaften als gemeinsame Einrichtung der Tarifparteien ist rechtskonform, wenn der Zweck der Einrichtung die Vermögensbildung der Arbeitnehmer ist, das angesammelte Vermögen den Unternehmen zugeführt wird, die Wahlfreiheit der Arbeitnehmer uneingeschränkt bleibt und die Unternehmen nicht zur Zahlung von Beiträgen oder zur Übertragung von Anteilsrechten verpflichtet werden. Unter dem Aspekt der Verbreitung der überbetrieblichen Vermögensbeteiligung sind gemeinsame Aktivitäten der Tarifpartner wünschenswert.

A N H A N G

Anhang 1: Wachstumsraten der Geldvermögensarten

Jahr	BGV	Geldanlage bei Banken			Anlage bei Bausparkassen			Anlage bei Versicherungen		
	W	W	Diff	5-J-Schn	W	Diff	5-J-Schn	W	Diff	5-J-Schn
1960										
1961	0,1231	0,1308	0,7655		0,2065	8,3408		0,1435	2,0427	
1962	0,0811	0,1247	4,3577		0,1532	7,2014		0,1464	6,5304	
1963	0,1317	0,1391	0,7403		0,1641	3,2353		0,1241	-0,7622	
1964	0,1353	0,1425	0,7212		0,1409	0,5674		0,1331	-0,2149	
1965	0,1265	0,1565	2,9969	1,9163	0,2059	7,9383	5,4566	0,1318	0,5306	1,7778
1966	0,1099	0,1313	2,1389	2,1910	0,2195	10,9622	5,9809	0,1266	1,6692	1,5936
1967	0,1324	0,1172	-1,5197	1,0155	0,1080	-2,4426	4,0521	0,1236	-0,8830	1,0531
1968	0,1303	0,1420	1,1697	1,1014	0,0903	-4,0075	2,6036	0,1220	-0,8328	0,9162
1969	0,1317	0,1323	0,0513	0,9674	0,1291	-0,2599	2,4381	0,1159	-1,5873	0,7664
1970	0,1053	0,1258	2,0523	0,7785	0,1613	5,5993	1,9703	0,1134	0,8122	0,5229
1971	0,1351	0,1452	1,0177	0,5542	0,1338	-0,1234	-0,2468	0,1277	-0,7382	0,1592
1972	0,1406	0,1500	0,9412	1,0464	0,1604	1,9737	0,6364	0,1260	-1,4665	-0,5309
1973	0,1039	0,1081	0,4190	0,8963	0,1670	6,3106	2,7001	0,1220	1,8153	-0,1346
1974	0,1063	0,1190	1,2709	1,1402	0,0938	-1,2524	2,5016	0,1188	1,2558	0,7563
1975	0,1434	0,1460	0,2646	0,7827	0,1023	-4,1108	0,5595	0,1161	-2,7252	-0,1948
1976	0,1138	0,0990	-1,4835	0,2824	0,0900	-2,3802	0,1082	0,1185	0,4706	0,1191
1977	0,1052	0,0970	-0,8191	-0,0696	0,0801	-2,5082	-0,7882	0,1175	1,2337	1,0670
1978	0,0866	0,0916	0,5067	-0,0521	0,0846	-0,1987	-2,0900	0,1187	3,2134	0,6172
1979	0,0854	0,0736	-1,1748	-0,5412	0,0823	-0,3086	-1,9013	0,1165	3,1142	0,6570
1980	0,0856	0,0708	-1,4801	-0,8902	0,0632	-2,2382	-1,5268	0,1136	2,8076	1,1072
1981	0,0841	0,0473	-3,6795	-1,3293	0,0529	-3,1183	-1,6744	0,1178	3,3703	1,7448
1982	0,0942	0,0754	-1,8851	-1,5425	0,0423	-5,1897	-2,2107	0,1170	2,2787	2,0900
1983	0,0735	0,0518	-2,1705	-2,0780	0,0406	-3,2923	-2,8294	0,1044	3,0851	1,9223
1984	0,0804	0,0510	-2,9417	-2,4314	0,0016	-7,8800	-4,3437	0,1016	2,1155	1,8336
1985	0,0792	0,0543	-2,4855	-2,6325	-0,0089	-8,8100	-5,6581	0,1038	2,4645	1,4799
1986	0,0671	0,0719	0,4785	-1,8009	-0,0139	-8,1028	-6,6550	0,1010	3,3863	1,3742
1987	0,0396	0,0546	1,5044	-1,1230	-0,0274	-6,7006	-6,9572	0,1053	6,5679	1,8993
Durchschn. W-Raten	0,1046	0,1049			0,0988			0,1195		

Jahr	Festverz. Wertpapiere			Aktien zu Tageskursen			Sonstige Forderungen		
	W	Diff	5-J-Schn	W	Diff	5-J-Schn	W	Diff	5-J-Schn
1960									
1961	0,2281	10,4956		0,0519	-7,1201		0,1226	-0,0533	
1962	0,3429	26,1718		-0,1455	-22,6594		0,1149	3,3803	
1963	0,3298	19,8077		0,0578	-7,3959		0,1186	-1,3153	
1964	0,3680	23,2734		0,0546	-8,0668		0,0922	-4,3100	
1965	0,1579	3,1396	16,5776	-0,0218	-14,8297	-12,0144	0,1097	-1,6794	-0,7955
1966	0,0960	-1,3931	14,1999	-0,0557	-16,5600	-13,9024	0,1103	0,0376	-0,7774
1967	0,1429	1,0431	9,1742	0,2773	14,4860	-6,4733	0,0753	-5,7083	-2,5951
1968	0,1129	-1,7425	4,8641	0,1640	3,3644	-4,3212	0,0796	-5,0710	-3,3462
1969	0,1449	1,3190	0,4732	0,1806	4,8818	-1,7315	0,0737	-5,7992	-3,6441
1970	0,2722	16,6855	3,1824	-0,1193	-22,4625	-3,2581	0,1209	1,5582	-2,9965
1971	0,1940	5,8957	4,6402	0,0611	-7,4004	-1,4261	0,1201	-1,4974	-3,3035
1972	0,1729	3,2297	5,0775	0,0665	-7,4073	-5,8048	0,1400	-0,0576	-2,1734
1973	0,1350	3,1111	6,0482	-0,0691	-17,3021	-9,9381	0,1401	3,6235	-0,4345
1974	0,1362	2,9877	6,3819	-0,0851	-19,1419	-14,7428	0,1599	5,3659	1,7985
1975	0,1791	3,5700	3,7588	0,2059	6,2577	-8,9988	0,1277	-1,5642	1,1740
1976	0,3061	19,2232	6,4243	-0,0460	-15,9820	-10,7151	0,1390	2,5153	1,9766
1977	0,1843	7,9075	7,3599	0,0379	-6,7317	-10,5800	0,1040	-0,1228	1,9635
1978	-0,0038	-9,0352	4,9306	0,1012	1,4586	-6,8278	0,1198	3,3179	1,9024
1979	0,1463	6,0972	5,5525	-0,0678	-15,3122	-6,0619	0,1316	4,6276	1,7548
1980	0,1263	4,0762	5,6538	0,0129	-7,2637	-8,7662	0,1325	4,6911	3,0058
1981	0,2554	17,1324	5,2356	-0,0622	-14,6309	-8,4960	0,1170	3,2868	3,1601
1982	0,1782	8,3979	5,3337	0,0646	-2,9599	-7,7416	0,0913	-0,2910	3,1265
1983	0,0611	-1,2397	6,8928	0,3259	25,2347	-2,9864	0,0843	1,0728	2,6775
1984	0,1799	9,9522	7,6638	0,1024	2,1984	0,5157	0,0928	1,2396	1,9999
1985	0,0501	-2,9077	6,2670	0,4765	39,7331	9,9151	0,0770	-0,2135	1,0190
1986	0,0048	-6,2274	1,5951	0,1517	8,4634	14,5339	0,0770	0,9924	0,5601
1987	0,0616	2,2001	0,3555	-0,2391	-27,8672	9,5525	0,0456	0,5954	0,7373
Durchschn. W-Raten	0,1651			0,0444			0,1077		

BGV = Bruttogeldvermögen W = Wachstumsrate Diff = Differenz der Wachstumsrate des BGV und der Anlageform * 100 5-J-Schn = Gleitender Fünfjahresdurchschnitt von Diff

Anhang 2: 21 Statements zum Geldanlageverhalten und Typologie

	Bevölkerung insgesamt	Typ 1	6	4	5	2	7	3
Basis in Mio.	48,22	7,71	9,09	6,27	7,51	7,28	3,91	6,26
Fallzahl (ungewichtet)	4940	822	933	624	701	780	403	677
Basis in Prozent	100	100	100	100	100	100	100	100
Es stimmen voll und ganz bzw. überwiegend zu				– in Prozent –				
Ich überlasse es am liebsten meiner Bank oder Sparkasse, wie sie mein Geld anlegt	17	15	20	23	23	15	11	11
Mich würde es beunruhigen, wenn ich einen Kredit aufnehmen müßte	50	10	84	81	82	22	33	18
Wertpapiere und Aktien sind nur etwas für Leute mit viel Geld	43	34	28	79	74	44	23	13
Um im Alter genügend Geld zu haben, muß man zusätzlich sparen	61	70	75	51	79	38	29	62
Bei Entscheidungen im Zusammenhang mit der Geld- und Vermögensanlage fühle ich mich auch nach langer Bedenkzeit noch unsicher	25	15	13	47	51	29	10	6
Sparen lohnt sich heute wegen der Geldentwertung kaum mehr; lieber gebe ich mein Geld gleich aus	16	10	7	33	9	35	16	7
Ich gewähre anderen Menschen nur ungern Einblick in meine Geldangelegenheiten	68	84	87	73	86	52	19	45
Ich bin über viele Möglichkeiten, wie man sein Geld anlegen kann, gut informiert	31	42	52	12	13	18	27	49
Fragen der Geldanlage und des Sparens sind mir nicht so wichtig, ich kümmere mich kaum darum	25	15	8	55	39	37	15	6
Das Wichtigste bei einer Geldanlage ist für mich nicht so sehr die Sicherheit, sondern der mögliche Gewinn	23	16	26	26	6	49	6	28
Ich finde, daß man jeden Monat etwas Geld anlegen sollte, man schränkt sich dadurch kaum ein	57	72	77	20	63	37	33	76
Das Sparbuch ist für mich immer noch die sicherste Geldanlage	43	41	49	54	69	31	20	25
Es kann durchaus sinnvoll sein, zur richtigen Zeit einen Kredit aufzunehmen	45	80	26	18	27	58	38	69
Gerade in Gelddingen vermeide ich jedes Risiko	67	80	90	82	92	41	20	34
Bei einer Geldanlage ist es für mich wichtig, daß ich jederzeit wieder schnell an mein Geld herankommen kann	65	75	70	78	85	63	18	39
Beim Umgang mit Geldinstituten fühle ich mich unsicher	18	6	8	41	30	26	11	4
Gerade wenn die wirtschaftliche Entwicklung in Zukunft nicht so rosig aussieht, sollte man sein Geld anlegen	36	48	51	12	43	14	18	49
Ich bin eher großzügig, gebe das Geld mit leichter Hand aus	10	2	4	11	0	38	5	11
Ich kaufe lieber manche Dinge jetzt auf Kredit, als daß ich lange darauf spare	8	16	1	1	1	21	8	10
Man sollte bereits in sehr frühen Jahren sein Geld in einem Bausparvertrag anlegen	52	67	64	29	59	36	34	59
Ich habe kein Geld übrig, das ich irgendwie anlegen könnte	37	27	17	71	53	50	25	13

Quelle: Soll und Haben 2, a.a.O., S. 210.

Anhang 3: Zuordnung der Einstellungsaussagen zu den Faktoren

Faktor 1: Grad der Informiertheit und Sicherheit im Umgang mit Geld, Geldanlagen und Geldinstituten:

- Fragen der Geldanlage und des Sparens sind mir nicht so wichtig, ich kümmere mich kaum darum.
- Bei Entscheidungen im Zusammenhang mit der Geld- und Vermögensanlage fühle ich mich auch nach langer Bedenkzeit noch unsicher.
- Beim Umgang mit Geldinstituten fühle ich mich unsicher.
- Wertpapiere und Aktien sind nur etwas für Leute mit viel Geld.
- Ich überlasse es am liebsten meiner Bank oder Sparkasse, wie sie mein Geld anlegt.
- Ich habe kein Geld übrig, das ich irgendwie anlegen könnte.
- Das Sparbuch ist für mich immer noch die sicherste Geldanlage.
- Nicht: Ich bin über viele Möglichkeiten, wie man sein Geld anlegen kann, gut informiert.

Faktor 2: Einstellung zum Sparen, vor allem zur langfristigen Vorsorge:

- Ich finde, daß man jeden Monat etwas Geld anlegen sollte, man schränkt sich dadurch kaum ein.
- Gerade wenn die wirtschaftliche Entwicklung in Zukunft nicht so rosig aussieht, sollte man sein Geld anlegen.
- Um im Alter genügend Geld zu haben, muß man zusätzlich sparen.
- Man sollte bereits in sehr frühen Jahren sein Geld in einem Bausparvertrag anlegen.
- Nicht: Ich habe kein Geld übrig, das ich irgendwie anlegen könnte.
- Nicht: Sparen lohnt sich heute wegen der Geldentwertung kaum mehr, lieber gebe ich mein Geld gleich aus.

Faktor 3: Einstellung zu Krediten:

- Mich würde es beunruhigen, wenn ich einen Kredit aufnehmen müßte.
- Nicht: Es kann durchaus sinnvoll sein, zur richtigen Zeit einen Kredit aufzunehmen.
- Nicht: Ich kaufe lieber manche Dinge jetzt auf Kredit, als daß ich lange darauf spare.
- Nicht: Ich bin eher großzügig, gebe das Geld mit leichter Hand aus.

Faktor 4: Bereitschaft zu Geldgeschäften:

- Nicht: Bei einer Geldanlage ist es für mich wichtig, daß ich jederzeit wieder schnell an mein Geld herankommen kann.
- Nicht: Gerade in Gelddingen vermeide ich jedes Risiko.
- Nicht: Ich gewähre anderen Menschen nur ungern Einblick in meine Geldangelegenheiten.
- Nicht: Wertpapiere und Aktien sind nur etwas für Leute mit viel Geld.
- Nicht: Das Sparbuch ist für mich immer noch die sicherste Geldanlage.
- Nicht: Ich habe kein Geld übrig, das ich irgendwie anlegen könnte.

Faktor 5: Risikobereitschaft und Ausgabeverhalten:

- Nicht: Das Wichtigste bei einer Geldanlage ist für mich nicht so sehr die Sicherheit, sondern der mögliche Gewinn.
- Nicht: Ich überlasse es am liebsten meiner Bank oder Sparkasse, wie sie mein Geld anlegt.
- Nicht: Ich bin eher großzügig, gebe das Geld mit leichter Hand aus.
- Nicht: Sparen lohnt sich heute wegen der Geldentwertung kaum mehr, lieber gebe ich mein Geld gleich aus.

Quelle: Soll und Haben 2, a.a.O., S. 208-209.

Anhang 4: Typenbildung aus Clusteranalyse und Mentalitätsgruppen

Typologie	Fallzahl (ungewichtet)	Anteil in %	Hochrechnung in Mio
Typ 1: Lehnt Kredite ab, ist unsicher im Umgang mit Geld und Bank, eher schlecht informiert, betont das Vorsorgesparen, geht keinerlei Risiko ein. Demographische Merkmale: Ausführende Angestellte, Beamte, 30 bis 60 Jahre alt, mittleres Einkommen	822	16,0	7,71
Typ 2: Gewinn ist ihm wichtig, Kredite bereiten ihm keine Probleme, ist großzügig im Umgang mit Geld, pflegt kein Kontensparen, ist zu Risiken bereit. Demographische Merkmale: Durchschnittsalter niedrig, Bildung hoch.	780	15,1	7,28
Typ 3: Positive Einstellung zu Krediten, Geldgeschäfte bereiten ihm keine Probleme, ist gut informiert und risikobewußt. Demographische Merkmale: Männlich, 20 bis 50 Jahre alt, hohe Bildung, hohes Einkommen	677	13,0	6,26
Typ 4: Gegenpol zu Typ 3, Kredite beunruhigen ihn, ist unsicher und schlecht informiert. Demographische Merkmale: Weiblich, über 50 Jahre alt, Volksschule, Arbeiter, niedriges Einkommen.	624	13,0	6,27
Typ 5: Wie Typ 4, jedoch noch ängstlicher, ohne dessen Sparer-Mentalität. Demographische Merkmale: Weiblich, älter als 50 Jahre, Volksschule, Arbeiter, Angestellte, niedriges Einkommen.	701	15,6	7,51
Typ 6: Lehnt Kredite strikt ab, schreibt Sicherheit groß, ist gut informiert, legt Geld an. Demographische Merkmale: Knapp überdurchschnittliches Alter, Angestellte, mittleres Einkommen.	933	18,9	9,09
Typ 7: Aufgeschlossen gegenüber Geldgeschäften, lehnt Kontensparen ab, ist risikobewußt. Demographische Merkmale: Bildung hoch, Durchschnittsalter niedrig, durchschnittliches Einkommen.	403	8,1	3,91

Mentalitätsgruppen
(gebildet aus Typ 1 bis 7):

Typ A: Der durchschnittliche Bankkunde im Mengengeschäft (Typ 1 und 6)	1755	34,9	16,80
Typ B: Der sich entwickelnde Bankkunde (Typ 2 und 7)	1183	23,2	11,19
Typ C: Der wenig bankfähige Bankkunde (Typ 4 und 5)	1325	28,6	13,79
Typ D: Der die Bank beanspruchende gehobene Vollkunde (Typ 3)	677	13,0	6,26

Quelle: Soll und Haben 2, a.a.O., S. 253.

Notation für die Anhänge 5 - 11

BGV	=	Bruttogeldvermögen
LN(DM)	=	Bestand einer Anlageform logarithmiert
Reg(LN)	=	Lineare Regression von LN(DM)
Reg1	=	Lineare Regression einer Anlageform
Reg2	=	Exponentialfunktion von Reg(LN)
Reg3	=	Multilineare Regression einer Anlageform
Quadr.Abw.	=	$(\text{Spalte } 2 - \text{Reg1, Reg2, Reg3})^2$
WR	=	Wachstumsrate

Anhang 5: Regression des Bruttogeldvermögens (BGV)

Jahr	BGV Mrd. DM	LN(DM)	Reg(LN)	Wachst.-rate	Reg(WR)	Alternativen: Reg1	Reg2	Reg3	Kontrolle: Quadr. Abweichungen		
1960	165,7	5,1	5,2		0,14	-166,9	178,6	165,7	110590,0	166,2	0,0
1961	186,1	5,2	5,3	0,123	0,13	-81,3	198,1	188,3	71520,5	143,4	5,0
1962	201,2	5,3	5,4	0,081	0,13	4,2	219,7	213,6	38815,2	341,5	153,9
1963	227,7	5,4	5,5	0,132	0,13	89,7	243,6	241,7	19043,5	254,1	197,1
1964	258,5	5,6	5,6	0,135	0,13	175,2	270,2	273,0	6935,7	137,3	210,1
1965	291,2	5,7	5,7	0,126	0,12	260,7	299,7	307,6	928,0	72,1	269,6
1966	323,2	5,8	5,8	0,110	0,12	346,3	332,4	345,9	531,5	84,3	514,7
1967	366,0	5,9	5,9	0,132	0,12	431,8	368,6	388,1	4325,9	7,0	487,1
1968	413,7	6,0	6,0	0,130	0,12	517,3	408,8	434,5	10730,8	23,5	430,6
1969	468,2	6,1	6,1	0,132	0,11	602,8	453,4	485,3	18119,0	217,7	292,8
1970	517,5	6,2	6,2	0,105	0,11	688,3	502,9	540,9	29181,0	213,0	549,6
1971	587,4	6,4	6,3	0,135	0,11	773,8	557,8	601,6	34760,6	878,5	202,5
1972	670,0	6,5	6,4	0,141	0,11	859,4	618,6	667,7	35857,0	2641,9	5,5
1973	739,6	6,6	6,5	0,104	0,10	944,9	686,1	739,3	42138,6	2864,8	0,1
1974	818,2	6,7	6,6	0,106	0,10	1030,4	760,9	816,8	45026,5	3281,8	1,9
1975	935,5	6,8	6,7	0,143	0,10	1115,9	843,9	900,5	32548,5	8388,4	1225,9
1976	1042,0	6,9	6,8	0,114	0,10	1201,4	936,0	990,5	25417,8	11243,6	2650,6
1977	1151,6	7,0	6,9	0,105	0,10	1286,9	1038,1	1087,1	18318,8	12892,0	4156,6
1978	1251,3	7,1	7,0	0,087	0,09	1372,5	1151,3	1190,5	14680,8	10002,7	3695,5
1979	1358,1	7,2	7,2	0,085	0,09	1458,0	1276,9	1300,8	9976,4	6598,8	3281,7
1980	1474,3	7,3	7,3	0,086	0,09	1543,5	1416,1	1418,2	4788,6	3382,0	3151,5
1981	1598,3	7,4	7,4	0,084	0,09	1629,0	1570,6	1542,6	943,5	766,4	3098,8
1982	1748,9	7,5	7,5	0,094	0,08	1714,5	1741,9	1674,3	1181,0	48,5	5570,9
1983	1877,5	7,5	7,6	0,074	0,08	1800,1	1931,9	1813,0	5998,2	2964,0	4155,9
1984	2028,5	7,6	7,7	0,080	0,08	1885,6	2142,7	1958,9	20429,1	13036,1	4846,8
1985	2189,1	7,7	7,8	0,079	0,08	1971,1	2376,4	2111,7	47529,6	35079,3	5994,4
1986	2336,0	7,8	7,9	0,067	0,07	2056,6	2635,6	2271,2	78061,8	89764,7	4194,5
1987	2428,5	7,8	8,0	0,040	0,07	2142,1	2923,1	2428,5	82012,3	244624,0	77,5
1988			8,1		0,07	2227,6	3241,9	2600,1			
1989			8,2		0,07	2313,2	3595,6	2777,6			
1990			8,3		0,06	2398,7	3987,8	2960,3			
1991			8,4		0,06	2484,2	4422,7	3147,8			
1992			8,5		0,06	2569,7	4905,2	3339,6			
1993			8,6		0,06	2655,2	5440,2	3534,8			
1994			8,7		0,05	2740,7	6033,6	3732,8			
1995			8,8		0,05	2826,3	6691,8	3932,9			
1996			8,9		0,05	2911,8	7421,7	4134,0			
1997			9,0		0,05	2997,3	8231,2	4335,3			
1998			9,1		0,04	3082,8	9129,1	4535,9			
1999			9,2		0,04	3168,3	10124,9	4734,6			
2000			9,3		0,04	3253,8	11229,3	4930,5			
									Wurzel(Summe):		
Durchschn. WR (1960-1987)				0,104550					900,2	670,9	222,3

Reg1:		Reg2:		Reg3:	
Konstante	-167781,	Konstante	-197,732	Konstante	4,922752
Std Fehler Y	176,5470	Std Fehler Y	0,076572	Std Fehler Y	0,018666
R im Quadrat	0,942816	R im Quadrat	0,992275	R im Quadrat	0,528593
Beobachtungen	28	Beobachtungen	28	Beobachtungen	27
Toleranz	26	Toleranz	26	Toleranz	25
Alpha	0,01	Alpha	0,01	Alpha	0,01
X Koeffizient(en)	85,51751	X Koeffizient(en)	0,103529	X Koeffizient(en)	-0,00244
Std Fehler Koef.	4,130390	Std Fehler Koef.	0,001791	Std Fehler Koef.	0,000461

Anhang 6: Regression der Geldanlagen bei Banken

Jahr	BGV	Einlagen			Alternativen:			Kontrolle:		
	Mrd.DM	Mrd.DM	LN(DM)	Reg(LN)	Reg1	Reg2	Reg3	Quadr. Abweichungen		
1960	165,7	78,0	4,4	4,5	-60,7	92,1	52,4	19248,8	198,2	657,7
1961	186,1	88,2	4,5	4,6	-19,2	102,1	71,8	11533,1	192,2	270,4
1962	201,2	99,2	4,6	4,7	22,4	113,1	89,4	5905,2	194,1	96,9
1963	227,7	113,0	4,7	4,8	63,9	125,4	110,8	2410,6	153,8	4,7
1964	258,5	129,1	4,9	4,9	105,4	139,0	133,8	559,3	98,0	21,8
1965	291,2	149,3	5,0	5,0	147,0	154,1	157,4	5,3	22,8	64,9
1966	323,2	168,9	5,1	5,1	188,5	170,8	180,7	385,9	3,5	139,3
1967	366,0	188,7	5,2	5,2	230,1	189,3	207,7	1713,3	0,4	361,9
1968	413,7	215,5	5,4	5,3	271,6	209,8	236,4	3151,6	32,1	437,3
1969	468,2	244,0	5,5	5,4	313,2	232,6	267,4	4786,8	130,2	548,0
1970	517,5	274,7	5,6	5,6	354,7	257,8	296,6	6405,5	285,2	481,4
1971	587,4	314,6	5,8	5,7	396,3	285,8	332,9	6671,9	831,1	334,0
1972	670,0	361,8	5,9	5,8	437,8	316,8	373,4	5780,4	2028,5	135,3
1973	739,6	400,9	6,0	5,9	479,4	351,1	409,6	6158,5	2478,8	75,1
1974	818,2	448,6	6,1	6,0	520,9	389,2	448,8	5230,7	3529,6	0,0
1975	935,5	514,1	6,2	6,1	562,5	431,4	501,1	2339,8	6839,9	168,6
1976	1042,0	565,0	6,3	6,2	604,0	478,2	549,8	1522,4	7537,8	231,0
1977	1151,6	619,8	6,4	6,3	645,6	530,0	599,5	663,9	8057,5	410,6
1978	1251,3	676,6	6,5	6,4	687,1	587,5	645,9	110,5	7935,7	942,0
1979	1358,1	726,4	6,6	6,5	728,7	651,2	694,7	5,1	5650,3	1005,3
1980	1474,3	777,8	6,7	6,6	770,2	721,9	746,7	57,6	3129,8	968,8
1981	1598,3	814,6	6,7	6,7	811,8	800,1	801,3	8,1	209,1	176,6
1982	1748,9	876,0	6,8	6,8	853,3	886,9	865,0	515,2	119,0	121,2
1983	1877,5	921,4	6,8	6,9	894,9	983,1	921,2	704,9	3806,0	0,0
1984	2028,5	968,4	6,9	7,0	936,4	1089,7	985,0	1024,1	14715,1	275,7
1985	2189,1	1021,0	6,9	7,1	977,9	1207,9	1052,1	1853,7	34924,3	966,4
1986	2336,0	1094,4	7,0	7,2	1019,5	1338,9	1114,5	5611,1	59766,0	404,4
1987	2428,5	1154,2	7,1	7,3	1061,0	1484,1	1158,4	8678,8	108812,2	17,9
1988	2600,1			7,4	1102,6	1645,0	1229,3			
1989	2777,6			7,5	1144,1	1823,4	1302,1			
1990	2960,3			7,6	1185,7	2021,1	1376,7			
1991	3147,8			7,7	1227,2	2240,3	1452,9			
1992	3339,6			7,8	1268,8	2483,3	1530,6			
1993	3534,8			7,9	1310,3	2752,6	1609,5			
1994	3732,8			8,0	1351,9	3051,1	1689,3			
1995	3932,9			8,1	1393,4	3382,0	1769,8			
1996	4134,0			8,2	1435,0	3748,7	1850,6			
1997	4335,3			8,3	1476,5	4155,3	1931,5			
1998	4535,9			8,4	1518,1	4605,9	2012,2			
1999	4734,6			8,5	1559,6	5105,4	2092,3			
2000	4930,5			8,6	1601,2	5659,1	2171,3			
								Wurzel(Summe):		
Durchschn. WR (1960-1987): 0,104943								321,0	521,2	96,5

Reg1:		Reg2:		Reg3:		
Konstante	-81493,6	Konstante	-197,278	Konstante		-24434,7
Std Fehler Y	62,95364	Std Fehler Y	0,128070	Std Fehler Y		19,30541
R im Quadrat	0,968360	R im Quadrat	0,978455	R im Quadrat		0,997139
Beobachtungen	28	Beobachtungen	28	Beobachtungen		28
Toleranz	26	Toleranz	26	Toleranz		25
Alpha	0,01	Alpha	0,01	Alpha		0,01
X Koeffizient(en)	41,54740	X Koeffizient(en)	0,102959	X Koeffizient(en)	12,46467	0,340079
Std Fehler Koef.	1,472826	Std Fehler Koef.	0,002996	Std Fehler Koef.	1,888746	0,021445

Anhang 7: Regression der Geldanlagen bei Bausparkassen

Jahr	BGV	Einlagen			Alternativen:			Kontrolle:		
	Mrd.DM	Mrd.DM	LN(DM)	Reg(LN)	Reg1	Reg2	Reg3	Quadr. Abweichungen		
1960	165,7	9,2	2,2	2,6	-1,9	13,0	0,5	123,7	14,2	75,8
1961	186,1	11,1	2,4	2,7	3,1	14,3	5,0	63,9	10,4	36,6
1962	201,2	12,8	2,5	2,8	8,1	15,8	9,6	21,8	9,1	10,5
1963	227,7	14,9	2,7	2,9	13,2	17,5	14,2	3,0	6,7	0,5
1964	258,5	17,0	2,8	3,0	18,2	19,3	18,8	1,4	5,4	3,2
1965	291,2	20,5	3,0	3,1	23,2	21,3	23,4	7,3	0,7	8,6
1966	323,2	25,0	3,2	3,2	28,2	23,6	28,1	10,5	2,0	9,4
1967	366,0	27,7	3,3	3,3	33,3	26,0	32,8	30,9	2,7	25,8
1968	413,7	30,2	3,4	3,4	38,3	28,8	37,5	65,4	2,0	53,7
1969	468,2	34,1	3,5	3,5	43,3	31,8	42,3	84,8	5,4	67,8
1970	517,5	39,6	3,7	3,6	48,3	35,1	47,1	76,3	20,1	56,2
1971	587,4	44,9	3,8	3,7	53,4	38,8	52,0	71,6	37,3	50,5
1972	670,0	52,1	4,0	3,8	58,4	42,9	57,0	39,5	85,4	24,1
1973	739,6	60,8	4,1	3,9	63,4	47,4	61,9	6,8	180,9	1,3
1974	818,2	66,5	4,2	4,0	68,4	52,3	66,9	3,8	201,3	0,2
1975	935,5	73,3	4,3	4,1	73,5	57,8	72,2	0,0	240,5	1,3
1976	1042,0	79,9	4,4	4,2	78,5	63,8	77,3	2,0	257,7	6,6
1977	1151,6	86,3	4,5	4,3	83,5	70,5	82,5	7,8	248,5	14,2
1978	1251,3	93,6	4,5	4,4	88,5	77,9	87,7	25,6	245,7	35,3
1979	1358,1	101,3	4,6	4,5	93,6	86,1	92,8	59,8	231,3	71,6
1980	1474,3	107,7	4,7	4,6	98,6	95,1	98,1	83,0	158,5	92,4
1981	1598,3	113,4	4,7	4,7	103,6	105,1	103,4	95,7	69,3	100,1
1982	1748,9	118,2	4,8	4,8	108,6	116,1	108,9	91,3	4,5	86,6
1983	1877,5	123,0	4,8	4,9	113,7	128,2	114,2	87,1	27,5	76,9
1984	2028,5	123,2	4,8	5,0	118,7	141,7	119,7	20,3	341,7	12,0
1985	2189,1	122,1	4,8	5,1	123,7	156,5	125,3	2,6	1185,3	10,3
1986	2336,0	120,4	4,8	5,2	128,7	172,9	130,8	69,6	2759,3	107,7
1987	2428,5	117,1	4,8	5,3	133,8	191,0	135,9	277,9	5468,1	351,6
1988	2600,1			5,4	138,8	211,1	141,5			
1989	2777,6			5,5	143,8	233,2	147,2			
1990	2960,3			5,6	148,8	257,6	152,9			
1991	3147,8			5,7	153,9	284,6	158,7			
1992	3339,6			5,8	158,9	314,4	164,5			
1993	3534,8			5,9	163,9	347,4	170,3			
1994	3732,8			5,9	169,0	383,8	176,2			
1995	3932,9			6,0	174,0	424,0	182,0			
1996	4134,0			6,1	179,0	468,4	187,9			
1997	4335,3			6,2	184,0	517,4	193,7			
1998	4535,9			6,3	189,1	571,7	199,6			
1999	4734,6			6,4	194,1	631,6	205,5			
2000	4930,5			6,5	199,1	697,7	211,3			
								Wurzel(Summe):		
Durchschn. WR (1960-1987): 0,098796								37,9	108,7	37,3

Reg1:		Reg2:		Reg3:		
Konstante	-9852,18	Konstante	-192,730	Konstante		-8633,04
Std Fehler Y	7,425142	Std Fehler Y	0,211450	Std Fehler Y		7,458321
R im Quadrat	0,969871	R im Quadrat	0,939770	R im Quadrat		0,970770
Beobachtungen	28	Beobachtungen	28	Beobachtungen		28
Toleranz	26	Toleranz	26	Toleranz		25
Alpha	0,01	Alpha	0,01	Alpha		0,01
X Koeffizient(en)	5,025643	X Koeffizient(en)	0,099639	X Koeffizient(en)	4,404252	0,007266
Std Fehler Koef.	0,173714	Std Fehler Koef.	0,004946	Std Fehler Koef.	0,729685	0,008285

Anhang 8: Regression der Geldanlagen bei Versicherungen

Jahr	BGV	Versich.			Alternativen:			Kontrolle:		
	Mrd.DM	Mrd.DM	LN(DM)	Reg(LN)	Reg1	Reg2	Reg3	Quadr. Abweichungen		
1960	165,7	20,9	3,0	3,1	-43,5	22,4	33,8	4142,0	2,1	165,8
1961	186,1	23,9	3,2	3,2	-29,2	25,0	32,9	2819,7	1,3	81,2
1962	201,2	27,4	3,3	3,3	-14,9	28,0	30,8	1793,0	0,4	11,7
1963	227,7	30,8	3,4	3,4	-0,7	31,3	31,4	991,4	0,3	0,3
1964	258,5	34,9	3,6	3,6	13,6	35,1	32,9	454,9	0,0	3,9
1965	291,2	39,5	3,7	3,7	27,8	39,3	34,9	136,2	0,1	21,1
1966	323,2	44,5	3,8	3,8	42,1	43,9	36,7	5,8	0,3	60,3
1967	366,0	50,0	3,9	3,9	56,3	49,2	41,1	40,2	0,7	79,8
1968	413,7	56,1	4,0	4,0	70,6	55,0	46,5	210,3	1,1	91,3
1969	468,2	62,6	4,1	4,1	84,9	61,6	53,6	495,5	1,0	81,1
1970	517,5	69,7	4,2	4,2	99,1	68,9	59,4	865,3	0,6	105,2
1971	587,4	78,6	4,4	4,3	113,4	77,2	70,1	1209,2	2,0	72,7
1972	670,0	88,5	4,5	4,5	127,6	86,4	83,7	1531,3	4,5	23,5
1973	739,6	99,3	4,6	4,6	141,9	96,7	94,2	1813,8	6,9	25,9
1974	818,2	111,1	4,7	4,7	156,1	108,2	106,9	2029,2	8,5	17,9
1975	935,5	124,0	4,8	4,8	170,4	121,1	128,5	2153,3	8,5	20,3
1976	1042,0	138,7	4,9	4,9	184,7	135,5	147,6	2112,5	10,1	79,8
1977	1151,6	155,0	5,0	5,0	198,9	151,7	167,5	1928,9	11,0	155,9
1978	1251,3	173,4	5,2	5,1	213,2	169,8	185,0	1582,2	13,2	135,4
1979	1358,1	193,6	5,3	5,2	227,4	190,0	204,2	1144,7	12,9	113,1
1980	1474,3	215,6	5,4	5,4	241,7	212,7	225,6	680,8	8,6	100,4
1981	1598,3	241,0	5,5	5,5	255,9	238,0	248,8	223,5	8,9	61,1
1982	1748,9	269,2	5,6	5,6	270,2	266,4	278,2	1,0	7,8	80,8
1983	1877,5	297,3	5,7	5,7	284,5	298,2	302,5	164,8	0,7	26,5
1984	2028,5	327,5	5,8	5,8	298,7	333,7	331,9	828,2	38,6	19,5
1985	2189,1	361,5	5,9	5,9	313,0	373,5	363,6	2354,3	144,0	4,5
1986	2336,0	398,0	6,0	6,0	327,2	418,0	392,1	5007,5	401,2	34,5
1987	2428,5	439,9	6,1	6,1	341,5	467,9	408,0	9683,7	782,3	1017,3
1988	2600,1			6,3	355,8	523,7	442,3			
1989	2777,6			6,4	370,0	586,1	477,9			
1990	2960,3			6,5	384,3	656,0	514,7			
1991	3147,8			6,6	398,5	734,2	552,7			
1992	3339,6			6,7	412,8	821,7	591,6			
1993	3534,8			6,8	427,0	919,7	631,3			
1994	3732,8			6,9	441,3	1029,3	671,7			
1995	3932,9			7,0	455,6	1152,0	712,6			
1996	4134,0			7,2	469,8	1289,4	753,7			
1997	4335,3			7,3	484,1	1443,1	794,8			
1998	4535,9			7,4	498,3	1615,2	835,8			
1999	4734,6			7,5	512,6	1807,7	876,3			
2000	4930,5			7,6	526,8	2023,3	916,2			
								Wurzel(Summe):		
Durchschn. WR (1960-1987): 0,119457								215,4	38,4	51,9

Reg1:		Reg2:		Reg3:		
Konstante	-27988,1	Konstante	-217,660	Konstante		10978,95
Std Fehler Y	42,24614	Std Fehler Y	0,028711	Std Fehler Y		10,37460
R im Quadrat	0,888931	R im Quadrat	0,999076	R im Quadrat		0,993559
Beobachtungen	28	Beobachtungen	28	Beobachtungen		28
Toleranz	26	Toleranz	26	Toleranz		25
Alpha	0,01	Alpha	0,01	Alpha		0,01
X Koeffizient(en)	14,25749	X Koeffizient(en)	0,112636	X Koeffizient(en)	-5,60391	0,232249
Std Fehler Koef.	0,988366	Std Fehler Koef.	0,000671	Std Fehler Koef.	1,015000	0,011524

Anhang 9: Regression der Anlageform Festverzinsliche Wertpapiere

Jahr	BGV Mrd.DM	Renten Mrd.DM	LN(DM)	Reg(LN)	Alternativen: Reg1	Reg2	Reg3	Kontrolle: Quadr. Abweichungen		
1960	165,7	5,7	1,7	2,1	-59,6	8,1	16,5	4258,3	5,6	116,4
1961	186,1	7,0	1,9	2,2	-46,4	9,4	14,8	2851,0	5,7	60,2
1962	201,2	9,4	2,2	2,4	-33,2	10,9	11,8	1817,7	2,4	5,8
1963	227,7	12,5	2,5	2,5	-20,1	12,8	11,5	1061,1	0,1	1,0
1964	258,5	17,1	2,8	2,7	-6,9	14,9	12,1	576,7	5,0	24,7
1965	291,2	19,8	3,0	2,9	6,2	17,3	13,2	183,7	6,2	43,4
1966	323,2	21,7	3,1	3,0	19,4	20,2	14,1	5,3	2,4	57,2
1967	366,0	24,8	3,2	3,2	32,6	23,5	17,5	60,3	1,7	52,9
1968	413,7	27,6	3,3	3,3	45,7	27,4	22,0	328,6	0,1	30,9
1969	468,2	31,6	3,5	3,5	58,9	31,9	28,1	744,7	0,1	12,2
1970	517,5	40,2	3,7	3,6	72,0	37,1	33,0	1014,4	9,4	52,0
1971	587,4	48,0	3,9	3,8	85,2	43,3	42,6	1384,6	22,4	29,4
1972	670,0	56,3	4,0	3,9	98,4	50,4	55,1	1769,9	34,7	1,5
1973	739,6	63,9	4,2	4,1	111,5	58,7	64,6	2268,7	26,8	0,5
1974	818,2	72,6	4,3	4,2	124,7	68,4	76,2	2713,5	17,5	12,7
1975	935,5	85,6	4,4	4,4	137,9	79,7	96,6	2730,2	34,7	120,9
1976	1042,0	111,8	4,7	4,5	151,0	92,9	114,6	1537,6	358,9	7,6
1977	1151,6	132,4	4,9	4,7	164,2	108,2	133,2	1009,5	586,7	0,7
1978	1251,3	131,9	4,9	4,8	177,3	126,0	149,6	2064,1	34,5	314,2
1979	1358,1	151,2	5,0	5,0	190,5	146,8	167,7	1544,0	19,2	270,7
1980	1474,3	170,3	5,1	5,1	203,7	171,0	187,8	1112,5	0,6	307,3
1981	1598,3	213,8	5,4	5,3	216,8	199,3	209,8	9,1	211,1	16,1
1982	1748,9	251,9	5,5	5,4	230,0	232,1	237,8	480,7	390,1	197,9
1983	1877,5	267,3	5,6	5,6	243,1	270,5	260,8	583,9	10,0	41,7
1984	2028,5	315,4	5,8	5,8	256,3	315,1	289,0	3493,3	0,1	698,1
1985	2189,1	331,2	5,8	5,9	269,5	367,1	319,3	3812,3	1286,5	141,4
1986	2336,0	332,8	5,8	6,1	282,6	427,6	346,5	2518,4	8993,6	187,8
1987	2428,5	353,3	5,9	6,2	295,8	498,2	361,3	3308,9	20994,3	63,4
1988	2600,1			6,4	308,9	580,4	394,1			
1989	2777,6			6,5	322,1	676,2	428,3			
1990	2960,3			6,7	335,3	787,7	463,7			
1991	3147,8			6,8	348,4	917,7	500,2			
1992	3339,6			7,0	361,6	1069,1	537,6			
1993	3534,8			7,1	374,7	1245,5	575,9			
1994	3732,8			7,3	387,9	1451,0	614,8			
1995	3932,9			7,4	401,1	1690,5	654,1			
1996	4134,0			7,6	414,2	1969,4	693,7			
1997	4335,3			7,7	427,4	2294,3	733,3			
1998	4535,9			7,9	440,5	2672,9	772,8			
1999	4734,6			8,0	453,7	3113,9	811,9			
2000	4930,5			8,2	466,9	3627,7	850,3			
								Wurzel(Summe):		
								212,7	181,8	53,6

Durchschn. WR (1960-1987): 0,165145

Reg1:		Reg2:		Reg3:		
Konstante	-25854,0	Konstante	-297,246	Konstante		12511,94
Std Fehler Y	41,71459	Std Fehler Y	0,152363	Std Fehler Y		10,71204
R im Quadrat	0,874907	R im Quadrat	0,986033	R im Quadrat		0,992068
Beobachtungen	28	Beobachtungen	28	Beobachtungen		28
Toleranz	26	Toleranz	26	Toleranz		25
Alpha	0,01	Alpha	0,01	Alpha		0,01
X Koeffizient(en)	13,16045	X Koeffizient(en)	0,152721	X Koeffizient(en)	-6,39456	0,228666
Std Fehler Koef.	0,975930	Std Fehler Koef.	0,003564	Std Fehler Koef.	1,048013	0,011899

Anhang 10: Regression des Aktienvermögens

Jahr	BGV Mrd.DM	Aktien Mrd.DM	LN(DM)	Reg(LN)	Alternativen: Reg1	Reg2	Reg3	Kontrolle: Quadr. Abweichungen			Nachrichtlich: Depotstatistik Nominalwerte Mrd.DM	Lin.Regr.
1960	165,7	36,6	3,6	3,5	22,3	31,5	42,0	205,0	25,7	29,6		
1961	186,1	38,5	3,7	3,5	25,3	33,0	41,2	175,2	30,7	7,1		
1962	201,2	32,9	3,5	3,5	28,2	34,4	40,0	21,7	2,4	49,7		
1963	227,7	34,8	3,5	3,6	31,2	36,0	39,4	12,8	1,5	21,4		
1964	258,5	36,7	3,6	3,6	34,2	37,6	39,2	6,2	0,9	6,0		
1965	291,2	35,9	3,6	3,7	37,2	39,3	39,0	1,7	11,9	9,6		
1966	323,2	33,9	3,5	3,7	40,2	41,1	38,8	39,3	52,3	24,0		
1967	366,0	43,3	3,8	3,8	43,2	43,0	39,2	0,0	0,1	16,5		
1968	413,7	50,4	3,9	3,8	46,1	44,9	40,0	18,2	29,8	108,7		
1969	468,2	59,5	4,1	3,8	49,1	47,0	41,1	107,9	156,9	338,0		
1970	517,5	52,4	4,0	3,9	52,1	49,1	41,9	0,1	10,9	109,3		
1971	587,4	55,6	4,0	3,9	55,1	51,3	44,0	0,3	18,3	134,6		
1972	670,0	59,3	4,1	4,0	58,1	53,7	46,8	1,5	31,9	156,1		
1973	739,6	55,2	4,0	4,0	61,0	56,1	48,8	34,1	0,8	40,5		
1974	818,2	50,5	3,9	4,1	64,0	58,6	51,4	182,8	66,0	0,8		
1975	935,5	60,9	4,1	4,1	67,0	61,3	56,3	37,2	0,1	21,3		
1976	1042,0	58,1	4,1	4,2	70,0	64,1	60,5	141,2	35,5	5,8	12,3	11,7
1977	1151,6	60,3	4,1	4,2	73,0	67,0	64,9	160,3	44,3	21,3	12,5	12,1
1978	1251,3	66,4	4,2	4,2	75,9	70,0	68,7	91,1	12,9	5,5	13,1	12,6
1979	1358,1	61,9	4,1	4,3	78,9	73,2	73,0	289,9	126,8	123,0	13,4	13,1
1980	1474,3	62,7	4,1	4,3	81,9	76,5	77,8	368,9	189,7	227,8	12,9	13,5
1981	1598,3	58,8	4,1	4,4	84,9	79,9	83,1	680,6	446,8	588,6	13,0	14,0
1982	1748,9	62,6	4,1	4,4	87,9	83,6	89,9	638,5	439,2	745,9	13,5	14,4
1983	1877,5	83,0	4,4	4,5	90,8	87,3	95,5	61,6	18,9	155,1	14,0	14,9
1984	2028,5	91,5	4,5	4,5	93,8	91,3	102,3	5,4	0,0	117,2	14,7	15,4
1985	2189,1	135,1	4,9	4,6	96,8	95,4	109,8	1466,0	1573,4	641,7	15,8	15,8
1986	2336,0	155,6	5,0	4,6	99,8	99,8	116,4	3114,4	3118,4	1537,0	17,6	16,3
1987	2428,5	118,4	4,8	4,6	102,8	104,3	119,8	244,2	199,5	1,9	17,5	16,7
1988	2600,1			4,7	105,8	109,0	127,9					17,2
1989	2777,6			4,7	108,7	113,9	136,3					17,7
1990	2960,3			4,8	111,7	119,1	145,1					18,1
1991	3147,8			4,8	114,7	124,5	154,1					18,6
1992	3339,6			4,9	117,7	130,1	163,4					19,0
1993	3534,8			4,9	120,7	136,0	172,9					19,5
1994	3732,8			5,0	123,6	142,2	182,6					20,0
1995	3932,9			5,0	126,6	148,6	192,4					20,4
1996	4134,0			5,0	129,6	155,4	202,2					20,9
1997	4335,3			5,1	132,6	162,4	212,1					21,3
1998	4535,9			5,1	135,6	169,8	221,9					21,8
1999	4734,6			5,2	138,5	177,4	231,6					22,3
2000	4930,5			5,2	141,5	185,5	241,2					22,7
								Wurzel (Summe):				
Durchschn. WR (1960-1987): 0,044441								90,0	81,5	72,4		

Reg1:		Reg2:		Reg3:			
Konstante	-5820,81	Konstante	-83,3798	Konstante	4149,399		-897407
Std Fehler Y	17,65682	Std Fehler Y	0,176920	Std Fehler Y	14,48336		803,0245
R im Quadrat	0,667016	R im Quadrat	0,815020	R im Quadrat	0,784571		0,824364
Beobachtungen	28	Beobachtungen	28	Beobachtungen	28		12
Toleranz	26	Toleranz	26	Toleranz	25		10
Alpha	0,01	Alpha	0,01	Alpha	0,01		0,01
X Koeffizient(en)	2,981171	X Koeffizient(en)	0,044301	X Koeffizient(en)	-2,10061 0,059423		460,0594
Std Fehler Koef.	0,413088	Std Fehler Koef.	0,004139	Std Fehler Koef.	1,416981 0,016088		67,15228

Anhang 11: **Regression der Sonstigen Forderungen**

Jahr	BGV	Son.Ford.			Alternativen:			Kontrolle:		
	Mrd.DM	Mrd.DM	LN(DM)	Reg(LN)	Reg1	Reg2	Reg3	Quadr. Abweichungen		
1960	165,7	15,5	2,7	2,7	-23,4	15,2	20,6	1516,0	0,1	25,9
1961	186,1	17,4	2,9	2,8	-14,9	16,9	20,5	1042,8	0,3	9,7
1962	201,2	19,4	3,0	2,9	-6,4	18,8	19,7	663,1	0,3	0,1
1963	227,7	21,7	3,1	3,0	2,2	20,9	20,5	380,5	0,6	1,5
1964	258,5	23,7	3,2	3,1	10,7	23,3	21,8	168,1	0,1	3,8
1965	291,2	26,3	3,3	3,3	19,3	26,0	23,3	49,3	0,1	8,9
1966	323,2	29,2	3,4	3,4	27,8	28,9	24,8	1,9	0,1	19,6
1967	366,0	31,4	3,4	3,5	36,4	32,2	27,7	24,6	0,6	14,0
1968	413,7	33,9	3,5	3,6	44,9	35,8	31,2	121,2	3,8	7,3
1969	468,2	36,4	3,6	3,7	53,5	39,9	35,6	290,7	12,3	0,6
1970	517,5	40,8	3,7	3,8	62,0	44,4	39,4	449,1	13,2	2,0
1971	587,4	45,7	3,8	3,9	70,5	49,5	45,9	616,8	14,3	0,0
1972	670,0	52,1	4,0	4,0	79,1	55,1	54,0	727,8	8,9	3,7
1973	739,6	59,4	4,1	4,1	87,6	61,3	60,4	796,4	3,8	1,1
1974	818,2	68,9	4,2	4,2	96,2	68,3	68,1	743,3	0,4	0,7
1975	935,5	77,7	4,4	4,3	104,7	76,0	80,8	729,4	2,7	9,8
1976	1042,0	88,5	4,5	4,4	113,3	84,7	92,1	612,6	14,6	13,3
1977	1151,6	97,7	4,6	4,5	121,8	94,3	103,9	580,5	11,7	38,1
1978	1251,3	109,4	4,7	4,7	130,3	105,0	114,3	438,3	19,6	24,0
1979	1358,1	123,8	4,8	4,8	138,9	116,9	125,7	227,4	47,8	3,4
1980	1474,3	140,2	4,9	4,9	147,4	130,1	138,3	52,1	101,0	3,8
1981	1598,3	156,6	5,1	5,0	156,0	144,9	151,9	0,4	136,6	22,1
1982	1748,9	170,9	5,1	5,1	164,5	161,4	169,1	40,9	91,1	3,4
1983	1877,5	185,3	5,2	5,2	173,1	179,7	183,3	150,1	31,8	4,0
1984	2028,5	202,5	5,3	5,3	181,6	200,0	200,5	437,1	6,0	3,9
1985	2189,1	218,1	5,4	5,4	190,1	222,7	219,0	782,0	21,5	0,8
1986	2336,0	234,9	5,5	5,5	198,7	248,0	235,7	1312,0	171,7	0,6
1987	2428,5	245,6	5,5	5,6	207,2	276,1	245,1	1472,9	932,8	0,2
1988	2600,1			5,7	215,8	307,5	265,1			
1989	2777,6			5,8	224,3	342,4	285,8			
1990	2960,3			5,9	232,9	381,2	307,2			
1991	3147,8			6,1	241,4	424,4	329,2			
1992	3339,6			6,2	249,9	472,6	351,8			
1993	3534,8			6,3	258,5	526,2	374,9			
1994	3732,8			6,4	267,0	585,9	398,4			
1995	3932,9			6,5	275,6	652,4	422,1			
1996	4134,0			6,6	284,1	726,4	445,9			
1997	4335,3			6,7	292,7	808,8	469,8			
1998	4535,9			6,8	301,2	900,5	493,5			
1999	4734,6			6,9	309,7	1002,7	517,1			
2000	4930,5			7,0	318,3	1116,5	540,2			
								Wurzel(Summe):		
Durchschn. WR (1960-1987): 0,107747								120,1	40,6	15,0

Reg1:		Reg2:		Reg3:		
Konstante	-16767,4	Konstante	-207,907	Konstante		5442,948
Std Fehler Y	23,55627	Std Fehler Y	0,054014	Std Fehler Y		3,008818
R im Quadrat	0,902361	R im Quadrat	0,996417	R im Quadrat		0,998468
Beobachtungen	28	Beobachtungen	28	Beobachtungen		28
Toleranz	26	Toleranz	26	Toleranz		25
Alpha	0,01	Alpha	0,01	Alpha		0,01
X Koeffizient(en)	8,542857	X Koeffizient(en)	0,107462	X Koeffizient(en)	-2,77770	0,132377
Std Fehler Koef.	0,551108	Std Fehler Koef.	0,001263	Std Fehler Koef.	0,294367	0,003342

L I T E R A T U R

a) Selbständige Schriften und Beiträge in Sammelwerken und Zeitschriften

ABS, Hermann J., Erfolgreiche Vermögensbildung in der Bundesrepublik, in: KANNENGIESSER, Walter. (Hrsg.), Vermögensbildung, Kapitalbildung, Krisenverbeugung, Köln 1980, S. 19-36.

ADAM, Hermann, Betriebliche Vermögensbeteiligung - ein Irrweg?, in: aus politik und zeitgeschichte, Beilage zur Wochenzeitschrift "das parlament", 34. Jg., 14.7.1984, S. 15-25.

AIGNESBERGER, Christof, Die Innovationsbörse als Instrument zur Risikokapitalversorgung innovativer mittelständischer Unternehmen, Heidelberg 1987.

AKERLOF, George A., The Market for Lemons: Quality Uncertainty and the Market Mechanism, in: Quarterly Journal of Economics, Vol. 84, 1970, S. 488-500.

ALBACH, Horst, HUNSDIEK, Detlef, KOKALJ, Ljuba, Finanzierung mit Risikokapital, Stuttgart 1986.

ALBACH, Horst, Welche Maßnahmen empfehlen sich, insbesondere im Gesellschafts- und Kapitalmarktrecht, um die Eigenkapitalausstattung der Unternehmen langfristig zu verbessern?, ifm-materialien Nr. 21, Bonn 1985..

AMELUNG, Hans-J., Überlegungen zu einem neuen Konzept über Beteiligungsfinanzierung, in: Die Kapitalbeteiligungsgesellschaft in Theorie und Praxis, hrsg. von JUNCKER, Klaus, SCHLEGELMILCH, Klaus, Frankfurt 1976, S. 141-152.

ANDO, Albert, MODIGLIANI, Franco, The "Life Cycle" Hypothesis of Saving, Aggregate Implications and Tests, in: American Economic Review, Vol. 53, 1963, S. 55-84.

ARROW, Kenneth J., The Theory of Risk Aversion, in: Essays in The Theory of Risk-Bearing, ders., Amsterdam u.a. 1971, S. 90-120.

BADEN-WÜRTTEMBERGISCHE BANK AG, Bank und Wirtschaft, 33. Jg., Heft 9/87, S. 2.

BAYERISCHE LANDESBANK GIROZENTRALE, Realzins und Sparverhalten, in: DEUTSCHE BUNDESBANK, Auszüge aus Presseartikeln, Nr. 17, 4.3.1987, S. 5.

BEHRENWALDT, Udo, Förderung der Vermögensbildung - Setzen sich Aktienfonds nun durch? in: bank und markt, 16. Jg., 8/87, S. 19-21.

BESTERS, Hans, Volkswirtschaftliche und gesellschaftspolitische Aspekte der Beteiligung der Arbeitnehmer am Produktivvermögen, in: Zfbf, 1985, Sonderheft 19, S. 1-16.

BEYEL, Jürgen, Kapitalbeteiligungsgesellschaften in der Bundesrepublik Deutschland, in: Der Langfristige Kredit, 38. Jg., Heft 20/1987, S. 657-660.

BÖTTICHER, Eduard, Die gemeinsamen Einrichtungen der Tarifvertragsparteien, Heidelberg, 1966.

BORTZ, Jürgen, Lehrbuch der Statistik, Für Sozialwissenschaftler, 2. Aufl., Berlin u.a. 1985.

BOSCH, Heinz-Dieter, Zur Vermögenssituation der privaten Haushalte in der Bundesrepublik Deutschland, Teil I, Berlin 1973.

BOULDING, Kenneth E., Eine Hand voll Wind, gekürzte Fassung eines Vortrages anläßlich des 4. Internationalen Symposiums über Grants Economy im Internationalen Institut für Empirische Sozialökonomie in Augsburg, veröffentlicht in: Wirtschaftswoche Nr. 44, 39. Jg., 25.10.1985, S. 104-113.

BUSCHMANN, Barbara, Vermögensbildung durch Kollektivvereinbarungen, Spardorf 1983.

BVI Bundesverband Deutscher Investmentgesellschaften e.V., Investment 87, Frankfurt 1987

COMMERZBANK AG, Bericht der Abteilung Volkswirtschaft, vom 23.6.1986, 6.8.1986 und vom 10.9.1987.

DECKER, Günter, Die Rechtsstellung des Arbeitnehmers im Unternehmen und die Forderung nach einer Vermögensbildung in Arbeitnehmerhand, Berlin 1980.

DEUTSCHE BUNDESBANK, Monatsberichte, verschiedene Jahrgänge.

DEUTSCHE BUNDESBANK, Statistische Beihefte zu den Monatsberichten, Reihe 2, Wertpapierstatistik, verschiedene Jahrgänge.

DEUTSCHE BUNDESBANK, Jahresabschlüsse der Unternehmen in der Bundesrepublik Deutschland 1965-1981, Sonderdrucke der Deutschen Bundesbank, Nr. 5, 3. Aufl., Sept. 1983.

DEUTSCHE BUNDESBANK, Zahlenübersichten und methodische Erläuterungen zur gesamtwirtschaftlichen Finanzierungsrechnung der Deutschen Bundesbank 1960 bis 1987, Sonderdrucke der Deutschen Bundesbank Nr. 4, 5. Auflage, Juni 1988.

DGB DEUTSCHER GEWERKSCHAFTSBUND, Dokumentation - Stellungnahme des DGB zur Vermögenspolitik, in: WSI Mitteilungen, Heft 7/1983, S. 453-457.

DGB DEUTSCHER GEWERKSCHAFTSBUND, Informationen zur Wirtschafts- und Umweltpolitik, die "2. Stufe" der Vermögenspolitik aus der Sicht des DGB, Oktober 1986.

ECKARDTSTEIN, Dudo v., SCHNELLINGER, Franz, Betriebliche Personalpolitik, 3. Aufl., München 1978.

ELSCHEN, Rainer, Agency-Theorie, in: DBW, 48. Jg., Heft 2/1988, S. 248-250.

ENGELS, Wolfram, SABLOTNY, Herbert, ZICKLER, Dieter, Das Volksvermögen - Seine verteilungs- und wohlstandspolitische Bedeutung, Frankfurt 1974.

EULER, Manfred, Das Geldvermögen in privaten Haushalten, in: Sparkasse, 102. Jg., Heft 12/1985, S. 461 ff.

F.D.P., BUNDESVORSTAND, Freiburger Thesen der F.D.P. zur Gesellschaftspolitik, Bonn 1971.

FEILCHENFELD, Werner, Die Gewinnbeteiligung der Arbeiter und Angestellten in Deutschland, Berlin 1922.

FELDBAUSCH, Friedrich K., Die Kapitalbeteiligungsgesellschaft, Frankfurt 1971.

FISCHER, Lutz, Problemfelder und Perspektiven der Finanzierung durch Venture Capital in der Bundesrepublik Deutschland, in: DBW, 47. Jg., Heft 1/1987, S. 8 - 32.

FRANKFURTER INSTITUT FÜR WIRTSCHAFTSPOLITISCHE FORSCHUNG E.V., Vermögensbeteiligung: Staatliche Förderung überflüssig, Argumente zur Wirtschaftspolitik, Nr. 6, Bad Homburg Oktober 1986.

FREYER, Eckhard, Die Kapitalbeteiligungsgesellschaft als Instrument der Wirtschaftspolitik, Diss. Frankfurt 1981.

FRITSCH, Ulrich, Die Eigenkapitallücke in der Bundesrepublik, Köln 1981.

FRITSCH, Ulrich, Mehr Unternehmen an die Börse. Bedeutung und Möglichkeiten der Publikumsaktiengesellschaft, Köln 1978.

GAUGLER, Eduard, Die Beteiligung der Arbeitnehmer aus betriebswirtschaftlicher Sicht, in: zfbf, Sonderheft 19, 1985, S. 49-68.

GERKE, Wolfgang, Kapitalbeteiligungsgesellschaften - ihre Problematik und ihre gesetzliche Regelung, Frankfurt u.a. 1974.

GERKE, Wolfgang, Gleitklauseln im Geld- und Kapitalverkehr, Mark = Mark ?, Wiesbaden 1981.

GERKE, Wolfgang, Die Rolle von Kapitalbeteiligungsgesellschaften und Kreditinstituten bei der Technologiefinanzierung - Innovationsbörse Berlin, in: Venture Capital für junge Technologieunternehmen - Workshop Berlin 1983, hrsg. v. HEILMAYR, Eduard, Haar bei München 1983, S. 25-34.

GERKE, Wolfgang, Die Verbesserung der Wettbewerbsfähigkeit durch Bereitstellung von Risikokapital, in: WiSt, 14. Jg., Heft 7/1985, S. 359-362.

GERKE, Wolfgang, Einführende Thesen zum Mannheimer Bankenforum, in: Risikokapital über die Börse, hrsg. v. GERKE, Wolfgang, Berlin u.a. 1986.

GERKE, Wolfgang, PHILIPP, Fritz, Finanzierung, Stuttgart 1985.

GERKE, Wolfgang, SCHÖNER, Manfred, Aspekte der Vermögensverteilung und -bildung in der Bundesrepublik Deutschland, in: Der Langfristige Kredit, 37. Jg., Heft 22/23, 1986, S. 684-691.

GERKE, Wolfgang, SCHÖNER, Manfred, Die Auswirkungen von Risikonormen auf die Finanzierung von Innovationen - eine Analyse am Beispiel der Gesetze über Unternehmensbeteiligungsgesellschaften und Beteiligungssondervermögen, in: Bankrisiken und Bankrecht, Festschrift für Fritz Philipp, hrsg. von GERKE, Wolfgang, Wiesbaden 1988, S. 187-212.

GREEN, Paul E., TULL, Donald S., Methoden und Techniken der Marketingforschung, 4. Aufl., Stuttgart 1982.

GRESS, Karin, Transfers zur Förderung der Vermögensbildung aus verteilungs- und sozialpolitischer Sicht, Frankfurt u.a. 1983.

GRUHLER, Wolfram, Unternehmensrenditen und Eigenkapitalausstattung im internationalen Vergleich, in: Die Aktiengesellschaft, 29. Jg., 1984, S. 100-106.

GUSKI, Hans-Günter, SCHNEIDER, Hans J., Betriebliche Vermögensbeteiligung in der Bundesrepublik Deutschland, Köln 1977.

GUSKI, Hans-Günter, SCHNEIDER, Hans J., Betriebliche Vermögensbeteiligung in der Bundesrepublik Deutschland, Teil II: Ergebnisse, Erfahrungen und Auswirkungen in der Praxis, Köln 1983.

GUSKI, Hans-Günter, SCHNEIDER, Hans J., Betriebliche Vermögensbeteiligung - ein Ausweg ? In: aus politik und zeitgeschichte, Beilage zur Wochenzeitung "das parlament", 34 JG., 14. Juli 1984, S. 3-14.

HAMKE, Friedrich, Venture Capital in den USA und Situation in Deutschland, in: Venture Capital für junge Technologieunternehmen - Workshop '83, hrsg. v. HEILMAYR, Eduard, S. 91-97.

HANAU, Peter, Arbeitsrechtliche Probleme der Vermögensbeteiligung der Arbeitnehmer, in: Zfbf Sonderheft Nr. 19, 1985, S. 111-127.

HANSEN, Herbert, Die Eigenkapitalquote publizitätspflichtiger Unternehmen verbessert sich, in: Die Aktiengesellschaft, 30. Jg., Heft 12/1985, S. R331-R334.

HARBRECHT, Wolfgang, Grundlagen der optimalen Kapitalanlageplanung, in: Investment Handbuch, hrsg. v. SCHUSTER, Leo, Stuttgart 1971, S. 89-109.

HARTMANN-WENDELS, Thomas, Venture Capital aus finanzierungstheoretischer Sicht, in: zfbf, 39.Jg., Heft 1/1987, S. 16-30.

HARTUNG, Joachim, Statistik, 6. Aufl., München 1987.

HAX, Karl, Kapitalbeteiligungsgesellschaften zur Finanzierung kleiner und mittlerer Unternehmungen, Köln u.a. 1969.

HELBICH, Franz, KOTRNOCH, Herbert, Änderung des Abgabenrechts in Österreich, in: Internationale Wirtschaftsbriefe, Nr. 20, vom 26.10.1987, S. 227-230.

HELM, Robert, Die Bestimmungsfaktoren der Geldvermögensstruktur in einer Mikrotheorie des Anlageverhaltens, Diss. Frankfurt 1985.

HOBER, Rolf-Jürgen, Versorgungsvermögen in der Vermögensverteilung, Tübingen 1981.

HÖHNEN, Wilfried, Zwanzig Jahre vermögenspolitische Diskussion, in: Das Nein zur Vermögenspolitik, hrsg. v. PITZ, Karl, Reinbek 1974, S. 25-55.

HÖHNEN, Wilfried, Vermögenspolitik und Arbeitnehmerinteressen - Anmerkungen zur Zweiten Stufe aus der Sicht des DGB, in: Der Langfristige Kredit, 37. Jg., Heft 22/23/1986, S. 707-709.

HOPT, Klaus J., Segmentspezifischer Anlegerschutz für börsengehandelte Titel, in: Risikokapital über die Börse, hrsg. v. GERKE, Wolfgang, Berlin u.a. 1986, S. 103-119.

HORNUNG-DRAUS, Renate, Vermögenspolitik in der sozialen Marktwirtschaft - Anmerkungen zur Zweiten Stufe aus Arbeitgebersicht, in: Der Langfristige Kredit, 37. Jg., Heft 22/23/1986, S. 704-706.

HUXLEY, Aldous, Island, London 1975.

INSTITUT DER DEUTSCHEN WIRTSCHAFT, Zahlen zur wirtschaftlichen Entwicklung der Bundesrepublik Deutschland, Köln 1987.

JAGDFELD, Anno August, Sparern droht Milliarden-Blutbad, in: Handelsblatt, Nr. 176, 13.9.1988. S. 10.

KIRSCH, Werner, Entscheidungsprozesse, Verhaltenswissenschaftliche Ansätze der Entscheidungstheorie, Band 1, Wiesbaden 1970.

KITTNER, Michael, BASTEN, Susanne, Vermögensbildung, Stuttgart, u.a. 1981.

KOCH, Hans-Dieter, Konzeptionelle Grundlagen der Diskussion über Kapitalanlegerschutz unter besonderer Berücksichtigung des Nebenkapitalmarktes, Frankfurt 1981.

KOMMISSION "ZWEITER BÖRSENMARKT", Börsenzugang für kleine und mittlere Unternehmen, Stuttgart 1987.

KÖRNER, Martin, Daten zum Geldbesitz und zum Geldverhalten in der jungen Generation; in: Sparkasse, 104. Jg., Heft 10/87, S. 430-432.

KRELLE, Wilhelm, SCHUNCK, Johann, SIEBKE, Jürgen, Überbetriebliche Ertragsbeteiligung der Arbeitnehmer, Bd. I+II, Tübingen 1968.

KROEBER-RIEL, Werner, Konsumentenverhalten, 3. Aufl., München 1984.

KRUSCHWITZ, Lutz, SCHÖBEL, Rainer im Anschluß an den Beitrag: Die Beurteilung riskanter Investitionen und das Capital Asset Pricing Model (CAPM), in: WiSt Heft 2, 1987, S. 67-72.

KUPPLER, Benno, Duplizität des Risikos bei Kapitalbeteiligungen der Arbeitnehmer am arbeitgebenden Unternehmen, Bad Kreuznach 1974.

LANG, Rudolf, SCHWENKEDEL, Stefan, Kreditinstitute als Eigenkapitalfinanciers, in: Die Bank, Heft 8/1988, S. 420-424.

LAUX, Manfred, Keine Irrwege in der Vermögensbildung!, in: Börsen-Zeitung, Nr. 154 v. 14.8.1982, S. 5.

LEICHT, Martin, Das Interesse mittelständischer Unternehmen am öffentlichen Handel ihrer Unternehmensanteile, in: Risikokapital über die Börse, hrsg. von GERKE, W., Berlin u.a. 1986, S. 81-97.

LELLEK, Hans-Ulrich, Feststellungen zur Struktur und zum Verhalten privater Geldanleger. Ergebnisse einer Marktforschungsstudie. In: Sparkasse, 101. Jg., Heft 8/1984, S. 298-310.

LEZIUS, Michael, Die Beteiligung an Produktivkapital muß Vorrang haben, in: Frankfurter Allgemeine Zeitung, Nr. 78, v. 2.4.1988, S. 14.

LIEFMANN, Robert, Beteiligungs- und Finanzierungsgesellschaften, Eine Studie über den modernen Kapitalismus und das Effektenwesen, 4. Aufl., Jena 1923.

LUHMANN, Niklas, Vertrauen - ein Mechanismus zur Reduktion sozialer Komplexität, Stuttgart 1968.

MARKOWITZ, Harry M., Portfolio Selection, in: The Journal of Finance, Vol. VII, March 1952, No. 1, S. 77-91.

MARX, Karl, Das Kapital, Kritik der politischen Ökonomie, hrsg. v. Friedrich ENGELS, 10. Aufl., 1. Band, Buch I: Der Produktionsprozeß des Kapitals, Hamburg 1922.

MASLOW, Abraham H., Motivation and Personality, New York 1954,

MAUNZ, Theodor, DÜRIG, Günter, HERZOG, Roman, SCHOLZ, Rupert, (u.a.), Grundgesetz, Kommentar, München 1987.

MIEGEL, Meinhard, Die verkannte Revolution (1), Einkommen und Vermögen der privaten Haushalte, Bonn 1983.

MIERHEIM, Horst, WICKE, Lutz, Die personelle Vermögensverteilung in der Bundesrepublik Deutschland, Tübingen 1978.

MÖLLER, Hans Peter, Das Capital-Asset-Pricing-Model, Separationstheorien oder auch Erklärung der Preisbildung auf realen Kapitalmärkten, in: DBW, 46. Jg., 6/1986, S. 707-719.

MOHN, Reinhard, Führungstechnische Aspekte der Mitarbeiterbeteiligung, in: Produktivvermögen in Arbeitnehmerhand - zweite Stufe, Ergebnisse eines Kongresses der Niedersächsischen Landesregierung in Zusammenarbeit mit der Arbeitsgemeinschaft zur Förderung der Partnerschaft in der Wirtschaft (AGP) und der Bertelsmann Stiftung am 17. Oktober 1985, Gütersloh 1986.

MOXTER, Adolf, BALLWIESER, Wolfgang, Gutachten über die Bewertung stiller Beteiligungen im Beteiligungs-Sondervermögen, im Auftrag des BUNDESMINISTERS FÜR ARBEIT UND SOZIALORDNUNG, September 1986.

NIESCHLAG, Robert, DICHTL, Erwin, HÖRSCHGEN, Hans, Marketing, 14. Auflage, Berlin 1983.

NORTHMANN, Rolf-Joachim, Die Small Business Investment Company (SBIC), in: Venture Capital für junge Technologieunternehmen - Workshop '83, hrsg. v. HEILMAYR, Eduard, Haar bei München 1983, S. 81-83.

NORTHMANN, Rolf-Joachim, Small Business Investment Company (SBIC) der USA - steuerliche Behandlung, in: Venture Capital für junge Technologieunternehmen - Workshop '83, hrsg. v. HEILMAYR, Eduard, Haar bei München 1983, S. 201-202.

NOWOTNY, Christian, Das Schicksal stiller Fondsbeteiligungen im Ausgleich des Unternehmers, in: ÖBA, Heft 7/1988, S. 661-666.

OLSON, Mancur, Die Logik des kollektiven Handelns, Tübingen 1968.

O.V., Schwedenplatte schmeckt den Bossen nicht, in: Mannheimer Morgen, Nr. 73 vom 27.3.1985, S. 8.

O.V., Depotbanken wehren sich gegen zusätzliche Pflichten, in: Handelsblatt, Nr. 198, v. 15.10.1986, S. 11.

O.V (kr), Bisher flossen 2 Mrd. DM Wagniskapital an innovative mittelständische Unternehmen, in: Handelsblatt, Nr. 21, vom 1.2.1988, S. 6.

O.V., Wie bewertet man stille Beteiligungen?, in: Frankfurter Allgemeine Zeitung, Nr. 51, v. 1.3.1988, S. 21.

O.V., Ablaufleistung der Lebensversichung mit Quellensteuer um 5 bis 7 % geringer, in: Handelsblatt, Nr. 82, vom 28.4.1988, S. 10.

O.V., 2 Mill. neue Aktionäre trotz Crash, in: Handelsblatt, Nr. 22 vom 28.4.1988, S. 29.

O.V., Venture Capital-Analgevolumen fast verdoppelt, in: Handelsblatt, Nr. 111, v. 13.6.1988, S. 8

O.V., Unternehmensbeteiligungsgesellschaft, in: ZfgK, Heft 11/1988, S. 465-466.

O.V., Betrügerische Angebote der Abschreibungsgilde, Handelsblatt, Nr. 160, vom 28.8.1988, S. 1.

PAVEL, Dieter, Einkommen und Ersparnis, Schichtung nach sozialen Gruppen, in: Sparkasse, 104. Jg., Heft 4/1987, S. 138-142.

PERLITZ, Manfred, KÜPPER, Herbert, Die Eigenkapitalausstattung von Unternehmen. Besteht eine Eigenkapitallücke? in: WiSt 14. Jg., Heft 10/1985, S. 505-512.

PERLITZ, Manfred, KÜPPER, Herbert, LÖBLER, Helge, Vergleich der Eigenkapitalausstattung deutscher, US-amerikanischer und britischer Unternehmen, in: Zeitschrift für Unternehmens- und Gesellschaftsrecht, 1985, S. 16-49.

PITZ, Karl, Tariffonds sind nicht zu realisieren, Sozialdemokratischer Pressedienst "Wirtschaft", 7.2.1980.

PRATT, John W., ZECKHAUSER, Richard J., Principals and Agents: An Overview, in: Principals and Agents: The Structure of Business, hrsg. v. PRATT, John W. und ZECKHAUSER, Richard J., Harvard 1985, S. 1-35.

RAUPACH, Arndt, Der Niedergang des deutschen Einkommensteuerrechts - Möglichkeiten der Neubesinnung, in: RAUPACH, Arndt, TIPKE, Klaus, UELNER, Adalbert (Hrsg.), Niedergang oder Neuordnung des deutschen Einkommensteuerrechts? Münsteraner Symposion, Band I, Köln 1985.

RÄBEL, Dieter, Venture Capital als Instrument der Innovationsfinanzierung, Köln 1986.

REHN, Gösta, Kapitalfonds von Arbeitnehmern in Schweden, in: WSI-Mitteilungen, Heft 7/1983, S. 422-431.

RIEDEL, Wolfgang, WILLEKENS, Willi, Empirische Analyse der Abhängigkeit ausgewählter Sparformen vom Einkommen privater Haushalte. Eine Querschnittsanalyse für die BRD im Jahre 1969. In: Archiv für das Spar-, Giro- und Kreditwesen, Heft 11/1971, S. 28-57.

RINGEL, Johannes, Eigenkapitalfinanzierungen für mittelständische Unternehmen, in: Sparkasse, 105. Jg., Heft 4/1988, S. 151-155.

ROBERTS, Charles C., Verteilungstheorie und Verteilungspolitik, Köln 1980.

ROBERTS, Charles C., STIEPELMANN, Heiko, Überprüfung der verschiedenen Schätzungen der Vermögensverteilung in der Bundesrepublik Deutschland, Berlin 1983.

ROESNER, Günter, Möglichkeiten und Grenzen einer Verbesserung der Eigenkapitalausstattung kleiner und mittlerer Unternehmungen mit Hilfe von erwerbwirtschaftlich ausgerichteten Kapitalbeteiligungsgesellschaften, Diss. Frankfurt 1968.

RÖSNER, Hans-Jürgen, Chancen und Risiken des Vermögensbeteiligungsgesetzes, in: Wirtschaftsdienst, 64. Jg., Nr. III, Hamburg 1984, S. 132-139.

ROTHSCHILDT, Michael, STIGLITZ, Joseph, Equilibrium in Competitive Insurance Markets: An Essay on the Economics of Information, in: Quarterly Journal of Economics, Vol. 90, 1976, S. 629-649.

SACHVERSTÄNDIGENRAT, Jahresgutachten 1982/83 des Sachverständigenrates zur Begutachtung der gesamtwirtschaftlichen Lage, "Gegen Pessimismus", Stuttgart u.a. 1982.

SCHANZ, Günter, Immaterielle Mitarbeiterbeteiligung - Ergebnisse einer Erhebung, in: Personalwirtschaft, 10. Jg, 1983, Nr. 12, S. 426-430.

SCHIECKEL, Horst, BRANDMÜLLER, Gerhard, Vermögensbildungsgesetz, Kommentar, Percha 1987.

SCHILLERT, Ulrich, MOLSBERGER, Josef, Vermögenspolitik und Eigenkapitalversorgung mittelständischer Unternehmen, Köln 1976.

SCHMIDT, Hartmut, Special Stock Market Segments for Small Company Shores. Capital Raising Mechanism and Exit Route for Investors in New Technology-based Firms, Brüssel 1984.

SCHMIDT, Reinhard H., Ein neo-institutionalistischer Ansatz der Finanzierungstheorie, in: Unternehmensführung aus finanz- und bankwissenschaftlicher Sicht, hrsg. v. RÜHLI, Edwin, THOMMEN, Jean-Paul, Stuttgart 1981, S. 135-154.

SCHMIDT, Reinhard H., Grundzüge der Investitions- und Finanzierungstheorie, Wiesbaden 1983.

SCHMIDT, Reinhard H., Venture Capital in Deutschland - ein Problem der Qualität? in: Die Bank, Heft 4/1988, S. 184-188

SCHNEIDER, Dieter, Lücken bei der Begründung einer "Eigenkapitallücke", in: Der Betrieb, 39. Jg., Heft 45 v. 7. Nov. 1986, S. 2293-2298.

SCHNEIDER, Dieter, Allgemeine Betriebswirtschaftslehre, 3. Aufl., München u.a. 1987.

SCHNEIDER, Hans J., ZANDER, Ernst, Erfolgs- und Kapitalbeteiligung der Mitarbeiter in Klein- und Mittelbetrieben, Freiburg 1982.

SCHNEIDER, Olaf, Mitbestimmung und Arbeitnehmerfonds in Deutschland und Schweden - Anspruch und Wirklichkeit, Nr. 29/1986, Diskussionsbeiträge aus dem Institut für Volkswirtschaftslehre, Universität Hohenheim.

SCHÖNER, Manfred, Unternehmensbeteiligung/Beteiligungssondervermögen, in: Der Langfristige Kredit, 36. Jg., Heft 15/1985, S. 467.

SCHWAB, Fritz, Das österreichische Beteiligungsmodell, in: Die Finanzierung mittelständischer Unternehmungen in Deutschland, hrsg. von WOSSIDLOW, Peter Rütger, Berlin 1985, S. 250-265.

SCHWARZ, Rainer, Zur Diskussion über die Möglichkeiten zur Schaffung eines organisierten Marktes des Eigenkapitals, in: Finanzierung mittelständischer Unternehmungen in Deutschland, hrsg. v. WOSSIDLOW, Peter Rütger, Berlin 1985, S. 266-278.

SCHWEDISCHER GEWERKSCHAFTSBUND (Hrsg.), Arbeitnehmerfonds in Schweden 1984, Stockholm 1984.

SCHWEDISCHES FINANZMINISTERIUM (Hrsg.), Arbeitnehmerfonds, Stockholm 1984.

SIEBKE, Jürgen, Die Vermögensbildung der privaten Haushalte in der Bundesrepublik Deutschland, Bonn 1971.

SIGLOCH, Jochen, Der Einfluß der Besteuerung auf die Eigenkapitalbildung der Unternehmen, in: Die Finanzierung mittelständischer Unternehmungen in der Bundesrepublik Deutschland, hrsg. v. WOSSIDLOW, Peter Rütger, Berlin 1985, S. 179-220.

SIMON, Herbert A., A Behavioral Model of Rational Choice, in: Quarterly Journal of Economics, Vol. 69, 1955, S. 99-118.

SOLL UND HABEN, Spiegel-Dokumentation, Eine Untersuchung über Einstellungen zum Geld und dem Besitz von Konten, Wertpapieren, Lebensversicherungen und Bausparverträgen. Hrsg. v. Spiegel-Verlag, Hamburg 1980.

SOLL UND HABEN 2, Spiegel-Dokumentation, Einstellungen zum Geld, Bankverbindungen, Kredite, Spar- und Anlageformen, Bausparverträge, Immobilien. Hrsg. v. Spiegel-Verlag, Hamburg 1985.

SPENCE, Michael A., Job Market Signaling, in: Quarterly Journal of Economics, Vol. 87, 1973, S. 355-374.

SPREMANN, Klaus, Finanzierung, 2. Aufl., München u.a. 1986.

STAEHLE, Wolfgang H., Management, München 1980.

STATISTISCHES BUNDESAMT, Statistische Jahrbücher 1980-1988, Bundesrepublik Deutschland, Stuttgart u.a., verschiedene Jahrgänge.

STATISTISCHES BUNDESAMT, Fachserie 15, Einkommens- und Verbrauchsstichprobe 1983, Heft 2, Vermögensbestände und Schulden privater Haushalte, Stuttgart u.a. April 1986.

STATISTISCHES BUNDESAMT, Fachserie 15, Einkommens- und Verbrauchsstichprobe 1983, Heft 4, Einnahmen und Ausgaben privater Haushalte, Stuttgart u.a. Dezember 1987.

STATISTISCHES BUNDESAMT, Fachserie 15, Einkommens- und Verbrauchsstichprobe 1983, Heft 6, Einkommensverteilung und Einkommensbezieher in privaten Haushalten, Stuttgart u.a. Dezember 1988.

STEINBRENNER, Ludwig, Die Beteiligung der Arbeiter am Unternehmergewinn, ihre Vorzüge, Nachteile und Anwendbarkeit, Diss. Heidelberg 1882;

STIGLITZ, Joseph, The Theory of Screening, Education, and the Distribution of Income, in: American Economic Review, Vol. 65, 1975, S. 283-300.

STÖBER, Kurt, Zur Entwicklung der Beteiligungsfonds, in: ÖBA, Heft 11/1987, S. 786-799.

STREIT, Manfred, Theorie der Wirtschaftspolitik, 2. Auflage, Düsseldorf 1982.

TENHOF, Dieter, Die beste Sparförderung wäre eine Steuersenkung, in: Handelsblatt, 41. Jg., Nr. 211 v. 3.11.1986, S. 5.

TER MEULEN, Edzard, Der Beteiligungsvertrag, in: Die Kapitalbeteiligungsgesellschaft in Theorie und Praxis, hrsg. von JUNCKER, Klaus, SCHLEGELMILCH, Klaus, Frankfurt 1976, S. 103-114.

THÜNEN, Johann Heinrich von, Der isolierte Staat, 3. Aufl., Jena 1930.

TOMANN, Horst, Risikoübertragung als Mittel der Vermögenspolitik. Entscheidungsprobleme und gesamtwirtschaftliche Wirkungen, Köln u.a. 1975.

WEGEHENKEL, Lothar, Coase-Theorem und Marktsystem, Tübingen 1980.

WEICHERT, Ronald, Mehr Risikokapital durch Erleichterung des Börsenzugangs für Unternehmen, Institut für Weltwirtschaft, Kiel 1985.

WEINBERG, Peter, Verhaltenswissenschaftliches Marketing in Banken, In: Die Bank, 9/1979, S. 424-427.

WICKE, Lutz, Die personelle Vermögensverteilung in der Bundesrepublik Deutschland am Jahresende 1969, in: Finanzarchiv, Bd. 34, 1975, S. 39 ff.

WICKE, Lutz, Erhöhung der Effizienz der Vermögenspolitik in der Bundesrepublik Deutschland, in: Zeitschrift für Wirtschafts- und Sozialwissenschaft, 1977, S. 261-287.

WÖHE, Günter, Betriebswirtschaftliche Steuerlehre II/1, 4. Aufl., München 1982.

WÜNSCHE, Gert, Grundlagen der Bankenwerbung aus verhaltenswissenschaftlicher Sicht, Wiesbaden 1982.

WUNDSAM, Walter, ZÖCHLING, Hans, Die Grundzüge der Steuerreform 1988 in Österreich, in: Internationale Wirtschaftsbriefe, Nr. 17, vom 10.9.1988, S. 231-235.

ZÜGEL, Walther, Die jungen Erben - eine neue Kundengeneration, in: Sparkasse, 104. Jg., 10/87, S. 426-428.

b) Gesetze, Kommentare, Entscheidungen und Parlamentarische Drucksachen

BETEILIGUNGSFONDSGESETZ (BFG), Österreichisches BGBl. Nr. 111/1982

BETRIEBSVERFASSUNGSGESETZ 1952, vom 11. Oktober 1952, BGBl. I S. 681, § 76.

BEWERTUNGSGESETZ, vom 26.9.1974, BGBl I. S. 2370 ff.

BÖRSENGESETZ (BörsG) in der Fassung vom 27. Mai 1908, zuletzt geändert durch Art. 1 Börsenzulassungs-Gesetz v. 16.12.1986, BGBl. I, S. 2478.

BÖRSENZULASSUNGS-VERORDNUNG (BörsZulV), Verordnung über die Zulassung von Wertpapieren zur amtlichen Notierung an einer Wertpapierbörse, v. 15. April 1987, BGBl. I, S. 1234.

BUNDESMINISTERIUM DER FINANZEN, Entwurf über die Verordnung über die Bewertung stiller Beteiligungen gemäß § 25 d Abs. 3 des Gesetzes über Kapitalanlagegesellschaften v. 11.5.1987.

BUNDESRATS-DRUCKSACHE 140/85 v. 12.04.1985, Entwurf eines Gesetzes über Unternehmensbeteiligungsgesellschaften (UBGG-Entwurf).

BUNDESRATS-DRUCKSACHE 370/86 v. 15.8.86, Gesetzentwurf der Bundesregierung zum zweiten Vermögensbeteiligungsgesetz.

BUNDESRATS-DRUCKSACHE 117/88 v. 10. März 1988, Beschlußvorlage zur Verordnung über die Bewertung stiller Beteiligungen gemäß § 25 d Abs. 3 KAGG - Entwurf der Bundesregierung.

BUNDESTAGS-DRUCKSACHE 3/263, Begründung zum Sparprämiengesetz v. 7.3.1958.

BUNDESTAGS-DRUCKSACHE 6/3186, Bundesminister für Arbeit und Sozialordnung, Bericht der Bundesregierung über die Auswirkungen der Sparförderung, 1972, S. 11.

BUNDESTAGS-DRUCKSACHE 10/3821 v. 12.9.1985, 10. Subventionsbericht der Bundesregierung.

BUNDESTAGS-DRUCKSACHE 10/4551 v. 12.12.1985.

BUNDESTAGS-DRUCKSACHE 10/5981 v. 08.09.86, Gesetzentwurf der Bundesregierung zum zweiten Vermögensbeteiligungsgesetz.

BUNDESTAGS-DRUCKSACHE 10/6193, Beschlußempfehlung und Bericht des Finanzausschusses zum UBGG.

GESETZ ÜBER KAPITALANLAGEGESELLSCHAFTEN (KAGG) in der Fassung der Bekanntmachung vom 14. Januar 1970, zuletzt geändert durch das 2. Vermögensbeteiligungsgesetz v. 19.12.1986, BGBl. I, S. 127 ff.

GESETZ ÜBER UNTERNEHMENSBETEILIGUNGSGESELLSCHAFTEN (UBGG), vom 17. Dezember 1986, BGBl. I, 1986, S. 2488-2495.

GESETZ ZUR FÖRDERUNG DER VERMÖGENSBILDUNG DER ARBEITNEHMER DURCH KAPITALBETEILIGUNGEN (2. VERMÖGENSBETEILIGUNGSGESETZ) vom 19. Dezember 1986, BGBl. I, S. 2595 ff.

STEUERREFORMGESETZ, Artikel 18, Änderung des Fünften Vermögensbildungsgesetzes, in: Bundessteuerblatt 1988, Teil I, S. 259-266.

c) Sonstige Quellen

BUNDESMINISTERIUM DER FINANZEN, Beglaubigtes Schreiben (i.A. Dr. Speich) vom 26. Mai 1987.

HÖHNEN, Wilfried, zuständig für Vermögensbildung im Bundesvorstand des DGB, im Schreiben vom 13. Oktober 1988 an den Verfasser.

INSTITUT DER WIRTSCHAFTSPRÜFER (IDW), Stellungnahme zur Verordnung über die Bewertung stiller Beteiligungen gemäß 25 d Abs. 3 KAGG, Schreiben v. 3. Februar 1987.

LAUX, Manfred, Stellungnahme des Bundesverbandes Deutscher Investment-Gesellschaften e.V. zum Entwurf der Bewertungsverordnung für stille Beteiligungen, Schreiben an das Bundesministerium der Finanzen vom 25.06.1987.

PREUSKER, Peter-Michael, Beschlußvorlage zur Beteiligung von Arbeitnehmern am Produktivvermögen der IG Chemie-Papier-Keramik, 18.03.1983.

WESTDEUTSCHE KAPITALBETEILIGUNGSGESELLSCHAFT MBH, Schreiben vom 17.9.1988.

Wirtschaftswissenschaftliche Beiträge

Band 1
Christof Aignesberger
Die Innovationsbörse als Instrument zur Risikokapitalversorgung innovativer mittelständischer Unternehmen
1987. 326 Seiten. Brosch. DM 69,-
ISBN 3-7908-0384-7

Band 2
Ulrike Neuerburg
Werbung im Privatfernsehen
- Selektionsmöglichkeiten des privaten Fernsehens im Rahmen der betrieblichen Kommunikationsstrategie -
1988. 302 Seiten. Brosch. DM 69,-
ISBN 3-7908-0391-X

Band 3
Joachim Peters
Entwicklungsländerorientierte Internationalisierung von Industrieunternehmen
- Eine theoretische und empirische Analyse des Entscheidungsverhaltens am Beispiel der deutschen elektronischen Industrie -
1988. 165 Seiten. Brosch. DM 49,-
ISBN 3-7908-0397-9

Band 4
Günther Chaloupek
Joachim Lamel und Josef Richter (Hrsg.)
Bevölkerungsrückgang und Wirtschaft
- Szenarien bis 2051 für Österreich -
1988. 478 Seiten. Brosch. DM 98,-
ISBN 3-7908-0400-2

Band 5
Paul J. J. Welfens und
Leszek Balcerowicz (Hrsg.)
Innovationsdynamik im Systemvergleich
- Theorie und Praxis unternehmerischer, gesamtwirtschaftlicher und politischer Neuerung -
1988. 466 Seiten. Brosch. DM 90,-
ISBN 3-7908-0402-9

Band 6
Klaus Fischer
Oligopolistische Marktprozesse
- Einsatz verschiedener Preis-Mengen-Strategien unter Berücksichtigung von Nachfrageträgheit -
1988. 169 Seiten. Brosch. DM 55,-
ISBN 3-7908-0403-7

Band 7
Michael Laker
Das Mehrproduktunternehmen in einer sich ändernden unsicheren Umwelt
1988. 209 Seiten. Brosch. DM 58,-
ISBN 3-7908-0413-4

Band 8
Irmela von Bülow
Systemgrenzen im Management von Institutionen
- Der Beitrag der Weichen Systemmethodik zum Problembearbeiten -
1989. 278 Seiten. Brosch. DM 69,-
ISBN 3-7908-0416-9

Band 9
Heinz Neubauer
Lebenswegorientierte Planung technischer Systeme
1989. 183 Seiten. Brosch. DM 55,-
ISBN 3-7908-0422-3

Band 10
Peter Michael Sälter
Externe Effekte: „Marktversagen" oder Systemmerkmal?
1989. 196 Seiten. Brosch. DM 59,-
ISBN 3-7908-0423-1

Band 11
Peter Ockenfels
Informationsbeschaffung auf homogenen Oligopolmärkten
- Eine spieltheoretische Analyse -
1989. 163 Seiten. Brosch. DM 58,-
ISBN 3-7908-0424-X

Band 12
Olaf Jacob
Aufgabenintegrierte Büroinformationssysteme
- Allgemeines Datenmodell und Probleme der Realisierung -
1989. 177 Seiten. Brosch. DM 55,-
ISBN 3-7908-0430-4

Band 13
Johann Walter
Innovationsorientierte Umweltpolitik bei komplexen Umweltproblemen
1989. 208 Seiten. Brosch. DM 59,-
ISBN 3-7908-0433-9

Band 14
Detlev Bonneval
Kostenoptimale Verfahren in der statistischen Prozeßkontrolle
- Eine praxisorientierte Untersuchung -
1989. 180 Seiten. Brosch. DM 55,-
ISBN 3-7908-0440-1

Band 15
Thomas Rüdel
Kointegration und Fehlerkorrekturmodelle
- Mit einer empirischen Untersuchung zur Geldnachfrage in der Bundesrepublik Deutschland -
1989. 138 Seiten. Brosch. DM 49,-
ISBN 3-7908-0441-X

Band 16
Konrad Rentrup
Heinrich von Storch, das „Handbuch der Nationalwirthschaftslehre" und die Konzeption der „inneren Güter"
1989. 146 Seiten. Brosch. DM 55,-
ISBN 3-7908-0445-2